（第四版）

现代财政与金融教程

杨艳琳　陈银娥　主编

首都经济贸易大学出版社
Capital University of Economics and Business Press
·北 京·

图书在版编目(CIP)数据

现代财政与金融教程/杨艳琳,陈银娥主编.--4版.--北京:首都经济贸易大学出版社,2021.1

ISBN 978-7-5638-3176-0

Ⅰ.①现… Ⅱ.①杨… ②陈… Ⅲ.①财政金融-高等学校-教材 Ⅳ.①F8

中国版本图书馆CIP数据核字(2020)第244646号

现代财政与金融教程(第四版)

杨艳琳 陈银娥 主编

Xiandai Caizheng Yu Jinrong Jiaocheng

责任编辑 刘元春

封面设计 风得信·阿东 FondesyDesign

出版发行 首都经济贸易大学出版社

地　　址 北京市朝阳区红庙(邮编100026)

电　　话 (010)65976483 65065761 65071505(传真)

网　　址 http://www.sjmcb.com

E - mail publish@cueb.edu.cn

经　　销 全国新华书店

照　　排 北京砚祥志远激光照排技术有限公司

印　　刷 北京建宏印刷有限公司

开　　本 787毫米×1092毫米 1/16

字　　数 595千字

印　　张 23.25

版　　次 2003年1月第1版 2009年1月第2版
2012年1月第3版 **2021年1月第4版**
2021年1月总第10次印刷

书　　号 ISBN 978-7-5638-3176-0

定　　价 45.00元

第四版说明

财政与金融是一门应用性很强的学科，具有内容多、理论深、范围广的特点。本书从现代市场经济发展的角度来着重分析、阐述财政与金融的基本理论和实务，具有以下几个显著特点：第一，分析一般市场经济条件下财政与金融活动，及我国在建立和完善社会主义市场经济体制时期财政体制改革与金融体制改革的基本内容；第二，借鉴西方市场化国家有关的财政金融理论和实践经验，结合我国的财政金融实践来分析、阐述我国财政金融改革与发展的基本要求和趋势；第三，吸收了近几年来财政金融理论研究的最新成果及财政金融政策与实践的最新动态。总之，本书比较系统地介绍了现代市场经济条件下财政与金融的基本理论，结合我国财政体制改革和金融体制改革的新思路分析了财政管理与金融管理的新特征，阐述了市场经济发展对财政金融宏观调控的新要求，因此，本书内容新、结构好、体系合理。本书主要适合高等院校财经类及非财经类本科、专科各专业使用，亦适合于函授、自学考试、财政金融在职干部培训学习使用。

本书第1版是杨艳琳、陈银娥主编的《现代财政与金融教程》（首都经济贸易大学出版社2003年1月第1版），在此基础上不断修改形成本书的第4版（首都经济贸易大学出版社2009年修订第2版、2012年修订第3版、2020年修订第4版）。

本次修改在保持原有结构和主要内容的基础上，调整或者更新了有关理论观点和政策建议，更新或者延伸了有关数据。参加本书第1版编写的成员有陈银娥、余功文、王仁志、唐善卿、陈建伟、杨艳琳。参加本书第2版编写的成员有陈银娥、王亚柯、王仁志、李俊、兰荣蓉、陶新桂、杨艳琳。参加本书修订版的成员分工如下：陈银娥，第一、二、三、四、六、七章；魏君英，第一、二、三章；陈学军，第四、六、七章；

王仁志,第五章;娄飞鹏,第五、十二章;陈建伟,第九、十、十一章;兰荣蓉,第十三章;杨艳琳,第八、九、十、十一、十二、十三、十四、十五章。

本书由杨艳琳、陈银娥担任主编,负责文稿的修改与总纂工作。

本书在编写与修改过程中,参考了国内外大量的相关论著和教材,限于篇幅,本书只列出了其中主要的参考文献而未一一列出所有作者的著作,在此,我们对所有的作者表示感谢。

本书的出版得到了首都经济贸易大学出版社杨玲社长的大力支持,责任编辑马建一、刘元春为本书的出版和修订付出了辛勤的劳动,谨此致谢。

由于编者水平有限,书中难免有错误和不当之处,敬请专家、读者批评指正。

编者

2020 年 11 月

目 录

第一章 财政概论

第一节 政府与市场

在市场经济条件下,市场是一种资源配置系统,政府是一种资源配置系统,财政是政府的经济行为,因而研究财政问题要从政府与市场的关系说起。现代财政理论的基本思路和方法是:从对社会资源配置效率的评析开始,分析市场机制的失效或者缺陷,从而揭示政府从事经济活动的必要性,并在此基础上界定政府经济活动的范围及财政的职能。

一、市场失效

市场失效也称为"市场失灵""市场失败""市场缺陷"等,是指市场不能自然有效地配置资源或难以正常发挥作用的状态。导致市场失效的基本原因在于,价格信号并非总能有效地反映社会边际效益和社会边际成本。由于存在市场失效,公共部门的干预即政府的经济活动就成为必要。市场失效主要表现在以下几个方面。

(一)公共产品问题

公共产品是指具有联合的、共同消费性质的产品或者服务。它是相对于只适用个人消费的产品或服务,即相对于"私人产品"而言的。现实社会存在各种各样的公共产品和私人产品。例如,国家领土的安全,稳定的社会秩序,行政管理服务,文化、教育和卫生保健服务等均属于公共产品;吃的食品、穿的衣服、居住的房屋以及各种日用消费品等均属于私人产品。在市场经济体制下,市场机制可以有效地提供私人产品,但由于公共产品具有公共消费的性质,人们单独依赖自己的力量不能提供或根本不愿提供,其结果就是,社会和个人都非常需要的公共产品要么从市场上消失,要么严重供应不足,以致消费者无法通过如同私人产品那样的"货币投票"在市场上"采购"到所需要的公共产品。市场的失效决定了政府必须介入。为了维持社会再生产活动的正常进行,政府作为政权组织,就要运用其政治权利强制性地以税收形式"索取"一定的"费用",从而有效地提供社会所需的公共产品。

(二)自然垄断问题

某些行业具有生产经营规模越大,边际成本越低而边际效益越高的自然性质,即规模报酬递增的特征。它决定着市场竞争中该行业的大企业相对于小企业的竞争优势,意味着对小企业的必然排挤和严重性冲击,从而市场的自由竞争必然导致该行业中只存在极少数以至唯一的垄断企业的结果。自然垄断否定了充分竞争,也就导致了市场价格机制在资源配置上的扭曲和低效。同时,对于这种垄断如果听之任之,则垄断者就会通过垄断价格获取超额利润,这是以全体社会成员的利益损失为代价,来增加少数几个乃至唯一垄断者的利益。这不仅影响经济效益,而且还会产生严重的社会分配不公问题。尤其值得注意的是,这些具有自然垄断性质的行业,往往是与人们生活息息相关的,如城市的供水、供电、供气、公共交通、邮电、通信,等等。因此,为了对付垄断,政府必须以非市场的手段加以干预。政府可以在垄断部门建立公共生产,而且从效率或者社会福利的角度来规定价格,政府还可以通过规定价格或收益率进行管制。

(三)外部效应问题

市场机制要求成本和效益内在化,产品生产者要同时负担全部成本或获得全部收益。而外部效应是指在市场活动中没有得到补偿的额外成本和额外收益。当出现正的外部效应时,生产者的成本大于收益,利益外溢,得不到应有的效益补偿;当出现负的外部效应时,生产者的成本小于收益,受损者得不到损失补偿,因而市场竞争就不可能形成理想的效率配置。由于外部效应的存在,使得成本收益不内在、不对称,人们会过多地从事成本外溢的活动而过少地从事收益外溢的活动,从而损害资源配置的效率。外部效应的典型例子是"公共产品"。当出现外部效应时,需要政府部门以非市场的手段去矫正,如法律手段和财政手段。

(四)信息不充分问题

竞争性市场的生产者和消费者都要求有充分的信息,生产者要知道消费者需要什么、需要多少,以及需求瞬息的变化,而消费者要知道产品的品种、性能和质量,生产者之间也需要相互了解。在市场经济条件下,生产者与消费者的生产、销售和购买都属于个人行为,他们都不可能掌握必要的信息。而且,由于市场规模的不断扩大,信息越来越分散、复杂,搜寻、加工和处理信息的成本可能会升高到决策者无法接受,进而不可避免地做出非理性决策的地步,因此,私人市场所提供的信息往往很不充分,使得市场价格所提供的信号被扭曲或被掩盖,进而影响社会资源和生产要素的流动与配置效率。这种信息失灵是市场本身的缺陷,也是无数个人和企业在市场竞争中自发活动的必然结果。在这里,政府所要做的就是提供公共的社会服务,向社会提供有关商品的供求状况、价格趋势、宏观经济运行和前景预测资料等各种信息。同时,政府还必须对市场秩序加以规范和管理,对市场自发运行所产生的各种欺诈蒙骗行为,以及各种质量标准不一致等现象加以干预,使其在一定程度上得到纠正。

（五）收入分配不公问题

收入分配不公指的是在特定时期内所存在的，与当时社会公认的公平准则不相符合的收入、财富和社会福利的分布状态。收入分配不公是市场经济自发运行的必然结果。在市场经济的现实运行中，由市场决定的收入初次分配常常是极不公平的。因为市场机制的自发调节作用使收入初次分配状况由每个人提供的生产要素的数量，以及其在市场上所能获得的价格所决定，而由于每个人的天赋不同，人们占有或继承财产的情况有所不同，因此由市场决定的收入分配肯定高低悬殊。这不仅会影响社会的安定和凝聚力，而且会影响市场正常运行的社会秩序和环境。市场机制是无力解决社会公平问题的，它客观上要求政府和财政的介入。政府可以利用财政政策特别是税收政策来缩小个人收入差距的过分悬殊，还可以通过财政转移支付等再分配手段，来提供社会保障和社会福利，以帮助低收入人群和弱势群体获得最低生活和福利保障。

（六）宏观经济总量失衡问题

宏观经济总量失衡指的是市场经济在自发运行过程中所必然产生的失业、通货膨胀和经济危机等现象。在自由放任的经济中，由于存在自发性必然带来的盲目性，经济运行容易出现波动和失衡，从而导致社会资源配置出现结构性失调和经济运行效率降低。这就是说，自发的市场机制并不能使宏观运行自动趋向于充分就业、物价稳定、经济适度增长和国际收支平衡。它同时也表明了市场本身是无力解决宏观经济失衡问题的。政府需要根据市场状况和各项调节措施的特点，使财政政策和货币政策等措施相互搭配，开展宏观调控活动，从而在一定程度上缓解市场经济的宏观波动程度。

二、公共产品和公共需要

（一）公共产品

1.公共产品和私人产品

社会需要各种各样的商品和服务，这些商品和服务可以分为两大类：公共产品和私人产品。公共产品（public goods）是这样一些产品，不论每个人是否愿意购买它们，它们带来的好处不可分开地散布到整个社区里。公共产品的享用无竞争性和排他性，即同时为人们所享用，无利害冲突，如公共路灯、改善污染而提高空气质量等。私人产品（private goods）则是这样一些产品，它们能分割并可分别地提供给不同的个人，也不带给他人外部的收益或成本。公共产品有效率的供给通常需要政府行动，而私人产品则可以通过市场有效率地加以分配。

2.公共产品的特性

区分或分辨公共产品与私人产品通常用以下两个基本标准。

一是排他性和非排他性。排他性是指个人可以被排除在消费某种产品的利益之外；非排他性是指一些人享用一种产品带来的利益而不能排除其他人同时从中获得利益。

二是竞争性和非竞争性。非竞争性是指消费者的增加不引起生产成本的增加，即多一个消费者引起的社会边际成本为零。私人产品具有竞争性和排他性，公共产品具有非排他性和非竞争性。

一方面，由于公共产品具有非排他性，一旦公共产品被提供了，则在其效应所及的范围内和领域内,所有的个人都会"消费"此产品,他们都会享受到这类产品所提供的利益和好处。同时,若不让其中某一部分人消费此产品,这在技术上无法做到,或者是成本费用过于昂贵实际上成为不可能。而且在其他人享受公共产品的同时,不需要他们付出任何成本费用或者只需要他们付出少量的成本费用。这与私人产品消费时具有的排他性形成了截然相反的对比。

另一方面,由于公共产品具有非竞争性,一旦公共产品被提供了,则此产品效应覆盖区域内的人数多少,同此产品的数量和成本的变化无关,消费者的增加不会引起此公共产品生产成本的增加,即新增消费者引起的社会边际成本为零。在已有的公共产品数量下,原有消费者也不会因为新增消费者的加入而减少自己所获得的收益。这同增加私人产品的消费者数量,就需要增加此产品的供给量及相应的成本形成了截然相反的对比。

总的来说,由于公共产品的非排他性和非竞争性产生了公共产品提供上的"免费搭车"问题,即消费者在自利心理的诱使下,试图不由自己提供或者少提供公共产品,或者不用自己为提供公共产品付出成本费用而分享他人付出成本而提供的公共产品。市场不能有效地为个人提供公共产品,即存在"市场失效"。这在客观上就决定了公共产品必须由政府来提供,私人产品则由市场来提供。

3.准公共产品

准公共产品是指介于公共产品和私人产品之间的商品和劳务,亦称为半公共产品。这种产品具有公共产品的特征,即非排他性和非竞争性,但由于提供服务的范围有限,因此又具有排他性和竞争性。例如学校、公园、体育场、博物馆、公共图书馆等,本来是任何人都能享用的,但是因为名额、座位、面积等条件有限,对其的享用就受到限制。所以,就有了先到先享用、额满为止或发许可证(如门票)等办法。准公共产品是政府和市场均可提供的商品和劳务,但是对公共影响大的或者由政府提供更为有利的商品和劳务则由政府财政全额出资,或者由政府财政补助,如公共教育、医疗卫生、基础设施、公共工程、公共事业、社会福利、生态环境等。

(二)公共需要

1.公共需要的内涵

人类社会又是由单个人组成的有机统一体,因而人类的需要可以分为私人需要和公共需要两大类型。公共需要与私人需要是相对而言的,指的是社会作为一个整体或者以整个社会为单位而提出的需要。在市场经济中,个人和企业为了独立地开展市场运营活动,其本身所需要的生产消费和生活消费就是私人需要。对于这类私人需要,个人和企业可以通过自己的市场活动来获得满足。虽然个人和企业无法通过自身的市场活动得到其所需的全部条件,但是社会或者政府为了市场经济整体的正常顺利运行所提供的或创造的必需条件,就会成为市场经济条件下的公共需要。从市场经济的实践来看,私人需要和公共需要都是客观存在的,发挥市场运行和市场机制的作用对满足私人需要和公共需要是必不可少的。

在市场经济条件下,私人需要和公共需要还有各自相对固定的活动领域和范围,它们在各自的活动领域和范围内独立活动又相互配合,共同形成了完整统一的市场经济活动。市场和政府作为两种资源配置方式,它们的运行机制虽然不同,但其目的或目标却是共同的，即都是为了满足人类社会的需要，实现公平与效率兼顾的目标。在现代市场经济条件下，私人需要由个人和企业在市场机制的作用下通过市场来获得满足，而公共需要则主要由以政府为代表的国家以行政的、计划的方式提供公共产品来获得满足。公共需要是那些必须由政府预算来提供并且使用者可以直接免费或者只需要支付少许费用就能得到的需要；私人需要则可以在市场上通过支付价格来得到满足，并不需要（虽然允许）预算机制。

2.公共需要的特征

公共需要具有以下特征。

（1）整体性。公共需要是社会公众在生产、工作和生活中的共同的需要。同时，它也不是普遍意义上的单个私人需要的简单加总，而是就整个社会发展而言，为了维持社会经济生活的正常运行，为了维持市场的正常秩序，由政府集中执行和组织来满足整个社会的共同需要。

（2）强制性。公共需要不能由个人和企业自愿地通过市场的交换活动来获得满足，只能由政府凭借行政权力，强制性地对每个社会成员进行征税来提供公共产品以满足公共的需要。而且，社会成员在付出成本（如缴税）的同时，并不遵循等价交换原则，各个社会成员的成本和收益并不一定对等，并不存在谁多付出就多享用、谁少付出就少享用的问题。

三、政府的经济作用

（一）政府的经济职能

政府的经济职能主要包括以下几方面。

第一，经济立法职能，即提供社会活动所必需的法律，特别是经济法律和法规的制定。如以法律保护契约的执行、保护财产所有权、反对任何形式的垄断、反对非法竞争、保护产权和知识产权、保护生产者和消费者权益等。

第二，经济管理职能，主要是提供市场经济正常运行的外部环境。例如，创造稳定发展的宏观经济环境，提供健全的公共设施和基础设施以利于经济发展，对经济活动实施行政管理，如检查、监督、审计等。

第三，生产公共产品职能。此处是广义的生产概念，既包括生产有形产品和服务，也包括生产无形产品和服务，如国防、义务教育、交通、科研及新技术、新产品开发等。

第四，再分配职能，如实行累进所得税、公共补助和社会保障、社会福利制度等。

政府职能是政府在经济和社会生活中所固有的功能，它不仅是政府在履行职责时所固有的特性，具有一定的客观性，同时也具有很大的社会性。由于各国的社会经济制度和意识形态不同，或者由于各国历史和文化传统的不同，世界各国政府职能发挥作用的层面是不同的。例如，以美、英为代表的国家实行“新自由主义”的市场经济模式，政府的集中度较小，经济运行的自由度较大，政府集中的国内生产总值（简称 GDP）所占比例较小。有“福利国家”称号的一些北欧国家，政府承担大量的社会保障和社会福利负担，政府集中的 GDP 所占比例较高。以日本为代表的市场经济模式被称为“亚洲模式”，其主张充分自由竞争，同时通过政府计划、发展战略、产业政策引导和调控市场的运行。东南亚的新兴国家大多都仿效这种模式,故又称"东方模式"。而且,即使同一类型经济体制模式,在不同时期、不同的经济条件下,政府调控行为的侧重点也有所不同。如美国政府在资本主义发展初期,一直信奉自由放任的新古典经济理论,认为市场竞争是实现资源最优配置的理想模式,政府对经济活动的干预可能会阻碍市场机制发挥作用,因而不需要政府干预经济活动。但是在20世纪30年代经济大危机后,美国政府采用凯恩斯主义理论,为了解决市场失效的问题,推行经济活动需要政府部门的介入和干预,从而形成了政府干预型的市场经济模式。

(二)政府失效

20世纪30年代的世界性经济大危机,使人们逐步认识到市场存在着缺陷,从而促进了各国政府干预经济政策的加强。但是20世纪70年代后,政府对经济活动的干预产生了一系列社会问题,暴露出政府干预的弊病,使人们转而开始研究政府失效问题。

市场经济需要政府干预,但是政府干预并非总是有效的,政府机制同样存在缺陷和干预失效问题。政府失效和缺陷表现在许多方面,主要有:①提供经济信息不及时甚至失真;②经济管理决策失误,从而造成难以挽回的巨大损失;③由于滥用权力而导致的寻租行为;政府规制中存在着政府部门或者官员受拉拢而腐败的"规制俘获"(regulation capture)问题;等等。

从世界各国的实践来看,政府的作用是非常重要的,完全自由放任的市场经济并不存在,政府对经济行为的管理只不过是程度大小问题。但是,促进经济发展的最根本的动力仍是市场机制。政府的主要功能就是通过制度、法令和其他许多措施来创造和保证公平竞争的市场环境,促进市场机制正常地发挥作用。如果政府干预影响了市场机制的正常运行,则只能产生负面影响。具体地说,政府在经济发展中究竟应当发挥什么样的作用,这主要取决于各国在不同时期的具体情况。如果一国经济生活中出现市场失灵的种种迹象,说明政府没有起到应有的作用,干预的力度不够或者干预手段使用不当,应当增强政府的作用。如果出现了政府失效,则说明政府干预过多或者干预不当,不仅没有弥补市场失效,反而干扰了正常的市场秩序,因此应当减少或者调整政府对经济活动的干预,让市场发挥更大的作用。

第二节　财政的基本概念

一、财政的产生和发展

(一)财政的产生

财政这一经济范畴不是从人类社会一产生就有的,它是社会生产力和生产关系发展到一定阶段的产物,是在剩余产品和私有制出现之后伴随国家的产生而产生的。对此,马克思、恩格斯有明确的论证:"为了维持这种公共权力,就需要公民缴纳费用——捐税。……随着文明时代的向前进展,甚至捐税也不够了,国家就发行期票,借债,即发行公债。”①“赋税是政府机器的经济基础。”②由此可见，财政是一个历史范畴。

1.社会生产力的发展、剩余产品的出现和扩大是财政产生的物质基础

在原始社会时期，社会生产力水平低下，社会成员共同劳动、共同占有社会产品，实行平均分配，以维持最低限度的生活消费需要。这时，剩余产品的出现只是偶然现象，社会上没有私有制，没有阶级和国家，也没有财政分配。随着社会生产力的发展，尤其是第一、第二次社会大分工之后，劳动生产率得以提高，劳动产品除了满足个人生活消费之外还有剩余，出现了剩余产品。剩余产品的大量出现为私有制的产生提供了物质基础。同时，也出现了氏族组织掌握一小部分剩余产品，用于满足一般社会需要的产品分配现象。这些社会需要的满足是依靠氏族、部落的首领或者酋长的权威，强制地集中提供实物、劳役来完成的。因而可以说，这就是财政分配的萌芽。

2.国家的产生是财政产生的社会政治条件

第三次社会大分工后，商品货币经济得到了一定的发展，导致了货币的产生，从而使社会的经济基础和上层建筑发生了重大变化。一方面，贵族和富人将更多的剩余产品和社会财富集中在自己手中，使财富分配的差距更加悬殊，进一步扩大了贵族与平民、富人与穷人的差别；另一方面，原始社会的生产方式逐渐为奴隶制的生产方式所取代。在此基础上，社会分裂为两个经济利益根本对立的阶级。随着阶级矛盾的不断激化，便产生了凌驾于社会之上的权力机构——国家及其政权机构。国家机构的存在及其运转需要消耗物质资料，而国家本身并不直接从事物质生产，不创造任何物质财富，只能凭借自己的政治权力强制地无偿地占有剩余产品，以满足其执行职能的需要。这样，在国家产生的同时，就产生了一种国家凭借政治权力参与的社会分配，这就是财政。可见，财政与国家的存在、需要和权力有着密切联系，财政实质上就是国家财政。

（二）财政的发展

由于财政的产生与国家和社会经济的发展有着密切联系，因此，财政也必然随着社会经济和国家的发展而发展。自从人类进入阶级社会以来，先后经历了奴隶社会、封建社会、资本主义社会和社会主义社会，从而也相应地存在着奴隶社会财政、封建社会财政、资本主义财政和社会主义财政。

1.奴隶社会财政

奴隶社会是人类历史上第一个阶级社会，奴隶社会的生产关系是奴隶主占有生产资料和直接占有奴隶。奴隶制国家的财政收入主要是凭借统治者的政治权力和对生产要素的占有权，直接剥削奴隶劳动所得的收入。它主要包括王室土地收入，臣民们缴纳的贡物，战争掠夺和战败部落、弱小邻国的贡物收入。奴隶制国家的财政支出，主要有军事、祭祀、王室、俸禄和农业水利支出等。在奴隶社会，已经开始出现了为统治阶级服务的理财思想和财政管理方法。

奴隶社会国家财政的特点表现为：第一，奴隶社会国家财政收支与统治者个人收支没有严格界限；第二，国家财政以直接占有奴隶及其劳动成果的方式取得财政收入；第

① 马克思，恩格斯.马克思恩格斯全集：21卷[M].北京：人民出版社，1965：195.

② 马克思，恩格斯.马克思恩格斯全集：19卷[M].北京：人民出版社，1963：32.

三,国家财政收支主要采取实物和劳役的方式。

2.封建社会财政

在封建社会,封建主占有生产资料和不完全占有生产劳动者即农奴,同时也存在着部分以个人劳动为基础的农民和手工业者等小私有经济。封建制国家的主要职能是:对内镇压广大农民和其他劳动者,同时也进行农田水利、道路等基础建设,推动封建经济的发展,巩固和加强封建统治;对外进行侵略战争或者防御他国侵犯。

封建社会国家财政的特点是:第一,统治者个人收支和国家财政收支逐渐分离,王室庄园收入和特权收入逐渐转为国王、王室收入。第二,逐渐形成了较为规范的、以土地和人口为依据的征税形式。封建社会末期,田赋和各种捐税成为财政收入的主要来源。第三,随着商品货币经济的发展,原有的财政得到改善和发展,同时又产生了公债、国家预算等财政活动,为财政的进一步发展提供了重要条件。第四,财政收支形式由以实物为主逐渐转化为以货币为主。

3.资本主义财政

资本主义的发展经历了自由资本主义和垄断资本主义两个阶段,这两个阶段的共同特点是资产阶级占有生产资料,雇佣工人除了自己的劳动力外一无所有,即没有自己独立占有和使用的生产资料。但是,由于这两个阶段的经济运行具有不同的特点,因而,国家财政也表现出不同的特征。

在自由资本主义时期,资本主义国家奉行"自由放任"政策,国家不干预经济。这一时期,国家财政的特点表现为:第一,财政收支的规模、范围相对较小。财政支出主要用于军事(特别是用于对外殖民侵略战争)、司法、政府机构的各种需要以及部分社会公益事业等非生产性支出。第二,财政体制日趋集中和统一。第三,财政收支已经全部采用价值形式。

在垄断资本主义时期,政府与垄断资本集团在经济利益和政治权力方面的联系日益密切,成为调节国家经济的主要力量。这一时期,国家财政除了使自由资本主义时期财政的第二、第三个特点进一步发展外,还表现出新的特点:第一,财政收支的规模、范围相对扩大,公共财政成为政府财政活动的重要内容。在财政支出结构方面,生产性支出有所增加,但转移性支出特别是其中的社会保障和社会福利支出增长比例更大。第二,财政收入的来源多样化。国家除了通过税收强制地、无偿地取得财政收入外,还通过大量举借内外债、发行货币、通货膨胀、国内垄断、国际垄断、对外侵略和掠夺、制裁等手段获得财政收入。第三,财政不仅作为国家参与国民收入分配的手段,而且成为国家进行宏观调控的重要工具之一。第四,已经建立了比较完善的财政收支的法律制度,财政收支不断公开化和法制化,政府的一切预算支出项目都必须得到有关法律许可,从而大幅度地减少了财政支出方面的腐败。

4.社会主义财政

社会主义生产资料公有制决定了社会主义财政的性质。在社会主义市场经济体制下,社会主义财政是国家为实现其职能,以国家政治权力代表者和生产资料全民所有者的双重身份,对一部分社会产品实行分配和再分配所形成的分配关系,其目的是为了巩固人民民主专政,发展市场经济,实施宏观调控,满足人民日益增长的物质和文化生活需要。

二、财政的本质

财政的本质可以从有关财政本质的理论和财政分配的特点来认识。

(一)有关财政本质的理论

从财政产生和发展的过程来看,可将财政的基本概念概括为:财政是一种以满足国家需要为目的,凭借国家的政治权力进行的国民收入的分配和再分配,是随国家的产生和发展而从社会产品分配中独立出来的一种特定的分配范畴。因此,财政的本质是一种分配关系,是在社会产品分配中国家与社会各方面发生的、以国家为主体的社会产品占有和支配关系。这一概括实质上就是指出财政是国家或者政府的分配活动。这一论点在财政学界被称为"国家分配论"。长期以来,"国家分配论"在财政学界处于主流地位,影响很大。

除了"国家分配论"之外,财政理论界对国家财政的本质还有其他一些认识,其中有代表性的观点主要有以下几种。

1.价值分配论

"价值分配论"认为财政是国家以价值形式进行社会产品的分配而形成的分配关系。国家参与价值的分配,必然在社会的各个方面,首先是在各个阶级之间形成一系列的分配关系,而这些分配关系——分配价值所发生的分配关系,就是财政的本质。

2.国家资金运动论

"国家资金运动论"认为财政是国家资金运动所形成的经济关系。国家资金的筹集、分配、使用、周转都是国家资金的运动,都体现了国家与各个方面的经济关系,因此,社会主义财政就是社会主义国家资金所体现的经济关系。

3.剩余产品分配论

"剩余产品分配论"认为财政分配的本质特征是剩余产品的分配。与一般分配过程不同,财政分配的对象不是社会总产品和国民收入,而是包含在社会总产品和国民收入中的剩余产品,这是财政分配的质的规定性,也是财政分配区别于其他分配关系的本质特征。

4.公共需要论

"公共需要论"认为财政的本质是社会为满足公共需要而进行分配所发生的分配关系。一些学者认为,"国家分配论"的财政定义只是针对"财政一般"而言的。也就是"以国家为主体的分配",对于历史上存在的所有国家财政来说,都是适用的。然而,在人类已有的历史中,社会已存在的经济体制有三种类型:自然经济、市场经济和计划经济。在不同的经济体制下,都有着国家或者政府的分配活动和经济活动,也就是都有着"财政"的存在。但是,不同的经济体制对国家或者政府有着不同的要求,决定着不同的财政性质,从而形成了不同的财政类型,也就是人们所说的"财政特殊"。与市场经济相适应的财政类型,就是公共财政(public finance)。公共财政也是政府进行的分配活动或者经济活动,这是它与自然经济和计划经济体制下的财政所共同具有的性质。但是,公共财政只能为市场提供公共服务,这又使得它不同于只为君主私人服务的自然经济下的财政,或者只为"国家"自己服务的计划经济体制下的财政。这样,"公共"就是市场经济所给予市场型财政的根本性质。

(二)财政分配的特点

1.财政是以国家为主体的分配

财政分配的主体是国家,这包括以下几层内容:第一,财政分配以国家为前提。财政是伴随着国家的产生而产生的,因而,国家直接决定着财政的产生、发展和范围。第二,在财政分配中,国家处于主动的、支配的地位。在财政分配的各项收支活动中,无论是收支的方式、渠道,还是收支的规模、比例等,都由国家决定和支配,因此,财政是国家可以直接用来调节经济的强有力手段和物质力量。第三,财政是一种集中性的、全社会范围内的分配。第四,国家在一定的时期内的政治、经济政策常常要通过财政分配活动来体现,财政是贯彻国家政治、经济政策的重要手段。

2.财政的分配对象是社会总产品,主要是剩余产品

就现实的财政分配情况来看,财政收入既包括剩余价值(M)部分,又包括劳动者劳动报酬收入(V)部分,还包括折旧基金(C)部分,其中,剩余产品价值部分是财政收入的主要来源。当然,也不能忽视V部分对财政分配的意义。就我国经济发展的趋势来看,来自V部分的财政收入(如个人劳动收入的所得税)会不断增长。

3.财政分配的目的是为了保证国家实现其职能的需要

国家所要实现的职能的需要,属于社会公共需要。其范围相当广泛,主要包括国家政权的职能和执行某些社会职能的需要,以及一些大型的公共设施、某些基础产业等的需要。在不同的历史时期,国家的职能是各不相同的,因而为满足国家实现其职能的需要也不一致。因此,财政分配要适应国家在不同时期的政治、经济职能的需要,为国家实现其职能提供财力保障。

4.财政分配以无偿性为主,带有强制性

财政分配的无偿性主要表现为,财政的收与支都是价值的单方面转移并改变其所有权,不需要直接偿还。在无偿分配的基本形式之外,也存在各种有偿分配的方式,但是这并不影响财政整体上和本质上的无偿性特征。

财政分配的强制性体现为政治强权与经济权威相结合。由于国家是财政分配的主体,国家在参与社会产品分配时,为了限制或者解决可能产生的矛盾,便在公众可接受的范围内,以行政、法律等强制性手段对社会经济关系进行强制处理。

以国家为主体,按照强制性、集中性、无偿性原则进行分配,是财政分配区别于其他分配方式的基本特征。

(三)社会主义财政的本质

财政是伴随着国家的产生而产生的,国家的性质决定了财政的本质。我国是建立在生产资料公有制基础之上的社会主义国家,国家和全体人民的根本利益是一致的,这就决定了社会主义财政的本质是一种"取之于民、用之于民"的分配关系。

"取之于民、用之于民"是指财政收入是劳动人民创造的物质财富而由国家集中的纯收入;财政支出则用于巩固社会主义生产资料公有制与人民民主专政,发展社会主义市场经济,不断满足人民物质文化生活需要。正如马克思所说"从一个处于私人地位的生

产者身上扣除的一切,又会直接或者间接地用来为处于社会成员地位的这个生产者谋福利”。①

由于社会主义财政的本质是一种“取之于民、用之于民”的分配方式,因此,社会主义财政的基本概念可以概括为:社会主义财政是以国家为主体,为实现其职能,利用价值形式,参与一部分社会产品或者国民收入的分配和再分配而形成的“取之于民、用之于民”的分配关系。社会主义国家的性质及我国社会主义经济制度决定了我国社会主义财政具有分配活动的广泛性、资金投向的生产性、分配关系中根本利益的一致性及鲜明的人民性等基本特征。

第三节　财政职能

财政职能是指财政在一定社会经济条件下所具有的功能,是财政这一经济范畴的本质的反映,具有客观必然性。财政的职能可以概括为三个方面:资源配置职能、收入分配职能、经济稳定与发展职能。

一、资源配置职能

(一)资源配置的含义

资源配置是指财政通过资金——财力的分配,引导人力和物力的流向,形成一定的资产结构、产业结构、技术结构和地区结构。其目标是保证全社会的人力、物力和财力资源得到有效的利用,通过财政分配,最终实现资源的优化配置,以满足社会及成员的需要。

财政之所以具有配置资源的功能,在于市场存在缺陷而不能提供有效的资源配置。财政的配置职能是由政府介入或者干预所产生的,它的特点和作用是通过本身的收支活动为政府提供公共物品财力,引导资源的流向,弥补市场的失灵,最终实现全社会资源配置的最有效状态。

(二)财政实现资源配置职能的主要内容

财政的资源配置主要体现在以下几方面:无法利用市场机制来提供,须由政府通过财政来提供的领域,如国防、行政管理、义务教育、公共设施、社会福利、公共卫生、公益事业、环境保护、公共服务等社会公共支出领域;一些垄断性行业风险大、投资数额巨大、投资周期长、微利或者无利但事关国计民生的重大建设项目和重大科学技术研究项目;完全由市场调节会导致社会财富巨大浪费、引发经济波动的重大支出,如社会保障支出、一些基础设施建设支出;等等。在这些方面由财政发挥资源配置职能来弥补市场配置的不足,会产生更大的社会效益。

财政资源配置职能的主要内容具体包括以下几个方面。

① 马克思,恩格斯.马克思恩格斯全集:19卷[M].北京:人民出版社,1963:20.

1.通过调节积累和消费的比例关系来配置资源

积累和消费的比例关系是整个国民经济中一个重要的比例关系,直接影响到国民经济的持续、稳定和协调发展。在积累和消费比例关系的最终形成上,财政起着重要的调节作用。这主要表现在:第一,财政分配的规模调节着国民收入中 V 和 M 的比例关系,从而制约着积累和消费比例的基础。在国民收入一定的条件下,V 和 M 存在着此消彼长的关系。V 主要用于消费,在 M 的使用方向(积累和消费的比例)一定的情况下,V 所占比重的大小直接影响着消费的规模。M 的主要部分是通过财政分配的,因此,财政收入占国民收入的比重直接制约着 M 占国民收入的份额和比例,从而影响着积累和消费的基础和结构。第二,财政支出分配对积累和消费比例的最终形成具有决定性作用。在 V 和 M 的比例为一定的条件下,积累和消费的比例决定于 M 的使用方向即用于积累和消费以及二者的比例关系,而 M 的主要部分是通过财政分配的,因此,财政分配直接决定着积累和消费比例的最终形成,从而最终实现资源的配置。

2.调节资源在产业部门之间的配置,调整和优化产业结构

合理的产业结构对于促进国民经济的稳定与协调发展具有重要的意义。产业结构的调整主要是通过调整投资结构和调整资产存量结构即改变现有企业的生产方向而进行的。财政在这两个方面都能发挥调节作用。就调整投资结构来看,国家财政可以通过调整国家预算支出中的投资结构,增加能源、交通、通信和原材料等基础产业和基础设施以及高技术开发应用方面的投资,减少加工部门的投资;同时,利用财政税收杠杆和投资政策对企业的投资方向进行引导,鼓励企业向短线生产投资,限制企业对长线生产进行投资。在调整资产存量结构,改变现有企业的生产方向上,国家可以通过实行不同的税收政策,引导企业通过市场竞争,实行破产、兼并和横向经济联合,从而调节资源在产业部门之间的配置,调整产业结构,促进产业结构优化升级。

3.调节全社会的资源在政府部门与非政府部门的配置

财政收入在国民生产总值或者国民收入中所占份额的高低,直接决定着社会资源在政府部门与非政府部门的配置。在财政年度里的国民生产总值或者国民收入一定的条件下,国家提高财政收入的份额,意味着社会资源中归政府部门支配使用的部分增大,非政府部门支配使用的部分减小;反之,则意味着政府部门支配使用的部分减小,而非政府部门支配使用的部分增大。社会资源在政府部门与非政府部门的配置比例不是固定不变的,而是随着经济的发展以及国家职能和活动范围的变化而变化的。国家财政调节这一配置比例的原则是使政府部门支配使用的资源与其承担的职能相适应,政府部门使用的资源过多或者过少都不符合优化资源配置的要求。

二、收入分配职能

(一)收入分配的含义

收入分配是指财政通过分配调整各分配主体的物质利益关系,其目标是实现国民收入和财富分配的公平合理,调整国家与企业、个人之间,企业和企业之间,个人和个人之间的分配关系。

在市场经济条件下,财政之所以具有分配收入的职能,在于市场机制缺陷造成收入和财富分配的不公平。一般而言,分配收入是市场机制的职能,即市场机制是分配收入的主要形式。在生产要素市场上,各要素主体作为分配的参与者,企业和个人分别取得利润(或者利息)、租金和工资以及补贴、福利等,国家则主要以税收、上缴国有资产收益等形式取得收入。但是,仅有这一层次的分配是不够的,因为财政要实现国家的职能,就必须使国家不仅成为市场的参与者,而且成为市场的调节者;国家不仅要以生产资料所有者的身份参与分配,而且还要以社会所有者的身份参与分配。就企业和个人而言,必然要在市场中追求效率,但是由于各经济主体或个人所提供的生产要素不同、资源的稀缺程度不同以及各种非竞争因素的干扰,各经济主体或个人获得的收入会出现较大的差距,甚至与劳动投入不相称,而过分的悬殊将影响社会公平。因此,市场的基础性作用及其存在的弱点和消极方面,要由财政的再分配收入职能来调控和克服。

(二)财政实现收入分配职能的主要方式

财政实现分配职能的主要方式有以下几种。

1.提供公共产品

政府实现收入分配职能的一个方式是通过税收的方式筹集资金,向公众提供公共产品或准公共产品。公共产品是每一个社会成员都能够享受到的,而提供公共产品的税收来源虽然原则上由每一个社会成员负担,但是实际上每一个社会成员的税收负担是不同的。一般来说,社会中较富有的成员会承担较多的税收,而收入较低的社会成员承担较少的税收。这样,政府提供的公共产品就会使社会各成员因享用公共产品而获得相同的效用却付出不同,这实际上形成了收入再分配。

2.组织公共生产

政府组织公共生产的一个重要原因是为了改善由于资本占有的不均等以及资本参加收入分配所导致的收入水平悬殊的状态。如果由政府组织公共生产,即通过政府占有生产资料并代表全体公民行使对资本收入的占有权,社会的收入分配差别就主要来自各社会成员劳动力禀赋的差异。一般来说,劳动力禀赋的差异所导致的收入分配差异大大小于因资本参加分配所形成的收入分配差异。因此,由政府组织公共生产可以在一定程度上缩小收入差距,实行收入再分配。但是,政府如果广泛地组织公共生产,则容易产生社会生产的低效率。因此,将公共生产作为收入再分配的主要手段,在使用时需谨慎。

3.转移支付

转移支付是通过将某一部分社会成员的收入转移到其他社会成员的手中来进行收入再分配,它是一种最直观的收入分配制度。由于转移支付方式信息比较明确,与提供公共产品和组织公共生产两种方式相比,其成本较小,因而一般作为收入再分配的主要方式。转移支付的方式主要有社会救济、地区间的转移支付、补贴等。

政府在行使收入再分配职能时,必须妥善处理好公平与效率之间的关系,不能因为强调社会公平而过多地损害社会的经济效益。

三、经济稳定与发展职能

(一)经济稳定与发展的含义

经济稳定与发展是指财政通过分配稳定经济并使经济适度增长,其目标是保持充分就业、物价稳定和国际收支平衡等。充分就业并非指可就业人口的百分之百的就业,它是指有工作能力且愿意工作的劳动者能够找到工作。物价稳定也不意味着物价冻结,上涨率为零,它是指物价上涨幅度维持在不至于影响社会经济正常运行的范围内。国际收支平衡指的是一国在进行国际经济交往时,其经常性项目和资本项目的收支保持大体平衡。在开放经济条件下,国际收支平衡是经济稳定的一个重要内容和标志。

在市场经济条件下,财政之所以具有稳定和发展经济的职能,在于市场存在着缺陷而不能自动调节并稳定经济,以致经济波动的幅度可能日益变大。市场能够随着“看不见的手”在一定程度、范围、对象、内容方面调节和稳定经济,但是,市场也有其弱点和消极的方面。市场经济活动是有周期的,会出现经济波动的状态,会导致供给和需求总水平的不稳定,而市场竞争又可能受其外部干扰出现不足、不充分的情况。市场的基础性作用及其存在的弱点和消极方面,要由财政的稳定经济职能来调控和克服。

(二)财政实现经济稳定职能的主要手段

要实现经济稳定增长,关键是使社会总供给和总需求在总量上和结构上大体达到平衡。如果社会总供求保持了平衡,物价水平就是基本稳定的,经济增长率也是适度的,而充分就业和国际收支平衡也是不难实现的。财政政策是维系总供求大体平衡的重要手段。

财政实现经济稳定与发展职能的机制和手段主要有以下几种。

1.财政政策是保持社会总供给和社会总需求平衡的重要手段

财政可以通过税收政策、投资政策、补贴政策、国债政策等的收支活动,调节市场作用下宏观经济的不平衡。在总需求超过总供给时,财政可以减少支出或增加税收,或者二者同时运用,通过减少政府部门和非政府部门的需求来压缩总需求;而当总需求小于总供给时,财政可以通过增加支出或减少税收,或者二者并用来扩大总需求,即采用“相机抉择”的财政政策,保证社会总需求与总供给的平衡。

2.财政可以通过收入和支出发挥“自动稳定器”的作用

财政收入有收敛经济的作用,而财政支出则有扩张经济的作用。财政收入和财政支出发挥的作用与经济变化的作用是相反的。例如,在实行累进税的情况下,经济衰退使纳税人的收入自动进入较低纳税档次,政府税收下降的幅度会超过收入下降的幅度,从而可起到抑制衰退的作用。相反,在经济繁荣时,纳税人的收入自动进入较高的纳税档次,政府税收上升的幅度会超过收入上升的幅度,从而起到抑制通货膨胀的作用。失业救济支出则是财政支出方面一个重要的自动稳定器。在经济繁荣时期,失业人数减少,财政用于失业救济支出下降,从而使私人购买力下降,抑制了通货膨胀;相反,在经济萧条时期,非自愿性失业工人增加,失业救济支出增加,从而增加了私人购买力,扩大了社会需求,减弱了经济衰退。

3.财政投资、补贴、税收和国债等政策可以消除经济增长中的“瓶颈”

政府可以通过财政投资、补贴、税收和国债等政策,鼓励农业、能源、交通运输、邮电通信等公共设施的发展,从而消除经济增长中的“瓶颈”,扶持第三产业的发展,加快产业结构的转换和优化升级,保持国民经济协调、高速发展。

第四节 财政体系

一、社会主义财政体系

财政体系即财政的范围,是指国家财政分配关系领域中既相对独立又相互联系的各个环节的总和。我国是生产资料公有制国家,由此决定我国的财政范围包括国家预算、预算外资金、国有企业财务、国家税收、国家信用等部分。

(一)国家预算

国家预算即国家集中性财政,是我国社会主义财政体系的主导环节,是国家有计划地筹集、分配资金的主要工具。从我国预算收支的内容来看,它反映着国家的施政方针和政府活动的方向与范围。国家重点建设项目和主要教科文卫设施的资金都是由国家预算提供的,因此,国家预算制约着国民经济结构、比例和教科文卫事业的发展规模和速度,反映着主要的财政分配。它包括中央与地方之间、国家与国有企业之间、国家与集体经济单位之间、国家与外资、合资企业之间以及国家与个体经济、居民个人之间的分配关系。此外,从计划管理角度来看,国家预算是国家的基本财政计划,也是一个指令性计划,经全国人民代表大会审批通过,从而具有法律效应。国家预算通过资金筹集与分配,保证国民经济和社会发展计划的实现。

(二)预算外资金

预算外资金是社会主义财政体系的补充环节,是指按照国家规定,在预算之外由各地方政府、部门和企事业单位自收自支、自行管理的非集中性资金,是国家财政的补充财力。预算外资金具有涉及面广、项目繁多、零星分散、国家不能随意收归国家预算,以及其资金来源和用途都相对稳定等特点。各地方政府、部门和企事业单位在形成和使用预算外资金时,必须严格按照国家规定的项目、标准、范围和用途进行。预算外资金对于调动各地方政府、部门和企事业单位的积极性,搞活经济,发展生产起到了积极作用。随着经济体制改革的不断深入,预算外资金的规模也在逐步扩大,国家要对预算外资金进行有效的引导和管理。

(三)国有企业财务

国有企业财务是企业在生产经营活动中资金运动及其所体现的企业与各方面的经济关系。它是社会主义财政体系的基础,是国家利用价值形式管理企业的重要形式。国家与国有企业之间的财政分配关系,主要表现为国家财政与国有企业之间的缴拨款关系:一方面,企业创造的纯收入的相当部分通过税收利润形式上缴,形成财政收入的主要来源;另一方面,财政通过拨款、贷款或者投资方式支持企业的生产建设。可见,财政收支过程和企业财务收支过程是不断循环、不断增值的过程,财政建立在企业资金活动的基础上,企业财务状况的好坏直接制约着国家财政收支的规模。从这个意义上讲,国有企业财务是财政体系的基础。因此,必须深化国有企业改革,增强企业活力,提高企业经济效益,为国家提供更多的财政收入。

(四)国家税收

国家税收是国家预算的重要环节,也是社会主义财政体系的重要环节。税收是国家凭借政治权力,按照法律所规定的标准,强制地、无偿地参与社会产品分配的一种形式。税收表现为国家集中性的分配,是国家积累资金的主要渠道,也是调节物质利益关系的重要经济杠杆。因此,国家税收在社会主义财政体系中占有十分重要的地位。

(五)国家信用

国家信用是国家预算体系的组成部分,也是社会主义财政体系的调节环节。它是国家运用信用手段进行财政分配的特殊形式,即指国家直接以债务人身份采取信贷方式筹集资金的行为。在我国,国家信用包括国家运用信用手段筹集财政资金和分配财政资金两个方面,主要是公债、国外借款、财政性信贷、支农周转金等。国家信用是一种介于财政和银行两大资金之间的融资手段,它是以利息为条件的有偿分配。对于国家信用,从筹集资金的角度来看,可以有计划地吸收社会暂时闲置资金,用于国家重点建设需要;从分配资金的角度来看,可以增强用款单位的责任感,提高资金的使用效率。另外,国家信用还是国家进行宏观调控的重要杠杆,在调节资金流动的方向和各种利益关系方面起着重要作用。

二、财政与经济的关系

财政与经济的关系可以归纳为:经济决定财政,财政影响经济。

(一)经济对财政的作用

经济对财政的决定作用,主要表现在以下几个方面。

1.生产资料所有制的性质决定财政分配的性质和形式

我国现阶段的所有制结构是以生产资料公有制为主体、多种经济成分并存的格局,这就决定了我国的财政分配是社会主义性质的,其分配关系、分配形式是多种多样的。我国目前的财政分配关系或者财政分配形式主要有:国家财政与国有经济之间的分配关系、国家财政与集体经济之间的分配关系、国家财政与其他经济形式之间的分配关系。国家财政与国有经济之间的分配关系是全民所有制内部全局与局部的关系,国家财政与集体经济之间的分配关系反映了社会主义公有制内部两种所有制形式之间相互支持的关系,而国家财政与其他经济形式之间的分配关系则反映了全民所有制经济与私有制经济之间的产品分配关系。

2.经济结构决定财政分配结构

经济结构一般包括以生产资料所有制为核心的生产关系方面的结构即社会经济结构,以及以产业结构为核心的生产力方面的结构即国民经济结构。这两个结构都对财政分配结构有决定作用。从财政收入方面来看,国民经济的所有制结构决定了财政的所有制结构。例如,新中国建立以后,随着生产资料社会主义改造的逐渐完成,国有经济迅速壮大,来自该种经济成分的财政收入也不断增加;同时,国有经济的产业结构决定了财政收入的产业结构。从财政支出方面来看,我国的国民经济所有制结构决定了财政支出的内容。我国发展的是以公有制为主体的市场经济,这就决定了国家是最大的投资者,财政支出的重要内容是增加对国有企业的基本建设支出、流动资金支出和更新改造支出等生产性支出。

3.国民经济的发展水平和规模决定了国家财政的收支规模和增长速度

具体表现在:生产规模及发展速度决定财政收支的规模及发展速度,二者呈正方向变化;生产力的发展水平影响着财政收入的多少,生产力水平越高,财政收入越多,反之则越少;生产结构的不同影响着财政收入的多少,在同一生产规模下,盈利高的生产部门在经济结构中所占的比例越大,财政收入就越多,反之则财政收入就越少。

(二)财政对经济的影响

经济决定财政,但财政不是消极的,财政对经济也有着较大的影响,具体表现在以下几个方面。

1.国家财政收支规模制约着再生产的规模和发展速度

在社会主义市场经济条件下,财政分配主要是保证国家重点建设的资金需要,而重点建设又关系到国民经济和社会发展的全局。因此,在一定的经济发展水平下,国家财政收支的规模直接影响、制约着社会再生产的规模和发展速度。

2.财政分配结构影响着经济结构

财政分配结构包括财政收入结构和财政支出结构,这两个结构都对经济结构有着重要的影响。从财政收入结构来看,国家通过税收、利润、补贴等经济杠杆,对不同经济成分、不同行业、不同部门、不同企业、不同产品的多收、少收或者补贴,可以促进社会经济结构、产业结构和产品结构的变化。如我国改革开放以来对私营经济采取优惠政策,促进了私营经济的发展,使我国的社会经济结构发生了变化。从财政支出结构来看,国家通过财政支出的安排,可以调节国民收入中积累与消费的比例关系及积累与消费内部的各自比例,调节生产投资比例,从而影响经济结构的形成和变化。

3.财政分配的效益影响经济发展速度

如果财政资金分配适当,使用合理,财政分配的效益高,经济发展的速度就快;反之,经济发展的速度就慢。

4.财政对经济利益关系的处理影响着社会主义生产关系

国家通过利用税收、补贴等经济杠杆,可以对原有的经济利益关系进行调整,这种利益关系的调整对社会主义生产关系有着重要的影响。

在财政与经济的关系中,经济决定财政是主导方面。财政与经济的辩证关系对于社会主义财政工作具有重要的指导作用。

三、公共财政

(一)公共财政的含义

公共财政(public finance)是公共收入和公共支出的总称。英国经济学家亚当·斯密(1723—1790年)在其1776年出版的《国民财富的性质和原因的研究》一书中,最早论述了公共财政。他认为,公共收入是指为维持政府运转、由政府部门为社会提供公共物品以保证社会正常运行而取得的收入;公共支出则是为实现全社会公共目的、对社会大多数人具有福利意义的、以国家为主体将公共收入分配到提供“公共产品”的部门的支出活动。也就是说,公共收入与公共支出的过程,实际上就是以国家为主体对一部分社会产品进行分配和再分配的过程。在这一过程中,作为公共收入来源的纳税人可能同时就是公共支出对象的直接受益人,也有可能享受不到公共支出的利益。公共收入与公共支出可能出现不一致,但从整体来看,社会主义财政是"取之于民,用之于民"的。

(二)我国公共财政的建立

1.我国公共财政活动存在的问题

在经济体制转轨过程中,"公共财政"活动对于促进我国国民经济发展、实现宏观经济稳定起到了非常重要的作用,但是同时也存在着一些问题。

(1)公共收入来源与其支出对象出现"负向不对称"现象,这种现象的存在在一定程度上损害了宏观经济运行的效率。公共收入来源与其支出对象的"负向不对称"主要表现为:纳税能力较高的人反而少纳税或者不纳税,但是从政府获得了较多的公共物品。这种"负向不对称"导致了各经济行为主体的偷税、漏税、逃税、抗税及各种"寻租"现象,阻碍了宏观经济的顺利运行。

(2)预算外收入不断扩大,且在预算外收入中各地方和部门可支配的收入占有相当大的比例,预算内收入则相对减少。这种情况的存在使中央政府的财政职能弱化,从而使中央的宏观调控能力下降。同时,预算外收入与支出活动范围的不断扩大,助长了不受预算约束的"自收自支""以收抵支"甚至"坐收坐支"行为。这就为各种形式的"小金库"打开了方便之门,从而也就不可避免地引发了政府行为的扭曲,进而导致经济运行的不稳定。同时,在中央可支配财力下降和部门与地方财力迅速上升的情况下,预算外收入的大幅度扩张倾向必然加剧地区间产业结构的低水平重复和区域经济的同构化以及收入分配差距的扩大。

(3)税收外规费收入越来越多,收缴权日益分散化,在客观上造成了公共支出结构的扭曲,导致政府效率低下,妨碍了宏观经济的顺利运行。

2.我国建立公共财政的改革措施

财政的民主化、公共化、分权化和民生化是财政的基础理论以及财政政策的选择与制定的重要方向。财政的民主化主要是为了处理好国家与人民之间的关系,它是财政体制改革的一个总体趋势;财政的公共化是要处理好政府与市场的关系、财政公共化的范围和规模、国有企业改革与国有资产管理方面的问题;财政的分权化则是要处理好中央和地方的关系。由以上三者产生的财政支出民生化则是要处理好财政支出中生产性支出与消费性支出的关系,特别是要重视解决消费性支出中的民生问题。这是在新的历史条件和社会背景下,我国财政体制改革和建立公共财政的基本思路和主要要求。为了解决我国公共财政活动中存在的问题,必须进一步深化财政体制改革,建立公共财政。

(1)必须坚持税负公平,实施重点倾斜。当然,坚持税负公平,并不是要绝对的公平,而是允许在一定条件下对特殊地区和部门实施一定程度的税收优惠政策。但是,这种优惠政策只能是短期的,而不能长期化。

(2)坚持依法征税,确保公共收入合理增长,同时精简机构以减轻财政负担,提高政府效率。

(3)减少不合理的税收外规费收入,认真清理预算外收支,对预算外收支实行统一管理。根据发达国家公共财政收支的经验,在经济发展过程中存在一定数量的税外规费是必然的,它可以在一定程度上解决政府专项管理和公共物品生产中的资金不足。但是,税外收费在公共收入中所占的比例不宜太大。而我国目前税外收费的数量却相当大,已对我国经济的发展带来了不良影响。因此,必须对税外收费进行严格规范和必要的清理,减少和取消一切不合理的税外收费,同时,对必要的税外收费进行严格审查和统一管理。

(4)严格实施各级财政"自收自支""结余归己""超支不补"的"生财理财"制度,并将"自收自支"当作分税制下公共收支管理的一个基本制度和原则。对各级财政实行"结余归己""超支不补",实际上是既给了地方政府生财、聚财、理财的自主权和利益,同时又约束了地方政府的活动,给其增加了压力。这势必会调动各财政主体生财、聚财、理财的积极性和创造性,提高财政收支活动的效益。

复习思考题

1.什么是市场失效？它有哪些表现？
2.什么是公共产品和公共需要？
3.政府有哪些经济职能？政府失效表现在哪些方面？
4.什么是财政？如何认识财政的本质？
5.试述财政职能。
6.试述我国财政体系的构成。
7.财政与经济的关系是怎样的？
8.什么是公共财政？我国应如何建立公共财政？

第二章

财政收入概述

第一节 财政收入的构成和形式

一、财政收入的构成

财政收入是国家通过一定的形式,把分散在单位和个人处的部分收入集中到国家手中,形成国家集中可用的财政资金,体现着国家与缴纳者(企业、个人)之间的收入分配关系。财政收入既是一个过程,又是一定量的资金。作为一个过程,它是财政分配的第一阶段,即组织收入、筹集资金阶段;作为一定量的资金,它是国家凭借政治权力或者生产资料所有者的身份,通过一定的形式和渠道集中起来的一种货币资金,即用货币表示的一定量的剩余产品价值,它包括通过财政预算集中分配的财力和通过财政政策体制所分配的非集中分配的财力两个部分。

分析财政收入的构成是为了研究影响财政收入的各种因素,揭示财政收入的变化规律,探求协调财政收入分配关系和增加财政收入的途径。财政收入可以从不同的角度进行分类,因而有不同的构成,一般来说,主要有价值构成、产业构成和所有制构成。

(一)财政收入的价值构成

市场经济条件下的财政分配是价值分配。财政收入归根到底来源于劳动者在物质生产领域生产的社会总产品的价值。一般来说,社会总产品的价值由补偿产品的价值、必要产品的价值和剩余产品的价值三部分构成,即由 C,V,M 三个部分构成。

作为社会产品中补偿产品的价值 C 是产品生产过程中消耗的生产资料转移的价值。它包括两部分:一部分是补偿消耗掉的劳动对象的价值,即以原材料等投入生产,又通过产品销售收入获得的那部分价值,它不能由社会集中成为财政再分配的对象,不能构成财政收入的来源;另一部分是补偿消耗掉的劳动资料的价值,即固定资产耗费的价值,它形成固定资产折旧基金。折旧资金只是在原有的范围内进行周转,用于补偿已经消耗掉的固定资金。因而，它既不能成为消费基金的来源，用来提高社会消费水平，也不能用于积累。也就是说，折旧基金与剩余价值具有完全不同的性质，如果把折旧基金作为财政收入用于再分配，必然会使一部分固定资产得不到补偿。随着社会主义市场经济体制的建立和不断完善以及现代企业制度的建立，这两部分补偿产品的价值都应归企业所有，成为企业得以正常进行再生产的条件。因此，补偿产品的价值不能构成财政收入。

而作为必要产品的价值 V，则用于补偿直接生产过程中的活劳动消耗，是以劳动报酬形式支付给各种劳动者的个人消费基金，一般表现为工资。它应当成为财政收入的重要来源。目前，来自 V 的财政收入主要有以下几个方面：第一，直接向个人征收的税金，如个人各种劳动收入的个人所得税等；第二，直接向个人收取的规费收入，如户口证书费、结婚证书费、护照费等；第三，居民个人存款的利息税（2008 年 10 月已停止征收）；第四，国家出售高税率的消费品所获得的收入，如消费税收入，实质上是由 V 转移来的；第五，服务性行业和文化娱乐等企事业单位上缴的税收，其中一部分是通过对 V 的再分配转化而来的；等等。

作为剩余产品的价值 M，是由生产部门创造出来的价值，是国家通过税收形式集中的、归社会支配可用于整个社会扩大再生产的价值部分。我国财政收入主要来源于剩余产品的价值，这是由其自身的特点及财政资金用途的特点决定的。M 是扣除物化劳动和活劳动消耗以后的价值部分，它可以归社会支配，用于消费或者进行积累以扩大再生产，因而，它可以作为财政收入的主要源泉。同时，财政为了保证国家履行其经济、政治和社会职能，必须建立社会扩大再生产基金、后备基金和社会共同消费基金，这些基金的性质决定了财政收入的主要来源只能是 M。M 作为财政收入的主要来源，绝大部分体现为国有企业上缴的利税和其他经济成分上缴的税收，这是我国财政收入的一大特点。

由上可知，在社会产品的价值中，C 不能构成财政收入的来源，V 的一部分可以构成财政收入的来源，但是所占的比例不大，财政收入的主要源泉是 M。因此，要增加财政收入，必须将重点放在提高经济效益、增加剩余产品价值总量上面。

（二）财政收入的产业构成

一个国家的产业结构决定着财政收入的部门结构。现代产业结构分为第一产业、第二产业、第三产业。按产业划分，财政收入可分为来自第一产业的财政收入、来自第二产业的财政收入和来自第三产业的财政收入。财政收入按产业划分，计算各产业提供财政收入所占的比例，既可以反映产业结构合理与否和经济发展水平的高低以及来自各产业的财政收入多少的关系，又可以反映各个产业的经济效益的好坏和利润水平的高低的关系，为财政从宏观上调控各产业提供一定的依据。

1.第一产业是财政收入的基本源泉

第一产业是指农业。农业是凭借自然资源为人们提供基本生活资料，为国民经济提供原材料的行业。由于该产业投资多、周期长，受自然影响大，积累率低，因此，其所提供的财政收入在财政收入总额中所占的比例不大。但是，第一产业为国民经济提供的原材料、燃料、食物等，又是后继产业的前提和基础。从这个意义上说，第一产业是财政收入的基本源泉。尤其是农业，由于它是国民经济的基础，因而对提供财政收入的意义也就极为重要。

从某种意义上说,农业是财政收入的基础。我国以前是以农业为主的国家,相对于其他发达国家而言,农业提供的财政收入占有较大的比重。在2006年以前的我国,农业提供的财政收入表现为两个方面:一方面是直接上缴的农业税。农业税是国家向一切从事农业生产并有农业收入的单位和个人征收的一种税。由于我国农业的劳动生产率不高,扣除个人消费和内部积累后,上缴国家的税收收入占财政收入的比重,与其他部门特别是工业部门相比,所占比重仍然较低,并且在总体上处于不断下降的趋势。所以,从2006年1月1日开始我国全面停止了征收农业税。另一方面是通过工农产品价格的"剪刀差"间接提供的财政收入。在国家制定工农产品价格"剪刀差"政策的情况下,农业创造价值的很大一部分是通过为工业提供低价格的原材料,转到工业部门来实现的。据有关分析,我国农业以间接形式提供的财政收入要比直接提供的财政收入大得多。现阶段对农业发展所实行的一系列积极的政策,是对农村、农业、农民(统称为"三农")在国民经济发展中地位的认识的进一步提高的具体体现。其目的是为了维持农业的持续健康发展以及农业生产力水平的提高,使农业为农民提供的收入不断增加。这意味着,随着经济的发展和产业结构的变化,农业所提供的财政收入会逐步下降。

2.第二产业是财政收入的主要来源

第二产业是在第一产业基础上,利用第一产业所提供的原料、能源进行深加工的产业,主要有加工工业、建筑业等。它是财政收入的主要来源。这是因为第二产业主要是工业部门,其技术装备现代化水平、劳动生产率和积累率都比较高,因而对财政收入规模的大小起着决定性的作用。在第二产业中,轻工业占国家财政收入的比例较大,这是由轻工业具有投资少、建设快,生产周期短、盈利多的特点所决定的。重工业与轻工业相比,由于其自身的特点,在增加财政收入方面远不及轻工业见效快,但是一旦投入生产,特别是基础工业,它在国民经济中所起的作用却是十分巨大的,对增加国家的财政收入所做的贡献也十分突出。在市场经济条件下,随着现代企业制度的建立和劳动生产率的不断提高,第二产业提供的财政收入在财政收入总量中所占的比重将会进一步提高。

3.第三产业提供的财政收入逐步增加

第三产业是指第一、第二产业以外的各种社会服务行业,包括商业、服务业、交通、金融、保险、旅游、饮食、邮电、文教、医疗、科技、信息等行业。

随着经济的发展和人民生活水平的不断提高,第三产业的发展前途巨大,它在满足人民生活需要的同时,也通过收入再分配的形式为财政提供收入。第三产业提供的财政收入,一部分是由该产业的物质生产部门职工的劳动所创造的价值,一部分是由第一、第二产业的劳动者所创造的价值转化而来的。随着第三产业在国民经济中所占比例的逐步增加,它为财政提供的收入也将会逐步增加。

第三产业发达与否是衡量一个国家经济发展的重要标志,也是衡量一个城市综合功能的重要标志。目前,经济发达国家第三产业增加值占国民生产总值的比例一般在60%以上,有的甚至更高,美国2018年达80%,中等收入国家则为40%~50%,低收入国家约为30%。据相关数据统计,美国2019年第三产业增加值高达17.35万亿美元,占总GDP的80.6%。1991年,我国第三产业增加值占GNP的27.2%,就业人数占社会劳动总就业人数的 18.9%,与低收入国家的就业水平相比,还滞后 10 个百分点;到 2015 年,它首次超过国内生产总值(GDP)的 50%。2019 年,中国第三产业增加值为 7.74 万亿美元。从这一角度来看,我国发展第三产业的潜力相当大,发展第三产业比发展第一、第二产业具有更长足的优势。因为,发展第三产业所需投资少,又见效快,特别是那些劳动密集型的服务性行业还有利于解决我国劳动力就业问题,而且,它的高附加值对于增加财政收入更是其他行业所不能比拟的。同时,第三产业的发展,也有利于调整和优化我国的产业结构,实现国民经济的良性循环;有利于提高农业、工业和全社会的生产效率和工作效率,提高经济效益;有利于促进全体人民生活质量的改善和文化素质的提高。总之,大力发展第三产业,既是发展我国社会主义市场经济过程中产业结构调整的需要,也符合"发展经济、广开财源、增加财政收入"的原则,是现阶段我国增加财政收入的有效途径。

改革开放以来,我国第三产业中的传统行业不断扩大,商业物资业、交通通信业、饮食服务业的比例占整个第三产业的 2/3;金融保险业、信息资源业、旅游业、仓储业、物流业等新兴第三产业也有很大的发展。第三产业已经成为我国国民经济的一个重要产业。财政统计资料表明,我国财政收入来自第一、第二产业的比例开始下降,而同期来自第三产业的收入则由 14.2%上升到 53.7%。由此可见,第三产业已经成为我国财政收入新的增长点。

(三)财政收入的所有制构成

财政收入的所有制构成是指来自不同经济成分的财政收入所占的比重。这种结构分析的意义,在于说明国民经济中不同所有制经济对财政收入规模和结构的影响,以采取相应的有效措施增加财政收入。财政收入来源的构成,受当时社会经济结构等方面的制约,以一定的生产资料所有制为基础。在社会主义条件下,财政收入主要来自社会主义国有经济和集体经济创造的收入。但是在不同时期,财政收入来自各种所有制的比例结构有所不同。

党的十一届三中全会以后,我国实行了全面的改革开放政策,在以公有制为基础的前提下,大力发展多种经济成分,调整了所有制经济,使集体经济进一步发展,私营经济和个体经济得到了较大的发展,同时通过合资、合作和独资等形式吸收境外资本。经过长期的发展,我国经济形成了以公有制为主体,国有经济占支配地位,同时城乡个体经济、私营经济等其他经济成分并存的局面。从改革前夕的 1978 年来看,国有企业上缴的税收收入占全部财政收入的 87%,1995 年为 71.1%,到 2010 年,国有及国有控股企业上缴的税收收入仍占全部财政收入的 51%,国有企业并未丧失它在财政收入方面的主导地位。2018 年 1—12 月国有企业营业总收入 587 500.7 亿元,同比增长 10.0%。2019 年 1—12 月国有企业营业总收入 625 520.5 亿元,同比增长 6.9%。

自 20 世纪 80 年代以来,随着农村经济体制改革的不断深入,乡镇企业异军突起,集体经济力量呈不断壮大之势,来自集体经济的财政收入不断增加。同时,我国的私营经济和个体经济经过多年的发展,已形成了一定的经济实力和社会影响,上缴国家的税收收入正日益增加。另外,外商独资、中外合资企业也有了很大的发展,国家从这些企业中获得的税收收入也在不断增加。随着集体经济、个体私营经济以及其他经济提供的税收收入在财政收入中所占比重的迅速提高,它们逐渐成为国家财政收入的重要组成部分。

二、财政收入的形式

财政收入的形式是指国家取得财政收入的具体方式，即国家采用什么方式取得财政收入。财政收入的形式既取决于财政收入所体现的分配关系的性质，又取决于取得财政收入所要达到的经济、政治和社会目的。从历史的角度来看，财政收入的形式是不断变化的；从现实情况来看，世界各国取得财政收入的主要形式都是税收，其他非税收收入的形式则视各国的政治制度、经济结构和财政制度的不同而有所区别。在我国的财政统计分析中，财政收入的形式由税收和其他财政收入两大部分组成，以国家凭借政治权力占有的税收为主体收入，虽然税收以外的收入所占比例小，但是它们的占有过程和体现的分配关系都是不同的。我国的其他财政收入形式主要有国有资产收益、债务收入和公共收费等。

（一）税收收入

税收是国家按照法律规定的标准和要求，强制地、无偿地取得财政收入的一种手段，它体现了以国家为主体的分配关系。税收作为财政收入形式，具有强制性、无偿性和固定性的特点，这"三性"是税收区别于其他财政收入的形式特征，不同时具备"三性"的财政收入就不成其为税收收入。

税收历来是国家财政收入的基本形式，是国家政权和组织机构赖以存在的经济基础。目前在我国，税收收入占全部财政收入的90%左右，是财政收入最主要的形式。这是因为：第一，由于税收具有强制性、无偿性和固定性的特点，它可以为财政取得稳定可靠的收入，也就是说，税收是国家财政收入的可靠保证。第二，税收是重要的经济"指标器"，能够反映经济变化的动向，并成为政府调节经济的重要手段。一般来说，当经济发展较快、生产增加时，税收就增加；反之，税收就减少。税收的增减变化和经济的发展是同方向的。税收除了能反映经济的变化之外，还能充当经济杠杆调节经济。例如，税收可以通过调节分配关系来改变纳税人的负担，以达到一定的目的。在市场经济条件下，税收是调节经济的重要杠杆，利用税收调节经济是市场经济国家的普遍做法。

（二）国有资产收益

所谓国有资产是指国家投资形成和拥有的财产，是国家代表全体人民的意志，行使公共财产权所形成的资产。国有资产按其是否参与经营可分为经营性国有资产、非经营性国有资产和资源性国有资产。经营性国有资产是指参与生产和流通，从事经营活动，以保值增值为目标的国有资产，如邮电、通信、铁路、公路、航空、港口等部门的国有企业占有的国有资产。非经营性国有资产是指不参与生产和流通、不从事经营性活动的国有资产，如行政机关、事业单位、科研机构等占有的国有资产。资源性国有资产指土地、矿山、森林、草场和水域等。当国有资产以税、利及少量的收费形式上缴国家财政时，其所形成的财政收入就是国有资产收益。其中：经营性国有资产以上缴税收、利润及规费的形式形成财政收入；非经营性国有资产主要以收费的方式形成部分财政收入；资源性国有资产则以向国家缴纳资源使用税，或者特别调节费的方式形成财政收入。

具体来说，国有资产收益主要包括：①所得税收入，指国有企业上缴的企业所得税；②股息和红利收入，这是指股份制企业中国有资产入股形成股份所获得的收入；③承包经营上缴利润收入,即国家以契约的形式与承包经营国有资产的企业对实现利润予以分配而取得的财政收入;④国家租赁收入,即国家通过国有资产的出租而获得的收入;⑤国有土地、房产有偿使用收入;⑥其他国有资产收入;等等。

(三)债务收入

债务收入是以有偿借款的方式取得的,它是国家财政通过信用方式从国内外取得的借款收入,也称为公债或者国债。公共债务按债券发行主体的不同可分为中央政府债券、地方政府债券和国有企业债券。按发行的对象不同又可分为内债和外债。按债券偿还的时间长短不同还可分为长期公债和短期公债。公债具有自愿性和有偿性的特征。一般来说,政府通常只能采用利率等手段引导社会认购者购买公债;而且,政府发行公债,必须到期还本付息。

我国的债务收入形式包括:国内债务收入(国库券);向国外政府、外国银行或者国际金融机构借款获得的收入;在国外发行债券取得的收入;向国内银行借款取得的收入;等等。

(四)公共收费

公共收费是指公共部门中的企事业单位通过销售本单位所生产的产品服务而取得收入的形式。其特征是缴费者通过履行缴费义务以取得政府所赋予的权利,享受相应的服务和利益。如对政府介入的具有自然垄断性质的行业所提供的产品或者服务所收取的费用,包括公路使用费、航空设施(如机场)使用费等,这类使用费具有特定性和政策性甚至期限性或者暂时性的特征,在一定期限之后应该明确取消,一般不能成为财政收入的主要来源。

税收和收费是财政收入的两种形式,二者在一定条件下存在替代关系。在市场经济条件下,政府在税、费两者的选择上,一般根据成本—收益的分析进行。如果税收的纯收益(即税收收入减去税收的征管成本及税收的效率损失)大于收费的纯收益(即收费收入减去收费的征收成本及收费的效率损失),那么,税收方式优于收费方式;相反,税收的纯收益小于收费的纯收益,则收费优于税收。从财政实践来看,由于税收和收费的征收成本及效率损失难以计量,因而税费的选择更多地取决于各种现实因素。

三、费改税

(一)费改税的客观必要性

市场经济发达国家总体上以税收为主、收费为辅,而且,来自政府收费的财政收入也要完整地反映在政府预算之内,需要经过严格的审议和批准程序,政府所属各部门无权制订收费计划、核定收费范围和标准。然而在我国,收费的范围大、数量多,在一定程度上甚至超过了税收收入,同时这些收费大多没有反映在预算之内。另外,我国政府各个部门和机构往往自行发布收费指令,单纯把收费作为部门创收的手段,致使各种乱收费、乱罚款和乱摊派屡禁不止,日趋严重。

我国各地区、部门和单位乱收费、乱罚款、乱摊派等行为,已经引起了严重的不良后果:一是加重了企业和城乡居民的负担;二是加剧了社会分配不公,是滋生贪污腐化的温床;三是侵蚀了税基,肢解了财政,弱化了政府宏观调控能力。因此,必须进行"费改税"

改革。

“费改税”并不是将所有的“费”均改为税，而是把那些具有税收性质或者名为“费”实为税的政府收费项目纳入税收的轨道。对于那些本来就属于收费范畴，或者名与实均为“费”的政府收费项目，则要按照收费的办法加以规范。也就是说，纠正由“税费不清”“税收缺位”或者“收费越位”而导致的政府收入的不规范状况，实现“税费归位”。因此，“费改税”的实质就是规范政府收入分配乃至对整个社会的分配秩序进行有序改革的措施。

（二）费改税的实施

“费改税”不只是税与费的量化比例的调整，而且是政府分配机制的重塑，更重要的是有关政府权威的维护及各方面的利益关系的调整。因此，“费改税”是一项复杂的系统工程，不可能一蹴而就，需要谨慎从事。例如，我国从 1994 年就计划取消征收公路养路费，改为征收燃油消费税，但是直到 2009 年 1 月 1 日才正式实施燃油税费改革，即取消公路养路费、航道养护费、公路运输管理费、公路客货运附加费、水路运输管理费、水运客货运附加费，逐步有序取消已审批的政府还贷二级公路收费，对成品油消费税实行从量定额计征。因为当时国际市场油价受国际金融危机影响而大幅度下降为我国燃油消费税改革提供了有利时机。

1.各级政府应统一思想，提高认识

（1）必须充分认识到乱收费的严重性和危害性。要把制止乱收费上升到加强廉政建设、密切干群关系的高度来认识，把制止乱收费与纠正行业不正之风、清除腐败现象结合起来，作为进一步治理经济环境、整顿经济秩序的一项重要内容。

（2）树立全局观念，坚持量力而行、勤俭节约的原则。各地区、部门和单位应从全局出发，不能只顾本地区、本部门和单位的局部利益而随意收费、随意罚款，也不能超越社会承受能力乱集资、乱摊派、盲目上马基本建设项目。

2.严格审核收费、罚款、集资的项目和标准，禁止各种形式的摊派

各地区、各有关部门必须对现有的收费、罚款和集资项目和各种摊派进行全面的清理整顿。一方面全面检查现有收费、罚款和集资项目的依据、标准、范围、资金用途及执收执罚单位管理，另一方面认真整顿收费、罚款、集资项目和执收执罚机构、现行规章、票据、执法纪律，以解决“滥、散、乱”问题，取缔非法行为，维护合法的收费、罚款和集资。

同时，对现有的收费、罚款和集资项目重新进行审核，根据不同情况区别对待。凡符合国家审批规定又合理的予以保留，继续执行，但是要降低过高的标准，不合理的则予以取消，重复收取的实行合并；不符合审批规定的收费项目必须立即停止执行，对其中确有正当理由需要保留的，必须按规定权限重新申报批准后才能执行，未经批准的一律取消；国家行政机关在其职责范围内的公务活动不准收费；罚款幅度过大的，要划清档次、明确标准；用集资建设的规划外项目和不符合产业政策的项目要停建。坚决禁止各种形式的摊派。

3.加强管理及监督检查

（1）必须明确各部门职责和管理权限，加强项目审批管理。行政事业性收费项目，审批权限应集中在中央和省两级；罚款项目要严格按国家法律、法规和规章的有关规定执行;集资必须在法律、法规和国务院有关政策允许的范围内进行,坚持自愿、受益、适度、资金定向使用的原则。

(2)建立健全收费、罚款和集资的财务、票证管理制度。对行政事业性收费,按资金性质分别纳入财政预算或预算外管理;罚款收入上缴财政,取消各种形式的罚没收入提留分成办法,执法部门所需办案和业务经费列入财政支出预算;集资的资金应纳入单位财务管理,并按规定及时解缴国库或者存入财政专户,严禁坐收坐支,私设"小金库"。同时,各种收费和罚款都必须使用财政部门统一制发的票据。

(3)各级政府应加强监督检查,把对乱收费的检查列为税收、财务、物价大检查的一项重要内容,并使之制度化、经常化。为此,各级政府对乱收费必须严格检查、认真监督、及时严肃处理、公开曝光;同时,发动企事业单位和个人运用法律、法规、制度维护自身的合法权益,积极参与对执收执罚人员的监督。

4.精简机构,努力减少收费

政府对以收费为主要经费来源的单位应认真清理,该撤的撤,该并的并。精简机构,压缩人员,以减少各种开支,从而抑制或者减少收费。

5.加强执法队伍的建设,提高执法人员的素质

必须广泛深入地开展法制教育、廉政教育和职业道德教育,不断提高执法人员的思想觉悟和政策水平。同时,对不适合做执法工作的人员坚持调离;对少数贪赃枉法的坚决清除;对触犯法律的依法惩处;对执法严明的则加以表彰。

第二节 财政收入的原则和意义

一、财政收入的原则

财政收入的原则是指组织财政收入时所应遵循的规则。它既是客观经济规律的要求,也是组织财政收入工作的经验总结。在国家财政通过各种形式把分散在国民经济各部门、企事业单位和居民个人手中的一部分收入集中起来形成集中性财政资金的过程中,涉及一系列的资金供需矛盾和利益分配关系,主要包括财政收入与发展经济的关系,财政收入中国家、集体、个人利益的协调关系,财政收入分配中的公平与效率的关系,等等。因此,在组织财政收入时,必须遵循以下原则。

(一)发展经济、广开财源、增加财政收入的原则

发展经济、广开财源、增加财政收入的原则是组织财政收入时,必须从发展经济出发,并在发展经济的基础上提高经济效益,扩大财政收入来源,大力组织收入,以增加国家财政收入。

这个原则是经济决定财政,财政反作用于经济的原理在筹集财政资金中的具体运用。财政收入的规模、财政收入的增长速度受许多因素的制约,其中经济发展水平是根本性的制约因素。一国的经济发展水平一般是用该国的国民生产总值或者国民收入来

衡量的。经济发展水平高，表明该国的国民生产总值或者国民收入也高，则该国的财政收入总额较大，占国民生产总值或者国民收入的比例也较高，因此，要增加财政收入，必须发展生产，提高经济发展水平，增加财源。离开了经济发展，财政资金的筹集就会成为无源之水、无本之木。经济发展水平与财政收入之间存在着源与流、根与叶的关系，经济是源与根，财政是流与叶，源远才能流长，根深才能叶茂。

在各产业中，农业是财政收入的基础，工业是财政收入的主要来源，蓬勃发展的第三产业正逐步成为财政收入中的一个重要来源。发展经济，必须增加对农业的投入，提高劳动生产率；加快国有企业深化改革的步伐，增强企业活力；加快发展现代第三产业，等等。经济的发展必须立足于提高经济效益，增加产量和收入，这样才能既改善人民生活，又加速资金积累，促进经济发展，增加财政收入。

（二）兼顾国家、生产单位和个人三者利益的原则

兼顾国家、生产单位和个人三者利益的原则，就是指组织财政收入时必须从实际出发，按照物质利益规律办事，正确处理好国家、生产单位和个人三者在利益上的分配关系。毛泽东曾经指出：在分配问题上，我们必须兼顾国家利益、集体利益和个人利益。对于国家税收、合作社的积累、农民的个人收入这三方面的关系，必须处理适当，经常注意调节其中的矛盾。国家要积累，合作社也要积累，但是都不能过多。我们要尽可能使农民能够在正常年景下，从增加生产中逐步增加个人收入。这就是说，在筹集财政资金时，一方面，必须保证国家财政收入的数量和增长速度能够满足国家建设和改善人民生活的需要；另一方面，要给企业、职工个人留下发展生产、改善生活所必需的资金，要在发展生产的基础上使三者的收入同方向变化，逐步有所增加。

正确处理好国家、生产单位和个人三者利益关系，使国民收入积累和消费保持适当的比例，不仅有利于居民生活水平的提高及经济的发展，而且有利于增加财政收入。

（三）公平与效率兼顾的原则

财政收入中的公平，就是指国家财政收入的取得要使各个收入缴纳者承担的负担与其经济状况相适应，并使各个缴纳者之间的负担水平与负担能力协调一致，保持均衡。财政收入中的效率，是指从资源配置上看，财政收入要有利于提高经济效益；从征管工作上看，要以最少的费用投入获得最大的财政收入，保证财政收入征管工作的高效率。

财政收入中的公平原则要求经济能力或者收入相同的人上缴给国家的税收相同，而经济能力或者收入水平不同的人则缴纳不同的税收。也就是说，在讲财政收入的公平时，不能不分对象一概而论，而必须根据不同个人、不同经济成分、不同经济部门和不同行业，区别其经济能力和收入水平，有差别地对待。有差别地对待不同经济能力和不同收入水平的社会成员，可以在一定程度上矫正收入分配不公，弥补市场机制的缺陷，因而可以促进效率的提高；反之，则会使效率低下。

公平与效率是经济实践中一对难以协调的矛盾。一般来说，为了实现公平，必须牺牲一些效率，而为了提高效率，又必须牺牲一些公平。这就要求在公平与效率之间进行选择，至于是公平优先还是效率优先则视具体情况而定。绝对的公平和绝对的高效率都是没有的。比较理想的选择是公平与效率协调一致，即以效率实现公平，以公平促进效率。在我国现阶段的财政收入分配中，总体上必须兼顾公平与效率，但是也不排除在个

别税种和税率上,偏重于公平或者偏重于效率。

二、财政收入的意义

财政收入的组织是国家凭借政治权力和对生产资料的所有权,参与社会产品分配而占有一定社会产品的过程。在这个过程中,形成了以国家为主体的财政分配关系。正确组织财政收入有着十分重要的意义。

(一)财政收入是国家实现其职能的财力保证

财政收入是国家实现其职能的直接财力保证。社会主义国家具有政治、经济和社会三项职能。政治职能就是指对内执行社会主义法律,维护社会秩序;对外防止外敌入侵、颠覆和破坏活动,保卫国家安全。经济职能就是指领导和组织经济建设,不断满足人民日益增长的物质、精神生活的需要。社会职能就是指领导、组织和促进社会各项事业如教育、文化、社会保障、社会福利、公共卫生等的发展。国家为了实现这三项职能,就要有一定数量的国家行政事业工作人员,要建立军队、公安部门、法庭和监狱,建立各种经济管理部门和社会管理部门。这些机构和部门以及人员是非生产性的,需要消耗各种物质财富。因此,为满足国家的行政经费、公共事业经费(文化教育经费、社会保障与社会福利经费、公共卫生经费)、国防经费以及满足国家对国民经济宏观调控所需的经费,国家只有运用财政工具,通过税收等形式组织财政收入,无偿地征集部分社会财富来满足实现国家职能所需的财力。

(二)财政收入是财政支出的前提

财政收入是财政分配活动的第一阶段。要实现财政分配活动的全过程就必须通过对国家无偿征集的财政收入进行再分配,即通过财政支出来实现。财政支出是对财政收入资金的运用。资金运用的前提是资金的筹集,财政收入的数量决定了财政支出的数量和规模。有收入才有支出,多收才能多支。离开了财政收入,财政支出便是无源之水、无本之木。

(三)财政收入体现着以国家为主体的分配关系

组织财政收入的过程,可以改变各种经济成分占国民收入的份额,起到调节企业单位盈利水平的作用,对于正确处理国家、生产单位和个人三者之间的经济利益关系具有十分重要的意义。

生产单位实现的利润,如何在国家和生产单位之间进行分配,这是正确处理好国家和生产单位之间财政关系的核心,因为它涉及国家和生产单位两者支配财力的多少和财权大小的问题,也影响到职工个人的收入水平问题。国家通过税收等财政收入的形式在不同产业、不同地域、不同国有资产占有比例的生产单位之间进行调节,通过开征所得税形式对不同收入水平的企业和个人分别进行调节。可见,财政收入不仅体现着国家、生产单位和个人三者之间的利益关系,而且还体现着国家、生产单位和个人三者之间的分配关系。

第三节 财政收入规模及其增长

一、财政收入规模及其影响因素

（一）财政收入规模

财政收入规模是指一个国家在一定时期内财政收入的总体水平。它通常有两种表示方法，一种是一定时期财政收入的绝对数额，另一种是一定时期内财政收入占国民收入的相对比重，后者又称国民经济的财政负担率。财政收入规模通常被作为衡量一国政府财力的重要指标，在很大程度上反映了政府在社会经济活动中提供公共产品的数量。保持财政收入的持续增长是现代社会加强政府职能的需要，也是一国政府的长期目标。

财政收入规模的大小，不仅影响着国家的宏观调控能力，而且关系着国家的经济建设和发展速度，因而财政收入规模的大小既要满足国家宏观调控的需要，又要能够维护和保证国家经济持续稳定地发展。财政收入规模过大或者过小，都会对一国经济产生不利影响。财政收入的规模大，则国家的宏观调控能力强，对国家组织经济建设有利，但财政收入规模过大，就会使财政收入的义务缴纳者负担过重，压缩社会居民与企业消费水平，又会影响企业的扩大再生产能力，对经济发展产生不利影响；而财政收入规模过小，会减弱国家的宏观调控能力，影响政府提供适量的公共产品以满足公众的需求，从而也会对经济发展产生消极影响。因此，科学合理的财政收入规模必须以促进国民经济持续、稳定、协调发展为前提，并根据其自身的客观规律和当前的经济发展水平来确定。

（二）影响财政收入规模的因素

财政收入规模大小受许多因素的影响和制约，主要有经济发展水平、收入分配政策以及价格水平等因素。

1.经济发展水平对财政收入规模的影响

经济发展水平是影响和制约一国财政收入规模的最主要因素，反映了一国社会产品的丰富程度和经济效益的高低。经济发展水平越高，社会产品越丰富，国民收入越多，一般而言，该国的财政收入总额就会越高，占国民收入的比重也较大。尽管一个国家的财政收入规模会受到许多因素的影响和制约，但是，经济发展水平对财政收入规模起着基础性的制约作用。从世界各国的发展现状看，无论是绝对额还是相对数，发达国家的财政收入规模都高于发展中国家的财政收入规模，而在发展中国家中，中等收入国家的财政收入规模又高于低收入国家的财政收入规模。

生产技术水平是衡量经济发展水平的一个重要指标。生产技术水平通常是内含于经济发展水平之中的，一定的技术发展水平总是与一定的经济发展水平相适应。生产技术水平与财政收入规模之间同样存在正相关的关系，生产技术水平越高，经济效益越高，社会产品和国民收入就越多，从而引起财政收入规模的扩大。

2.收入分配政策对财政收入规模的影响

影响财政收入规模的另一个重要因素是收入分配政策,它是一国政府对收入再分配所采取的改革措施。若一国政府在收入分配中追求公平,政府就会掌握较多的财力,加大收入再分配的力度,因而政府的财政收入规模较大。改革开放以前,我国对国民收入的分配实行的是国家预先扣下大部分,剩余部分再分配给社会成员的分配政策。这种分配政策可以使国家集中较多的财政收入,因而,财政收入占国民收入的份额较大。改革开放以后,我国的分配政策发生了变化,国家对国民收入少扣或者不扣,将其中较多的部分分配给社会成员,同时对国家(政府部门)、国有企业和事业单位提供的公共服务如住房、医疗等实行有偿服务。在这种分配政策下,由于国家集中的收入较少,财政收入占国民收入的比例必然会下降。但是,这种分配政策有利于调动生产者的积极性和提高经济效益,因此,从长远看,最终会使财政收入的规模增加。

3.价格因素对财政收入规模的影响

财政收入表现为一定量的货币收入,它是在一定的价格体系下形成、同时又按一定时点的现价计算的。因此,由价格变动引起的实际收入的变化也就成为影响财政收入规模的一个不容忽视的因素。

价格因素对财政收入的影响首先表现在价格总水平升降的影响上。在市场经济条件下,价格总水平一般呈上升趋势,物价在一定范围内的上涨是合理的,会有利于经济的持续增长,但是物价水平持久地、大幅度地上涨就会造成通货膨胀;反之,物价水平的持久大幅度下降又会形成通货紧缩。在其他条件既定的情况下,财政收入随着物价水平的升降而同比例地上升或者下降,这就表现为财政收入的“虚增”或者“虚减”,即名义增长或者名义下降而实际上财政收入并无变化。在现实经济生活中,物价水平的变化对财政收入的影响会出现各种情况。在物价水平和财政收入同时上升时,若物价上涨率高于财政收入增长率,则财政收入名义上正增长,实际上负增长;若物价上涨率低于财政收入增长率,则财政收入会实际增长;若物价上涨率等于财政收入增长率,那么财政收入实际上无增长。

价格总水平对财政收入规模的影响要取决于两个方面的因素:一是引发通货膨胀的原因;二是现行的财政收入体制。财政赤字通常是引发通货膨胀的一个重要因素。如果政府对财政赤字的弥补造成了流通中过多的货币量,国家财政就会通过财政赤字来获得GDP 的更大份额,当 GDP 因物价上涨而形成名义增长而无实际增长时,财政收入就会通过价格再分配机制实现增长。因而财政收入的增长通常由两部分组成:GDP 正常增长的分配和价格再分配。所谓价格再分配,即为“通货膨胀税”。

决定价格总水平影响财政收入的另一个因素是现行的财政收入体制。若实行以比例税率为主的税收制度,那么税收收入的增长率会等同于物价上升率,则财政收入只有名义增长而无实际增长。当一国实行以累进所得税为主体的税制时,纳税人所缴纳的税款会因通货膨胀而上升,从而使纳税人实际收入减少,而财政在价格再分配中所得份额上升。

除了价格水平以外,产品价格比率的变动会以另一种形式影响财政收入。产品价格比率若发生变化,货币收入在不同部门之间的分配也会发生变化,从而导致税收财源的结构产生变化,而各部门上缴的税收就会有所变化,最终导致整体财政收入的变化。

财政收入规模受多种因素的制约,因而不是一成不变的,在不同时期和不同体制、不同政策之下会有较大的变化。衡量财政收入规模是否合理的标志主要有两个:一是国家财政收入集中的资金是否能满足国家行使其职能的需要,并有利于社会扩大再生产;二是是否兼顾了国家、生产单位和个人三者之间的利益。

二、我国财政收入增长状况

(一)改革开放以来我国财政收入增长状况

改革开放以来,我国财政收入随着经济的发展而不断增长。1978 年财政收入为 1 132.3亿元,2000 年达到 13 395.2 亿元,增长 11.8 倍,2006 年达到 39 373.2 亿元,2007 年达到 51 304.03 亿元。就财政收入总量本身而言,其发展状况大致可以分为三个阶段:第一个阶段是 1978—1982 年,财政收入处于低水平徘徊阶段。1978 年的财政收入为 1 132.3亿元,1982 年为 1 212.3 亿元,年平均增长率仅为 1.7%。第二阶段是 1983—1992 年,财政收入处于缓慢增长阶段。财政收入由 1983 年的 1 367.0 亿元,增长到 1992 年的 3 483.4 亿元,年平均增长率为 11.1%。第三阶段是 1993—2017 年,财政收入处于快速增长阶段。1993 年财政收入为 4 349.0 亿元,2007 年为 51 304.03 亿元,年平均增长率为 19.5%。2017 年,我国公共财政收入达到 172 567 亿元,其中税收收入达144 360亿元。2019 年,我国公共财政收入达到 190 382 亿元,同比增长 3.8%。

(二)我国财政收入占 GDP 的比重下降的情况及其原因

1.我国财政收入占 GDP 的比重下降的情况

在我国财政收入总量不断增长的同时,财政收入相对于 GDP 的增长即占 GDP 的比重却呈现出不断下降的趋势。自 1978 至 2007 年,财政收入占 GDP 的比重从 31.1%下降至 20.8%。其间经历了三次较大幅度的下滑:第一次是 1978—1982 年,财政收入占 GDP 的比例由 31.1%下降至 22.8%,下降了 8.3 个百分点;第二次是 1985—1988 年,财政收入占 GDP 的比重从 22.2%跌至 15.7%,又下跌了 6.5 个百分点;第三次是 1989—1995 年,财政收入占 GDP 的比重从 15.7%跌至 10.3%,又下降了 5.4 个百分点,且降至我国历史上的最低点。虽然 1996—2007 年间,财政收入所占 GDP 的比重持续回升,2017 年我国全口径财政收入占 GDP 的 36.73%,但是 2018 年的“营改增”以及大幅度的减税降费改革,使我国财政收入占 GDP 的比重又呈下降的趋势。2019 年我国财政收入占 GDP 比重为 28.14%。同时,在财政收入占 GDP 比重不断下降的情况下,我国的国民经济发展水平却在持续、稳定地增长。可见,我国财政收入占 GDP 比重的下降实际上是政府财政收入能力和财政功能的相对减弱。

2.我国财政收入占 GDP 的比重下降的原因

财政收入占 GDP 比重的下降与我国的改革是密切相关的。1978 年以来,我国推行的是渐进式改革策略,尽一切可能降低对既得利益者的利益损害,以减少改革的阻力。与之相适应,在财政领域内注重改变增量部分,而避免触动存量部分。具体来看,其原因有以下几个方面。

(1)经济转轨时期“双轨制”的存在,对国有企业和非国有企业的税收政策不同,使得财政收入比重下降。在计划经济体制下,国有企业由于体制的支撑维持高利润,我国财政收入的绝大部分都来自国有企业。但实行改革开放以后，非国有企业迅速发展，可提供的财政收入也大大增加，但是我国的财源结构并没有相应改变，其主要来源仍是国有企业。而国有企业的发展步履维艰，效益很低，国有企业提供的财政收入却相当大，因而再增加国有企业的税负十分困难。国有企业在整个国民经济中的比例下降，势必影响财政收入的增长。与此同时，国家为鼓励非国有企业的发展，在税收方面提供较多的优惠政策，使得非国有企业承担的财政收入份额也有所下降。因此，这两方面因素最终导致整个财政收入占 GDP 比重的下降。

(2)为解决国有企业缺乏活力的问题，国家先后向国有企业实施放权让利改革，大大提高了国有企业的留利水平，也导致了政府财政收入的减少。由于这些措施未能从根本上解决国有企业问题，国有企业的经济效益仍不断下滑，财政收入也就无法提高。但是，从 2000 年以来，国有企业深化改革的成效逐步显现出来，加上国有经济在垄断行业所获得的垄断利润大幅度增加，这使其成为近年来财政收入快速增加的重要因素。

(3)1994 年财税改革不彻底也是造成财政收入下降的因素之一。为了照顾到各个方面的既得利益，减少改革的阻力，这次财税改革做了相当充分的让步，实际上就是使各级政府，尤其是中央政府继续在改革中充当“让利者”的角色。这样的改革制约着国家财政收入的提高，而且，1994 年的财税改革是在国家财政持续困难的情况下进行的，因而不能不把财政的需求放在重要位置上来考虑，其结果是使财政改革的回旋余地很小，财政改革的效果大打折扣。2017—2018 年的营业税改征增值税、2018—2019 年的减税降费改革，将提高财政改革效果。

(4)国有企业制度改革的滞后也同样造成了国家财政收入的减少。由于产权不清，缺乏产权约束机制，企业将各种本不该计入成本的费用，如工资性项目、经营者“寻租”项目等计入成本，因而侵蚀了利润。同时，由于新财务会计制度还没有实行其严格的监督职能，因此对企业各种违规行为的约束力较弱，致使国家对亏损企业不得不进行补贴，而效益好的企业则尽量少纳税或者不纳税。这些都使国家的财政收入减少。

三、增加财政收入的途径

财政收入规模的大小标志着一个国家管理和调节经济能力的强弱。增加财政收入，扩大财政收入规模是我国社会主义市场经济条件下增强国家宏观调控能力的保证。只有财源茂盛，财源结构合理，才能增加财政收入；反之，财源枯竭，财路狭窄，就会使财政收入失去增长的可能性，从而影响整个经济的发展。寻求合适的途径，是增加财政收入的一项极其重要而又艰巨的任务。增加财政收入的途径很多，现阶段可以采取的途径主要有以下几种。

(一)提高经济效益是增加财政收入的根本

增加财政收入、扩大财政收入来源的基本途径是大力发展经济和提高劳动生产率水平。经济的发展并不等于财政收入的增加，究其原因是经济效益不高，因此，不管采取何种方式和手段来增加财政收入，都应该以提高劳动生产率、提高经济效益为中心。

提高经济效益，首先是依靠内涵的扩大再生产，采用先进的科学技术，改善企业的生产经营管理。同时还要深化经济体制改革，形成合理的经济结构，解决投入多、产出少和产品滞销的问题,降低成本,增加盈利,提高劳动生产率。正如马克思所指出的:“富的程度不是由产品的绝对量来计量,而是由剩余产品的相对量来计量。”①因为社会剩余产品增加了,国民经济综合效益提高了,财政收入才能增加,国家财政才能充裕。当前,不断完善现代企业制度,提高国有大中型企业的经济效益,减少和消除国有企业亏损,是提高我国国民经济综合效益的最有效途径,也是增加财政收入的根本途径。

(二)培养和开拓财源是增加财政收入的基础

要增加财政收入,财政部门应讲究生财有道,既注意培养财源,又注意开拓财源。

1.加快国有大中型企业的发展

国有大中型企业是我国财政收入的主要来源,要增加财政收入,就应该把国有大中型企业的财源培养放在首位,这就必须加快国有大中型企业的发展。一方面,国家在人力、物力和财力上尽可能对优势企业给予支持,使之扩大生产规模,提高生产水平,不断增强市场竞争力;另一方面,在现有条件下挖掘企业内部潜力,加速企业资金周转,降低物质消耗,注意企业内部的设备更新和技术改造,加速企业从粗放型经营向集约型经营的转化。这样,不仅可以增加财政收入,而且还可以推动整个国民经济的发展。

2.加大对农业的投入,发展农业生产

我国2006年全面取消农业税之后,农业所提供的财政收入在逐步减少,尽管如此,农业仍然是财政收入的重要来源之一。因而要增加财政收入,必须加大对农业的投入,特别是对农业的科技投入,发展农业生产,充分发挥农业在国民经济中的基础作用。农业发展了,除了它本身可以增加财政收入外,还能推动工业和相关产业部门的发展,从而进一步增加国家的财政收入;而落后的农业,将可能成为制约财政收入增加的不利因素。因此,加快农业的现代化、产业化发展就是对财政收入基础源泉的培养。

3.大力发展新兴产业和现代第三产业

可持续发展战略的实施以及建设“资源节约型”和“环境友好型”社会的要求,在客观上需要我国调整和优化产业结构,那些对环境和生态有较大影响的产业将会受到限制,而那些新型产业,特别是高科技产业和金融、保险、物流、仓储、旅游等现代第三产业将会得到大力发展。因而,第三产业和新兴产业在财政收入中所占的比例将会不断增加,继而成为国家财政收入的一个极为重要的来源。重点培养这类产业,是开拓财源的有效途径,也是增加国家财政收入的重要途径。

4.发展国家信贷,开拓新的财源

大力发展国家信贷,通过发行国内外债券,可以开拓新的财源。国家通过有借有还的信贷形式,在国内外发行各种债券,是筹措财政资金的一条重要途径。它可以将境内外企业、组织机构和个人手中的一部分财力在不改变所有权的条件下转归国家支配使用。这既可以补充国家财政收入的不足,又是国家参与国际金融市场和实现国家宏观调控的一个重要手段,也是增加财政收入的重要途径。

(三)健全制度、加强管理是增加财政收入的保证

增加财政收入,不仅要求提高经济效益,培养和开拓财源,还必须控制住财源。控制

---

① 马克思,恩格斯.马克思恩格斯全集:23卷[M].北京:人民出版社,1972:257.

住财源是增加财政收入的重要保证。要控制住财源就必须健全制度，加强管理，防止财源流失，堵塞财源漏洞。

1.加强税收法制建设，严格依法治税，防止财源流失

税收是取得财政收入的主要方式。在我国，税收占整个财政收入的90%以上。现阶段，在税收征管上大量地存在着避税、偷税、漏税、欠税和抗税等问题。其主要原因是：第一，企业实行自主经营、自负盈亏后，往往从自身利益出发，尽量减少上缴的税收额；第二，我国实行的是复税制，多种税、多次征，而目前我国的税法尚不健全，使偷税、漏税、避税、欠税和抗税等有存在的条件；第三，我国税务人员的政治素质和业务素质还不高，管理上存在着"权力税""人情税"等不正之风，同时，由于税收任务与税务人员工资奖金不挂钩，致使基层税务部门往往出现藏税的现象，使国家税收不能及时进入国库。所以，要解决税收中的偷、漏、避、欠、抗、藏等问题，就必须加强税收法制建设，不断完善税收法规，做到有法可依，有法必依，执法必严，违法必究，使偷漏税者无隙可乘；同时，必须加强税收征管，做到奖惩分明，使税务工作人员不徇私情，秉公执法。另外，还要加强税法宣传，提高纳税人纳税的自觉性，确立诚信纳税的观念。

2.加强成本核算，整顿社会分配渠道，防止财源流失

企业成本不实，乱摊成本，加大费用开支，截留上缴财政收入，使财政收入在成本核算环节上流失较多，这是当前国家财政收入流失的又一途径。因此，要增加财政收入，必须加强成本管理及成本核算，制止乱发奖金、乱摊成本和截留上缴税利等不法行为，堵塞财政收入中的"跑、冒、滴、漏"现象。核实企业成本费用是一项十分艰巨的工作，它需要有多种约束机制的密切配合。

企业应该是自主经营、自负盈亏的经济实体，并通过上缴税收参与社会分配。但是，现阶段，一些政府部门向企业摊派，一些社会公共事业单位向企业寻找赞助，使企业难以承受。一些企业从自身利益出发，不是将各种乱摊派和赞助计入成本核算，就是采取多种方式向财税赖账，致使国家财政收入不能按时足额入库，从而打乱了社会分配渠道。因此，要增加财政收入，就必须在全社会范围内理顺分配关系，整顿社会分配渠道，坚决制止向企业乱摊派、乱收费的现象，防止财源的流失。

3.提高税收的征收和监督管理的技术水平

现代信息技术和网络技术在税收征收和监督管理中发挥着十分重要的作用，它能够在比较大的程度上降低征税和纳税的成本，减少税务人员中出现的"权力税""人情税"等违反税法的腐败问题，也有利于规范在征收、管理、稽核和监督等过程中出现的各种不规范行为。因此，在税务部门推行信息技术和网络技术，实行税收的信息化和网络化管理，如对所有纳税的生产经营企业全部实行税控机的技术监管等，是提高税收的征收和监督管理技术水平的有效途径，是在现代信息技术条件下增加财政收入的技术保障。

复习思考题

1.什么是财政收入？它是由哪几部分构成的？

2.简述财政收入的方式。

3.为什么要进行费改税？如何进行费改税？
4.组织财政收入的原则和意义有哪些？
5.什么是财政收入规模？它受哪些因素的影响？
6.为什么改革开放以来我国财政收入总量增加而其占 GDP 的比重下降？
7.如何增加财政收入？

第三章

税收

第一节 税收原理

一、税收概述

(一)税收的性质和作用

1.税收的性质

税收是国家为了实现其职能,凭借政治权力,按照法律规定的标准,强制地、无偿地组织财政收入的一种形式。它体现着以国家为主体的分配关系。税收不管是作为财政收入的形式和参与国内生产总值(GDP)分配的手段,还是作为特定分配关系的体现,都是与国家紧密联系在一起的。但是税收的产生和发展并不是唯一决定于国家,其根本原因是生产力的发展以及生产资料和产品私有制的出现。税收在一定的经济条件和社会条件下产生,也会在一定的经济条件和社会条件下消亡,但是,在税收产生和发展的经济条件和社会条件没有消失的情况下,税收也绝不可能退出历史舞台。

税收作为一种分配形式,与其他分配形式相比,具有强制性、无偿性、固定性的特征。这些特性通常被称为税收三性。

(1)强制性。税收的强制性是指国家以社会代表的身份、凭借国家政治权力、以法律形式确定征税人和纳税人的权利和义务关系,它和生产资料的占有没有直接关系。税收的强制性,一方面表明它不受所有制的限制,是财政收入的最基本来源;另一方面表明它具有法律上不能违反的严肃性,成为财政收入的可靠途径。税收的强制性是税收作为一种财政范畴的前提条件,也是国家满足社会公共需要的必要保证。但是税收的强制性是相对的,而不是绝对的。恩格斯曾经指出:"纳税原则本质上是纯共产主义的原则,因为一切国家的征税的权利都是从所谓国家所有制来的。的确,或者是私有制神圣不可侵犯,这样就没有什么国家所有制,而国家也就无权征税;或者是国家有这种权利,这样私有制就不是神圣不可侵犯的,国家所有制就高于私有制,而国家也就成了真正的主人。"①这就是说,征税是以社会财产的所有权属于不同的个人为前提的,又以否定这些人对社会财产的所有权为条件,故税收的强制性是相对的。

(2)无偿性。税收的无偿性是指作为社会正式代表的国家不需要对单个具体的纳税人付出任何代价而占有和支配其一部分剩余产品。税收的无偿性是以强制性为条件,只有在强制的基础上,税收才能无偿征收。只有无偿征收,才能体现财政的职能作用。与税收的强制性一样,税收的无偿性也是相对的。对于具体的纳税人来说,纳税之后没有获得任何报酬,从这个意义上说,税收是不具有偿还性的;但是从整体的财政活动来看,财政的支出同样具有无偿性,因此,在一定意义上说,税收又具有偿性的一面。在社会主义条件下,正如马克思所言,税收是"从一个处于私人地位的生产者身上扣除的一切,又会直接或者间接地用来为处于社会成员地位的这个生产者谋福利"②即"取之于民,用之于民"。

(3)固定性。税收的固定性是指国家通过法律形式和税收制度事先规定课税对象、纳税人和征税标准。税收的固定性还包含有税收的连续性的含义,为保证税收的相对稳定,就有必要事先规定一个固定比例。税收的固定性特征是针对税法不变而言的。只要税法不变,征税和纳税的规则也不变。因此,税收的固定性也是税法的固定性和连续性的体现。税收的固定性有利于保证国家财政收入的稳定,也有利于维护纳税人的法人地位和合法权益。

税收的上述三个基本特征之间是密切联系、相辅相成的。税收的强制性决定税收的无偿性,而税收的强制性和无偿性又决定和要求税收的固定性,三者是统一的。

2.税收的作用

税收的作用是多方面的,概括起来主要体现在三个方面:筹集资金、调节经济及反映和监督。

(1)筹集资金的作用。筹集资金是税收的基本作用,税收是国家取得财政收入的主要形式和工具,是保障国家机器运行的经济基础。税收在财政收入中一直占有很大的比重。目前,我国各项税收已占财政收入的90%以上。税收在组织财政收入方面的重要性不仅表现在它所占的比重上,而且还由于它具有强制性、无偿性和固定性的特征,因而能够保证财政收入的及时、均衡和稳定。

(2)调节经济的作用。税收不仅是国家财政的重要形式,而且是国家实现宏观调控的重要手段。其调节经济的作用主要表现在以下几个方面。

第一,配合价格调节生产和消费。在市场经济条件下,价格基本上由市场供求关系决定。但是,由于税收是产品价格的一个组成部分,因而政府可以根据市场供求关系,有意识地利用价格与价值的背离来调节生产和消费。例如,对价高利大的产品课以重税,对价低利小的产品课以轻税,用税收来调节企业利润水平,可以做到价高税重不增利,限制盲目生产和消费;也可以做到价低税轻不减利,鼓励必要的生产和消费。用税收配合

① 马克思,恩格斯.马克思恩格斯全集:2卷[M].北京:人民出版社,1965:615.

② 马克思,恩格斯.马克思恩格斯全集:19卷[M].北京:人民出版社,1963:20.

价格制约利润还有利于调节市场供求关系。

第二,调节企业利润关系,为企业平等竞争创造良好的外部环境。在正常的生产经营条件下,企业的合理利润应该受到保护。也就是说,各企业在同等生产经营条件下,经过同等努力可以取得水平相近的利润,不至于产生悬殊的差异。这就需要剔除客观因素对企业利润水平的影响,如价格因素、自然资源禀赋因素、地理环境因素、技术装备因素等。税收在这方面能发挥重要作用。例如:通过征收消费税,可以减少价格对企业利润的影响;通过征收资源税、土地税、土地增值税,可以减少级差收入对企业利润的影响;等等。这样,可以将客观因素形成的利润集中到政府手中,实现企业利润水平的大体平衡。

第三,调节各种收入关系,正确处理国家、企业、集体和个人之间的分配关系,促进多种经济形式和经营方式的发展。

第四,国家通过征收关税和涉外税、对进出口商品规定不同的税率等办法,可以维护国家主权和国家的经济利益,促进对外经济关系的发展。

(3)反映和监督的作用。税收的反映和监督作用,是通过税收征管、检查、审计等工作所提供的经济信息,对经济领域中的各种活动进行的反映和监督。税收涉及社会再生产的各个领域,在征收过程中,可以了解企业的盈利和生产流通状况;对纳税人如实申报与登记的各项经济指标进行检查核实,可以获得第一手资料,从而为国家经济决策提供大量的经济信息。同时,还可以通过对税收执行情况的检查、督促和制裁,严肃处理经济领域中的各种不法行为。

(二)税收制度及其构成要素

1.建立税收制度的原则

税收制度是国家规定的税收法令、条例和征收办法的总称,是国家向纳税人征税的依据,它规定了国家与纳税人之间的征纳关系,体现了国家的意志和政策。税收制度包括各种税收条例、税收条例实施细则和其他征税办法等,涉及社会、政治、经济等各个方面。因此,建立税收制度必须遵循一定的原则,主要有以下几个方面。

(1)适度原则,就是在税收制度建立过程中,社会总体税收负担的确定要以国民经济和全体人民的负担能力为标准,既满足国家财政需要,又不使税负过重而伤及经济发展与居民的正常生活。这是因为,税收作为一种分配关系,是由生产决定的,同时,税收分配也会对生产和流通产生影响。因而,税收制度的建立必须有助于推动经济的发展,满足社会经济发展的资金需要。另一方面,取得的税收收入要适度,防止因取之过度而影响企业和劳动者个人的积极性。这就要求兼顾需要与可能,既根据可能,积极挖掘潜力,又考虑需要,开辟和培养财源。在兼顾需要与可能时,既要注意掌握国家征税的广度,使一切有纳税能力的单位和个人均履行法律规定的纳税义务,同时也要注意掌握国家征税的深度,根据纳税人的能力来确定税收负担。

(2)公平原则,是指国家征税要使每个纳税人承受的负担与其经济状况相适应,并使各个纳税人之间的负担水平保持均衡。它要求同等条件下经营的企业及经济条件相当的单位和个人承担相同的税收负担;同时也承认差别,要求对不同经营条件下的企业及纳税能力不同的单位和个人区别对待,使其负担不同的税收。这样,可以为企业之间的平等竞争创造一个适宜的外部环境和条件。

(3)简化原则。税收制度直接关系到征管工作的效率和效益,因而,税收制度的建立应该遵循繁简结合、宽严结合的原则。在保证充分发挥税收职能和作用的前提下,尽量简化征纳手续,使税收制度简便、易懂、易行。

2.税收制度的构成要素

税收制度的构成要素是规范征纳双方权利与义务的法律规范的具体表现。由于税收制度具备法律特征,因而税收制度构成要素也就是税法构成要素,它主要包括以下内容。

(1)纳税人,又称纳税主体,是税法中规定的直接负有纳税义务的单位和个人。不同的税种有不同的纳税人,同一人也可能缴纳不同的税。纳税人可以是自然人,即公民个人;也可以是法人,即依法成立并能独立行使法定权利和承担法律义务的社会组织。与纳税人有密切关系的另一个概念是负税人,即最终负担税款的单位和个人。纳税人与赋税人是否一致,取决于税负能否转嫁。若税负不能转嫁,则纳税人与赋税人一致;相反,则纳税人与赋税人不一致。

(2)课税对象,也称纳税客体,是国家征税的基本依据,即对什么进行征税。它是区别不同税种的主要标志。课税对象确定了征税的范围、计税依据和税收的来源以及各种税收的征税特点。

(3)税目,是税法规定的具体的应税项目,是课税对象的进一步具体化。税目通常分为列举性税目和概括性税目。税目的作用是确定征税范围,解决课税对象的分类,便于国家贯彻产业政策。

(4)税率,是税额与课税对象数额之间的比例。在课税对象既定的条件下,税额与税负的大小就决定于税率的高低,而税率的高低直接关系到国家财政收入和纳税人的负担,因此,税率是税收政策和制度的中心环节。按照设计方法的不同,税率可分为比例税率、累进税率和定额税率。

比例税率是对同一课税对象,不论其数额大小,只规定一个统一的法定比例。一般适用于对流转额的课税。在具体运用中,比例税率一般有单一的比例税率、产品比例税率、行业差别比例税率、地区差别比例税率和幅度比例税率等形式。

累进税率是按课税对象数额的大小,规定不同等级的税率。课税对象数额越大,税率越高;反之,则税率越低。累进税率主要分为全额累进税率和超额累进税率。全额累进税率是把课税对象的全部数额都按照与之相适应的税率征税,即按课税对象所适应的最高级次的税率统一征税;超额累进税率是把课税对象按数额大小划分为若干个等级,每个等级由低到高分别规定税率,各个等级分别计算税额,然后再把各等级的税额相加,即一定数额的课税对象同时使用几个不同的税率。一般来说,全额累进税率累进程度高、税负重,而超额累进税率累进程度低、税负轻。在累进级距临界点附近,全额累进税率会出现税负增加超过所得额增加的不合理现象,因此,如果采用累进税率,一般采用超额累进税率而不用全额累进税率。

定额税率,又称固定税率,是按照课税对象的计量单位直接规定固定税额,而无须按照征税对象的数额规定征收的比例。它一般适用于以量定额征收的税种,由此而征收的税称为从量税。定额税率主要分为地区差别定额税率、分类分级定额税率、幅度定额税率,以及地区差别、分类分级和幅度相结合的定额税率等形式。

(5)纳税环节,是指税法所规定的商品流转过程中缴纳税款的环节。它是根据产品生产和流通的特点,按照便于征收管理、保证财政收入及时足额入库等原则确定的。

(6)纳税期限,是指纳税人缴纳不同税种税款所规定的期限。它是税收强制性和固定性的体现,也是促使纳税人及时依法纳税、保证国家财政收入的需要。纳税期限又分为纳税计算期和税款缴库期。

(7)减免税,是对某些纳税人和征税对象给予鼓励和照顾的一种特殊规定。它是税收制度中的特殊调节措施,把税收的固定性和灵活性有机地结合起来,使税收制度按照因地制宜的原则,更好地得到贯彻和落实。减免税的主要内容包括:规定减税和免税项目、起征点及免征额、减免期限等。

(8)违章处理,是对纳税人违反税法行为而采取的惩罚性措施。它是税收强制性特征的具体体现,对严肃税收制度和政策具有重要的作用。纳税人的违章行为通常包括:偷税,即纳税人有意识地采取非法手段不纳或者少纳税款的违法行为;欠税,即纳税人拖欠税款,不按规定期限缴纳税款的违章行为;抗税,即纳税人对抗国家税法拒绝纳税的严重违法行为;等等。违章处理的主要措施有:限期缴纳,加收滞纳金,罚款,扣押、查封财产,追究刑事责任等。

(三)税收的分类

税收可以按不同的标准进行分类,主要有以下几种。

1.按照课税对象性质的不同进行分类

在我国,根据课税对象性质的不同,税收可以分为流转课税、所得课税、财产课税、资源课税和行为课税。由于世界各个国家的税制有差异,税种设计方法也不同,因而采用同样的分类方法,结果也不完全相同。一般而言,世界各国通常采用的分类方法是,按照课税对象的性质将税收分为所得课税、商品课税和财产课税三大类。

2.按照税负是否可以转嫁进行分类

按税负能否转嫁,税收可分为直接税和间接税。直接税一般不能转嫁,而必须由纳税人直接负担,如所得税和财产税。间接税是指税负可以通过一定的方式转嫁给其他纳税人承担,其纳税人并不是负税人,如流转税。

3.按照课税标准进行分类

按课税标准,税收可以分为从价税和从量税。从价税是指以课税对象的价值或者价格为标准计算征收的税,如累进所得税就是一种从价税;从量税则是以课税对象的重量、数量、件数、面积等计量单位为标准,按照国家规定税额征收的税,如固定比例税就是一种从量税。

4.按照税收的归属关系进行分类

按税收的归属关系,税收可分为中央税、地方税、中央和地方共享税。其中,中央税有消费税、中央企业所得税、关税等,中央和地方共享税有增值税、资源税、对证券交易征收的印花税等,地方税则是除此以外的其他所有税种。

5.按照税收与价格的关系进行分类

根据税收与价格的关系,税收可以分为价内税和价外税。价内税是指应纳税款已经包含在商品销售价格中的税,如消费税、营业税等。价外税是指应纳税款未包含在商品或者非商品销售价格中的税,如增值税。

6.按照税收是否涉及外国政府的权益关系为标准进行分类

根据税收是否涉及外国政府的权益关系,税收可以分为国内税和涉外税。国内税是适用于国内纳税单位和个人的税种;而涉外税则是适用于涉外纳税单位和个人的税种,如我国现行的外商投资企业所得税和外国个人所得税等。

(四)税收制度的发展

1.税收制度的内涵和组成

税收制度是指一个国家按照一定的原则所建立的税收体系,其核心是主体税种的选择和各个税种的搭配。

税收制度通常由具体的税种所组成,但是税种的选择可以有不同的方法。在税收理论的发展历史中,关于税收制度的组成主要有两种不同的观点:一是复合税制论,认为一个国家的税收制度应该是一个由互相配合的多个税收所组成的税收体系。二是单一税制论,认为一个国家的税收制度应由一个税类或者少数几个税种组成,如单一的财产税、单一的土地税,以及单一的消费税等。从世界各国的税收实践来看,各国普遍实行的是复合税制,并没有哪个国家真正实行过单一税制。复合税制能够以某一个或者两个主体税种作为筹集财政收入和调节经济活动的主导,而且在不影响其他各税种作用效果的前提下,优先或者突出主体税种的作用。

2.税收制度的发展

税收制度的发展是指税制中各个税收的演进与主体税种的交替的历史过程。从古到今,各国开征的税收多种多样,一般来说,可以将它们分为直接税和间接税两大类。

最早的直接税和间接税都是十分简单的。直接税主要包括:对人课征的税种和对物课征的税种两大类,前者有人头税、灶税和户税等,后者有土地税、房屋税和车马税等。间接税的课征范围狭窄,一般只有在有市场活动的地点或者对参与交换的产品课征,如我国古代的盐税、茶税、渔税以及西方国家的市场税、入市税等。随着商品经济和政治制度的发展变迁,古老的直接税和间接税逐渐被新的形式所取代。在现代的直接税中,对人课征的税主要是个人所得税和企业所得税,对物课征的税则主要是财产税、遗产税和赠与税。现代的间接税则演变为包括销售税(营业税)、产品税、消费税、增值税等内容的税收体系。

同直接税和间接税的发展相适应,主体税种也反复更新,经过了不同的发展阶段。一般认为,主体税种应该具备课征范围广泛和税源充裕等特征。在古代社会,社会的主要财富表现为房屋、车马等简单形式,并具较强的个人归属性,因此,当时的主体税种必然是与人身及人的财物紧密相关的人头税、房屋税和土地(田亩)税等。随着商品经济的日益发展和自然经济逐渐解体,在资本主义制度确立之后,社会的财富表现为“庞大的商品堆积”,以商品为征税对象的课税得以产生,而且以空前的规模迅速发展,逐渐形成了以商品课税为主体的税收制度。到了市场经济的发达阶段,社会化分工与协作的发展以及经济关系的全球化,商品课税与社会生产和消费之间产生了诸多的矛盾,因此,现代国家进而发展所得税和财产税,以逐步取代商品课税而构成主体税种。

二、税收转嫁与归宿

(一)税收转嫁与归宿的概念及其形式

税收的转嫁与归宿,即指税收负担转移的过程和结果。在经济交换过程中,税收由纳税人转移给他人称为转嫁;税收转嫁之后最终落在某一个人身上称为归宿。一般来说,转嫁的形式有两种:一是向前转嫁或者顺转,即纳税人通过提高产品价格将所纳的税款转移给消费者;二是向后转嫁或者逆转,即纳税人用少付生产要素价格的方式将税款转嫁给生产要素的所有者或者提供者。当然,并不是所有的税收都可以转嫁,比如直接税,而间接税则是可以全部或者部分转嫁的税种。在市场经济发达的国家,所得税占税收总额的比例较大,一般为40%~80%,这有利于抑制税负转嫁。我国现行税制中流转税是主体税,在税收总额中所占比例较大,从而使我国的税负容易转嫁。

在竞争性的市场中,如果对一种商品课税,那么,税收负担将最终落在谁的头上?是向后完全转嫁给作为法定负税人的生产者?还是向前完全转嫁给消费者?或者由生产者和消费者共同负担?如果两方都负担,他们又各自负担多少?这取决于多种因素,包括课税商品的供求弹性、商品的成本、课税的范围和方法及课税对象、税率、税负轻重等。例如,当成本递减时,假定商品需求无弹性,生产者通过提价不仅可以将全部税收转嫁给消费者,而且有可能获得多于税收的收益。当征税范围包括所有商品及同类商品中的各种商品时,税负容易转嫁,而当课税仅限于部分商品或者同类商品中的一种商品且该种商品又有替代品时,税负较难转嫁。与从量税相比,从价税不易使人产生纳税而加价的感觉,因而税负较易转嫁。在影响税负转嫁和归宿的诸多因素中,最重要的也是最基本的影响因素是供求弹性及其所影响的物价的变动。

(二)税收负担原理及其应用

1.税收负担的基本原理

如果对一种商品征税,该种商品的生产者总是想方设法将税收转嫁给消费者,消费者也总是千方百计地将税收推给生产者,其中关键的问题在于价格的变动。一般来说,如果课税后这种商品的价格不变,则税收没有转嫁出去,而由生产者自己负担。相反,课税后商品价格上升,则税收由生产者转嫁给了消费者;如果课税后商品价格增加额少于所征税额,则税收由生产者和消费者共同负担;如果课税后商品价格增加额大于所征税额,则说明生产者不仅将税收全部转嫁给了消费者,而且还得到了额外利益。在这场角逐中,谁胜谁负,取决于消费者和生产者寻找替代品能力的比较或者其经济实力的大小。对某种商品征税,对于这种商品的生产者来说,意味着产品成本增加或者他所能得到的收益减少,如果产量不变,生产者所得到的收益减少,即使产品价格下跌,而对购买这种商品的消费者来说,则意味着价格上升。如果消费者在价格上升时不能很快找到替代品,其经济实力小于生产者,这时,消费者所负担的税额就比生产者负担的税额要多些;相反,如果消费者的经济实力大于生产者,则他所负担的税额就要少些。也就是说,生产者和消费者所负担的相对税收份额取决于供给和需求的相对弹性。可以用公式表示为:

$$\frac{\text{消费者负责的税收份额}}{\text{生产者负担的税收份额}}=\frac{\text{供给弹性}}{\text{需求弹性}}$$

这个公式就是税收负担原理。它表明:如果需求弹性大于供给弹性,消费者负担的税收份额就小于生产者负担的税收份额;如果需求弹性小于供给弹性,消费者负担的税额就大于生产者负担的税额;如果需求弹性等于供给弹性,则消费者和生产者负担的税额相等。

一般来说,可以转嫁的税收总是由生产者和消费者共同负担,只是各自负担份额有所不同。但是也有几种特殊情况:第一种情况是供给完全无弹性,需求可能无弹性也可能有弹性,在这种情况下,生产者负担全部税收;第二种情况是供给完全有弹性,生产者寻找替代品的能力特别强,消费者的力量相对较弱,将负担全部税收;第三种情况是需求完全无弹性,此时,消费者负担全部税收;第四种情况是需求完全有弹性,消费者寻找替代品的能力特别强,而生产者的力量相对较小,因而生产者负担全部税收。

2.税收负担原理的应用

讨论税收的转嫁和归宿,是为了确定税收的实际负担者。由于各种商品的供求弹性不同,对不同的商品征税,生产者和消费者就会负担不同的税收份额。如果对需求弹性相对不足的商品征税,税收主要由消费者支付;而对供给弹性相对不足的商品征税,税收主要由生产者负担。随着时间的推移,供给变得越来越有弹性,消费者负担的税额将会逐渐增加。税收负担原理还可以作为政府制定税收政策和选择税种的参考依据。税收政策作为政府调节经济、实现经济目标的有力工具之一,一方面必须为政府获取丰厚而有弹性的收入,另一方面又要调动更多的社会资源用于投资和储蓄以促进经济的增长,同时还要尽可能地减少收入分配不平等的程度,实现经济协调、稳定的增长。这些目标并不总是协调一致的,因而,确定税收政策时必须同时兼顾这些目标,并根据不同商品的特点和税负转嫁的不同情况,合理确定税率,实行正确的价格政策,以维护买卖双方的正当权益。

第二节 国家税收

一、国家税收的基本概念

我国从1994年开始实行分税制财政管理体制。分税制一般是把税收分为中央税、地方税和共享税三大类,并以此为基础划分税收管理权限,从而形成了国家税收和地方税收。

广义的国家税收包含了地方税收。狭义的国家税收就是中央政府的税收,是指中央政府凭借其政治权力,为满足其职能需求,按照固定比例对社会产品所进行的强制的、无偿的分配。国家税收主要是为了满足国家安全、外交和中央国家机关运转所需经费的需要,以及调整国民经济结构、协调地区发展、实施宏观调控所必需的支出和由中央直接管理的事业发展支出的需要。

二、国家税收的主要内容

(一)税收管理权限

税收管理权限包括立法权和执法权两个方面,具体包括:税收立法权(即制定和颁布税法的权限),税收法律、法规的解释权,税种的开征或者停征权,税目和税率的调整权,税收的加征和减免权等。

目前,我国的税收管理体制是按照国务院、财政部(国家税务总局)和省(自治区、直辖市)人民政府三个层次来划分税收管理权限的。属于国务院的权限主要有税收政策的调整权、税法的颁布和实施、税种的开征和停征、税目的增减和税率的调整等。属于财政部(国家税务总局)的权限有:在一个省(自治区、直辖市)范围内开征或者停征某种税收,统一减免某些税收,盐税额的调整和减免,以及涉及外事、外商的税收问题等。这两个层次的税收管理权限实际上都属于国家税收管理权限的范围。中央税的税收管理权限归中央,应实行集权管理,或者以集权管理为主。

(二)国家税收的范围

国家税收包括中央税及共享税中中央政府分享的部分。中央税一般是收入较大,征收范围较广,政策上需要全国统一,有必要在全国统一立法、统一管理、统一分配收入的税种。中央税主要有以下几种税收。

1.关税

关税是由设在边境、沿海口岸或者国家指定的其他水、陆、空国际交往通道的海关,按照国家的规定,对进出口国境或者关境的货物或物品所征收的一种税。关税一般分为进口税、出口税和过境税。我国仅征进口税和出口税。关税的特点为:第一,是在统一的国境(或者关境)征税,一次征税之后,货物即可在同一国境或者关境内流通,不再征收关税;第二,关税以完税价格(即海关审定的正常离岸价格扣除关税及正常到岸价格)为计税依据;第三,对同一种类进口货物设置普通税率和优惠税率的复式税率;第四,关税由海关负责统一征收。

关税的征税对象主要是对外贸易进出口货物及应税的行李物品、邮递物品和馈赠物品等。

关税的纳税人是经营进出口贸易的企业和单位、进口货物的收货人、出口货物的发货人、进出境物品的所有人等。

关税税率分为进口税率和出口税率。目前我国只对少量的出口商品征收出口税,且税负从轻,并且为了鼓励出口创汇而实行出口退税政策;对进口商品按必需品、需用品、非必需品、限制进口品分别规定不同的税率。同时,对各种进口商品按国际惯例实行普通税率和最低税率,凡与我国签订有贸易条约或者协定关系的国家或者地区的进口商品,按最低税率或者零税率课征,对其他国家的商品则按普通税率征收。我国已经加入世界贸易组织,关税的征收按照“最惠国待遇”原则进行,并将逐步全面降低关税。

2.消费税

消费税是我国1994年税制改革中新开征的一种税,是对在我国境内从事生产和进口税法规定的应税消费品的单位和个人,就其销售额、销售数量征收的一种税。消费税具有以下特点:第一,消费税的课税品目是有选择的,表现出明显的调节目的;第二,消费税通常实行单环节课税;第三,消费税的平均税率较高,而且通过设置高低不同的税率来调节消费和收入水平;第四,消费税的课税品目通常也是进口税的课税品目;第五,消费税属于中央税。

目前,列入我国消费税征税范围的消费品主要分为以下几类:一是特殊消费品,如烟、酒、鞭炮、焰火等;二是奢侈品、非生活必需品,如贵重首饰、化妆品等;三是高档消费品,如小汽车、摩托车等;四是不可再生的资源类消费品,如汽油、柴油等;五是具有一定财政意义的产品,如汽车轮胎、护肤护发品等。

消费税的纳税人是在我国境内生产、委托加工和进口消费税条例规定的消费品的单位和个人。消费税实行差别比较税率。

3.企业所得税

企业所得税是对我国境内的企业(除外商投资企业和外国企业外),就其生产经营所得和其他所得征收的一种税。它是由原来的国有企业所得税、集体企业所得税和私营企业所得税合并演变过来的,从1994年起开始征收。

在改革开放以前的近30年内,我国的所得税主要是对私营企业和个体工商户征收的,对国有企业基本上实行"统收统支"的利润分配体制,国有企业只上缴利润,不缴纳所得税。"利改税"以后,国家开征国有企业所得税,突破了对国有企业利润不能征税的禁区,形成了由国有企业所得税、集体企业所得税和私营企业所得税构成的内资企业所得税的完整体系。由于以企业不同所有制分别设置税种,造成税负不公并带来其他一些弊端,因此,我国从1994年起统一了内资企业所得税,实行利税分流。其中,中央政府所属的国有企业的所得税上缴中央政府,属国家税收;地方政府所属的国有企业的所得税上缴地方政府,属地方税收。

企业所得税的纳税人是在我国境内实行独立核算的企业(除外商投资企业和外国企业外),主要包括国有企业、集体企业、私营企业、联营企业、股份制企业及其他有经营收入的组织。企业所得税的课税对象是以纳税人在一个纳税年度内来源于我国境内外的全部生产经营所得和其他所得。

企业所得税的计税依据一般为应纳税所得额,即纳税人在一个纳税年度的收入总额中减去国家规定准予扣除项目金额后的余额。企业所得税纳税人的收入总额包括:生产、经营收入,财产转让收入,利息收入,租赁收入,特许权使用费收入,股息收入和其他收入等。国家规定准予扣除项目主要是成本、费用、税金(包括纳税人已按规定缴纳的消费税、营业税、城乡维护建设税、资源税、土地增值税等)、损失等。

企业所得税的税率实行比例税率。其中国有企业的所得税税率原为33%,为了有利于促进不同所有制企业之间的公平竞争,现阶段对国有企业征收的所得税税率有所下降。

4.增值税

增值税是中央税和地方税共享的一种税。它是以商品生产和流通中各个环节的新增价值或者商品附加价值即增值额为征税对象的一种税。增值税有以下特点。

(1)消除了重复征税的问题,因而有利于专业化协作和资源优化配置,是一种典型的中性税收。

(2)通过实行凭发票扣税的办法,可以建立一种相互监督的机制。

(3)增值税收入富有弹性,而且稳定可靠。

(4)增值税通过设置零税率,对出口商品实行彻底退税,有利于在激烈的国际竞争中提高本国商品的竞争能力,扩大对外贸易。

增值税的征税范围包括在我国境内销售货物或者提供加工、修理修配劳务以及进口货物。增值税的纳税人是在我国境内销售货物或者应税劳务的一切单位和个人及报关进口货物入境的单位和个人。

增值税的课税对象是销售货物和应税劳务的增值额。我国增值税以法定的增值额为课税对象。法定增值额是销售货物和应税劳务取得的销售额,剔除为生产销售货物或者应税劳务而购进的货物和应税劳务所支付的金额之后的余额。

增值税税率采用比例税率,并根据不同情况设置了3档税率,即零税率(0)、低税率(13%)、基本税率(17%)。

国务院决定,从2009年1月1日起,在全国所有地区、所有行业推行增值税转型改革,即由生产型转为消费型,核心内容是允许企业购进机器设备等固定资产的进项税金在销项税金中抵扣。具体包括:允许企业抵扣新购设备所含的增值税,同时,取消进口设备免征增值税和外商投资企业采购国产设备增值税退税政策,将小规模纳税人的增值税征收率统一调低至3%,将矿产品增值税税率恢复到17%。

国务院决定,从2012年1月1日起,在部分地区(先在上海试点)和部分服务行业开展深化增值税制度改革试点,在现行增值税17%标准税率和13%低税率基础上,新增11%和6%两档低税率。试点期间原归属试点地区的营业税收入,改征增值税后收入仍归属试点地区。深化增值税改革,将逐步取消营业税,旨在进一步解决货物和劳务税制中的重复征税问题,完善税收制度,支持服务业发展。至2018年全国基本上完成了营业税改征增值税的改革,其中大幅度上调了小型和微型企业增值税起征点,从而减轻了企业税负。

5.资源税

资源税是中央税和地方税共享的一个税种。它是对在我国境内从事资源开采的单位和个人,因资源差异形成的级差收入而征收的一种税。

资源税的征税范围,按现行税制规定,只限于矿产品和盐资源,具体包括原油、天然气、煤炭、金属矿产品、其他非金属矿产品、固体和液体盐资源等。资源税的纳税人是在我国境内开采应税矿产品和生产盐的单位和个人。课税对象是应税资源的级差收入。

资源税的计税依据是应税产品的课税数量。它分两种情况:纳税人开采或者生产应税产品用以销售的,以销售数量为课税数额;纳税人开采或者生产应税产品自用的,以自用数量为课税数额。资源税采取定额税率,实行从量定额征收。资源条件好、利润率高的采用较高的税率;反之,相应降低税率。

国务院决定,从2011年11月1日起执行《国务院关于修改〈中华人民共和国资源税暂行条例〉的决定》,在全国实行从价定率的资源税改革,油气按5%~10%征收资源税,提高焦煤稀土资源税。此次改革将增加地方财政收入,减少中央财政收入。

6.城市维护建设税

城市维护建设税是对缴纳增值税、消费税、营业税的单位和个人,按其实纳税额征收的一种税。城市维护建设税中的一部分上缴中央政府,构成中央政府的财政收入,还有一部分上缴地方政府,构成地方政府的税收收入。

城市维护建设税的纳税人是指缴纳增值税、消费税、营业税的单位和个人。

城市维护建设税的计税依据是纳税人实际缴纳的增值税、消费税和营业税税额。一般采用地区差别比例税率。纳税人所在地在市区的,税率为7%;纳税人所在地在县城或者镇的,税率为5%;纳税人所在地不在市区、县城或者镇的,税率为1%。

7.存款利息税

存款利息税是对在我国境内金融机构(主要是商业银行)存款的单位和个人,因存款所获得的利息收入征收的一种所得税。利息税的纳税人是指在金融机构存款的单位和个人。

利息税的计税依据是纳税人在金融机构存款所获得的利息额。一般采用比例税率。1999年11月1日,我国开始实行存款实名制,并对所有新增储蓄存款统一征收20%的存款利息税。但是对单位和个人购买国库券所得的利息收入则免征利息税。国务院决定从2007年8月15日开始,储蓄存款利息税由20%下降到5%。国务院决定,从2008年10月9日起,对储蓄存款利息所得暂免征收个人所得税。

第三节　地方税收

一、地方税收的基本概念

在我国高度集中的财政管理体制下,地方政府组织的预算收入都统一上缴中央,地方政府的支出统一由中央拨付,中央统一制定一切财政收支项目、收支办法和开支标准,一切财政收支都纳入国家预算,因而不存在地方税收。随着经济的发展,地方政府开始有了一定的自主权和机动财力,但是,由于主要管理权限仍集中在中央,还没形成真正的地方税收。1994年实行的分税制是一种表现为以分税制为主要特征,以划分中央与地方政府的事权与财权为实质的财政体制,从而产生了真正意义的地方税收。

地方税收是指地方政府的税收,它是地方政府为满足其职能需要,凭借其政治权力,按照法律规定的标准,强制地、无偿地组织财政收入的一种形式。地方税主要是满足本地区政权机关运转及本地区经济、社会事业发展所需支出的需要,如地方行政管理费、事业费和地方负担的经济建设支出及文化、教育事业费等。

二、地方税收的主要内容

(一)税收管理权限

根据现行的税收管理体制,属于地方政府的权限主要是个别纳税人的减免税、乡镇企业的某些减免税、灾区的减免税,以及对违法经营的单位和个人按照临时经营加成征收。在地方税的税收管理上,包括税种的开征和停征、税目的增减和税率的调整等,都可以由地方管理。在条件成熟后,还可以考虑给地方立法机关一定的税收立法权,允许地方自行设置某些特定范围内的税种。共享税的管理权限原则上属中央,可由中央直接管理,也可由中央与地方联合管理。

(二)地方税收的范围

地方税收包括地方税和共享税中归地方政府分享的部分,主要包括以下几种税收。

1.营业税

营业税是对我国境内销售应税劳务或者不动产以及转让无形资产的单位和个人,按其取得的收入征收的一种税。营业税是我国1984年工商税制改革时从原来的工商税中分解出来的一种税。1994年进行税制改革时,对营业税进行了较大的修改,并于1994年开始施行。

营业税的特点是:第一,课税对象比较广泛,一般的商品流转额都要征税;第二,营业税的征税环节通常在流通阶段,一般是多环节课税;第三,营业税的平均税率一般较低。营业税的征税范围包括:交通运输业、建筑业、金融保险业、邮电通信业、文化体育业、娱乐业、服务业、转让无形资产、销售不动产等。凡在我国境内销售上述应税劳务或者不动产的单位和个人,都是营业税的纳税人。

营业税的计税依据是销售应税劳务或者不动产以及转让无形资产的单位和个人取得的销售额。根据销售额和规定的税率可以计算应纳税额,计算公式为:

应纳营业税额=销售额×适用税率

营业税实行有起征点的差别比例税率。营业税由当地税务机关负责征收和管理。根据具体情况的不同,一部分营业税上缴中央政府,另一部分则归地方政府所有。

为了进一步完善增值税制,消除重复征税,促进经济结构优化,经国务院常务会议决定,自2012年1月1日起,在上海市开展交通运输业和部分现代服务业营业税改征增值税试点,自2012年8月1日起至2012年年底,将试点范围由上海市分批扩大至北京、天津、江苏、浙江、安徽、福建、湖北、广东、宁波、厦门和深圳11个省、直辖市、计划单列市,自2013年8月1日起,交通运输业和现代服务业试点范围扩大至全国。自2014年1月1日起,将铁路运输和邮政业纳入试点范围。自2014年6月1日起,将电信业纳人试点范围。

经国务院批准,自2016年5月1日起,在全国范围内全面推开"营改增"试点,建筑业、房地产业、金融业、生活服务业等全部营业税纳税人纳入试点范围,由缴纳营业税改为缴纳增值税。

2.个人所得税

个人所得税是对我国境内有住所,或者无住所而在境内居住满一年的个人,从我国境内外取得的所得,以及在我国境内无住所又不居住或者无住所而在境内居住不满一年的个人,就其从我国境内取得的所得征收的一种税。它构成地方政府的收入。2002年1月1日个人所得税收入实行中央与地方按比例分享。

我国现行的个人所得税是在1980年9月10日的《中华人民共和国个人所得税法》、

1986 年 9 月的《中华人民共和国个人收入调节税暂行条例》、1993 年 10 月 31 日《关于修改〈中华人民共和国个人所得税法〉的决定》的基础上，将原来的城乡个体工商户所得税和个人收入调节税合并重新修改而形成的，从 1994 年起施行。1999 年 8 月 30 日全国人民代表大会常务委员会《关于修改〈中华人民共和国个人所得税法〉的决定》，把个人所得税法第四条第二款"储蓄存款利息"免征个人所得税项目删去，而开征了个人储蓄存款利息所得税。

个人所得税的纳税人是应税所得人，其课税对象一般指个人所得额。它包括：工资、薪金所得；个体工商户生产、经营所得；对企事业单位的承包经营、承租经营所得；劳务报酬所得；稿酬所得；特许权使用费所得；利息、股息、红利所得；财产租赁所得；财产转让所得；偶然所得；经国务院财政部门确定征税的其他所得。

个人所得税的计税依据是各项所得的应纳税所得额。它具体包括：①工资、薪金所得。以 2005 年 10 月 27 日全国人民代表大会常务委员会《关于修改〈中华人民共和国个人所得税法〉的决定》确定工资、薪金所得，以每月收入额减除费用由 1994 年的 800 元提高到 1 600 元后的余额，为应纳税所得额。根据全国人民代表大会常务委员会 2007 年 12 月个人所得税起征点修改的规定，从 2008 年 3 月 1 日起，以每月收入额减除费用 2 000 元后的余额为应纳税所得额，对外籍人员以每月收入额减除费用 5 200 元后的余额为应纳税所得额。工资、薪金所得的免税起征点在不断提高。从 2011 年 9 月 1 日起，个人所得税免税起征点提高至3 500元。2019 年 1 月 1 日起，个人所得税免征起点提高到5 000元，同时附加赡养老人、子女教育、继续教育、房贷利息、住房租金、大病医疗专项扣除。②个体工商户的生产、经营所得，以每一纳税年度的收入总额减除成本、费用以及损失后的余额，为应纳税所得额。③对企事业单位的承包经营、承租经营所得，以每一纳税年度的收入总额，减除必要费用后的余额，为应纳税所得额。④劳务报酬所得、稿酬所得、特许权使用费所得、财产租赁所得，每次收入不超过 4 000 元的减除费用 800 元，4 000 元以上的减除 20%的费用，其余额为应纳税所得额。⑤财产转让所得，以转让财产的收入额减除财产原值和合理费用后的余额，为应纳税所得额。⑥利息、股息、红利所得，偶然所得（奖金、彩票收入）和其他所得，以每次收入为应纳税所得额。随着经济发展水平和居民消费支出水平的提高，个人所得税的免征额由 1994 年的 800 元提高到 2005 年的 1 600 元后再提高到 2008 年2 000元、2011 年的3 500元、2019 年的5 000元，其他计税依据也有相应的调整。

个人所得税的税率采用累进和比例两种形式。对工资、薪金所得，适用 9 级（现调整为 7 级）超额累进税率，税率为 3%～45%；对个体工商户的生产、经营所得及企事业单位的承包、承租经营所得，适用 5 级超额累进税率，税率为 5%～35%；其他各项所得都采用比例税率。

3.农业税

农业税是国家向一切从事农业生产、有农业收入的单位和个人征收的一种税。农业税由地方政府征管，构成地方政府的财政收入。

农业税的纳税人是从事农业生产，有农业收入的单位和个人。

农业税的征税对象是农业总收入，即种植业中的粮食作物、经济作物、园艺作物等生产收入。具体的征税范围包括:粮食作物和薯类作物的收入,棉花、麻类、烟叶、油料、糖料和其他经济作物的收入,园艺作物的收入,经国务院规定或者批准征收农业税的其他收入。

农业税的计税依据是常年产量,即根据土地的自然条件、当地的一般经营条件和种植习惯,在正常年景下所能收获的产量,产量一经确定,在一定时期内不予变动。

农业税的税率采用地区差别的比例税率,全国平均税率为常年应税产量的15.5%,国务院根据各地区具体情况,规定各省(自治区、直辖市)的平均税率。

我国在建立起比较完整的工业体系的过程中,农业与工业、农村与城市差距逐步扩大,"三农"问题依然制约着我国经济和社会发展。为了有效地解决该问题,2004—2005年,我国先后已有28个省份免征农业税。2005年12月,我国决定自2006年1月1日起废止自1958年开始施行了48年的《农业税条例》,它标志着我国延续了2 000多年的农业税正式走入历史。据统计,免征农业税、取消除烟叶税外的农业特产税可减轻农民负担500亿元左右,2005年已有约8亿农民受益。同时,我国现阶段的财政收入状况已完全能够为全面取消农业税提供财力保证,财政具备了取消农业税的财力条件,2004年农业税占各项税收的比例仅为1%,2005年全国剩下的农业税及附加仅约15亿元,取消农业税对财政减收的影响不大。当然,废止《农业税条例》、取消农业税后,并不意味着农民不再缴税。如果农民经商、开办企业,还是需要缴纳相应的税种,这有利于城乡税制的统一。由于农业税为地方税,取消农业税后减少的地方财政收入,沿海发达地区原则上由自己负担,粮食主产区和中西部地区由中央财政通过转移支付补助。

4.牧业税

牧业税是国家对牧区、半牧区从事牧业生产的单位和个人征收的一种税。它由地方政府征管,构成地方政府的财政收入。我国牧业税的征税地区主要是西部地区"四省四区"(新疆、内蒙古、宁夏、西藏、陕西、甘肃、青海、四川的牧业区和半牧业区)。

牧业税的征税范围包括马、牛、骆驼、绵羊、山羊等5种牲畜。在牧区和半牧区牧养上述5种牧畜的单位和个人是牧业税的纳税人。如果兼营农业和牧业,则按主业征税;或者按纳税人的农业收入、牧业收入分别征收农业税和牧业税。

牧业税的计税依据有两种:一是以纳税人当年的牧业总收入为计税依据;二是以纳税人应税牧畜实有头数为计税依据。

牧业税的税率各地规定不同。目前各地采用的税率主要有比例税率、有起征点的比例税率、有免征额的比例税率3种。

长期以来,我国对牧业税只作政策性指导,具体的征税办法由各个省、自治区结合本地区的实际情况制定。如西藏一直对农业税与牧业税实施免征政策。1994年,新疆对饲养牲畜的牧民以定额税的形式征收牧业税,2003年将新疆范围内的牧业税定额提高20%,2004年取消牧业税及降低农业税,2005年全部取消农牧业税。我国于2005年在全国范围内免征牧业税,此举减轻了西部地区"四省四区"(新疆、内蒙古、宁夏、西藏、陕西、甘肃、青海、四川的牧业区和半牧业区)农牧民的税收负担。

5.房产税、契税、车船使用税

房产税是以房产为征税对象、以房产评估值为计税依据、向拥有房屋产权的单位和个人征收的一种财产税。房产税是地方税，由地方政府征管。房产税的纳税人为所有在我国境内拥有房屋产权的单位和个人，计税依据为房产的评估价值，采取1%~5%的幅度比例税率。2011年，上海和重庆开始进行房产税试点，在总结两个城市征收房产税的经验的基础上，将在全国推行房产税，以调控房地产市场。

契税是在房产因买卖、典当、赠与或者交换而发生产权转移时，向产权承受人征收的一种财产税。它是一种地方税。契税的计税依据是房屋的买价、典价、赠与的现价等。契税实行3%~5%的幅度比例税率。

车船使用税是对在我国境内拥有车船的单位和个人征收的一种财产税。它是一种地方税，由地方政府征管。车船使用税的课税对象是在我国境内行驶的车船，纳税人是拥有车船的单位和个人，他们在购置车船时必须一次性支付车船购置税，同时支付当年相应月份的车船使用税。车船使用税按照机动船、非机动船和机动车、非机动车等不同情况，分别采用净吨位、载重吨位、辆等不同的计税标准。车船使用税的税率采用分类幅度定额税率。

6.土地使用税、耕地占用税、土地增值税

土地使用税是对使用土地的单位和个人，按使用土地面积和规定的税额标准征收的一种税，它既是一种级差资源税，也是一种地方税。土地使用税的征税对象是除农业用地以外所有在我国境内的土地，纳税人是我国境内使用土地的单位和个人。土地使用税以纳税人实际占用的土地面积为计税依据，采用固定税率、分类定额幅度税额、从量定额的方法计征。土地使用税每平方米年税额：大城市1.5~30元，中等城市1.2~24元，小城市0.9~18元，县、镇、工矿区0.6~12元，农村0.3~6元。该计税标准随经济发展对土地需求的变化而调整。

耕地占用税是国家对占用耕地建房和从事非农业建设的单位和个人征收的一种税，它是一种地方税，由地方政府征管。耕地占用税的征税范围包括国家所有和集体所有的耕地，纳税人是占用耕地建房或者从事非农业建设的单位和个人。耕地占用税以纳税人实际占用耕地面积为计税依据，实行地区差别定额税率。

土地增值税是对有偿转让国有土地使用权及地上建筑物和其他附着物产权的单位和个人，就其获得的土地增值额所征收的一种税。它是一种地方税。土地增值税的计税依据是纳税人转让房地产所取得的土地增值额，即纳税人转让房地产所取得的收入减除税法规定扣除项目金额后的余额。土地增值税采用4级超额累进税率，最低一种税率为30%，最高一种税率为60%。

2009年政府获得1.5万亿元土地出让金，2010年全国国有土地有偿出让收入达2.9万亿元，同比增长106.2%，2018年全国城市国有土地出让金41 644亿元，其中较大比例是政府将集体土地转为国有土地后出让所获得的收益。2019年我国土地出让金收入7.8万亿元，占全国生产总值的8.5%。

7.固定资产投资方向调节税、印花税、屠宰税

固定资产投资方向调节税是对在我国境内进行固定资产投资的单位和个人所征收的一种税，由地方政府征管。投资方向调节税的征税范围包括使用各种资金进行的固定资产投资。各种资金包括国家预算资金、国内外贷款、借款、赠款和纳税人的各种自有资金、自筹资金和其他资金。投资方向调节税的纳税人是在我国境内进行固定资产投资的单位和个人。投资方向调节税的计税依据分别按基本建设项目、更新改造项目和其他项目加以确定，并根据国家产业政策和投资项目的经济规模要求，实行差别税率，税率为0%，5%，10%，15%，30%五个档次。

印花税是对单位和个人在各种经济活动交往中订立和领受的凭证征收的一种税，因其采用在凭证上粘贴印花税票的办法征税，故称印花税，它是一种地方税。凡在我国境内书立、领受印花税条例列举凭证的单位和个人，都是印花税的纳税人。其征税范围包括：经济合同、产权转移书据、营业账簿、专利、许可证照、证券交易、其他凭证等。印花税采用比例和定额税率。经济合同、记载资金的账簿、产权转移书据等按比例纳税；其他营业账簿、权利许可证按件定额贴花5元。

屠宰税是对列举的几种牲畜的屠宰行为征收的一种税，其目的是为了增加地方的财政收入。屠宰税的征收范围是食用生猪、菜牛、菜羊和经过批准宰杀的马、骡、驴、骆驼、耕牛等，纳税人是在我国境内有屠宰应税牲畜行为的单位和个人。屠宰税一律在屠宰环节按牲畜屠宰后的实际重量从价征税，税率为10%；不能按实际重量计征之地区，必须规定各种牲畜的标准重量，从价计征。屠宰税的计税公式：应纳税款=应税数量×单位额。

8.遗产税

遗产税是对被继承人死亡时所遗留的财产征收的一种税。它由地方政府征管，构成地方政府的财政收入。遗产税的征税对象是被继承人死亡时的遗产总额，具体包括动产和不动产、其他有财产价值的权利如土地使用权、商标、版权等。遗产税的计税依据为被继承人死亡的遗产总额减除允许扣除金额和免征金额后的余额，一般采用超额累进税率。

我国尚未开征遗产税。我国台湾以及日本、美国的遗产税分别高达55%，70%，85%。这对调节代际公平有促进作用，也有助于激励高收入群体进行慈善和社会公益捐赠。

三、合理划分中央政府与地方政府的税收

（一）分税制及其缺陷

1.1994年税制改革的基本内容

从1994年1月1日起，我国开始全面推行以划分税种为基础的分税制财政体制改革。这次税制改革的基本内容主要如下。

（1）对所得税进行改革。即于1994年1月1日起统一内资企业所得税，实行33%的比例税率，取消国有企业调节税，建立新的规范化的企业还贷制度，停止执行承包企业所得税，并在此基础上，统一内外资企业所得税。同时，对个人所得税进行改革，即简化税制、公平税负、适当调节个人收入。

（2）对流转税进行改革。改革后的流转税由增值税、消费税、营业税组成，统一适用于内资企业和外商投资企业，取消对外商投资企业征收的工商统一税。对商品交易和商品进口普遍征收增值税，并选择部分消费品交叉征收消费税，对不实行增值税的劳务交易和第三产业征收营业税。原征收产品税的农林牧水产品，改征农业特产税。

（3）对其他税种进行了改革。主要包括：开征土地增值税，以合理调节土地增值收

益,维护国家权益;开征证券交易税;开征遗产税;改革城市维护建设税;取消盐税、筵席税、集市交易税、牲畜交易税、特别消费税、烧油特别税、奖金税和工资调节税,其中把特别消费税和烧油特别税并入消费税,盐税并入资源税;取消对外商投资企业和外籍人员征收的城市房地产税和车船使用牌照税,统一实行房产税和车船税,并适当提高税率或者税额;改城镇土地使用税为"土地使用税"并调高税额;下放屠宰税。

2.分税制的局限性

分税制的推行使中央政府与地方政府的财政关系朝着制度化、规范化、科学化、合理化的方向发展,对推动我国的经济改革和发展产生了积极的影响。但是,由于1994年实行的分税制带有过渡的性质,而且沿用了一些旧办法,因而分税制的改革效果难以充分显示出来,存在一定的局限性。其中最主要的是,分税制无法消除地方保护主义。

分税制是一种以分税为主要特征、以划分中央政府与地方政府事权和财权为实质的财政体制。实行分税制主要是为了代替原来的财政包干制,进一步理顺中央政府与地方政府的财政分配关系,合理调节地区之间的财力分配,实现地区经济的协调发展。但是,现行分税制无法消除或者限制地方保护主义。其原因主要有以下几方面。

(1)地方保护主义是在以市场取向的改革过程中,由于下放地方政府分级财政管理权相对超前,而各项配套改革相对滞后的情况下所产生的地方政府不规范的财政分配行为。改革开放以前,我国财政基本上实行的是集中性财政管理体制,地方政府没有分级财政管理权,也没有产生十分严重的地方保护主义。1980年财政"分灶吃饭",地方政府自求平衡,在一定程度上调动了地方政府增收节支的积极性,但是在当时不合理的价格体系引导下,也导致了重复建设、盲目投资。同时,由于政企不分、企业经济效益普遍较差,地方政府为了使财政收入最大化,往往采用行政干预、封锁市场等手段,从而导致地方保护主义。1994年分税制财政体制改革,改变了财政包干制下中央财政靠地方财政上缴平衡收支的局面,加强了中央财政的主导地位,中央财政收入占国家财政收入的比例上升,大宗税源划归中央财政,零星分散的小税源归地方财政,地方财政失去了分级财政管理的财政实力。但是,由于政府职能和国有企业经营机制没有及时转换,或转换相对滞后,这样,这种财政分配格局的调整不仅没有消除或者限制地方保护主义,反而引起已拥有分级财政管理权的地方政府与中央争上解留用比例、争补助、争投资项目,对基层企业、农业继续集资、摊派的行为,地方政府非规范公共收入占地方财政收入的比例逐年上升,从而使实行分税制后地方保护主义更加盛行。

(2)我国现阶段财政资金分配的不公平格局决定了各地区在财政资金上的矛盾,地方保护主义是这种矛盾的外在表现。我国财政资金在各地区的分配差异较大,具体表现为从西部地区到东部地区,人均财政支出由高到低、逐步减少,而人均财政收入则呈相反状态,由低到高、逐步增加;从财政支出结构上看,不仅地区之间,而且各地区内省、市、自治区、直辖市之间的差距也很大;国家对西部地区的财政支援大量消耗在行政事业经费上。1994年的分税制确定了中央财政对地方财政的转移支付制度,包括中央财政对地方税收返还和专项补助两项内容。但是,中央财政对地方税收返还数额仍以1993年为基期年核定,1994年后,税收返还额在1993年基数上逐年递增,递增率按全国增值税和消费税增长率的1 0.3系数确定,1994年上划中央收入达不到1993年基数的,相应扣减税收返还基数。同时,为了减轻改革的阻力和压力,原体制下的分配格局暂时不变,原体制下中央财政对地方财政的补助继续按规定补助,原体制下地方财政上解仍按不同体制类型执行,原来中央财政拨给地方财政的各项专款,该下拨的继续下拨,原体制中的有些结算事项继续运转。1994 年分税制改革并没有改变原有的财政资金在各地区的不公平分配格局,而且这种不公平分配格局还呈扩大之势。分税制并没有消除地方保护主义,还有可能使地区矛盾和地方保护主义问题更突出、更严重。

(3)1994 年分税制没有取消预算外资金,而预算外资金的存在又助长了各地方、部门和单位的保护主义倾向。预算外资金是国家授权于地方政府,地方政府再委托各职能机关和行政事业单位,依据有关规定自行收取、自行安排使用,既不纳入国家预算,也不纳入地方预算的财政性资金。预算外资金在我国财政发展史上曾起过积极作用,但是,由于管理混乱、使用不当,导致非生产性建设和用于个人福利的消费基金增长过快,财力分散于地方政府。地方政府为了增加收入,凭借中央政府给予的权力向社会各阶层收取名目繁多的费用,导致地方本位主义。因此,只要存在预算外资金,尽管实行分税制,也无法消除地方保护主义。

可见,为了进一步理顺中央政府与地方政府的财政关系,促进中央财政与地方财政关系的良性循环,必须进一步完善分税制。

(二)分税制的类型

1.分税制的基本类型

根据中央政府与地方政府之间划分收入方式的不同,分税制可以分为两种类型。

一种类型是分享税种式分税制。其特点是按税种划分各级政府的收入,前提是中央政府统一确定开征的所有税种,税收立法权、税目增减权和税率调整权等重要税收管理权限主要集中在中央政府。这种分税制在具体操作过程中又有两种形式:一是将全国的税种划分为中央税、地方税和共享税,中央税和地方税划分之后相对独立,共享税的征管权限和税收收入在中央政府和地方政府之间划分;二是将全国的税种只划分为中央税和地方税,不设共享税,中央税和地方税划分后各自独立。

另一种类型是分享税源式分税制。其特点是中央政府与地方政府都具有相对独立的税收管理权限,中央政府与地方政府可以对同一税源课征相同性质的税种。这在具体运作过程中又分为三种形式:一是分征式,即对同一税源,中央政府与地方政府分别征收相同性质的税种,中央政府征收的税收收入归中央政府,地方政府征收的则归地方政府;二是附加式,即对同一税源课征正税和附加税,所有的正税收入归中央政府,地方政府只按正税征收附加税并归属于地方政府;三是上解式,即地方政府征收所有税种,然后按收入额在中央政府与地方政府之间分成,地方政府按确定的分成比例将属于中央的税收收入上解中央政府。

世界各国实行的分税制,因其国家政权结构及经济发展状况的差异而有所不同。美国采取的是比较彻底的分享税源式分税制;法国采取的是分享税种式分税制,其突出特点是集权,中央政府集中了绝大部分收入,地方政府对中央政府的依赖程度较高;日本实行的是大多数税种分开、少数税种共享的分税制,其特点是分权较多,但是在全部财政收入中中央政府占绝大部分,而地方政府则在财政支出中占有绝大多数份额。

2.我国分税制的结构

我国1994年实行的分税制,在借鉴和吸收国外税收划分的成功经验的基础上,根据我国的国情和现有的财政税收体制状况,将各项税收划分为中央税、地方税、中央地方共享税。将有利于国家实施宏观调控的税种划为中央税,将适合地方征管的税种划为地方税,将收入规模大且能稳定增长的税种划分为共享税;同时,中央政府和地方政府分别建立起各自的税收征管机构。这种分税制调动了中央政府和地方政府的积极性,但是,在中央政府与地方政府的税收划分方面仍沿用了旧体制的一些不规范的做法,比如企业所得税仍按隶属关系划分,中央企业的所得税划归中央政府,地方企业的所得税划归地方财政。这种做法助长了地方保护主义。根据事权划分理论及税制改革后的税种结构,必须合理地划分中央政府与地方政府的税收,进一步完善分税制。

(三)合理划分中央政府与地方政府税收的途径

1.合理划分各级政府间的事权关系,做到事权和财权相统一

按照受益范围原则和效率原则确定各级政府的职责和财政支出范围,并以法律形式加以规定,在较长时间内保持稳定。把关系到国家全局利益的分配职能和稳定经济职能赋予中央政府,而将地域性较强的职能赋予地方政府;保证中央政府在财政分配中的主导地位,中央政府掌握较多的财政收入,在税收征管上掌握重要税种的立法权、税法解释权、开征停征权和减免税权等等。

2.调整税收结构,对中央政府与地方政府的税收收入进行科学合理的划分

(1)尽可能减少共享税税种,并调整共享税范围。从我国中央政府和地方政府目前所获得的税收收入来看,除了现行分税制规定的一部分共享税(如增值税、资源税、证券交易税)以外,还有一部分税和收入具有共享性质,如企业所得税、营业税、城市维护建设税和少数国有企业上缴利润等,这部分税和收入实际上分别属于中央财政和地方财政所有。这种不规范的做法容易导致地方保护主义,从长远来看,实行彻底的分税制,必须取消这种不规范的做法。但是,根据我国的国情,目前完全取消这种带有共享性质的税和收入不太容易实现,因而可以考虑将企业所得税作为共享税,并把土地增值税并入增值税由中央政府和地方政府共享。企业所得税作为共享税,不再按企业隶属关系来划分,而是按中央政府和各级地方政府的职能及事权来确定,并由国家税务局统一征收,然后按比例分解到中央财政与地方财政。同时,将企业所得利润按比例分享原则在中央政府和地方政府之间分配。

(2)调整中央税范围,将个人所得税和固定资产投资方向调节税划归为中央税。将个人所得税划为中央税,既符合国际惯例,也有利于提高公民对中央政府的认同感和责任感,因而中央政府应加强对个人所得税税种的管理,视条件成熟尽快将个人所得税划归中央税。将固定资产投资方向调节税划为中央税,不仅有利于加强中央政府对固定资产投资的管理,也有利于中央政府集中这部分收入用于重点建设和贯彻产业发展的调整政策。

(3)扩大地方税种,将具有共享税性质的营业税、资源税和证券交易税划为地方税。这一方面有利于调动地方政府的积极性,同时也有利于合理开发利用资源,促进证券市场的稳定和健康发展。

3.按“中央立法为主,地方立法为辅,中央、地方分税分级管理”的原则,合理划分中央政府与地方政府的税收管理权限

凡是作为中央政府固定收入的税种,其管理权在中央政府,地方政府不得干预,并有义务保护中央政府的财政收入;中央政府与地方政府共享的税种,主要由中央政府管理,但是应兼顾中央政府与地方政府的利益,并将税法的解释权下放给财政部或者国家税务局;划分地方政府的税种,应实行分类分级管理。

4.按照中央政府与地方政府的事权划分,逐步建立规范化、法制化的转移支付制度

这就是既要保证一般性公共需要,也要帮助老工业基地加快技术改造,同时还要考虑中西部内陆贫困地区社会发展的需要,以协调地区发展的差距,实现公平与效率的结合。

第四节 国际税收

一、国际税收的基本概念

国际税收有广义和狭义之分。广义的国际税收是指各国对跨国纳税人征收所得税、财产税、关税等所带来的税收分配关系。狭义的国际税收仅仅指由于对跨国所得征收所得税而产生的有关国家的分配关系。国际税收是跨国税收分配关系的总和,它以一般税收为基础和前提,是一般税收的延伸。它所体现的跨国税收分配关系,包括本国政府对外国纳税人课税、外国政府对本国纳税人课税,以及因此而产生的两个或者两个以上国家之间的权益关系。

国际税收不同于涉外税收,两者之间既有联系又有区别。二者的区别在于:涉外税收立足于一国,解决的主要问题是本国政府对外征税,涉及的是本国政府与外国纳税人或者本国政府与具有国外收入的本国纳税人之间的征纳关系;国际税收处理的是在各国涉外税收基础上的国与国之间的税收分配关系。二者的联系在于:涉外税收是国际税收形成的基础,国际税收不能离开涉外税收而单独存在,而只能依附于或者受制于各国的涉外税收制度;各国的涉外税收制度又必须遵循国际税收的有关协定和准则,受其指导和约束。

二、税收管辖权

税收管辖权是一国政府根据法律规定自主地对征税对象和纳税人进行税收管理的权限范围。它是一个国家主权的重要组成部分,是国家管辖权的派生物。税收管辖权的确立属于一国的内政,国际上没有统一的规定。各国确定的税收管辖权一般以国家主权所能够达到的人员范围或者地域范围为依据。它可分为两种:一是按属人原则确立的税收管辖权,即居民管辖权或者居住国管辖权,凡是居住在本国的居民或者属于本国的公民,其收入无论是来自本国还是来自国外,一律要征税;另一种是按属地原则确立的税收管辖权,即地域管辖权或者收入来源管辖权,凡是发生在本国领土管辖范围内的收入来源，无论纳税人是本国企业和居民还是外国企业和个人，都要征税。

世界各国均有权选择行使某种税收管辖权。由于不同的税收管辖权对经济的影响有所不同，各国所选择的税收管辖权方式也会有所不同。一般来说，发达国家由于资本输出较多，来自国外的所得也较多，因而选择居民税收管辖权；而发展中国家到国外投资较少，引进外资多，因而选择地域税收管辖权。

三、国际重复征税及消除方法

（一）国际重复征税

国际重复征税是指两个或者两个以上国家对同一跨国纳税人的同一项跨国所得进行重复课税。产生国际重复征税的原因主要是各国所得税制的普遍化及不同国家同时实行两种税收管辖权所产生的差异。所得税制的普遍化及其征收范围的扩大和税率的提高，使跨国收入国际双重征税的可能性大大提高，其严重性日益加深。而各国同时实行两种税收管辖权，则有可能产生征税权力的交叉，从而产生国际重复征税。

国际重复征税有很大的消极作用。它违背了税负公平原则，不合理地加重了纳税人的税收负担，减少了其利润和再投资的能力，削弱了纳税人在生产竞争中的地位；同时，它也阻碍了国际之间资金、技术、文化等的交流，不利于发展中国家有效地吸引外资和引进技术。因此，如何避免和消除国际双重征税，是国际税收中的重要问题之一。

（二）消除国际重复征税的方法

要从根本上减轻或者消除国际重复课税，必须协调各个国家的税收管辖权关系，即在承认各国有权同时行使居民税收管辖权和来源地税收管辖权的基础上，由双方协议采取某种措施避免两种不同的税收管辖权的冲突，或者将这种冲突限制在一定的程度以内。具体地说，消除国际重复征税的方法有以下几种。

1.扣除法

扣除法是指一国政府对其居民已缴纳的外国税款允许其从来源于国外的所得中作为费用扣除，就扣除后的余额征税。这种方法只是给予跨国纳税人一部分扣除的照顾，其税负仍重于国内所得征税，因而未能彻底解决双重征税问题。

2.低税法

低税法是指一国政府对其居民来源于国外的收入单独制定较低的税率予以征收。它是一种减轻或者缓和双重征税的方法，因而也不能彻底解决双重征税问题。

3.免税法

免税法是指一国政府对本国居民征税时，只就其来源于国内的收入征税，对其来自国外的收入放弃征税权，免于征税。它的指导原则是承认非居住国政府地域税收管辖权的独占地位。免税的方法又分为两种：一种是全部免税法，即行使居民管辖权的国家，在决定对其居民的国内所得适用的税率时，不考虑该居民已被免于征税的国外所得；另一种是累进免税法，即在决定对其居民的国内所得适用的税率时，把国外的所得汇总，然后选择适用税率。

4.抵免法

抵免法是指一国政府对其居民来源于国外所得征税时，同样按国内税率计税，但是允许居民把已纳的外国税款从国内应纳税款中抵免扣除。其指导原则是承认非居住国税收管辖权的优先地位,但是并不放弃居住国行使居民税收管辖权。抵免法具体可分为以下几种情况:①如果外国税率与国内税率相同,则可全额抵免;②如果外国税率比国内税率低,只就其差额部分补征;③如果外国税率比国内税率高,则按国内的税率计算抵免。

抵免法是目前世界各国普遍采用的方法。它又可以分为直接抵免和间接抵免。直接抵免是直接对本国居民在国外已纳的所得税款的抵免,这种方法适用于总公司与国外公司同属于一个法人组织之间的税收抵免关系。间接抵免适用于母公司与子公司不同属于一个法人实体之间的税收抵免关系。

四、国际税收协定

国际税收协定是指两个或者两个以上的主权国家为了协调相互之间的税收关系和处理税务方面的问题,按照对等原则,通过谈判缔结的一种协议和条件。国际税收协定是主权国家之间相互协调税制差异和利益冲突、实现国际税务合作的有效形式。

国际税收协定的意义在于解决国际重复征税的问题和国际偷漏税行为,消除税收歧视对国际经济技术活动的不利影响,实现税收饶让。税收饶让是指一国政府对本国居民在国外得到减免的那部分所得税,同样给予抵免待遇,不再按本国规定的税率补征,它实际上是税收抵免的延伸。发展中国家为了有效地吸引外资,在与发达国家签订税收协定时都特别强调税收饶让。

五、我国的涉外税制

我国的涉外税收实行单独设立税种和立法的税制。目前已公布立法的税种主要是外商投资企业和外国企业所得税、涉外个人所得税两种。

(一)外商投资企业和外国企业所得税

外商投资企业和外国企业所得税是对在我国境内的外商投资企业和外国企业的生产经营所得和其他所得征收的一种税。该税是由原中外合资经营企业所得税和外国企业所得税合并而成的,于 1991 年 7 月 1 日起开始征收。

外商投资企业和外国企业所得税的征税对象为直接开办企业或者设立营业机构、场所从事生产经营的所得和其他所得。其纳税人是在我国境内的外商投资企业和外国企业,具体包括:中外合资经营企业,中外合作经营企业,外资企业,在我国境内设立机构、场所从事生产经营的外国公司、企业和其他经济组织,在我国境内没有设立机构、场所而有来源于我国的股息、租息、租金、特许权使用费和财产收益等项所得的外国公司、企业和其他经济组织。

外商投资企业和外国企业所得税采取两种比例税率:对外商投资企业和在我国设立机构的外国企业的应税所得按 30%的税率征税,并按应税所得额征收 3%的地方所得税;对在我国境内未设机构而有来源于我国的股息、利息等所得,或者虽然在我国设立机构,但是股息、利息等所得与其机构没有实际联系的,按 20%的税率征税。

由于外商投资企业和外国企业所得税存在着税收管辖权的交叉性的特点,我国在征收该税时运用限额抵免和扣除法来避免国际重复课征。我国已经于2001年12月正式加入了世界贸易组织,为了促进内外资企业的公平竞争,我国在经过了5年的过渡期之后于2007年1月起按“国民待遇”原则逐步调整现行的外资企业所得税税率,对内外资企业征收统一税率的企业所得税。与此同时,加强对外商投资企业和外国企业所得税的征管,防止其通过各种形式和途径偷税、逃税,也是利用企业所得税来促进内外资企业公平竞争的有效途径。

(二)涉外个人所得税

1994年,我国修改了旧的个人所得税,制定了《中华人民共和国个人所得税法》,统一和规范了个人所得税。在该税法中,对个人跨国所得有两点优惠:第一,纳税人在我国境外取得的所得,准予其在应纳税额中扣除已在境外缴纳的个人所得税税额,扣除额不得超过该纳税人境外所得按我国规定计算的应纳税缴。第二,对在我国境内无住所而在我国境内取得工资、薪金所得的纳税义务人和在我国境内有住所而在我国境外取得工资、薪金所得的纳税义务人,可以根据其平均收入水平、生活水平以及汇率变化情况确定附加减除费用,附加减除费用适用的范围和标准由国务院规定。

由于国内外居民收入水平存在着明显的差距,因此我国在确定涉外个人所得税的征收标准时实行内外有别的个人所得税免税起征点,并且这个免税起征点随着我国经济发展水平的不断提高而相应的分别进行了调整。随着我国经济的进一步快速发展,将来有可能按“国民待遇”原则对在我国境内的涉外个人所得税与国内的个人所得税合并,征收统一税率的个人所得税。

复习思考题

1.税收的性质和作用是什么?

2.什么是税收制度?其建立的原则、构成要素是什么?税收如何进行分类?

3.什么是税收的转嫁与归宿?它有哪些形式?什么是税收负担原理?

4.什么是国家税收?它有哪些主要内容?

5.什么是地方税收?它有哪些主要内容?

6.什么是分税制?它有哪些类型?

7.我国现行的分税制有何缺陷?如何进一步完善分税制?

8.什么是国际税收?其主要内容有哪些?

第四章

财政的其他收入

我国的财政收入由以税收为主体的收入和其他的财政收入两大部分组成。虽然税收以外的其他财政收入所占比例小,但是它们的占有过程和体现的分配关系对国家经济和社会发展仍然具有比较大的影响。我国财政的其他收入形式主要有国家债务收入和国有资产收入,此外还包括一些其他形式的小额收入等。

第一节　国家债务收入

国家债务收入是国家直接以债务人的身份,在国内外发行债券或者向国际组织、外国政府和商业银行借款所形成的财政收入,它是国家信用筹集财政收入的基本形式。国家债务收入包括国内债务收入和国外债务收入。

一、国内债务收入

国内债务,简称内债,是国家以发行国内公债的形式向国内居民和单位举借的债务。一般采用国家发行公债券、国库券的办法来筹集,因而又称为公债或者国债。实际上,公债和国债是有区别的。国债一般专指中央政府的债,其中由财政部发行的国债称为国库券,而无论是中央政府的债还是地方政府的债,都属于公债。

由于我国地方政府没有独立发行公债的权力,因而,我国的国债是公债的唯一形式,而且以国库券为主要的发行形式。

(一)我国内债的发行概况

新中国成立后,国内公债的发行状况可以分为以下三个阶段。

第一阶段,1950 年发行了“人民胜利折实公债”。当时发行公债的目的主要是为了弥补巨额的财政赤字,制止天文数字般的通货膨胀,稳定严重波动的市场物价,恢复和发展国民经济。由于当时物价极不稳定,为保障承购人的利益,国家决定采取折实公债形式,即以当时一定种类和数量的实物价格为基础,合为货币计算。由于第一批人民胜利折实公债的发行,大批通货回笼,使预算赤字迅速减少,对稳定物价起了重大作用;加之国家在稳定金融物价方面采取了一系列重要措施,财经状况迅速好转,发行人民胜利折实公债的预定目的已经实现,因此没有发行第二期。这次发行的折实公债从 1951 年起分 5 年作 5 次偿还,于 1956 年 11 月 30 日全部偿还完毕。

第二阶段,1954—1958 年分 5 次发行了"国家经济建设公债"。国民经济恢复后,我国进入了有计划的大规模经济建设时期。为了筹集国家建设资金,满足经济建设对资金的需要,中央人民政府和地方人民政府分别多次发行经济建设公债。由于公债发行主要用于经济建设,建设周期长,因而公债的偿还期除 1954 年的公债分 8 年作 8 次偿还外,其余 4 次分 10 年作 10 次偿还。在"一五"计划时期(1953—1957 年),我国社会经济状况发生了根本性的变化,国家大体上已经能够将几乎所有的社会财力掌握在自己手上,此时已没有必要通过公债来筹集经济建设资金了,因此,国家于 1959 年停止发行"国家经济建设公债",至 1968 年偿清了所发行的"国家经济建设公债"的全部本息。

第三阶段,从 1981 年至今发行多种形式的国家债券。党的十一届三中全会以后,我国从理论上澄清了所谓"既无内债,又无外债,是社会主义的优越性"的错误思想,开始积极发展和完善国债制度。1979 年以来,我国财政连年出现赤字,为了弥补赤字,集中资金用于能源交通等重点建设,我国从 1981 年起至今,每年都发行公债,名称为国库券。我国国库券的发行和还本付息事宜均由具有经理国库职能的中国人民银行及其所属机构办理,而发行国库券取得的收入全部上缴中央财政,由国务院根据国民经济发展计划和综合平衡需要统一安排使用。还本付息的资金主要来源于社会积累,依靠经济发展带来的效益。在发行办法上,实行派购和认购相结合,以自愿认购为主。随着社会主义市场经济的不断发展,我国的公债制度也将会进一步得到发展。

(二)我国公债的功能

公债是在国家职能不断扩大,财政支出日益增加,仅靠税收收入已不能满足支出需要的情况下产生的。从新中国成立以来发行公债、国库券的情况来看,在社会主义市场经济条件下,公债具有以下几种功能。

1.弥补财政赤字,解决财政困难

公债产生的直接原因是解决财政的困难,利用发行公债筹集社会闲散资金具有及时、迅速、集中的特点,可以起到对国民收入再分配的作用。因此,当财政发生困难,正常收支不平衡时,可采用发行公债这一形式来弥补。当然,税收也是增加财政收入的一种方式,但是由于增税需要通过一系列的法律程序,手续比较复杂,也比较缓慢。相比之下,发行公债是更为行之有效的方式。另外,政府也可以采用增加赤字和向银行借贷的方式弥补财政赤字。但是相比较而言,政府发行公债来弥补财政赤字,对经济发展产生的副作用要小得多。因为发行公债一般不会导致通货膨胀,它只是部分社会资金使用权的暂时转移;而且,公债通常是社会资金运动中游离出来的资金,一般不会对经济发展产生不利的影响。当然,发行公债的规模不宜过大,否则最终会导致财政收支的恶性循环,影响社会经济的发展。

2.筹集建设资金,保证国家建设投资,优化产业结构

在我国的财政支出中,建设资金通常要占50%左右,固定资产投资支出占较大比重,从这个角度讲,发行公债具有明显的筹集建设资金的功能。公债可以将吸收的资金用于经济建设投资,用于国家急需发展的产业、部门,尤其是国家重点建设的投资,加强国家薄弱部门和"瓶颈"产业的建设,如我国从1987年开始发行重点建设债券和重点企业建设债券、1999年开始发行重大基础设施建设项目国库券,从而使产业结构趋于合理。

3.调节经济,促进社会总供求的平衡

国家在宏观调控时,可以通过公债发行的数量、公债利率的变动及贴现政策,调节资金供求和货币流量,使社会总需求等于或者接近总供给。当社会资金分散、货币流通量较大、社会总需求过旺时,国家可以运用公债吸收一部分过多的闲散资金,抑制总需求膨胀;而当货币流通量较小、社会总需求小于总供给时,国家可收回公债,扩大总需求,从而使总供给与总需求达到均衡。

(三)公债的限度

公债可以被用来对国民经济进行宏观调控,但是并不能无限制地运用。公债规模不宜无限扩大,因为它受应债能力和偿债能力等经济条件的制约。

1.应债能力

应债能力是指承购和吸引公债的能力。公债最终来源于国民生产总值或者国民收入,其最大应债能力是社会信用资金总量扣除保障其他各种信用所必需的最低限量之后的余额。由于一定时期内国民收入可以作为信用资金的数量是有限的,因而只有在有限的范围内寻找发行国债的最佳数量,才能达到公债调节经济的目的。就国内公债而言,应债能力通常可以用以下比率来显示:①国债余额与国民生产总值相比,一般认为以35%~40%为宜。2018年美国公共债务增加1.2万亿美元,达到22万亿美元,国内生产总值为20万亿美元,均为世界第一,但是美国政府财政赤字较2017年扩大17%至7 800亿美元,公共债务与国内生产总值之比高达110%;数据显示,2019财年美国的财政赤字超过1万亿美元,美国国债已经突破了23万亿美元;②国债利息支付与国民生产总值相比,在1%以内为宜;③国债还本付息与国民生产总值相比,在5%以内为宜。如果达不到上述指标,比例过低,说明国债负担比较低,应债能力不足。国外公债的应债能力表现为吸引资金的能力,即国内吸收消化和配套的能力。因此,国内的经济状况、生产要素供给条件决定了应债的环境,制约着国内公债的规模。

2.偿债能力

偿债能力是指国家对公债按期履行还本付息义务的能力,这是决定一国政府资信程度的关键。国家财政收入是偿债的直接资金来源。就一个财政年度来看,财政收入是有限的,因而在各个财政年度内,财政收入中可能形成的偿债资金也总是有限的,这在客观上要求国债发行总量必须与财政可能达到的偿债能力相一致。在财政收入有一定增长的情况下,如果财政在满足各项必要的支出项目后,可以有余力归还公债的本息,表明具备偿债能力;如果财政余力难以承担还本付息,表明偿债能力不足。如果财政偿债能力不足,就不得不增发新债来还旧债,从而使财政陷入借债还债的恶性循环之中。

（四）公债的种类

公债种类繁多，可以按不同的标准进行分类。

1. 国内公债和国外公债

按照公债发行的地域分类，可以将公债分为国内公债和国外公债。国内公债是指本国政府以债务人的身份向本国境内的居民或者单位所发行的公债。国外公债是指国家在外国发行的公债。国内公债债务收入来源于国内，一般不影响本国的国际收支，但是内债过多，会引起国内资金供应紧张和利率上涨。国外公债债务收入来源于国外，通过发行国外公债，可以使本国经济获得补充资金，促进本国经济的发展。但是国外公债过多，会因还本付息的压力引起本国国际收支的不平衡，最终影响本国经济的发展。

2.短期公债、中期公债和长期公债

按照公债期限的长短分类，可以将公债分为短期公债、中期公债和长期公债。短期公债是指不超过 1 年的公债，期限 5 年以上的是长期公债，介于二者之间的是中期公债。

3.货币公债和实物公债

按照公债单位分类，可以将公债分为货币公债和实物公债。货币公债是以货币为本位或者以货币为计量单位而发行的公债；实物公债是以实物为本位而发行的公债。按照确定本位的具体方法，实物公债又可以进一步分为直接以实物为本位的公债和间接以实物为本位的公债即折实公债。与货币公债相比，实物公债具有债值稳定、债信较高等优点，但是适应性较差。

4.强制公债和自由公债

按照公债推销或者发行的方式分类，可将其分为强制公债和自由公债。强制公债是指在发行公债时，凡符合政府的应募条件者均必须购买的公债，它可以进一步区分为直接强制公债和间接强制公债，其性质接近于税收。自由公债是指政府在发行公债时不附带任何应募条件，由企业或者居民自由认购的公债，它是现代公债的普遍形式。

5.自由流通公债和非自由流通公债

按照公债流通的方式分类，可以将公债分为自由流通公债和非自由流通公债。自由流通公债是指可以在市场上公开买卖的公债，具有自由认购、自由买卖和自由转让的特点，因此，其流动性较好，变现能力强，易于推销。非自由流通公债是指国家规定其债券不得在市场上公开买卖的公债。与自由流通公债相比，非自由流通公债一般来说利率较高，还本付息的期限较长，变现能力较低。

（五）公债的发行

公债的发行是指政府将公债券交付给公债承购者，并将募集的债务款项集中到政府手中的过程。公债的发行通常由政府提出有关发行公债的法案，由立法机构批准后付诸实施。公债的发行方法多种多样，主要有以下几种。

1.公开发行法

公开发行法是政府预先公布公债发行条件，直接发行政府债券或者由政府委托银行等金融机构代为销售的方法。政府预先公布的公债发行条件通常包括公债种类、发行总额、公债票面额、发行时间、发行价格、利息率、是否记名和挂失、流通与转让、偿还期限等等。公开发行法按发行渠道的不同，又可进一步分为直接推销法、支付发行法和市场销售法。

(1)直接推销法是指政府或者政府委托部门直接向企业、事业单位和个人销售公债券,这种方法可以是强制性的,也可以是非强制性的。我国1981—1991年所发行的国库券,都是采用的直接推销法。采取直接推销法,使公债的认购人不能就公债的利率、价格等进行选择,因而有可能使政府不能按计划完成公债的发行数额。如果不改变推销方式,就需要政府提供一些优惠条件,例如:尽可能缩短公债还本付息的期限,减少风险;提高公债利率;允许公债券自由流通,提高公债券的变现能力;政府规定一定的应募公债的条件。

(2)支付发行法是指政府对债权人支付欠款时不付给现金而用公债代替,或者在支付现金时搭配公债。政府以支付发行法发行公债有各种各样的原因。公债调换时,以新公债代替旧公债,从而以新发行的公债券向旧的债权人进行支付;政府收买私人产业或者土地时,对原所有人用公债支付,等到国家从该财产取得收入时才给以偿还;对退休金、抚恤金等以公债代替现金支付,既不会影响收入者即期消费,又会给收入者带来一定的利息。支付发行法本身也具有一定的强制性。

(3)市场销售法是指政府在证券市场上销售公债券。西方国家通常是政府委托经纪人在证券市场出售公债券。利用市场销售法发行公债可以在一定程度上避免或者减轻对金融市场的冲击。但是,这种方法不宜用于发行数额较大的公债券。

2.银行承购法

银行承购法是政府把其所要发行的公债的数额、价格、发行费用等条件与金融机构协商,先由金融机构全部承购下来,然后再转向社会出售。如果银行不能把全部公债转售出去,其差额便由银行自己购买。采用这种方法,只要政府同金融机构商妥,银行全部承购政府公债,那么政府的公债发行任务就算完成了。从这个意义上说,这种发行方法是非公开的,因此,这种方式也称为非公开发行方式。

采用银行承购法发行公债有以下几方面的优点。

(1)手续简便、节省发行费用。由于政府将全部公债一次性地销售给银行,也就避免了因直接推销公债所必需的繁杂手续,也相应地节省了发行费用。

(2)银行承购法使发行公债的时间大为缩短,发行公债的收入可以在短时间内入库,政府也就能够尽早使用这笔资金,以解财政支出急需。

(3)这种方法便于政府贯彻其财政政策和货币政策。银行承购债券时,其资金在一定时期内占用在政府公债券上,从而就限制了其他资产业务的数量。因此,它实际上起到了对货币流量进行调节的作用。

由于银行承购法具有这些优点,现在世界各国大都采用这种方式发行公债。

3.特别发行法

特别发行法是指政府向政府管理的某些非银行金融机构直接发行公债的方法。这种方法具有以下特点。

一是非公开性。这种发行方法是由政府财政部门向政府内部非银行金融组织发行公债,通过政府内部账目往来的处理来完成,因而具有非公开性。

二是这种发行方法是政府对政府部门暂时存款的利用。当承购单位收入大于支出有节余时,用节余购买政府债券;相反则可向政府出售公债予以弥补。

（六）公债的偿还

公债的偿还是指近期偿还公债本金与支付利息。其中，还本通常是政府按照债券面额偿还；付息则是指按期按条件支付利息。公债的还本付息构成政府财政的债务支出，其资金主要来源于国家的预算盈余、国家预算直接拨款、偿债基金、发行新公债以偿还旧债等。随着公债规模的不断扩大，其还本付息的数额也在逐渐增大。从我国目前的情况来看，预算赤字加上公债还本付息部分基本上确定了下一年的公债发行额，而且公债还本付息额占公债发行额的比重越来越大。

公债的还本付息总是会形成财政的一大负担，同时，还本付息能否如约进行，对债券持有者和政府都是利害攸关的，这就要求政府必须选择相应的公债偿还方式。公债的偿还方式主要有两种：一是直接偿还法；二是市场购销法。

1.直接偿还法

直接偿还法是指公债债务期满时，政府直接向公债债券持有人偿本付息的方法。由于公债的价格是稳定的，它恒等于公债的票面额，因此政府向债权人偿本付息时不通过市场，偿还时按面额偿还，这是直接偿还方法的特点。我国 1981 年和 1984 年所发行的公债采用的就是这种偿还方法。

直接偿还法主要适用于不上市公债，可以是一次偿还，也可以是分次偿还。一次偿还就是政府对其所发行的公债规定还款期限，到期一次偿还本息。分次偿还就是政府对其所发行的同一期公债采取分期分批的方法偿还本息。分次偿还法又可以分为两种：一是政府对其所发行的公债，按发行号码的先后，规定偿还期限，同时按号码到期日依次进行偿还；二是政府预先确定每一期还本付息的比例，然后定期按公债券号码抽签以确定每期还本付息额。对每次中签者，按债券面额还本并按规定付给利息，对于没有中签的公债仍然按期支付利息，直到全部公债券皆中签偿清为止。

2.市场购销法

市场购销法是指政府用偿债资金从市场上购入公债券而偿还公债的方法。一旦一定数额的公债券为政府持有，那么，这些公债的还本付息也就同时解决了。

市场购销法的特点在于，它是通过市场买进活动来清偿债务的，因而，这种方法适用于政府对可上市公债的还本付息。采用市场购销法的好处是：通过市场买卖政府债券，可以操纵市场价格，以便政府顺利地发行新的公债；同时，中央银行在公开市场上买卖债券可以影响市场银根的紧松。公债券的价格是由市场供求变化所决定的市场价格，它可能高于、低于或者等于债券面额。政府在何种情况下才会从市场上购回公债券，取决于许多因素。一般来说，政府应在市价低于票面额时买进公债券。如果政府要调节市场货币流通，那么它所购进的公债券价格就有可能高于债券面额。

（七）公债管理

1.公债管理的含义及内容

公债管理是指一国政府通过公债的发行、偿还和市场买卖活动，对公债总额的增减、结构变化、利率升降等方面制定适当方针，采取有效措施，以达到筹集财政资金与稳定经济的目的。对公债实行管理，必须注意以下几个方面：第一，必须以促进经济的稳定与增长作为管理准则，与财政政策、货币政策相协调，以实现国家的宏观调控目标；第二，在政府对债券类型的选择方面及政府与借款人之间互利的安排方面必须能满足投资者的需要;第三,由于公债利息支付是由税收筹集的,公债利息的高低影响到课税的高低,因而,对公债实行管理,必须注意使公债的利息总额尽可能低,即利息成本最小化;第四,为了避免使公债过多地集中于短期证券市场,引起证券市场的波动,必须适当减少公债的流动性,将短期公债转换为长期公债。

公债管理的内容很多,主要有以下几个方面。

(1)公债期限的选择。政府在发行公债时应选择短期公债、中期公债或者长期公债,需视经济的具体情况而定。一般可遵循以下标准:一是公债的流动性与非流动性的权衡。由于短期公债的流动性较大,长期公债的流动性较小,政府选择期限不同的公债必然会对国民经济产生不同的影响。如果政府需要增加流动性时,可发行短期公债;如果要减少流动性或者不需要流动性时,就发行长期公债,以使公债的发行与国民经济的运行相吻合。二是公债的紧缩性与膨胀性的权衡。在借新债还旧债时,由于延长公债的期限会使利率上升,投资减少,因而延长公债期限被称为公债的紧缩性;而缩短公债的期限则会使利率下降,私人投资和消费增加,因而缩短公债期限被称为公债的膨胀性。政府是延长公债期限还是缩短公债期限,应与宏观经济运行的要求相适应。三是预期利率变动的方向。即当预期利率上升时,选择发行长期公债;当预期利率下降时,就选择发行短期公债。

(2)公债的调换。它又称公债的借换或者转换,是指在公债未清偿以前,对原来规定的发行条件如公债的本金、利率、偿还期限等加以改变的做法。公债调换的目的是为了延期偿债,将偿债负担后移;减轻财政负担;获得新的财政收入;保护公债券持有者的利益;等等。公债调换的方法主要有:①减息增本法,即政府在发新债还旧债时,降低公债的利息并将利息折算成本金作为新债交付给债权人。②减息增募法,即政府在公债调换时降低公债利率,并用偿债费用中节省下来的部分加募新债。具体做法是在原利息额的基础上按照新旧利率计算出两种利息,并核算在新债利率下获取旧债利息额所需本金数,由债权人加缴新本金,由债券持有人缴给国家。③增息增募法,即以高利的新公债券调换低利的旧公债券,将所产生的利息差额折算成本金由债权人追缴给国家,这种方法多在战争期间或者特殊时期才使用。④减本调换法,即政府减少债权人的本金或者将还本期延长,但是并不减少应支付的利息额。⑤低利调换法,即以低利新债调换高利旧债。

(3)公债整理。公债整理即政府将原来发行的不同类型的、条件不一的各种公债,统一归并成一种还本付息条件相同的公债,以加强债务管理。公债整理主要有两种类型:一是公债还本付息的整理,即"确定整理",一般以从低统一利率和从长统一还本期限为整理的标准;二是公债类别期限的整理,也称为"统一整理",一般做法是偏重类别的减少和期限的延长。

2.公债管理政策

公债管理政策简称为公债政策,是指政府财政部门在公债总额的增减、公债结构的变动和利率的升降等方面所制定的方针和采取的措施。公债政策的直接目标是弥补财政赤字,降低公债的利息成本,调节金融市场,减少债券价格波动,满足不同投资者的需要,保证公债的顺利发行。公债政策的最终目标是:筹集经济建设资金,保证资金需要,促进经济的稳定发展,调节经济结构,协调经济比例,实现国民经济的宏观调控。无论是选择公债的直接目标还是最终目标,都应因时因地制宜。公债政策的内容可以从不同的角度进行分类:从公债的运行过程来看,可分为公债的发行政策、流通政策、使用政策和偿还政策;从对公债的调节与控制的角度来看,可分为公债的总量政策和公债的结构政策。

公债政策要发挥其作用,必须具备一系列条件。这些条件主要有:公债种类必须多样化,即应有长期、中期和短期公债,不可转让公债和可转让公债,以满足不同投资者的需要;各种类型的公债及股票、商业票据、银行票据等有价证券必须具备一定的规模,公债在其中应占有相当重要的地位;公债券在整个国家的一切债券中必须占有相当的份额;必需有完善的金融体系;购买公债的主体必须多样化。

公债政策和财政政策、货币政策之间既有联系又有区别。一方面,公债政策是连接财政政策和货币政策的桥梁。这是因为,公债是弥补财政赤字的主要方法,同时也是中央银行进行公开市场业务的主要对象,公债政策的实施和运用是在财政部门和金融部门的共同配合下完成的。另一方面,公债政策与财政政策、货币政策又有区别,它们具有各自的政策工具和影响领域,发挥作用具有相对的独立性。财政部门主要根据宏观经济运行的具体情况,在出现财政赤字的情况下决定是否发行公债来弥补;中央银行根据其制定的政策目标,买卖公债;公债管理机构主要对公债的发行方式、期限、利率、流动性等问题及公债结构、公债的调换和整理进行管理和决策,以实现国家的宏观调控目标。公债政策与财政政策、货币政策之间的区别,可用表 4-1 表示。

表 4-1 公债政策与财政政策、货币政策的比较

政策类别 比较系列	财政政策	货币政策	公债政策
政策工具	税率高低,税种增减,减免税及退税规定,预算开支额度的扩缩,财政补贴	变动信贷指标限额,法定准备金率、贴现率和利息率,公开市场业务	增减公债总额,调整公债结构,确定发行和偿还方式,以及公债利率和流动性选择
影响领域	主要是国家机关、企事业单位和个人	主要是经济组织和个人	社会各阶层
作用方式	以无偿性分配为主,对承受单位和个人有较明显的强制性	属有偿收付(存贷),具有较强的自由度	有偿借贷,自由买卖
决策时间	决策涉及预算和立法程序,时间较长	决策时间较短	决策时间较短
执行后见效速度	见效较快	见效较慢	见效快

二、国外债务收入

国外债务简称外债,是指本国境内的机关、团体、企事业单位、金融机构或者其他机构对本国境外的国际金融组织、外国政府、金融机构、企业或者其他机构用外国货币承担的具有契约性偿还义务的全部债务,主要包括国外借款、发行外币债券、国外还款等。外债的主要作用是:弥补财政赤字,表现为平衡政府的国际收支;筹集建设资金,表现为购入本国短缺的原材料和设备,引进先进的设备和科学技术。

(一)外债的种类与结构

1.外债的种类

外债通常由政府借款和在国外发行外币债券两部分组成。政府借款包括向外国政府借款、国际金融机构借款、国外商业银行借款以及出口信贷等形式。发行外币债券有委托国外金融机构发行和直接发行两种类型。其中,国际金融机构和外国政府的贷款条件比较优越,即低息或者无息,偿还期限长,但是贷款用途往往受到一定限制。国外商业银行的贷款利息较高,但是限制条件较少,资金来源较充足。向国外发行外币债券则需要发行国政府具备良好的国际信誉,且发行费用大,其优点是限制条件少。因此,各国政府在举借外债时,要对各类外债的优缺点进行权衡,合理选择外债类型。

2.外债的结构

在我国的外债结构中,外国政府贷款和国际金融机构贷款所占比重较大,商业银行贷款比重较小,发行外币债券的收入最少,这是与我国国情相适应的。

同时,外债还有长、中、短期之分和币种之分,形成与之相适应的外债期限结构和币种结构;另外,外债还有持有者上的差别,形成了外债的持有者结构。在外债的期限选择上,一般而言,应尽量扩大长期债务,减少短期债务。我国的外债类型和结构有以下特征:第一,外债余额中长期债务占的比重越来越小,短期债务的比重越来越大。第二,外国政府和国际金融组织贷款在2000年以前约占我国外债总额的一半左右,另一半为国际商业贷款,但是从2001年起贸易信贷占的比重逐年快速增加,而外国政府和国际金融组织贷款持续下降,形成了新的外债结构。第三,近年来,我国外债余额增长较快,2007年达到3 736亿美元,2009年达到4 286.47亿美元,2010年达到5 489亿美元,2018年又降为3 746.61亿美元,截至2019年年末,中国全口径(含本外币)外债余额为20 573亿美元。外债的各类风险指标都在国际通行的安全线以下。在外债和币种选择方面,应尽量不仅仅采用一种外币计价,要把强势货币如美元、欧元与“软币”相互搭配。我国的外债币种结构曾一度以日元计价的外债占较大比重,在日元大幅度升值的过程中造成了很大的损失。因此,在外债持有者结构方面,应使持有者广泛化,这样,有利于扩充外债渠道,搭配币种,不致受某一个国家的控制。我国政府不仅在亚洲市场筹资,而且逐步扩展到在北美洲、欧洲以及大洋洲市场筹资,从而使外债持有者结构趋于合理。

(二)举借外债的原因

一个国家要举借外债是有许多原因的,其中主要原因有以下几个方面。

1.国内建设资金不足

一国之所以要向国外借款,其中最主要的原因就是国内建设资金不足。借款引入外债可以增加国内可利用的资金,以加快国民经济的发展。尤其对于发展中国家而言,经济发展处于起飞阶段,更迫切需要引入国外的资金。有关理论研究表明,一国经济的发展主要受到两大因素的制约:一是投资的制约,主要是指一国经济发展受到本国储蓄和管理能力、操作能力等的约束;二是贸易的制约,主要指一国经济发展受到商品和劳务进口的约束。归根结底,两个因素的制约集中表现为两种资金缺口,即储蓄缺口和外汇缺口。发展中国家在经济发展过程中,既面临着贸易逆差,即外汇不足的问题,又要应付国内储蓄不足的难题,因此,必须引进外资来弥补国内资金不足,而举借外债就是重要途径之一。

2.调整产业结构

一个国家在经济发展的过程中,产业部门之间不可能总是做到协调发展,其中必然会有一些部门发展得快一些,而另一些部门则相对滞后,产业部门之间的非均衡发展最终会成为制约国民经济进一步发展的"瓶颈"。因此,政府必然调动资金来扶持这些弱势部门的发展,而在国内资金有限时,就需要引进外资。

3.平衡国际收支

如果一个国家进口长期大于出口,就会出现严重的贸易逆差,而这种长期的贸易逆差所导致的国际收支状况恶化会给一国的经济发展带来诸多的负面影响,因此,从国外引进外资就被作为一国平衡国际收支的手段之一。

4.国家宏观调控的需要

引入外债对一国经济发展既有积极作用,又有消极作用。如果利用外资进行投资,使得企业增加对本国生产设备和劳动力的需求,创造就业机会,并引发相关部门进行扩大再生产,那么就会刺激国内总需求的上升,从而对一国经济注入新的活力,促使一国经济的发展;反之,若把外资用于购买外国产品来替代对国内产品的消费,就会使本国的经济收缩。因此,举借外债是一国政府调节社会总供求、促进宏观经济稳定发展的重要手段。

5.引进国外先进技术和管理经验的需要

发展中国家在发展经济的过程中,往往需要引进国外的先进技术和管理经验来提高本国的生产力,提高经济效益。这就使得本国短缺的资金显得更加短缺,因此,向外国借款就成为各国引进国外先进技术和管理经验的有效途径。

(三)外债与资金缺口

从我国的实际情况来看,政府外债的使用有较为严格的限制,主要是投向基础设施和基础产业等重点建设项目,其中,绝大部分为交通、通信、能源、信息、农业等国民经济瓶颈部门以及大型技术装备的引进。

从我国改革开放以来的资金缺口情况来看,1989 年以前,国内的资金积累有限,未能充分满足日益增长的投资需求,再加上出口规模不大,使得国内储蓄缺口与外汇缺口在大部分年份并存,在这期间政府引入的外资较好地弥补了国内的资金缺口。在 1990—1997 年,国家对收入分配政策进行改革,逐渐向居民个人倾斜,居民个人收入大大提高,全国居民储蓄存款也大幅度上升;同时,中央银行推行从紧的货币政策,严格控制对国有银行的贷款规模,导致银行出现存款额大于贷款额,即存差的现象;在对外贸易方面,制成品的出口比例有较大幅度提高,我国出口创汇能力大大增强,因此,除 1993 年以外,我国出现储蓄盈余和外汇盈余。1990 年储蓄超过投资 510 亿元,1994 年这一差额为 634 亿元,1996 年竟高达 1 459 亿元。这些数据表明,我国并不是在资金缺口的情况下引入外资,而是在国内存在大量闲置资金的情况下大量引入外资。因此,一个国家是否利用外债并不完全取决于是否存在储蓄缺口和外汇缺口,还有其他一些因素需要考虑。我国多年来一直保持较高的储蓄率。例如,1997 年全国居民储蓄余额超过50 000亿元,而且外贸持续顺差,外汇储备高达 1 398. 9 亿美元,居民储蓄余额和外汇储备都保持快速增长趋势。

这一切并不表明我国不存在储蓄缺口和外汇缺口的限制，相反，这是充分利用外资的结果。高储蓄率的出现主要是由于经济中不确定性因素的存在，人们出于对未来不可预知情况的防范，牺牲了即期消费的结果，以至于引起了国内有效需求的不足。由于受到1997年东南亚金融危机的冲击，与1997年同期相比，我国1998年以来的出口增长速度明显减缓。1998—2019年，我国主要实施积极的财政政策和稳健的货币政策，不断扩大国内需求，继续充分合理地引进外资，弥补经济发展过程中的资金缺口。

（四）外债与外汇储备

一个国家外债的多少直接影响其外汇储备的数量，而且外汇储备的数量也反映了一国的偿债能力。我国目前外汇储备十分充裕，且经常项目持续顺差，在国际上具有良好的信用基础，这有利于我国从国际资本市场获得更多的贷款。

自1990年以来，我国外债余额规模近似以每年增加100亿美元的速度增加，2000年达到1 457.30亿美元；此后，我国外债余额规模更是增长迅速，2005年达到2 810.45亿美元，2018年12月我国的本外币外债余额达到1.88万亿美元，截至2019年年末，中国全口径（含本外币）外债余额为20 573亿美元。同时，我国历年外债的偿债率、负债率、债务率均分别低于国际公认的安全线25%，20%，100%。其中，负债率是一项综合指标，它全面反映一国的偿债能力与外债规模的对应关系，而债务率和偿债率则是衡量外债负担的专门指标，反映了一国实际偿债的可能性。由此说明，我国外债还有较大的发展空间，外债规模在现有基础上还可以适当地进一步扩大。

对于一个国家，尤其是发展中国家而言，借外债的目的在于利用借来的资金促进本国经济发展。但需要注意的是，外债的偿还方式不同于内债，它是以本国通过出口换来的外汇或者直接用出口货物来偿还的，因此，一国外债的偿还能力归根结底取决于本国的出口能力。这就要求一国在向国外借款时应充分考虑其偿还能力，尽量把外资用于增强本国的出口创汇能力。从世界各国的情况来看，一国的债务和出口是比较接近的，且每年外债的增长与其出口增长是一致的。

出口增长速度快，说明债务国的偿还能力强。具备偿还能力，又表明债务国的经济得到发展，借外债的目的也就达到了；同时也表明债务国更有能力再向国外借款，也更有能力还债。如此这样，借债和还债就呈现出一种良性循环。事实表明，一国偿还能力越强，其借债来源就越多，债务负担就越轻；反之，如果偿还能力弱，借债来源就少，债务负担就重。

从我国的实际情况来看，2000年以来我国外汇储备每年都以比较大的规模增长，2005年我国外汇储备达到8 188.72亿美元，2007年超过1.52万亿美元，2011年9月达到32 017亿美元，2018年12月达到30 727.1亿美元，截至2019年12月末，我国外汇储备规模为31 079亿美元，同时继续保持经常项目的顺差，国际上的债信等级逐渐提高。一方面，外债余额规模不断扩大，但是偿债率持续下降，这表明我国出口增长较快，使得外汇储备增长速度超过了外债增长速度，大大增强了我国的偿债能力；另一方面，我国的外债余额与外汇储备之比大体上呈下降趋势，这表明我国外汇储备的增长不是依赖外债推动的，而是本国出口推动的结果，同时又为引入外资创造了良好的条件。因此，从长期来看，我国适度举借外债还是必要的，可以满足国内对资金的需求。当前需要我们做的工作是全面认真评估外资的使用情况,以考察是否达到我国借外债的目的,从而避免外债使用过程中的无度和浪费。

第二节 国有资产收入

一、国有资产的概念、分类及资金来源

(一)国有资产的概念与分类

国有资产的概念有广义和狭义之分。广义的国有资产是指国有财产,它是国家以各种形式投资及其收益、拨款、接受馈赠、凭借国家权力取得,以及依据法律认定的各种类型的财产或财产权利。广义的国有资产包括三部分:一是国家以各种形式形成的对国有企业投资及其收益等经营性资产(包括国有金融企业如国有商业银行的金融性资产);二是国家向行政事业单位拨款形成的非经营性资产;三是国家依法拥有的土地、森林、河流、矿藏等资源性资产。

狭义的国有资产就是经营性国有资产,是指国家以出资者的身份在国有企业中依法拥有的资本及其权益。经营性国有资产包括三部分:一是国有企业的资产;二是行政单位占有、使用的非经营性资产通过各种形式为获取利润而转作经营的资产;三是国有资源中可投入生产经营过程的部分。狭义的国有资产概念是经济学中的"资本"概念,而不是会计学中的"资产"概念,尤其是对经营性国有资产来说,它实际上是国家资本,是国有企业资产的总合,也是国有资产的核心部分。就单个国有企业来看,它拥有国家资产和国有法人资本。国家资本是指政府直接出资形成的资本及其权益,而国有法人资本是指国有独资企业向其他企业出资形成的资本及其权益。国有法人资本的出资人是国有法人企业,但是它不是终极所有者,因而无法确认产权的所有制性质,只能说国有法人资本是国家资本的派生物。所以经营性国有资产是指国家资本,而不包含国有法人资本。

国有资产按照不同的标准可以进行不同的分类。

1.经营性国有资产和非经营性国有资产

按资产的经济用途不同,国有资产可以分为经营性国有资产和非经营性国有资产两大类。

经营性国有资产是指能够经营使用、具有保值增值及创造经济效益功能的国有资产,包括所有从事第一、第二、第三产业生产经营活动的国有资产。非经营性国有资产则指无法经营使用、不具有保值增值功能,以创造社会效益为主的国有资产,包括科教文卫及体育等机构使用的资产,机关团体使用的资产,部队、公安部门及其他直接提供公共使用的资产。

2.以自然资源为主体的国有资产、劳动者开发加工而形成的国有有形资产和无形资产以及金融性资产

按照资产构成的形式不同,可以把国有资产分为以自然资源为主体的国有资产、劳

动者开发加工而形成的国有有形资产和无形资产，以及金融性资产。

国有资产的这三种形式的具体内容有：一是以自然资源为主体的国有资产，包括矿藏、河流、森林、土地、山岭、草原、荒地、滩涂等自然资源；二是因人类自身的开发、加工而形成的国有资产，如属于国有的工厂、商场、铁路、银行、邮电、农场、电站等企业，及教科文卫、行政等单位的房屋、物资设备等国有有形资产，国有无形资产如国有的发明权、商标权、版权、专利权等权利；三是国有金融性资产，如货币、国家债权、国有有价证券和股票等。

3.境内国有资产和境外国有资产

按资产存在的地域不同，可以将国有资产分为境内国有资产和境外国有资产。

境内国有资产是指一国范围内或者海关境内存在的所有形式的国有资产；境外国有资产是指一国在其他国家或者本国海关境外存在的所有形式的国有资产。

（二）国有资产的资金来源

国有资产的形成和运营离不开财政的支持，二者之间存在着资金双向流动的关系。

从国有资产的资金来源来看，绝大部分国家的国有资产来源于财政投资。它主要有以下几种来源：第一，财政拨款。国家在每年的预算支出中安排一定数额的资金，投资于国有企业的新建、扩建、改建，其投资直接形成国有资产。第二，股份筹资。国际上一般认为，在股份制企业中，国家股占50%左右的企业为国有企业。第三，国有企业自筹资金。第四，政府贷款，指由政府基金或者政府借款机构向国有企业提供长期贷款。第五，国有企业向商业银行贷款，由财政以其经常性收入作担保。

可见，国有资产的资金来源多由财政提供或与财政有关。

二、国有资产收入

国有资产收入是指国有的资金和财产所带来的收入。它主要包括两大类：一是国有资产经营性收入；二是国有资产出售、使用权转让和有偿使用而形成的收入。

（一）国有资产经营性收入

国有资产经营性收入主要是指由于使用经营国有资产所带来的收益。一般小型国有企业可以实行承包经营、租赁经营、股份合作经营等形式，而大中型国有企业实行股份制经营，因而其收入形式主要有以下几种。

1.国家股息和红利收入

国家股息和红利收入是按照国家股的票面投资额作为分配标准所取得的企业盈利，由国有资产管理部门组织收取、解缴国库，依法纳入国家建设性预算。在股份制国有企业中，国有资产入股形成的股份，视股权管理情况不同可以分别构成国家股和国有法人股。国家股是指有权代表国家投资的政府部门或者机构以国有资产向股份制企业投资形成的股份。国有法人股是指国有企业用国家授予其自主经营的国有资产向独立于自己的股份制企业投资所形成的股份。国有法人股的股息和红利收入由直接投资入股的法人单位收取。国家股和国有法人股均属国有资产股，统称国有股。

2.承包经营上缴利润收入

承包经营上缴利润收入是指国家以契约形式与承包经营国有资产的企业对实现利润予以分配而取得的收入。在1983—1995年国有企业改革主要实行承包经营制的时期,承包经营上缴利润收入曾经成为国有资产经营性收入的重要组成部分。

3.国家租赁收入

国家租赁收入是国家出租国有资产而由承租人定期支付租金所获得的收入。

(二)国有资产出售、使用权转让和有偿使用而形成的收入

1.出售国有资产收入

出售国有资产收入是指出售国有资产即国有企业产权所获得的收入。国有中小型企业,尤其是国有小型企业的产权原则上都可以出售。在中小型国有企业改革中,出售的重点是下列几种类型企业的产权:资不抵债和接近破产的企业;长期经营不善、连续多年亏损或者微利企业;产品没有市场、销售不畅的企业;为了优化产业结构,当地政府认为需要出售产权的企业。如果承包或者租赁企业出现上述情况,有必要出售时,应按法律程序先终止承包或者租赁合同,然后再出售。

国有中小型企业产权的出售可以采取多种形式:整体拍卖;对资产数额较大的小型工业企业,也可以折股分散出售。在出售国有中小型企业产权的过程中,必须注意:第一,保证国家财产不受损失,防止贱价甩卖和泄露拍卖的底价;第二,底盘价格的确定应简便易行、公平合理;第三,应在公开竞争中成交,禁止私下交易;第四,出售企业产权所得净收入,由被出售企业的国有资产管理部门组织解缴国库,纳入预算管理。

2.国有资产转让收入

国有资产转让收入是指国有资产在转让中按照有偿计价转让的原则所得的财产变价收入。它主要包括以下几项:企业兼并中,兼并企业支付购买被兼并企业财产的价款;企业破产资产清理后,财产收入大于清偿债务的金额;股份制企业出售国有股票所获得的收入;转让国有资产中的无形资产所获得的收入;等等。

3.国有土地收入

国有土地收入是指国家通过转让其所拥有的土地使用权、矿藏开采权等取得的收益。国有土地部门对国有土地实行转让时,应合理确定地价和转让费,并收取土地使用费和转让地价,以加强国家对国土的管理,增加财政收入。

4.国有房产收入

国有房产收入是指出售或者有偿转让国有房产而取得的收入。

5.其他国有资产收入

其他国有资产收入是指国有无形资产或各种有价证券的出售、有偿转让而获得的收入。

三、国有资产管理体制

(一)国有资产管理体制及其原则

国有资产管理体制是规定中央政府与地方政府、地方各级政府之间,国家与国有企业、事业单位之间的国有资产管理职权的制度。建立和完善合理的国有资产管理体制,明确各方面对国有资产管理的职责和权限,有利于促进国有资产的保值和增值,增加国有资产收入。改革开放以后,我国相继制定了一些有关国有资产管理的法规条例,但是随着社会主义市场经济体系目标的确定,这些法规条例需要进一步修改和完善,使之与

社会主义市场经济体制相适应。因此,首先需要建立和完善国有资产管理机构;其次是建立和完善“国家统一所有、政府分级监督、企业自主经营”的国有资产管理体制;最后是建立和完善国有资产管理的目标责任制。

建立和完善国有资产管理体制必须遵循以下原则。

1.国家统一所有、政府分级监督、企业自主经营的原则

国家统一所有、政府分级监督、企业自主经营的原则,是建立和完善我国国有资产管理体制的基本原则。

2.政府代理国有资产所有权职能与政府执行社会经济管理职能相分离的原则

政府行使代理国有资产所有权的职能,是为了保证国有资产的权益不受侵犯,实现国有资产保值增值,目标单一。政府执行社会经济管理职能,是为了促进全社会的各种经济成分共同发展,目标多元化。为了与社会主义市场经济体制相适应,政府必须将两种职能相分离,创造平等竞争的市场环境,以促进国民经济的发展。

3.国有资产监管体系与经营主体相分离的原则

这个原则既有利于保障所有者权益,又有利于调动企业自主经营管理国有资产的积极性,增强企业的活力。政府代理国有资产的所有权,若参与国有资产进行直接经营,就会导致国有资产经营非经济化,难以实现国有资产的保值增值。监管体系与经营主体的相分离,政府可以行使监管职能,同时保证所有者权益,企业也能以国有资产经营主体的身份对国有资产进行企业化经营,以增强国有企业的活力。

(二)国有资产管理组织体系

我国对国有资产实行国家统一所有、政府分级监管、企业自主经营的体制。国家对国有资产的管理分为政府、中介机构和企业单位三个层次,形成从上到下完整的管理组织体系。

政府的国有资产管理组织,按照行政级次的划分,由中央(国家)国有资产管理机构和地方国有资产管理机构(如国有资产管理委员会)两个环节组成,它在整个国有资产管理体系中处于主导地位。中介机构这一层次的国有资产管理组织(如国有资产经营公司)介于政府的国有资产管理机构和经营国有资产的企业之间,主要从事国有资产的投资经营管理活动。属于这种中介组织的有控股公司、股份公司、投资公司等。企业单位的国有资产管理组织主要是行使企业的国有资产经营权,由国有企业内部设置的国有资产产权管理和监督组织机构组成。

(三)国有资产管理方式

国有资产管理部门不可能对国有企业的国有资产一律实行直接管理,而是根据企业的不同情况和特点,分别采取不同的产权管理方式。它主要有以下几种方式:一是以大公司、大企业作为产权管理的中介机构实施管理。这种方式适宜于计划单列的行业总公司、投资总公司、股份公司和中外合资企业。二是委托管理制。这种方式适合于国有垄断经营的企业,如铁路、银行、邮电、民航、港口、高速公路、供水供电供气等行业的企业。三是委托管理责任制。这种方式适用于权、责、利关系明确前提下的行政、文教等事业部门的非经营性固定资产的管理。四是直接管理制,即对由部门归口管理的企业,以国有资产管理部门为主进行管理。

(四)国有资产管理机构及其职能

国有资产管理局是专门行使国有资产所有者代表权的国有资产管理机构。它作为国有资产所有者的代表,行使国家赋予的国有资产所有者的所有权,以及体现所有权的国有资产监督管理权、国家投资收益权和资产处置权。

国有资产管理部门的主要任务是:拟定国有资产管理的法规和制度;管理国内和境外的国有资产;制定国有资产投资和利润分配办法;会同有关部门进行国有资产的发包、租赁、合资、参股经营等工作,处理承包、租赁、合资、参股经营和兼并、拍卖、破产清理等经济活动中有关国有资产的问题;监管国有商业银行不良资产的处置,监督和检查各类国有资产的运营,组织对中央和地方管辖的国有资产现状和变动情况的调查研究及登记管理工作,确保国有资产的保值和增值。

当前完善我国国有资产管理机构职能的一项重要内容是建立和健全行业性控股公司。这种国有行业性控股公司是由政府的行业性主管部门改组过来的,也是政府机构改革的一个重要成果。其中政府国有资产管理机构作为委托者,拥有监督权,控股公司以受托代理者的身份,从事资本经营活动,拥有对受托资产的经营权和资产收益支配权;同时,控股公司还作为出资者主体,对其投资的生产经营企业享有《中华人民共和国公司法》(以下简称《公司法》)规定的出资者的各项权利和承担相应的责任,被投资的生产企业则作为生产经营主体,享有《公司法》规定的有关权利,并承担相应的责任。

四、国有资产管理

(一)国有资产管理的基本内容

根据1990年国务院《关于加强国有资产管理工作的通知》的规定,国有资产管理的内容主要有以下几个方面:第一,在全国范围内有计划地开展清查资产、核实国家资金、摸清国有资产"家底"的工作。通过清产核资,核实各部门、各单位占用的国有资产价值总量,将所有应归国家所有的国家资产都纳入国有资产管理的范围,这是搞好国有资产管理工作的前提条件。第二,防止和纠正损害国有资产产权的行为。第三,推进国有资产存量的合理流动,提高国有资产经济效益。第四,加强对国有资产投资的管理。第五,逐步建立和完善与社会主义市场经济体制相适应的国有资产管理体制。

不断完善与社会主义市场经济体制相适应的国有资产管理体制,进一步加强对国有资产管理,是增加国有资产收入的有效途径。

(二)国有资产产权管理

1.国有资产产权的界定

法律意义上的产权是指财产所有权及其相关的财产权。国有资产产权的界定属于财产权界定范畴,是指国家授权国有资产管理部门依法划分财产所有权、经营权、使用权等产权归属,明确各类产权主体行使权力的财产范围和管理权限。它包括两个方面的内容:一是国有资产所有权界定,即界定是否属于国家所有的资产;二是与国有资产相关的,由国有资产所有权能分离产生的其他产权的界定,即界定国有资产各类经营、使用、管辖主体行使资产占有、使用、收益及处分权的界限和范围。

国有资产产权的界定是深化经济体制改革的客观需要,是维护国家利益、保障所有权的客观需要,是调动资产经营者的积极性、落实其经营权的客观需要。它有利于制止和纠正侵占国有资产的行为,有利于维护国有资产所有者的合法权益,对保护社会主义公有制度的物质基础和维护市场经济的正常秩序有着重要的现实意义。

2.国有资产产权登记

所谓国有资产产权登记,就是指国有资产管理对占有国有资产的各类资产、负债、所有者权益等产权进行登记。产权登记是国有资产管理的一项基础工作,是产权管理的前提和手段。它对于完善现代企业制度和国有资产管理体制有重大作用。

占用、使用国有资产,并已取得企业法人资格或者申请取得企业法人资格的国有企业和实行企业化管理的事业单位,必须依法申办企业国有资产产权登记。国有资产产权登记包括新设企业产权登记、占有产权登记、变动产权登记、注销产权登记和年度检查制度。申请法人资格的企业,要办理新设产权登记。所有占有、使用国有资产的企业,都要办理占有产权登记。《国有资产产权登记表》分为开办登记表、变动登记表、注销登记表和年度检查表。

国有资产产权登记依照统一政策、分级管理的原则,由县级以上国有资产管理部门按产权归属关系组织实施。产权登记的程序有:一是需申办产权登记的企业单位,向国有资产管理部门申报,经确认受理后,填写《国有资产产权登记表》。二是申办的企业单位将产权登记表报主管单位审查并签署意见。三是申办的企业单位携带有关文件、证件、资料及经主管单位审查后的产权登记表到国有资产管理部门办理审定手续。四是国有资产管理部门对审查合格的单位,办理有关核发《国有资产授权占用证书》事宜。《国有资产授权占用证书》依据审定的开办登记表予以核发,依据审定的变动登记表予以换发,依据注销登记表予以收回,依据年度检查表签署产权登记年度检查意见。企业单位的法定代表人应在《国有资产授权占用证书》副本上签字。

(三)国有资产收益管理

1.国有资产收益分配

国有资产收益是国有资产在生产经营中的增值额,即国有资产的投资收益。它包括企业上缴收益和企业留存收益两部分。上缴收益是国家凭借资产所有权所获得的投资收益;企业留存收益是指企业税后利润留存部分中属于国家所有的部分,它也是国家所有者的收益,只是留存在企业使用。

(1)国有企业上缴的国有资产收益包括:①国有企业应上缴国家的利润,也就是国家作为资产所有者从企业税后利润中分得的收益。国有企业对外投资获得的利润,计入企业利润。国有全资企业的税收利润根据财务状况由国有资产管理部门会同财政部门核定。②股份有限公司中国家股应分得的红利。③有限责任公司中国家作为出资者按照出资比例应分取的红利。④各级政府授权的投资部门或者机构以国有资产投资形成的收益应上缴国家的部分。它是指政府管理部门或具有企业性质的单位,受政府委托持有的股份有限公司的股份分得的红利,或者由政府授权以国有资产对外投资分回的收益。⑤国有企业产权转让收入。⑥股份有限公司国家股股份转让(包括配股权转让)收入。⑦对有限责任公司国家出资转让的收入。⑧其他非国有企业占用国有资产应上缴的收益。它是指各级政府、各级部门或者单位以各种资产投入,以集体所有制的名义注册登记企业的国有资产收入。⑨其他按规定应上缴的国有资产收益。

(2)国有资产收益分配管理的内容主要有以下几方面:①国有资产收益的确认,是指对国有企业或者其他经营国有资产的收益构成进行分析,以确定哪些收益属于国有资产收益。②国有资产收益的解缴。国有资产收益应该按中央、地方产权关系和现行财政体制,分别列入同级政府国有资产经营预算。财政部门会同国有资产管理部门具体负责国有资产收益的收缴管理工作。③国有资产收益的使用。国有资产收益应纳入国家预算管理,纳入国家财政预算统一收支计划;国有企业留利部分由企业留存,自主使用。

2.国有资产保值增值的管理

1994 年国家国有资产管理局颁发的《国有资产保值考核试行办法》中明确指出,国有资产保值是指期末各级所有者权益等于期初国家所有者权益,国有资产增值是指期末国家所有者权益大于期初国家所有者权益,但是必须剔除年内物价变动对国有资产的影响。而国家所有者权益=国家资本+专用拨款及各项建设基金形成的资本公积+(资本公积-专用拨款及各项建设基金形成的资本公积+盈余公积+未分配利润)×国家资本÷实收资本。国有资产保值与增值情况由国有资产保值增值率来考核,计算公式为:

国有资产保值增值率=期末国家所有者权益÷期初国家所有者权益×100%

式中,期末国家所有者权益是扣除年内由其他客观因素影响而增加的净国家所有者权益。若企业国家资产增值率等于 100%,为国有资产保值;若国有资产增值率大于 100%,则为国有资产增值。

国家在考核企业国有资产保值和增值时,还设置了有关企业经营效益的三个指标作为考核和参考指标。具体包括:

净资产收益率=(税后净利÷所有者权益)×100%

总资产收益率=(税后净利÷资产总额)×100%

成本费用利润率=(利润总额÷成本费用总额)×100%

考核一般以年度作为考核期,年度终了,国有企业要按批准的保值增值指标及其实施方案的执行情况进行总结。企业的法定代表人对授权范围内的国有资产保值增值承担责任,并与经济利益挂钩。国有资产管理部门根据年初下达的国有资产保值增值指标对所属企业的执行情况进行审核,对由于经营管理不善和决策失误或者其他主观原因使国有资产遭受损失的企业,将根据情节轻重对其法定代表人追究责任。

(四)国有资产评估管理

国有资产评估是指由国家资产评估机构遵循国家有关法规和政策,运用科学的方法,依据一定的标准和程序,对国有资产的价格进行判断和估计的行为。国有资产评估是国有资产管理的重要内容。它有利于准确掌握现有国有资产存量与结构,可以优化组合国有资产,还有利于防止国有资产在企业产权变动过程中的损失。在我国的国有资产评估中,存在着国有资产的账面价值与其现价或者重置价值严重背离的问题,因此,需要加强国有资产评估方面的管理工作。

1.国有资产评估机构

资产评估由资产评估机构进行并实行有偿服务。国有资产的评估机构必须具备一定的条件,才有资格申请资产评估资格证书。据有关规定,凡持有国务院或省、自治区、直辖市人民政府国有资产管理行政主管部门颁发的资产评估资格证书的资产评估公司、会计师事务所、财务咨询公司、审计师事务所等机构或经国有资产管理行政主管部门认可的评估机构,均具有承担国有资产评估工作的资格,并接受国有资产管理部门的监督和管理。

2.国有资产评估程序

根据《国有资产评估管理办法》的规定,国有资产的评估程序包括以下内容。

(1)申请立项。国有资产的当事人(如国有企业)认为需要进行评估(资产估价、股份投资、抵押及其他担保、企业租赁等)的时候,经其主管部门审查同意后,应向同级国有资产管理行政主管部门提交立项申请书,并附有关资料。国有资产管理行政主管部门应自收到申请书之日起10日内进行审核,作出是否准予资产评估立项的决定,通知申请单位及其主管部门。申请单位收到准予资产评估立项通知书后,可以委托资产评估机构评估资产。

(2)资产清查。受占有单位委托的资产评估机构应当在对委托单位的资产、债权、债务进行全面清查的基础上,核实资产账面与实际资产是否相符,经营成果是否真实,据以作出鉴定。

(3)评定估算。受占有单位委托的资产评估机构应根据国有资产评估方法,对委托单位被评估资产的价值进行评定和估算,并向委托单位提出资产评估结果报告书。

(4)验证确认。国有资产管理行政主管部门应当自收到占用单位报送的资产评估结果报告书之日起45日内组织审核、验证、协商,确认资产评估结果,并下达确认通知书。

3.国有资产评估方法

资产评估机构在进行国有资产评估时,要采取适当的评估方法。一般采用的方法有以下几种。

(1)重置成本法。它是根据该项资产在全新情况下的重置成本,减去按重置成本计算的已使用年限的累计折旧额,考虑资产功能变化、成新率等因素,评定重估价值,或者根据资产的使用期限,考虑资产功能变化等因素重新确定成新率,评定重估价值的方法。这种方法在我国较广泛地使用。

(2)收益现值法。它是根据被评估资产合理的预期获利能力和适当的折现率,计算出资产的现值,并以此评定重估现值的方法。这一方法目前在我国没有广泛运用。它一般适用于评估以长期获利为主的企业。

(3)现行市价法。它是指参照相同或者类似资产的市场价格,评定重估价值的方法。这种方法较适用于数据充分可靠、市场活跃的资产的评估。

(4)清算价格法。它是指根据企业清算时其资产可变现的价值,评定重估价值的方法。这一方法较适用于企业处于破产、抵押、停业清理等情况下的资产评估。

(5)其他方法。它是指国有资产管理局规定可以运用的其他资产评估方法。

复习思考题

1.什么是国家债务收入?它有哪些内容?

2.公债有何功能？如何认识公债的限度？
3.公债有哪些发行方法和偿还方法？
4.公债管理的内容有哪些？公债管理政策与财政政策、货币政策有何区别和联系？
5.什么是外债？一个国家为什么要举借外债？
6.试分析我国的外债、外汇储备与资金缺口之间的关系。
7.什么是国有资产？国有资产收入有哪些内容？
8.如何改革国有资产管理体制和加强国有资产管理以增加国有资产收入？

第五章

财政支出概述

第一节　财政支出的分类和影响

一、财政支出的含义

财政支出是指政府及其所属公共机构的开支，是对国家集中性财政资金的再分配，即国家对集中起来的一部分社会产品价值按照各种不同的用途进行分割、安排和使用。国家通过财政资金按一定用途的再分配，满足整个社会再生产和政府各项事业的资金需要。财政收入是财政支出的基础，财政支出又是财政收入的归宿。财政支出与财政收入一起构成财政分配的完整体系，是国家财政分配活动的重要环节。

二、财政支出的分类

财政支出分类是将财政支出的有关内容做科学归纳，进行分门别类。对财政支出进行分类，有助于全面而准确地把握财政支出的规模、结构和特点，对于分析和管理财政支出活动具有重要的意义。根据国家对财政支出分类的要求，可以将财政支出做多种分类。财政支出的分类主要有以下几种。

（一）按财政支出的经济性质分类

按经济性质分类，可将财政支出分为公共部门的经常性支出、财政投资支出、财政补贴支出、社会保障支出和政府债务支出。

(1)公共部门的经常性支出是指国家用于政府公共部门的日常支出。它主要包括科教文卫事业费，行政管理费，国防经费以及工、交、商、农、林、水、气象等部门的事业费。在这些支出中，不包括非生产性的投资部分。这是一种消耗性支出，满足的是纯粹的社会共同需要。

(2)财政投资支出是指财政作为投资主体，为国家行使其职能提供所需要的固定资产、固定设施和流动资产而进行的一种支出活动。它包括生产性投资和非生产性投资两大部分。

(3)财政补贴支出是指国家财政根据社会生产和生活的需要,在一定时期内,以直接或者间接的方式,对某些特定的产业、部门、地区、企事业单位和个人给予的财政性补助和津贴支出,包括价格补贴、国有企业亏损补贴和职工生活补贴。财政补贴支出是国家为保持社会政治、经济的稳定,促进生产的发展和生产结构的调整,保护消费者利益而进行的一种特殊的财政再分配。

(4)社会保障支出是指国家对城乡居民因年老疾病、失业、自然灾害或者丧失劳动能力等原因而缺乏生活保障的社会成员提供各种救济性质的基金而安排的支出。它包括社会救济支出和社会保险支出两个部分。

(5)政府债务支出是指国家财政用于偿还国内外债务的支出。我国国内债务支出包括偿还国内发行的公债、国库券和国家财政向中国人民银行借款的本金和利息支出;国外债务支出包括偿还外国政府贷款、国际组织贷款及其他国外贷款的本金和利息支出。

财政支出的这种分类,可以清晰地反映出生产性支出和非生产性支出的比例关系,从而为财政正确处理经济建设投资和社会共同需要之间的关系提供科学依据。

(二)按财政支出的用途分类

按用途进行分类,可将财政支出分为经济建设支出、国防支出、行政管理支出、社会科教文卫支出、社会福利支出、债务支出和其他支出。

(1)经济建设支出是指国家用于工业、农业、交通、邮电及其他直接用于生产建设的支出。

(2)国防支出是指国家用于国防建设、国防科研、民兵建设等方面的支出。

(3)行政管理支出是指国家用于国家权力机关和司法机关为行使其职能所需的财政支出,主要包括行政管理、公安、司法检察和外交等支出。

(4)社会科教文卫支出是指国家用于科学、教育、文化、卫生、广播、通信、出版、文物、体育、计划生育等方面的经费、研究费和补助费的支出。

(5)社会福利支出是指国家用于城乡居民生活困难的救济费和自然灾害地区居民的安置费和救济费的支出。

(6)债务支出是指国家用于偿还国外借款、国家银行借款、国库券本金和利息的支出。

(7)其他支出主要包括支援不发达地区的支出、少数民族地区补助支出、边境建设事业补助支出等。

这种分类同国家现行预算支出科目的设置一致,有利于全面综合地反映财政支出的安排,也有利于加强对各项财政支出的管理和监督。

(三)按财政支出是否构成公共部门的成本分类

按是否构成公共部门的成本进行分类,可将财政支出分为购买性财政支出和转移性财政支出。

(1)购买性财政支出是指国家向企业和个人购买的、用于满足政府的日常管理任务,提供公共产品和政府投资所需产品和劳务的费用支出。

(2)转移性财政支出是指国家将财政资金无偿地支付给某些企业和个人的一种支出。财政付出了资金,不能相应取得商品和劳务,属于非市场性财政再分配。

这种分类有利于政府针对国民经济中存在的主要问题,运用财政总支出中购买性支出和转移性支出的不同比重调节经济并予以解决。

(四)按财政支出的政府层次分类

按政府层次进行分类,可将财政支出分为中央财政支出和地方财政支出。

(1)中央财政支出包括国防支出、武装警察部队支出、中央级行政管理费和各项事业费支出、重点建设支出以及中央政府调整国民经济结构、协调地区发展、实施宏观调控的支出等。

(2)地方财政支出包括地方行政管理费和各项事业费支出、地方统筹的基本建设支出、技术改造支出、支援农业生产支出、城市维护和建设费支出、价格补贴支出等。

这种分类有利于我们把握财政资源在政府层次间的分配状况,分析分配结构,处理好政府层次间的责、权、利关系。

三、财政支出对社会经济的影响

(一)财政支出对资源配置的影响

一般条件下,资源总是有限的和稀缺的,而社会对资源的需要则是无限的。对资源不同的配置方法和配置结构,往往会产生不同的经济效益和社会效益,高效配置资源的实质是对社会劳动的合理分配和有效使用。在市场经济体制下,市场配置和财政配置作为两种不同的资源配置方式,各自具有本身的特点和功能,因而对资源配置具有不同的影响。市场经济条件下市场配置是资源配置的基础和主导,市场主体为追求自身最大利润,会根据市场供求状况不断调整对资源的重新配置。然而,在现实社会经济生活中,市场配置方式并不是尽善尽美的,在某些领域存在着资源配置失效的问题,要解决好这些问题就只有通过财政补充调节和配置。国家将其支配的经济资源投入到社会经济领域以后,必然影响和改变社会经济领域原有的资源配置结构和配置效益。

财政支出对资源配置的影响具有两面性,其积极意义在于矫正市场机制失灵而导致资源的不合理配置或者无效配置甚至有负效应的配置。具体表现在以下几个方面。

1.市场配置具有一定的盲目性

市场主体经济活动往往从目前利益出发,而虚假信息又诱使其将资源低效率利用。市场本来有合理配置资源的功能,但是由于市场本身有缺陷,对有些产品生产失灵,或者说这些产品无法进入市场或者具有不完全市场性,从而容易导致社会有限资源的浪费。

2.市场竞争的不完全性

由于垄断行业、信息不对称和行业间流动性障碍等问题的存在,使得资源难以合理流动,无法实现高效率配置。实践证明,对那些容易形成垄断的行业,比如市场规模较小的行业,以及邮政、通信等公用事业行业的企业,可以直接将其转变为公共性企业,或者国家在价格和服务标准等方面给予严格的控制,使之以提高产出、降低成本作为追求自身最大利益的主要途径。这样,有助于资源配置效率的相对提高。

3.市场配置机制难以提供不具有竞争性的公共产品

由于市场配置机制难以提供不具有竞争性的公共产品,不仅影响了社会公共利益的增长,还阻碍了私人部门利益的发展,所以要达到公共产品与私人产品之间的均衡,只有靠政府财政按照效率准则提供必要的公共产品,或者直接从事公共产品的生产和供应。

4.有些产品的外部经济性问题是市场配置机制难以解决的

对于产品的外部经济性,政府可以采取措施,一方面严格禁止"有害品"的生产和消费,另一方面积极鼓励、扶持"有益品"的生产和消费。对于生产和消费某些产品产生的外部经济性问题,政府可以采取相应措施,使这一问题得到遏制和解决。比如某些企业生产过程中排放出的废气、废水,污染了环境,对此不仅可以责令其限产或者停产,而且还可以责令其对已污染的环境进行净化。由此可见,财政支出对资源配置有着不可替代的作用。

尽管财政支出在有效配置资源方面具有极为重要的影响,但是不能片面夸大这种影响,在市场经济条件下,财政支出在资源配置中只能起着必要的补充作用。如果财政支出在矫正市场机制失灵导致资源的错误配置中使政府干预扩大化,就容易出现因"政府失灵"而导致资源的另一种不合理配置现象,这也是财政支出在资源配置过程中潜在的负面影响之所在。

(二)财政支出对收入分配的影响

在市场经济条件下,由市场机制来调节收入分配,人们凭借提供的生产要素对国民经济的贡献来分享国民收入,这种收入分配方式激励着人们不断地优化生产要素,以争取更多的收入。但是这种分配方式也有它不足的地方,表现为由此产生了收入分配过分悬殊和贫富差距扩大,而市场机制自身无法克服这种不足。要解决收入分配不公平的问题,就需要政府通过财政手段对社会成员的收入进行调节即再分配。

财政支出对收入分配的影响一般表现为以下几种形式。

第一,通过财政转移性支出,如救济支出、补贴、社会保障支出等,对居民实行明补或者暗补。采取规定最低工资收入和确定贫困线的办法,关注社会中的弱势群体和低收入阶层,从而改善低收入者的经济状况和穷人的绝对贫困和相对贫困状况,使每个社会成员得以维持基本的生活水平和福利水平。

第二,增加财政支出,创造更多的就业机会。通过增加财政投入可以保持对劳动力的较高需求,进而可以较好地解决因为下岗、失业而带来的贫困。

第三,发展教育事业,加强对劳动者劳动技能的培养。大部分绝对贫困的人,往往是那些受教育较少的人,他们随着社会经济的发展已越来越难以从事有较高收入的工作,就业机会也越来越少。发展教育事业,使富人和穷人家庭的孩子都能获得均等的受教育机会,提高他们的劳动技能,这本身既是一种收入的再分配,也会对劳动者未来的收入分配产生影响。

财政支出对解决居民收入分配过分悬殊问题,实现真正的社会公平有重要作用,但是使用不当也会出现适得其反的情况。如在我国计划经济时期,政府过多地干预收入分配,造成收入分配平均化,严重阻碍了劳动者积极性的提高和生产效率的提高。

(三)财政支出对经济稳定的影响

经济稳定的目标集中体现为社会总供给和社会总需求的大体平衡。如果社会总供求保持了平衡，那么物价水平就会基本稳定，经济增长也会适度，充分就业和国际收支平衡也不难实现。因此，运用财政手段来促进经济的稳定，首要的目标就是调节总供给和总需求的平衡。

作为财政手段之一的财政支出对经济稳定的作用，主要体现在财政支出与财政收入之间的对比关系变化对经济总量产生的影响。当国民经济出现通货紧缩缺口时（需求总值的注入量小于漏出量），政府实行"扩张性"的财政政策，使财政支出大于财政收入，即相对增加财政支出，减少财政收入，两者的差额正好等于注入与漏出的差额，就能使社会实际需求与国民经济所需的国民收入相等，达到社会需求总值与社会供给总值的均衡。当国民经济出现通货膨胀缺口时（需求总值的注入量大于漏出量），政府实行"紧缩性"的财政政策，使财政支出小于财政收入，两者的差额正好等于注入与漏出的差额，也能使社会实际需求与国民经济所需的国民收入相等，从而达到社会需求总值与社会供给总值的平衡。当社会需求总值与社会供给总值大体平衡时，政府实行"中性"的财政政策，保持财政预算收支平衡。

财政支出对经济稳定的作用，不仅体现在总量上，而且还体现在结构上。虽然在结构上的作用不如在总量上的作用那么显而易见，但是其影响可能更深刻更长远。因为国民经济结构的失衡，往往是导致经济不稳定的深层次因素。比如当国民经济出现通货紧缩缺口时，为保持经济稳定而增加的财政支出最容易按原有路径投入到资金短缺的部门，但是这些部门之所以资金短缺，主要在于产品积压，资金被套，出现这些问题实质上反映了这些部门与其他部门之间的结构失衡。解决这些部门的资金问题，尽管可以弥补通货紧缩缺口，但是并未解决根本问题，随着这些部门的资金短缺问题再次出现，就是新一轮通货紧缩缺口的开始，出现所谓的"通货紧缩回归"现象。由此可见，增加支出对弥补通货紧缩缺口无疑具有举足轻重的作用，但是加强财政支出对国民经济结构调整的影响力度，则显得更为关键。

另外，财政转移性支出对经济稳定具有明显的"内在稳定器"作用。在经济高涨时，失业人数减少，转移性支出下降，对经济起着抑制作用；在经济萧条时，失业人数增加，转移性支出上升，对经济复苏和发展起着刺激作用。

第二节　财政支出的原则

一、财政支出的一般决定因素

在现代市场经济社会，财政支出的一般决定因素是指在市场经济形态中的所有国家都具有的共同因素，主要包括必须满足的社会公共需要和弥补市场失灵的政府安排两种因素。

（一）必须满足的社会公共需要

社会公共需要，即一般的"社会需要"，它是指与个人、集团的个别需要相区别，由国家所集中的剩余产品来提供，以公用产品的消费为满足，并且社会公众不需付费或者少许付费即可享用的共同需要。它既包括有形的社会公共消费需要,如国防、消防、文化教育、医疗保健、社会福利、社会保险、公共的生态环境治理与保护等,也包括无形的社会公共消费需要,如维护社会经济秩序的法律、规章制度等。所谓必须满足的社会公共需要是以上两种社会公共消费需要中必须满足的最低消费水平,它是社会经济运行和发展不可或缺的重要因素,也是财政支出的一个基本决定因素。

1.必须满足社会公共需要是社会经济正常运行的一个重要条件

要保证社会经济的正常运转,既要满足必需的个人需要,又要满足必需的公共需要,两者缺一不可。如果必须满足的个人需要得不到保证,人们的生存就会产生危机,社会经济不可能正常运转;如果必须满足的公共需要得不到保证,如社会的安全、环境污染、教育、交通、通信等公共需要问题未能得到较好的解决,不仅社会经济的正常运转无法保证,而且人的生存环境的质量也会下降。因此,必须满足的社会公共需要是社会经济正常运行的一个重要条件,是社会诸多公共需要中必须满足的最低消费要求。正如美国经济学教授阿斯乔在对美国近 40 年(1950—1988 年)公共需要投资与经济运行的关联考察后指出的那样,"像公路、街道、机场、排水和供水等基础设施的公共需要投资,是与私人投资相互补充的,不注意公共基础设施等必须满足的公共需要的满足数量和质量,将严重阻碍整个经济的运行。"①对于一个国家来说,社会公共需要多种多样,涉及方方面面,但并不都是非常迫切、必须立即给予满足的。

2.必须满足的公共需要在社会经济发展的不同阶段存在着差异

这种差异表现为规模上不断扩大和质量要求上不断提高的趋势。因为,在社会经济发展的不同阶段,社会经济运行的特征及其要求是不尽相同的,所表现出的必须满足的社会公共需要也就不同。

从规模上看,随着社会经济的发展,必须满足的社会公共需要有不断扩大的趋势。比如,伴随着工业现代化进程的加快和世界经济全球化的到来,我国各行各业迫切需要一大批高素质的专业人才,只有大力发展高等教育,加大人才培养投入的力度,才能培养出更多的符合社会发展需要的专业人才,这样,培养高级专业人才的高等教育在规模上才会不断扩大。

从质量要求上看,随着社会经济的发展,必须满足的社会公共需要在质量要求上有不断提高的趋势。例如,在交通道路方面,从原来的石子铺成的公路到柏油马路再到随处可见的高标准的水泥公路的发展,从一般等级公路的建设到高等级公路、高速公路的建设都说明了人们对交通道路的质量要求越来越高。再如,随着知识经济和信息时代的到来,在公共事务管理方面,社会对办公效率的要求越来越高,传统的办公手段被办公条件现代化、自动化所取代已是一种现实的需要。

3.必须满足的社会公共需要必须由政府来解决

社会公共需要的对象是社会公共产品和公共资源,消费效用为社会公众无差别地共同享有,任何个人和组织都不能独占。为社会公众无差别地共同享用的公共产品和公共资源需要由政府来付费提供,靠个人崇高的思想境界和企业或集团的慷慨都是不能解决

① 储敏伟.财政学[M].北京:高等教育出版社,2000:232.

问题的,因为必须满足的社会公共需要太多。例如,作为重要的社会公共需要的基础产业、基础公用设施和公共工程,它们既是保证社会生产、生活正常进行的物质条件,又是协调经济有序运行的物质力量,企业、集团不能根据价格信号决定投资,投资后也难以获得全部效益,个人投资根本不可能,普及性基础教育、基础性科研、公共卫生、防疫和一部分偏重于公共消费的社会公益性事业也是如此。因为就公共产品而言,“看不见的手”是不起作用的,相反,会使公共资源的质量下降。要解决社会对公共产品的需要问题,只能依靠政府,通过政府的财政支出来解决。

与此同时,政府用于必须满足的公共需要的财政支出具有刚性特征。这表现在:一方面,社会经济正常运行对公共需要的财政支出需求无价格弹性,不会因资源价格的上涨而减少需求。最典型的情况是,在战争时期,赢得战争的最后胜利是这一时期最突出的必须满足的公共需要。尽管战争会带来物质匮乏、价格上升,但是并不会因此减少战争开支的物质需求。另一方面,用于必须满足的公共需要的支出具有不可逆性。例如,社会公众已经形成了某种公共消费水平,保持这种消费水平会对政府目前的财政支出产生影响,以致在财政收入减少时仍保持过去较高的公共消费水平,甚至不惜增加债务负担来达到这一目的。当然,从长远看,社会经济的进步与发展是用于必须满足的公共需要的财政支出规模不断扩大的主要因素。

(二)弥补市场失灵的政府安排

无论是在发达的市场经济条件下还是在欠发达的市场经济条件下,市场机制总是存在着自身无法克服的缺陷,这表现在公共产品、外部性、垄断、贫富差距和经济波动等问题上的无能为力或者低效性。有效地解决市场机制失灵而导致的一系列问题离不开政府干预,同时,在政府干预中还存在着两种不同的政府安排制度,并由此产生了财政支出上的差异。

1.政府干预

财政作为政府干预和调节经济的最基本的手段之一,其职能通常被界定为合理配置资源,实现公平分配和促进经济稳定。从市场经济国家的实践来看,自凯恩斯国家干预经济的理论产生以来,政府干预和调节经济的程度得到了显著加强。政府干预已成为市场经济社会的一种客观需要。一方面,政府干预对经济的各个领域乃至个人生活的影响的广度和深度发生了重大的变化;另一方面,现阶段用于满足政府干预的财政支出与凯恩斯理论产生以前相比,在数量上或规模上发生了巨大的变化。事实证明,政府在纠正市场失灵方面有其明显优势,政府通过法律体系和法律机制的安排、直接和间接的补贴安排、直接和间接的信贷安排、采购安排和提出公共服务安排等影响着私人生产和私人消费;政府在这些方面的合理活动,有助于矫正“市场失灵”状况下容易出现的资源无效配置、社会分配不合理的现象。

在这里,我们强调政府干预对经济各个领域乃至个人生活的重要作用,但是不能因此片面地夸大政府干预的作用,否则,势必走进传统计划经济体制下政府的职能无所不包、无所不能的误区。在市场经济体制下,财政是在市场机制配置资源的基础上发挥作用的,它有助于弥补市场的缺陷和克服市场固有的弱点。

2.政府安排制度

从市场经济国家政府干预的实践来看,各国在选择政府安排制度上存在着明显差异。首先表现在公共生产的安排方面。以奥地利、法国为代表的一些国家,政府将绝大部分产品的生产都纳入政府生产安排,即政府不仅从事公共产品的生产,而且还从事较多私人产品的生产;以美国、日本为代表的一些国家,政府不参与或者参与极少数的公共产品的生产,绝大部分产品由私人生产,包括大部分的公共产品,政府通过向私人部门购买公共产品来满足公共需要;其他国家在公共生产安排上大多介于以上两者之间。其次,表现在干预方式方面。一种干预方式是政府直接参与生产安排,即在市场失灵的领域,以政府生产安排替代市场生产安排的方式来实现政府对经济的干预;另一种干预方式则是强调间接地参与生产安排,如通过法律体系和法律机制的安排和收入再分配的安排来实现政府对经济的干预。

政府干预经济所选择的政府安排制度上的差异决定了财政支出在规模与结构方面都存在着较大的差异。在支出规模上,选择政府直接参与绝大部分产品生产的国家,大部分资本形成纳入了公共部门,表明公共购买占 GNP 的比例很高;而选择政府不参与或者参与极少数公共产品生产的国家,对再分配导向的预算政策的更大需要意味着转移支付占个人收入的比例很高。前者财政支出占 GNP 的比例均高于后者。在支出结构上,选择政府直接参与绝大部分产品生产的国家,政府投资的比重较大,决定了其购买性支出的比例较高。不过,在市场经济国家尽管在政府安排制度上存在着差异,但是在政府转移性支出方面都占有相当大的比重,甚至在总量上超过了购买性支出。

二、我国转轨和全面深化改革时期财政支出的特殊决定因素

我国经历了 40 多年的经济体制改革。虽然已经基本上建立了社会主义市场经济体制,但是到现阶段,我国仍然没有真正完成由传统的计划经济体制向社会主义市场经济体制转变的重大任务,并且在经济增长和发展方式上正在经历由传统的粗放型增长方式向现代的集约型增长方式的转变和全面深化改革时期。在这个极其重要而特殊的双重转变和全面深化改革时期,我国财政支出存在着一些特殊的决定因素。

(一)培育和完善市场机制决定了我国财政支出的功能转换

实现从传统的计划经济体制向社会主义市场经济体制的重大转变和全面深化改革,其核心是培育和完善市场机制,由此决定了我国财政支出必须相应地进行功能转变。为了培育和完善市场机制,不断完善社会主义市场经济体制,我国财政支出正在发生相应的功能转换,这表现在以下两个方面。

第一,为了扩大市场安排,相对缩小政府安排,需要逐步降低财政支出的水平。在长期的计划经济体制下,我国国民经济的运行完全依赖政府的作用,高度集中的财政支出覆盖了几乎整个国民经济的各个领域,政府安排制度取代了市场安排制度,使市场经济既无生存的条件,更无发展的空间。因此,要实现从计划经济体制向市场经济体制的根本转轨,发挥市场机制在资源配置上的基础性作用,首先必须培育独立的或者相对独立的市场利益主体,并扩大经济运行中的市场安排空间,相对缩小政府安排空间,从而使财政支出水平逐渐降低,这是培育和完善市场机制,建立和不断完善社会主义市场经济体制的必然抉择。

第二,政府在整个国民经济中的作用正从取代市场、排斥市场转向弥补市场、调控市场,这使得财政支出用于生产经营性和竞争性的投资比例大幅度减小,而用于公共领域和宏观调控安排比例大幅度增加。财政资金逐步退出由市场配置资源的经营性和竞争性领域,逐步增加用于战略性、公共性等领域的投资比例,以提高财政对政权建设、国防建设、科教文卫事业以及环境保护等方面的保障能力。这种财政支出投向的调整和转变既符合我国建立和完善社会主义市场经济体制的客观要求,也符合国民经济战略性调整的总体要求。

(二)促进经济增长方式的转变和提高经济发展质量决定了我国财政支出的结构调整

我国在过去相当长的时间内采取的是一种强调数量增长的粗放型经济增长方式。在这种经济增长方式下,经济效益低下、结构不合理、供求缺口大、产能过剩、经济缺乏活力的弊端十分明显,这种经济增长方式导致的供过于求和供无需求的问题日益严重。因此,促进经济增长方式的转变,即从以外延为主的粗放型经济增长方式转向以内涵为主的集约型经济增长方式,既是保持我国经济持续健康发展的内在要求,也是建立和完善社会主义市场经济体制的客观需要。

经济增长方式转变和提高经济发展质量的标志在较大程度上是由技术进步对经济增长的贡献率来评价和衡量的。而增加科技投入,在加大对现有企业的技术更新与改造力度的基础上,开发高新技术,扶植高新技术企业的发展,是促进经济增长方式转变的关键。这就需要对我国现行的财政支出结构作相应的调整。例如,与经济发达国家相比,我国财政支出中用于科技投入特别是用于研究与发展(R&D)的经费支出不仅绝对量很小,而且占 GNP 的比例也相当低。当然,我国是世界上最大的发展中国家,国家可支配的财政支出是有限的,加大科技投入力度,扶植高新技术企业的发展,除了依靠不断扩大的财政支出的投入外,还应着眼于不断优化科技支出结构和财政总支出结构,把有限的资金用在刀刃上。只有这样,才能为不断加大科技投入创造条件,促进经济增长方式的有效转变和提高经济发展质量。

(三)加强公共基础设施建设和完善社会保障体系,决定我国财政支出的重要因素

经过 70 多年特别是改革开放 40 多年以来的经济建设,我国公共基础设施建设取得了较大的成就,对促进我国社会经济的发展起到了重要的作用。但是从我国农村城镇化、城市现代化的发展要求和产业结构调整升级、经济可持续发展目标的要求来看,我国公共基础设施的建设还显得相对滞后,在一定程度上成为我国社会经济进一步发展的制约因素。这主要表现为:缺乏促进区域性经济“合理分工、优势互补、东西联动、协调发展”的基础设施;缺乏适应农村城镇化和城市现代化发展需要的基础设施;缺乏支撑产业结构升级和推动消费需求增长的基础设施;全国公共基础设施建设发展极不平衡。要解决基础设施建设不适应社会经济发展需要的矛盾,就必须加大对公共基础设施建设的投入,基础设施的建设资金的筹措除了调动社会力量和市场力量外,还有一个重要的渠道就是我国近期的财政预算支出。

我国的社会保障制度始建于 20 世纪 50 年代初期。1986 年开始劳动制度改革,并在

国有企业建立了待业保险制度。这些制度的建立和实施,对于保障企业职工生活,促进生产发展和社会稳定发挥了积极作用。但是随着经济体制改革的深化和人口老龄化的发展,原有的社会保障体系已难以适应经济形势和社会发展的需要。这主要表现在:社会保险的实施范围较窄,部分退休职工的权益得不到保障;城乡社会保障的层次单一,保障能力差;社会化程度低,管理体制不健全等。正因为如此,全面建设小康社会,需要全面改革现行的社会保障制度,完善社会保障体系,已是当务之急。尤其是在我国经济的快速转轨时期,更需要不断"改善民生"和建立这样的"安全网",以帮助弱势群体缓解困难,维持社会稳定和建设和谐社会。建立完善的社会保险体系,并使其为社会稳定和经济发展服务,就需要筹措相当规模的社会保障基金作为物质基础。而社会保障基金的筹集,应遵循国家、企业事业单位、劳动者个人共同承担的原则,国家财政支出无疑是其中一项重要的资金来源。

三、财政支出原则

财政支出的原则是指在安排和使用国家财政资金的过程中应当遵循的基本准则。由于财政支出的内容相当广泛,为了正确分配、使用和管理财政资金,保证国民经济持续稳定的发展,在安排财政支出的过程中,就必须遵循一定的原则。财政支出应遵循的基本原则主要有以下几方面。

(一)量入为出的原则

所谓量入为出的原则是指在财政收入既定的前提下,财政支出只能在既定的收入数额内安排,支出不能超过收入,以保证财政收支平衡。

财政支出之所以要遵循量入为出的原则,其原因有以下几个。

1.财政收入与财政支出之间存在矛盾

财政收入与财政支出的矛盾实质上是可能与需要的矛盾。财政收入是由一定的经济发展水平决定的,因而有其客观限量;而财政支出反映着国家多项建设事业和改善人民生活的需要,这种需要随着生产规模的扩大和人民生活水平的提高而日益增长,其增长速度要高于收入的增长速度,甚至超出财政收入的可能限量。要正确处理好收入与支出的矛盾,就必须坚持量入为出的原则,把财政支出的客观限量控制在财政收入的可能限量内。

2.物资供求总量平衡的客观要求

正常的财政收入代表着流通中可供财政支配的商品物资量,财政支出则形成对商品物资的购买力,属于社会购买力总额的一部分。如果收入既定,支出的安排超过了收入,就会形成财政赤字。此时,通过财政支出形成的购买力超过了可供财政支配的商品物资供给量,在其他购买力不能压缩的情况下,势必要向流通中投放过多的货币,其结果是社会购买力总额不正常地扩大,造成物资供求总量失衡,引发通货膨胀。因此,在合理组织财政收入的基础上,坚持量入为出的原则,就能使由财政支出形成的购买力与可供财政支配的商品物资之间保持平衡。

3.量入为出原则是正确处理当代人与下一代人之间关系的基础

从可持续发展的角度来看,可持续发展理论的核心是正确处理当代人与下一代人的关系,就是说,不能把当代人的享受建立在下一代人"还债"的基础之上。如果当代人负债超前消费,如大量发行长期国债由下一代人来偿还,那么当代人的发展就是建立在牺牲下一代人发展的基础之上。因此,按照量入为出原则安排财政支出可以正确处理当代人与下一代人之间在财政资金使用或者消费方面的关系。

4.量入为出原则符合我国财政工作的实际

量入为出是勤俭建国的要求,这是由我国仍然是发展中国家的客观情况决定的。但是,由于种种原因,现阶段我国一些地方政府存在着办事“大手大脚”的现象,如修建豪华的办公大楼,这些现象既不利于我国经济的持续稳定发展,也影响着党风和廉政建设。要克服这些浪费财政资金的现象,除了加强必要的思想教育外,更主要的是必须有相应的制度保障,其中,最重要的是在安排财政支出时应坚持量入为出的原则。

量入为出的原则从理论上讲容易被人们所理解,但是在实践中,人们在贯彻执行这一原则时往往容易产生误解和偏差。因此,在贯彻量入为出的原则时,必须注意:一是克服“左”的思想影响,坚持量力而行。在我国的财政实践中,由于指导思想上受“左”的思想影响,经常出现盲目追求高速度、大计划,不顾财政的承受力扩大支出规模的现象,其结果是造成大量的财政赤字,引起经济波动。二是制定财政收入的各项指标要稳妥可靠。合理的财政收入指标是正确执行量入为出的前提条件,因此,必须克服财政收入高指标的倾向。三是安排财政支出必须实事求是,不留缺口。留缺口是导致实际开支突破计划,使收入与支出难以平衡的一个重要因素。因此,只有实事求是地制定财政支出计划,才能真正贯彻量入为出的原则。四是在财政预算中要留有余地。只有在财政预算中留有足够的余地,才能有效地防止支出大于收入的超分配现象。尤其是在财力十分紧张的情况下,在预算中留有足够的余地对贯彻量入为出原则是非常重要的。

(二)统筹兼顾、全面安排、保证重点的原则

统筹兼顾、全面安排、保证重点的原则是指在编制财政支出计划时,要区分事情的轻重缓急,保证重点,照顾一般,在确保政府实现其各项基本职能所必需的财力的前提下,达到促进“瓶颈”部门和“瓶颈”产业优先发展的目的。

贯彻统筹兼顾、全面安排、保证重点的原则,必须正确处理好各项财政支出之间的关系。在我国主要是处理好以下几个方面的关系。

1.正确处理好生产性支出与非生产性支出的关系

生产性支出和非生产性支出都是国家经济建设和文化建设、改善人民生活所必需的,但是二者之间客观上也存在着一定的比例关系。生产性支出特别是工农业生产的支出占有重要的地位,生产性支出的优先增长,会加速国民经济尤其是工农业生产的发展,只有工农业生产发展了,才能促进其他非生产性事业的发展及“改善民生”和人民生活水平的提高。而非生产性事业,尤其是科学、文化、教育等事业的发展是生产发展的前提条件,实践证明,没有这些事业的发展,就不可能有生产的持续发展。因此,必须正确处理好生产性支出与非生产性支出之间的关系,保证二者的协调。一般来说,应该首先保证生产性支出的需要,同时也要合理地安排好各种非生产性的支出。

2.正确处理好积累性支出和消费性支出的关系

积累和消费的比例关系是国民经济中最重要、最基本的比例关系,同时也是优化财政支出结构要解决的关键问题。在财政支出中正确处理好积累与消费关系,关键是要处

理好基本建设支出与其他方面财政支出的关系。因为,基本建设支出是财政积累性支出中的主要部分。基本建设支出占财政支出总量中的比例,对积累率的高低、积累与消费比例关系的形成有重大影响。确定积累与消费比较合理的界限,从理论上看应该是在国民收入增长的基础上,在不超过国民收入增长速度的限度内,提高居民的消费水准,保持国民经济按比例发展。就我国的实践来看,积累率保持在25%~30%比较适宜。从扩大国内消费需求和提高居民消费质量来看,我国的积累率应该适度降低。

3.正确处理好国民经济各部门之间的比例关系

国民经济的协调发展要求各部门之间必须保持一定的比例关系。国民经济各部门之间的比例关系,主要是农、轻、重之间的比例关系。农业是我国国民经济的基础,农业的发展状况推动或者制约着国民经济其他部门的发展。对于一个人口众多的农业大国来说,我国农业的发展具有战略意义。这说明,在财政支出中,必须首先安排好发展农业方面的支出,并使其逐年保持一定的增长速度,为国民经济长期稳定发展创造条件。轻工业生产的产品,直接关系到满足人民物质和文化生活水平提高的需要,是扩大出口、换取外汇的重要部门,且具有投资少、见效快和积累多的特点,在安排财政支出上也要根据财政的承受力逐步增加或者维持对轻工业的投入。对重工业应区别情况,处理好基础工业和加工工业的关系,有侧重地安排财政支出。由于基础工业制约着国民经济的全面增长,因而应在部门经济中保持一定的优势,在财政支出中应以基础工业尤其是能源和交通工业为重点,以重点带动全局,以基础工业带动各部门经济的协调发展。可见,在安排财政支出时,要注意按农、轻、重的顺序进行并分别予以保证,当然,从财政支出的总量来看,重工业在生产性支出中所占的比重最大。

此外,财政支出在贯彻这一原则时,还必须正确处理其他方面的关系,如内地与沿海的关系、国内建设与对外援助的关系、基本建设与更新改造的关系、各产业部门内部之间的关系等。

(三)优化资源配置、讲求财政资金使用效益原则

所谓优化资源配置、讲求财政资金使用效益原则,是指将财政支出中既定的资金总额安排在最合适的财政支出项目中,使有限的财政资金产生最大的效益。这一原则是财政支出的最根本原则,是社会主义基本规律的要求,也是解决财政收支矛盾的有效方法。

资源是指人们可以利用与支配,用于生产能满足人们需要的物品与劳务的生产要素。众所周知,人类可以利用和支配的资源,无论是自然资源,还是劳动力资源和资本资源,都是有限的。在社会主义市场经济条件下,对有限的资源进行合理配置,尽可能减少再生产过程中活劳动与物化劳动的浪费,是社会主义市场经济规律的客观要求。所以,国家财政支出在项目的选择和财政资金的安排上,必须坚持优化资源配置、讲求财政资金使用效益这一原则。

坚持优化资源配置、讲求财政资金使用效益原则,一方面要树立自力更生、艰苦创业和勤俭办一切事业的观念;另一方面要大胆改革不利于贯彻这一原则的旧体制,如改变传统的财政支出基本上采用无偿拨款形式为对部分财政支出采取有偿使用的形式,实行投资决策的民主化、科学化等;同时,还必须加强国家财政审计和监督、严肃财经纪律。

随着社会主义市场经济体制的初步建立和经济增长方式的转变,尽管对社会资源配置起基础性作用的是市场而不再是政府计划，但是政府对市场机制实行资源配置作用要进行调控，而政府调控的主要手段之一是国家财政。因此，在市场经济条件下财政支出的效益原则，不应再偏重于从微观角度进行分析和研究，即所谓厉行节约、讲求效益，而应偏重于从宏观角度去探讨，即优化资源配置、讲求财政资金使用效益。

财政支出的量入为出原则，统筹兼顾、全面安排、保证重点原则和优化资源配置、讲求财政资金使用效益原则构成了我国财政支出的原则体系。量入为出原则和统筹兼顾、全面安排、保证重点原则，要求合理地投入，使财政支出更趋合理；优化资源配置、讲求财政资金使用效益原则，要求有效地产出。因此，这三个原则之间是相互联系、相互制约、缺一不可的。

第三节 财政支出规模

一、财政支出规模不断扩大

（一）财政支出规模的测量

对于发达国家而言，财政支出的规模大致上反映了政府的经济活动规模，即反映了政府对经济的干预程度。测量财政支出的规模，实际上是为了反映财政在经济中地位的重要程度。

测量财政支出规模的指标有两个，即财政支出的绝对规模和财政支出的相对规模。

所谓财政支出的绝对规模，是指一个国家在一定时期内（通常为一个财政年度）财政支出的货币价值总额。显然，财政支出的绝对规模是很容易测量的，只要根据财政支出的定义把各级政府的财政支出相加后，扣除重复计算的部分就可以得到。财政支出的绝对规模呈不断增长的趋势。例如，我国1950年、1995年和2000年的财政支出总额分别为68.1亿元、6 823.72亿元和15 886.50亿元人民币，2006年增加至40 422.73亿元人民币，2010年全国财政支出89 874.16亿元，比2009年增加13 574.23亿元，增长17.8%，2018年全国一般公共预算支出209 830亿元，2019年全国一般公共预算支出238 874亿元，同比增长8.1%。通过对财政支出规模绝对量的测量，可以直观地、具体地反映一个国家一定时期内财政支出的规模，是国家财政部门编制财政预算和控制财政支出的重要指标之一。从财政支出规模的发展趋势来看，财政支出的绝对规模是不断增长的，但是经济中的另外一些因素也是增长的，比如价格、居民收入、人口和总产量等，因此，只测量出财政支出的绝对规模还不足以说明问题，更重要的是要测量出财政支出的相对规模。

财政支出的相对规模是指一个国家在一定时期内（通常为一个财政年度）的财政支出占国民生产总值（GNP）或者国内生产总值（GDP）的比率。我国在1979年以前的正常年份，财政支出占GDP的比重在30%左右。1979年以来，财政支出占GDP的比重连年下降，到1994年降为12%左右；近年来采取了一些措施，该比重有所回升，2000年约占GDP的17.8%，之后该比重仍有小幅度的上升，2006年约占GDP的19.2%。2010年我国

GDP 为 397 983 亿元，首次超过日本，成为世界第二大经济体，财政支出占 GDP 的比重进一步上升至 22.58%，2018 年我国 GDP 为900 309亿元，财政支出占 GDP 的比重为 23.31%。2019 年我国 GDP 为990 865亿元，稳居世界第二，财政支出为 238 874 亿元，财政支出占 GDP 的比重为 24.1%。对财政支出相对量进行测量，最大的作用是可以进行比较分析，例如可以对一个国家不同时期财政支出规模进行比较，也可以对不同国家财政支出规模进行比较，通过比较分析，能较好地反映一个国家财政支出对经济影响的重要程度。

通过测量财政支出规模的两个指标可以看到，一个国家一定时期内财政支出的绝对规模和财政支出的相对规模所反映出的财政支出规模变动方向出现不一致，甚至发生矛盾。一方面，绝对量指标反映出财政支出规模不断扩大。例如，我国财政支出规模从 1978 年的 1 122.09 亿元人民币，逐步扩大到 2000 年的 15 886.50 亿元人民币，2018 年增加至209 830亿元人民币，2019 年财政支出为 238 874 亿元人民币，表明我国财政支出规模在不断扩大。另一方面，相对量指标在不断降低，反映出财政支出规模在不断缩小。例如，我国财政支出占 GDP 的比重由 1978 年的 30.96%逐步降低到 2000 年的 17.8%，之后尽管有小幅的回升，如 2018 年提高至 23.31%，2019 年该比重为 24.1%，但是仍然远远低于 1978 年的比重，这表明我国财政支出的相对规模正在缩小，财政支出对经济的影响程度有所减弱。

（二）财政支出规模不断扩大

通过对各国财政支出状况的变动趋势分析，我们不难发现，几乎世界各国的财政支出规模呈现出一种不断扩大的发展趋势。从财政支出的绝对规模来看，在 1950—1980 年的 30 年间，美国财政支出由 426 亿美元增至 6 018 亿美元，增长了 13 倍；英国财政支出由 32.79 亿英镑增至 863.95 亿英镑，增长了 25 倍；法国财政支出由 247 亿法国法郎增至 11 129 亿法国法郎，增长了 44 倍；瑞典财政支出由 53.4 亿克朗增至 2 087.9 亿克朗，增长了 38 倍；前苏联财政支出由 413 亿卢布增至 2 946 亿卢布，增长了 6 倍；日本财政支出由 1950 年的 6 000 亿日元增至 1979 年的 306 920 亿日元，30 年间增长了 50 倍；德国（原联邦德国）财政支出由 1955 年的 242 亿马克增至 1980 年的 4 475 亿马克，26 年间增加了 17 倍。① 从财政支出的相对规模来看，总的趋势也呈现出不断增长的态势。以 1954 年的指数为 100 计算，在 1954 年到 1980 年间，主要工业化国家的财政支出占国内生产总值（GDP）比率上升幅度都超过了 20%，其中意大利上升了 59.6%，德国上升了 52.4%，日本也上升了 42.2%。在发展中国家，以 1979 年为基数计，到 1988 年，其财政支出占 GDP 的比率平均增长了 27.5%，其中巴西增长了 69.1%，菲律宾增长了 33.6%，印度增长了 28.8%。② 由此可见，从世界各国的发展历史来看，无论是财政支出的绝对规模，还是财政支出的相对规模都呈现出不断扩大的趋势，都反映了财政支出规模对社会经济影响的重要程度。

我国改革开放以来，为了适应市场经济发展的要求和发挥市场机制的配置作用，财政

① 王国贤.财政学原理[M].北京：中国财经出版社，1998：140.

② 雷良海.财政支出增长与控制研究[M].上海：上海财经大学出版社，1997：2、3、10.

支出的相对规模由1978年的30.96%下降到2018年的23.31%,2019年该比重为24.1%,但是从财政支出的绝对规模上看,财政支出总量由1978年的1 122.09亿元人民币增长到2019年的238 874亿元人民币,增长近212倍。以上表明,经过改革开放40多年的发展,我国财政支出总量有了显著增加,但是还未出现财政支出相对规模增长的趋势。究其原因,主要是我国正处在经济体制转轨和经济结构变迁时期,政府不断“甩包袱”,财政职能范围缩小所致。一旦经济体制转轨和全面深化改革时期结束,我国走上市场经济快速和高质量发展的轨道后,财政支出比重下降的趋势会在某一时期终止,转而趋于上升。

二、财政支出规模不断扩大的原因

(一)有关财政支出规模不断扩大的理论

1.瓦格纳定律

德国财政学家阿道夫·瓦格纳(Adolph Wagner, 1835—1917年)最早对财政支出规模不断扩大做出了理论解释。他在考察和研究了英国工业化革命以来西方诸国经济与财政所发生的变化后,得出了财政支出规模不断扩大是不可避免的长期历史趋势的结论。因为,在社会经济生活日益工业化的过程中,经济和社会的不断变化和由此产生的新矛盾和新问题,必然导致政府活动及其财政支出规模“呈现有规律的扩大的趋势”。他的这一结论得到了历史的验证,因此,后来人们就把“财政支出规模不断扩大的趋势”的理论称为“瓦格纳定律”。

瓦格纳认为,导致财政支出规模不断扩大最基本的原因是工业化过程中的社会进步和市场失灵因素的存在对政府活动提出了日益扩大的需求,使政府干预的广度和深度大大增强,因而,财政支出的范围和数量会大大增加。这些需求包括:对政府干预经济和直接从事生产经营活动的需求;对政府提供法律、警察和信息服务方面的需求;对政府提供教育、文化、娱乐、卫生和福利服务方面的需求;对政府保护和管理服务方面的需求;等等。瓦格纳认为,政府活动的不断扩大,既有属于外延的又有属于内涵的,即在中央及地方政府不断提出新任务的同时,有的职能也在进一步扩大,使中央和地方政府支出的经费不断增加。

2.经济发展阶段的财政支出增长理论

美国财政学家马斯格雷夫(Musgrave)和经济史学家罗斯托(Rostow)从经济发展的各个阶段来研究财政支出规模不断扩大的原因。他们认为,在经济发展过程中,财政支出增长是最重要的先决条件,否则经济难以发展,而且在经济发展的不同阶段导致财政支出规模扩大的原因各不相同:在经济发展的早期阶段需要提供大量的社会基础设施,例如,交通体系、卫生体系、法律和秩序、健康和教育以及其他一些人力资本的投资等,这使得公共部门的投资在经济总投资中的比重较高。在经济发展的中期阶段,市场体系不完善,存在着市场失灵,这会阻挠经济的进一步发展。为解决市场失灵问题,政府支出的范围和权重会大大增加,政府投资只是作为对私人投资的补充,并开始将注意力转移到收入分配问题。在经济发展的后期阶段,市场体系比较完善,财政支出的增加将从基础设施转向教育、健康和福利服务等方面,财政转移性支出明显上升并超过购买性支出。他们关于财政支出规模不断扩大的原因的研究,被概括为“经济发展阶段的财政支出增长理论”。

马斯格雷夫进一步认为,在经济发展的早期阶段,公共资本形成是尤其重要的。因为所有这些类型的投资,其受益基本上是外在的,因而必须由公共部门及地方或者中央政府来提供。在经济发展的中期阶段便于私人资本形成的体制变得更为发达,并且这种资本品的提供可能会留给私人部门。这种变化为公共部门提供的资本品份额的下降提供了一个理由。在经济发展的后期阶段,在人均收入不断上升的水平上发展起来的私人消费方式包含着一个不断增加的产品份额,其使用需要有补充性的公共服务。

3.梯度渐进增长理论

英国经济学家皮科克(Peacock)和怀斯曼(Wiseman)根据他们对1890—1955年英国财政支出增长的研究,得出了财政支出规模不断扩大是以一种梯度渐进的方式增长的结论。在他们看来,在正常情况下,财政支出的增长呈现一种渐进的趋势,但是在重大灾害、战争发生时,财政支出会急速增长,之后支出水平虽然会下降,但是一般不会回到原来的水平,呈现出一种“进二(第二产业)退一(第一产业)”的“梯度渐进增长”的规律。

他们认为产生财政支出“梯度渐进增长”的原因在于:一方面,经济不断增长使税收收入逐渐增加,财政支出“水涨船高”渐进增长;另一方面,因为“替代效应”和“检视效应”的作用,财政支出增长速率超过国民生产总值增长速率。他们分析后发现,政府的财政支出往往要受到纳税人“租税容忍水平”的制约,但是在外在因素如自然灾害、战争等影响下,会迫使纳税人接受较高的“租税容忍水平”,出现所谓“替代效应”现象,即政府迅速扩大财政支出以代替原来由私人安排的支出。但是自然灾害、战争过后,又出现了重建家园、恢复生产等一系列问题需要政府出面解决,这样会迫使纳税人又支持政府扩大财政支出规模,于是,财政支出水平虽然在战后有所下降但仍保持较高水平,出现了所谓的“检视效应”现象。他们认为,正是因为上述两方面的原因相互交替的作用,才导致财政支出梯度渐进增长,并呈现出一种长期变化的特征。

(二)财政支出规模不断扩大的原因

从以上有关财政支出规模不断扩大的理论分析中可以看出,影响一个国家财政支出规模不断扩大的因素是多方面的,概括起来主要有经济发展因素、政治因素和社会因素。

1.经济发展因素

财政支出规模不断扩大的经济发展因素主要是指经济发展水平、经济体制和经济政策。一般来讲,财政支出与经济发展之间保持着一种正相关的关系,随着经济的发展,财政支出的规模会不断地扩大。一些西方学者用经济发展阶段来解释财政支出规模不断扩大的理论已经得到了历史的验证。一方面,要发展经济,就需要有相应的财政支出与之相匹配,以满足经济发展所需要的公共条件,如与之高度相关的公共基础设施等硬件建设,以及高素质劳动力的培养、相应的法律法规等软件建设。另一方面,经济发展的最终结果,提高了一国人均国民生产总值,使该国居民在满足了个人基本需要后,转而增加对教育、卫生、文化和福利等公共产品的需要。同时,经济的发展也为财政支出规模的扩大创造了条件,经济增长使政府的税收收入增加,从均衡社会总量关系上讲,也决定了财政支出的增长。一个国家的经济体制和所推行的经济政策对该国财政支出规模会产生直接的影响。如我国处于由计划经济体制向市场经济体制转轨时期,财政支出的绝对规模呈不断扩大趋势,而财政支出的相对规模呈下降趋势。但是,随着我国社会主义市场经济体制的基本建立和日臻完善,财政支出的绝对规模和相对规模必然呈相对扩大趋势。又如,政府推行经济干预政策或者宏观经济调控政策,政府职能范围会扩大,财政支出规模必然会随之扩大。

把发展经济放在首位的发展中国家,促进经济发展对财政支出增长的需求更大。这些国家在经济规模、经济结构、基础设施、基础产业和市场运行效率等方面远远落后于发达国家,财政不但要担负较大范围的公共基础设施建设任务,而且还要较大范围地介入国民经济活动领域,所有这些因素都会导致发展中国家财政支出规模的扩大。

2.政治因素

财政支出规模不断扩大的政治因素主要是指政局是否稳定、政府机构的规模和政府活动规模。一个国家发生战争或者其他严重的社会动荡(如 1929—1933 年的世界经济危机),必然导致财政支出规模的异常扩大。一旦发生战争,不仅国防开支会大增,而且用于战后民用公共设施的支出也将增长。一个国家政府机构臃肿、人浮于事、效率低下,经费开支必然增长。多年来,我国行政管理费快速增长的主要原因就在于政府机构庞大。政府活动规模的大小也影响着财政支出的规模变化。例如,政府直接介入经济领域的投资规模、公共生产规模、公共产品提供规模等的不断扩大,必然带来财政支出的规模不断扩大。

3.社会因素

财政支出规模不断扩大的社会因素主要是指人口状况和文化背景。人口状况因素是公共支出水平以及公共开支在总支出中所占比重的一个重要决定因素,它包括绝对人口规模和人口年龄结构两方面。从绝对人口规模方面来看,在人均财政支出比例不变的情况下,财政支出的绝对规模随着绝对人口增加而增加,如果人口的增长速度超过 GDP 增长速度,那么财政支出的相对规模也会随之上升;况且有许多产品和服务(如教育、医疗卫生、社会保障、公共基础设施以及国家行政管理、司法治安)的成本会随着人口数量的增加而增加。从年龄结构方面来看,年龄结构的变化要求对各类公共服务的配置有所变动。因此,教育支出占 GDP 的比重,无论是用于经常性支出,还是用于人力资本投入的支出,都与学龄儿童总人口的比率有密切关联。一个较大的老年人口规模需要较大规模的养老保险支出,人口老龄化带来的社会保障支出压力增大的事实也证实了这一点。

文化背景对一个国家财政支出的规模也会产生影响。如果一个国家居民文化水平较高,那么教育支出的份额必然就较大;相反,如果一个国家居民文化水平低,教育落后,政府用于文化教育的支出也就相应较少。这正是一些人口基数大且人口增长快的欠发达国家或者地区,政府用于教育的投资大大少于一些人口较少的发达国家政府用于教育的投资的重要因素。一个宗教盛行的国家,政府用于宗教方面的支出必定较大;居民保健和生活水准高的国家,政府用于卫生保健、社会保障和社会救济的支出也必定较大。

三、我国财政支出的状况

(一)1980 年以前的财政支出构成状况

1980 年以前的财政支出构成状况呈现以下特征:资本性支出在财政支出中占的比例

最高,每年均在50%以上,一些非正常年份占的比例更高。比如,含有“大跃进”的“二五”时期每年平均高达68.9%,而含有“洋跃进”的“五五”时期每年平均接近60%。资本性支出中占的比例最大的是基本建设支出,其变化对财政支出产生重要的影响。在经常性支出中占的比例最大的是国防支出,其变化对财政支出的影响居第二位。用于社会保障和保险等的转移性支出在财政支出中占的比例最低。1980年以前,我国财政支出之所以呈现出这样一种变化特征,其原因就在于:一方面,新中国成立后不久,国外反华势力对我国经济封锁,加之旧中国长期战乱的影响,经济千疮百孔,百废待兴,国家在基本建设和国防建设方面的财政投入较大;另一方面是受我国传统的计划经济体制的影响,同时也与对社会经济发展形势的错误判断造成的政策决策失误有关。

(二)1980年以来的财政支出构成状况

1980年以来的财政支出构成状况呈现出以下特征:资本性支出在财政支出中的比例下降,特别是基本建设支出的比例下降得更快;同时,对国有企业流动资金的支出也大幅度下降,这主要是因为从1982年开始,我国对财政体制实行了“拨改贷”的改革,即对国有企业的定额流动资金不再实行无偿拨款,而是通过向银行有偿贷款的方式解决。同时,经常性支出在财政支出中的比例上升,其中,国防支出受国际国内形势的影响较大,科教文卫等其他经常性支出特别是转移性支出有了较大幅度的提高。以上表明,一方面财政支出构成的变化是我国从传统的计划经济体制向市场经济体制转变的必然结果,另一方面说明我国市场化改革对财政支出的调整取得了明显的效果。

四、财政支出的趋势

财政支出趋势通常是指在较长时期内考察财政支出相对规模所呈现的变化趋势。通过考察财政支出的长期趋势,揭示财政支出的变化规律,实际上是反映政府在经济中地位的变化趋势。我国正处于经济体制的快速转轨和全面深化改革时期,政府制度安排变化较大,持续的时间也不长,加上我国的财政支出并没有包含政府支出的全部,因而,要考察我国财政支出相对规模的变化趋势,必须采用规范和实证相结合的方法来分析。

(一)从改革前后财政支出相对规模状况看我国财政支出的变动趋势

1.我国传统经济体制下财政支出相对规模的变化趋势

在传统经济体制下,我国财政支出的相对规模不存在不断增长的趋势。在传统经济体制下的正常年份,我国财政支出占国民收入的比例大致稳定在30%或者略高一点的水平上;在经济不太正常的年份,财政支出占国民收入的比例较高,如1960年,我国国民经济陷入了严重困难的时期,财政支出占国民收入的比例高达53.6%。我国传统经济体制下的财政支出的相对规模之所以未呈现不断增长的趋势,主要原因在于传统经济体制缺乏市场经济的制度安排。在物质生产部门创造的价值中,财政支出了30%以上,剩余的基本上只能维持简单再生产了。促进经济增长的投资主要依靠政府的计划安排,保持财政支出占国民收入适度的比例关系成为维持传统经济体制正常运行的重要条件。

2.自改革开放以来我国财政支出相对规模的变化趋势

从1979年经济体制改革以来,我国财政支出占国内生产总值的比例呈现出下降的趋势。虽然近年来这一比例略有攀升,那也是中央政府举债支出的份额在上升所致。我国财政支出占 GDP 的比例之所以呈现下降趋势,是因为我国在转轨时期,要培育独立的或者相对独立的市场利益主体,并扩大经济运行中的市场安排空间,就必然缩小政府安排空间。随着改革的逐步深入,在我国正式走上市场经济发展轨道以后,财政支出相对规模下降的趋势会在某一时期终止,转而趋向稳步上升。

从我国改革前后财政支出相对规模状况来看,在传统经济体制下,整个国民经济的运行在很大程度上依赖着政府的作用,政府安排制度基本上取代了市场安排制度,国家财政支出在国民收入中所占的比例呈现一种较为稳定的状态。在我国改革以来的转轨时期,为了培育市场体制,财政支出正发生着相应的功能转换,表现为扩大市场安排份额,相应缩小政府安排范围;政府的作用正从取代市场、排斥市场走向弥补市场、调控市场。无论从培育市场机制的要求,还是从国有经济战略性调整的总体要求来看,我国降低财政支出在国内生产总值中的比重既有其内在合理性,也是特定环境下历史发展的必然选择。

(二)对我国财政支出趋势的展望

我国已经初步建立了社会主义市场经济体制。在我国发展市场经济的初期,为克服传统经济体制遗留下来的不足,即缺乏市场利益主体和缺乏市场机制发挥作用的空间,降低财政支出在国内生产总值中的比重,即财政支出的相对规模呈下降趋势是必然的,也是培育市场机制所必需的。因为,如果没有这种调整和收缩,我国的市场经济就根本不可能发育起来,但是,这种下降是有限度的。随着我国社会主义市场经济体制日臻完善,我国财政支出相对规模不断增长的趋势就会出现。应该说,对成熟的市场经济体制国家来说,财政支出的相对规模呈现不断增长趋势是共性。我国之所以还未出现这种态势,表明我国全面深化改革并完善社会主义市场经济体制的任务还相当艰巨。

第四节 财政支出的效益

一、财政支出效益的含义

财政支出效益是指财政支出的数量与其所取得的成果之间的对比关系。作为以资金支出为手段的财政分配活动,其目的是为了实现政府职能,因此,提高财政支出效益就是以尽可能少的财政支出数量实现尽可能多的政府职能。

由于财政支出效益涉及社会生活的各个方面,因而财政支出效益也以多种形式表现出来。从财政支出实现的政府职能来看,财政支出可划分为财政支出的经济效益、社会效益和政治效益。

财政支出的经济效益包含两个方面的内容:一方面是在财政支出规模既定的条件下,通过优化财政支出结构,促进国民经济协调发展,实现好的经济效益;另一方面是就每一项具体财政支出而言,要用尽可能节省的财政支出达到既定的支出目的,取得最佳的效益。财政支出的社会效益和政治效益是指在既定的财政支出规模条件下,通过优化支出结构,达到社会安定、政治稳定,促进社会的全面进步和居民生活水平不断提高的目的。

财政支出讲求效益既是财政支出的基本原则,也是社会主义市场经济发展的要求,是加快社会主义现代化建设步伐的必然需要。

二、制约财政支出效益的因素

制约财政支出效益发挥的因素很多,有政治的、经济的、法律的、文化的因素,还有财政支出本身的因素。其中,财政支出缺乏法律的硬约束和公开透明性、财政投资体制的弊端是两个影响我国财政支出效益的重要原因,而这又与我国现行的政治体制、政府管理机制、政府官员的权力缺乏监督约束甚至没有监督约束有密切的关系。这里主要是从财政支出本身来分析制约财政支出效益的因素。

(一)财政支出的结构

财政支出的结构是否合理,直接影响到财政支出效益的发挥。因为,在社会主义市场经济条件下,如果生产的产品符合社会的需要,最终实现了产品的销售,就说明国民经济各部门之间、积累与消费之间的比例关系是合理的、适度的,否则就是不合理的、失度的。而财政支出的结构状况直接影响着部门间的比例关系及积累与消费的关系。如果片面强调优先发展重工业,势必会在财政投资上过分地向重工业倾斜,相应的必然会减少对其他部门的财政投入,其结果是农业与工业、轻工业与重工业、加工工业与基础工业的比例失调,既不能发挥财政支出应有的作用,也不利于国民经济稳步协调地发展。同样,在积累与消费的比例关系上,凡是积累率比较高的年份,往往是我国国民经济比例严重失调、经济效益差的时候。因此,在编制年度财政预算时,一定要注意财政支出结构的合理性,切实保证国民经济各部门之间以及积累与消费的合理比例关系,充分发挥财政支出的效益。

(二)财政支出的规模

财政支出规模对财政支出效益的制约作用可以从两个方面去理解。一方面,在市场经济体制下,如果政府每增加一个财政投资所引起的社会经济效益的增加等于企业减少这一投资所引起的效益的损失,那么这一财政支出规模就是最佳规模。如果政府每增加一个财政投资所引起的社会经济效益的增加大于企业减少这一投资所引起的效益的损失,这说明财政支出规模还可加大;反之,财政支出规模要压缩。另一方面,从社会总供求角度来看,财政支出的总量不能超过财政收入的总量,否则要引起财政赤字,导致需求拉动型的通货膨胀,从而影响国民经济的稳定增长和协调发展。

(三)财政支出的管理体制

财政支出的管理体制对财政支出效益的提高具有很大的制约作用。长期以来,我国的财政管理实行的是“以收定支”为特征的体制,即地方财政能得到的可用财力取决于中央给地方核定的支出指标,而不管地方的经济发展状况和地方的财政收入。这种体制必然使地方政府将主要精力放在支出指标的“算账”上,而不抓经济效益或者忽视经济效益。各级地方政府在得到中央的财政拨款或贷款后,干与不干、干好与干坏都一样,这样的管理体制严重制约着财政资金的使用效益。

以分税制为基础的财政体制改革，打破了长期奉行的"以收定支"的旧的管理体制的框架，真正实现了各级财政的"以收定支"。各级地方财政的宽裕程度完全取决于本地的经济发展状况和财政收入状况，因而这种财政体制改革有利于地方政府把主要精力放在注意财政投资的效益上，而不是过分地强调向中央财政要求拨款或者贷款。

（四）财政支出的管理水平

财政支出的管理水平包括微观管理水平和宏观管理水平两个方面。宏观管理水平是指财政预算的安排能否体现量入为出和统筹兼顾、全面安排、保证重点的原则，以实现有限社会经济资源的合理配置；微观管理水平是指在既定的最佳财政预算规模的前提下，能否管好、用好每一笔财政资金，使有限的资金发挥更大的作用。实践证明，上至中央，下至各级地方政府乃至财政管理者个人，其管理水平的高低，在财政资金的使用效益上大不一样。如果管理水平低，就会造成财政支出的管理混乱乃至有限资金的大量浪费；相反，如果管理水平高，就能形成良好的管理秩序，真正做到"少花钱、多办事、把事情办好"。因此，无论是从微观方面看还是从宏观方面看，财政支出的管理水平的确是制约财政支出效益的一个重要因素。

三、衡量财政支出效益的方法

由于财政支出的范围极其广泛，内容也十分复杂，因此，衡量财政支出效益的方法也有很多种。主要有成本—效益分析法、最低费用选择法和公共劳务收费法。

（一）成本—效益分析法

成本—效益分析法是指针对确定的建设目标，提出若干个实现建设目标的方案，通过计算成本与效益的比率来分析比较不同项目或方案的效益，从而选择最优的财政投资项目，以实现财政支出效益最大化的一种方法。这种方法特别适用于财政支出中有关投资性支出项目的分析，它是微观经济主体投入—产出分析在财政、宏观经济中的应用。下面以表 5-1 加以说明。

表 5-1　某财政投资计划项目的成本—收益分析表　　单位：百万元

计划项目	成本 C	收益 R	净收益 $R-C$	R/C	$(R-C)/C$	排列次序
Ⅰ	100	200	100	2	1	3
Ⅱ	40	60	20	1.5	0.5	4
Ⅲ	30	50	20	1.7	0.7	2
Ⅳ	20	48	28	2.4	1.4	1
Ⅴ	80	80	0	1	0	5
Ⅵ	90	80	-10	0.9	-0.1	6

从表 5-1 可以看出，收益（R）与成本（C）之间的比值，凡低于 1 的项目在经济上是不可取的，因而，收益与成本比值的最低限应为 1；净收益（$R-C$）与成本（C）之间的比值，凡是负值的项目在经济上是不可取的，所以，其比值的最低限应为 0。财政资金的投资可以根据两种比值的情况选择最佳的投资项目。显而易见，表 5-1 中，Ⅳ项目为最优，而Ⅵ项

目最劣。

成本—效益分析法已在世界上许多国家和地区广泛运用。但是,这种方法还只是一种方法,需要运用其他管理技术与之相匹配,同时还要考虑政治、经济、社会诸因素及有关政策;另一方面,这种方法的适用范围有限,它只适用于那些效益是经济性质的、有形的且可以测量的财政支出项目。

(二)最低费用选择法

最低费用选择法是指针对财政支出项目设想出若干种达到目的的方案,在逐个对各种备选方案进行全面经济分析的基础上,选出以最低费用达到目的的方案,以此提高财政支出效益的一种方法。

这种方法主要适用于对国家确定的某些财政项目,如政治、军事、卫生、教育等类的项目支出。这些项目的成本容易计算,效益却难以衡量,而且,通过这类支出所提供的劳务和商品,不可能以任何形式进入市场交换,因而,其效益很难用成本—效益分析法来衡量。于是,采用最低费用选择法作为成本—效益分析法的补充。

(三)公共劳务收费法

公共劳务是指政府为实现其职能而开展的各项工作,包括行政、军事、邮电通信、修建和维修道路、公园、环境保护等。公共劳务收费法是运用商品买卖的原理,通过对公共劳务收费标准的确定与调整,使公共劳务得到最节省、最有效的使用,以提高财政支出效益的一种方法。公共劳务的收费标准可分为免费、低价、平价和高价四种。

1.免费或低价提供的公共劳务

它一般只适用于那些从国家和民族利益出发,要求必须在全国或全地区范围内普遍使用,但公众可能尚无此觉悟去使用的公共劳务,如义务教育、广播电视、公园、环境保护等。其积极作用是可以使社会公众最大限度地使用公共劳务,保证财政支出社会效益的最大化,但是也容易引起公众对公共劳务消费的浪费。

2.平价提供的公共劳务

它一般适用于从国家和民族利益出发,不需要鼓励也不必限制的公共劳务,如交通、邮电等基础设施。这一定价政策,既可以促使人们节约地使用商品或劳务,也可以收取费用以填补该项公共劳务的资源消耗,节约财政支出。

3.高价提供的公共劳务

它一般适用于从国家和民族利益出发,必须限制使用的公共劳务,如高档医疗保健等。这一定价政策一方面可以限制人们对该项公共劳务的使用,节省财政支出,另一方面可以使财政取得额外的收入。

四、提高财政支出效益的途径

从我国目前的财政工作状况来看,提高财政支出效益是财政工作所面临的重大问题。提高财政支出的效益,可以从以下几个方面进行。

(一)转变财政工作观念

在过去相当长的时间内,由于"左"的指导思想的影响,在经济工作中不顾客观条件的可能性,急于求成,反映到财政工作上就是只讲速度不讲效益,只算政治账不算经济账，致使我国财政支出的效益较低。因此，财政工作应转变观念，财政支出要转变到以提高效益为中心的轨道上来、转移到重视“改善民生”问题上来，努力提高财政支出的经济效益和社会效益。

（二）坚持财政支出的原则，合理分配财政资金

根据财政支出的量入为出、统筹兼顾、全面安排、保证重点，优化资源配置、讲求财政资金使用效益等原则，财政支出要将有限的财政资金按照轻重缓急，合理地分配到社会生产和生活的各个部门中去，使财政支出适应客观需要及其比例关系。具体地说，在生产性投资方面，必须优先安排农业支出，优先保证能源、交通、通信等基础建设工程的需要，压缩一般加工工业的投入；在经常性支出上尽力增加文教科卫支出，压缩行政管理开支。

（三）加强对财政的支出、使用、验收与审计等全过程的管理

要提高财政支出的效益，就必须对从编制财政计划到款项的使用，直至最后的验收检查与审计的全过程进行全面管理和监督。首先，财政预算应坚持量入为出原则，从实际出发，在深入调查研究的基础上制定出符合实际的财政支出计划。其次，在款项的使用过程中，加强财政资金的管理、监督工作，努力使款项使用单位降低资金消耗、减少资金占用、提高资金使用效益。再次，加强对款项特别是国债资金使用项目用后的检查、验收工作。过去，对投资项目的选择虽然也注重科学化、合理化，但是对资金怎样使用、使用后的效果如何重视不够，缺乏应有的监督、检查、验收机制，以致形成了国有资产的大量流失，财政资金浪费现象严重的局面。现在应该通过加强对财政资金使用项目用后的检查、验收工作来有效地改变这种状况。最后，加强对财政资金使用项目用后的审计工作，提高财政资金审计的法律强制性。这是现阶段提高财政支出效益的重要环节和加强财政管理的重点内容。总之，必须加强对财政支出的全过程中的各个环节的严格管理、监督与审计，以达到提高财政支出效益的目的。

复习思考题

1.什么是财政支出？它有哪些不同的分类？

2.简述财政支出对社会经济的影响。

3.财政支出的一般决定因素有哪些？

4.简述财政支出应遵循的原则。

5.简述财政支出规模不断扩大的理论。

6.财政支出规模不断扩大的原因是什么？

7.从我国处于经济体制转型时期的角度说明财政支出的特殊性。

8.从我国财政支出的现状来分析我国财政支出的趋势。

9.什么是财政支出效益？制约财政支出效益的因素有哪些？

10.衡量财政支出效益的方法有哪些？如何提高财政支出效益？

第六章

财政支出的途径

第一节　财政经常性支出

一、财政经常性支出的含义和特点

（一）财政经常性支出的含义

财政经常性支出是指政府公共部门的日常支出，是国家财政满足社会共同需要支出的重要组成部分。在我国现行复式预算中，它等于经常性支出减去非生产性的投资部分。财政经常性支出的重要意义主要表现在：第一，财政经常性支出是提高居民物质和文化生活水平的重要手段。财政通过经常性支出的安排，可以大力发展教育、文化、卫生、科学、体育、社会保障、环境保护等事业，从而可以"改善民生"和直接提高全民族的文化水平，丰富人们的精神生活，增强人们的体质。第二，财政经常性支出是巩固和加强人民民主专政的财力保证。财政通过经常性支出的安排，可以发展现代国防事业，有效地防御一切外敌的侵略和维护国家领土主权的完整；同时还可以加强国内社会治安和立法工作，为各项经济活动的开展和居民生活水平的提高创造一个和平、安定的环境。第三，财政经常性支出为维持国家机构正常运转提供了资金保证。

在国家财政支出项目中，属于经常性支出的有文教、科学、卫生、社会保障事业费，行政管理费，国防经费以及工、交、商、农、林、水、气象、环境保护等部门的事业费等。

（二）财政经常性支出的特点

与投资性支出相比，财政经常性支出虽然与其一样，也是为社会再生产的运行提供条件，但是财政经常性支出又有其自身的特点。它主要包括两个方面。第一，财政经常性支出是一种消耗性支出，其使用并不形成任何资产。这是因为，公共部门人员的劳动虽为社会所必需，但是由于他们不直接从事物质生产劳动，因而他们在为社会提供劳务或者服务，为居民生活提供和平、有序的生活环境时，不仅不能创造物质财富，而且是对物质财富的一种耗费。第二,财政经常性支出满足的纯粹是社会的共同需要,为此而耗费的资金的筹措应该遵循社会成本与社会收益相对称的原则。

二、行政管理支出

(一)行政管理支出的概念

行政管理支出是财政用于国家各级权力机关、各级行政管理机关、司法检察机关和外事机构行使其职能所需要的费用支出。它是维持国家政权存在、保证各级国家管理机构正常运转所必需的费用,也是纳税人所必须支付的成本。因此,行政管理支出的安排是否合理,是建立高效率政权机关和其他各类管理机关的重要前提,是社会经济事务能否得到及时有效的协调的重要保证,也是社会资源是否得到有效配置的重要表现。

行政管理支出主要有以下特点:第一,行政支出是一种纯消费性开支,资金一旦投入便不再收回。其支出结果只能引起社会产品消耗和价值丧失,而不会实现价值的补偿和增值。第二,行政支出是连续的。只要行政管理机关和国家权力机关存在,行使其职能,就需要连续不断的行政支出予以保证。第三,行政支出额一般呈刚性增长,难以压缩。这是因为行政支出一般不受技术条件限制,容易任意扩大开支范围,从而导致其支出额呈现出刚性增长。庞大的行政机构、公务员人数的膨胀、不合理的"三公消费"(公款消费、公车消费、公费出国)助长了行政管理支出的过度增长。

(二)行政管理支出的内容

行政管理支出的内容取决于行政管理机关的结构及其职能。我国行政管理支出的内容按部门进行分类,可以分为以下几类。

1.立法机构支出

立法机构支出是指国家财政用于各级人民代表大会的各项经费支出。

2.行政支出

行政支出是指国家财政用于国家各级政府机构的各项经费支出,包括党政机关和人民团体(工会、青联、妇联、残联)经费、行政业务费、干部培训费及其他行政费。

3.公共安全支出和国家安全支出

公共安全支出和国家安全支出是指国家财政用于公共安全机关、国家安全机关、军队等的经费支出,包括各级公安、安全机关经费,警察及干部培训费等。

4.司法检察支出

司法检察支出是指国家财政用于各级法院、检察院以及司法行政机关的经费支出。

5.外交支出

外交支出是指国家财政用于国家外事机构进行外交活动的经费支出。主要包括国家驻外使馆、领事馆等机构的经费,政府团体出国访问费,外宾招待费,国际组织会费及捐赠和其他外事费。

行政管理支出按其最终用途可分为人员经费和公用经费两部分。行政人员经费包括工资、职工福利费和离退休人员费用。公用经费是行政单位用于日常行政管理和开展业务活动方面的消费性费用,包括公务费、修缮费、设备购置费和业务费等。

（三）对行政管理支出的预算管理和控制

我国对行政管理支出的预算管理和控制，根据使用单位的具体情况实行全额预算包干、项目预算包干或者总额控制的办法。

1.全额预算包干

本级财政部门按核定的用款单位年度预算支出计划，实行全额预算包干，并按季度计划每月拨付资金，单位包干使用，年终超支不补，结余留用。

2.项目预算包干

本级财政对用款单位年度预算支出的一项或者几项支出，实行项目预算包干。包干部分超支不补，结余留用。未包干部分，结余部分按规定上缴本级财政；若有超支，经财政部门审批，可以给予追加拨款。

3.总额控制

国家对不实行预算包干的行政机构在核定的预算总额内每月拨付资金。年终若有结余，按规定上缴财政。

三、国防支出

（一）国防支出的内容

国防支出是国家用于国防建设、国防科技事业、军队正规化建设和民兵建设方面的军事支出。它是一国政府执行对外政治职能的必然结果。

各国国防支出的细目分类虽然不尽相同，但是都可以划分为维持费和投资费两个部分。维持费主要用于维持军队的日常活动，提高军队的战备程度，是国防建设的重要物质基础。它主要包括军事人员经费、军事活动维持费、武器装备维修保养费及教育训练费等。投资费主要用于提高军队的武器装备水平，是增强军队战斗力的重要保证。它主要包括武器装备的研制费、采购费、军事工程建设费和国土防空费等。如果按兵种划分，国防支出又可以分为国防部支出、战略部队支出、陆军支出、海军支出、空军支出、武警部队支出、预备役和后备役队伍支出。

我国的国防支出主要包括国防费、国防科研事业费、民兵建设费以及用于专项工程的支出和其他支出。主要是用于海、陆、空各军兵种、各集团军的经费费用，国防建设和国防科研费以及战争时期的作战费用。

（二）影响国防支出规模的因素

1.国际政局的变化趋向

当国际局势紧张、战争危险加剧、国家安全受到威胁时，要适当增加国防开支；特别是在战争期间，国防开支不仅增长快而且规模大。当国际形势趋向缓和、国际环境比较安宁时，可适当减少国防支出。

2.国内政策导向

一国政府对国际政治经济形势的认识与判断以及在此基础上作出的相应决策，对一国国防支出规模有重要的影响。

3.国家财政的承受能力

国防建设要以经济建设为基础。在经济建设时期，由于国家财力有限，必须适当控制国防费用，以集中财力用于经济建设。只有经济得到发展，国家财政资金宽裕了，才有可能增加经费加强国防建设。

4.地域因素

一国地域的大小无疑会影响到国防开支的多少。如果不考虑其他因素，一般来说，地域越是广大，国家用于保护疆土的防护性开支就越多。地域的大小与一国国防开支的多少呈正相关关系。

除了上述因素以外，一国的国防开支还受物价水平和各种技术标准的制约，并与之成正比例关系。

（三）国防支出的发展趋势

第二次世界大战以后，世界各国国防支出的发展变化呈现出以下趋势。

1.国防支出数额不断增长

造成世界各国国防支出不断增长的主要原因，一是第二次世界大战后以美国、苏联（现在的俄罗斯）为代表的“北约”“华约”（已解散）两大军事集团的军备竞赛不断升级，地区军事冲突不断增加，在这种条件下，各国用于国防的开支不断上涨。苏联1990年解体后，美国成为世界上唯一的超级大国，以美国为首的“北约”不断地在世界各地进行军事扩张和发动侵略战争，如分别对前南斯拉夫、阿富汗、伊拉克、利比亚发动军事侵略战争，①破坏世界和平和地区稳定，导致各国为了国家未来的安全而不断增加国防支出。二是由于新技术革命的影响，技术更新换代的周期越来越短，各国为了在未来战场上取得优势，不惜投入巨额资金，竞相研制先进武器技术。三是新技术革命的发展，使武器装备价格水平不断提高，从而使国防支出不断增加。

2.国防支出中投资费的比重不断提高

国防支出包括维持费和投资费两大部分，其中主要是军事人员费和武器装备的研制和采购费。不断提高武器装备的研制和采购费，适当降低军事人员费用，已成为各国国防支出的共同趋势。

3.国防支出的发展方向是军民结合

在一国的经济发展中，经济建设和国防建设具有重要的联系，二者相互影响、相互制约。国防支出不仅仅是一种资源的消耗或者浪费，它也具有经济效益，这表现为军事技术的研发对社会经济的发展和技术进步具有重要的推动作用，而战争对一国某些产业（如国防军事工业等）发展又具有带动作用，它正日益受到各国政府的重视。因此，许多国家为了提高国防支出的经济效益，在国防投资上开始将军用与民用结合起来，使国防支出的发展出现了一种军民结合的新趋势。

---

① 美国2003年3月20日发动了侵略伊拉克的战争，至2008年3月20日的5年，美国为此直接耗资5 000亿美元。到2008年12月累计直接开支达到6 079亿美元，是美国布什政府原来预算的10倍。有经济学家估计，美国发动的伊拉克战争总共耗资达3万亿美元。

四、文化、教育、科学、卫生事业支出

(一) 文化、教育、科学、卫生事业支出的含义和性质

文化、教育、科学、卫生事业支出是指国家财政用于发展文化、教育、科学、医疗、体育及广播电视等事业支出的总称。它是"改善民生"的重要内容。文教科卫等事业单位不同于实行独立经济核算的企业,它们没有独立的收入来源,即使有部分收入也不足以抵补本身的日常开支。为了保证文教科卫事业的发展,财政必须通过无偿拨款的方式向这些单位提供经费。

文教科卫事业支出的性质可以从两个方面来看,一方面属于社会消费性支出,另一方面属于非生产性支出。

(二) 文化、教育、科学、卫生事业支出的内容

1.文化事业支出

文化事业支出包括各级文化事业单位(如文化馆、艺术馆、博物馆、图书馆、艺术表演团体等)以及其他文化事业费。

2.教育事业支出

教育事业支出即国家财政用于开发智力资源的投资,包括用于经国家批准设立的中央和地方政府教育部门、其他部门所属的各类高等院校、教育部门所属的各类学校特别是其中的中小学校的经费;国家对城乡民办学校的补助费;业余教育、各类师资培训和其他教育事业费。

3.科学事业支出

科学事业支出即国家财政用于发展科学事业的各项经费,包括中国科学院、中国社会科学院、国家科学技术委员会以及地方所属独立的科研机构的经费等。

4.卫生事业支出

卫生事业支出是一种社会公共福利性支出,主要包括各级卫生部门所属的各类医院、疗养院、保健站、卫生所、门诊部、各种防治所、防疫所、药品检验、妇幼保健等机构的经费;公费医疗支出、计划生育事业支出以及其他卫生事业费。

(三) 文化、教育、科学、卫生事业支出的管理

文教科卫支出的管理是我国财政支出管理的重要内容之一。长期以来,我国对文教科卫事业单位采用定员定额的方法进行管理。这种管理办法对解决事业单位吃"大锅饭"问题起到了积极作用。

随着我国经济体制改革的不断深入,实行了"预算包干"的办法,主要形式有以下几种。

1.全额预算管理办法

全额预算管理办法即指将单位的收支全部列入预算,其收入全部上缴国家财政,支出也全部由财政拨款。这种办法适用于没有收入的行政机关和收入很少的事业单位,如教育文化等事业单位。这种办法又可分为全额预算包干、结余留用和部分预算包干、结余留用两种形式。

2.差额预算管理办法

差额预算管理办法即指用单位的收入来抵补其支出后的不足部分,由财政拨款解

决。这种办法适用于有经常性和相对稳定业务收入的单位,如医院、剧团及体育馆等。

3.企业化管理办法

企业化管理办法即实行经济核算制,以本身的收入抵补支出,并在此基础上向国家上缴税收和利润。这种办法一般适用于有经常性收入且其收入可弥补其支出的单位,如出版社、报社、广播电视、电影公司等。

第二节 财政投资支出

一、财政投资支出的含义、范围和分类

(一)财政投资支出的含义

财政投资支出是指财政作为投资主体,为提供国家行使其职能所需要的固定资产、固定设施和流动资产而进行的一种支出活动,它包括生产性投资和非生产性投资两个部分。与财政投资支出相对应的是财政经常性支出,但是我国的复式预算并不是按照这一构架来处理的。

我国的复式预算包括经常性预算和建设性预算。其中,建设性预算只包括基本建设支出中的生产性支出,基本建设支出中的非生产性支出则没有列入建设性预算,而复式预算中的经常性预算则包括了非生产性的基本建设支出。

(二)财政投资支出的范围和分类

1.财政投资支出的范围

在不同的历史阶段,财政投资范围有着较大差异。例如,在自由资本主义时期,政府财政投资的范围仅仅局限在国防、司法、公共工程等三个方面,或者说,仅仅局限在提供公共产品这一领域。1929—1933 年经济大危机以后,尤其是第二次世界大战以后,各个主要资本主义国家长期推行凯恩斯主义的国家干预经济政策,使政府财政投资的范围扩大到了有关国民经济全局的基础设施和重点产业。

不同的国家或者地区,由于所采用的经济体制以及经济发展水平不同,因此其政府财政投资的范围也存在着较大的差异。一般来说,以前实行计划经济体制的社会主义国家政府财政投资范围大一些,而实行市场经济体制的西方国家政府财政投资的范围要小一些。发展中国家由于市场存在更大的缺陷和不足,因而其政府财政投资的范围相对而言要宽一些。

任何一个国家的社会总投资都可以根据其投资主体的不同而分为政府投资和私人投资。划分政府投资和私人投资的职责及范围的过程,实际上就是界定政府财政投资的范围。由于政府在国民经济中居于特殊地位,因此它可以而且应该将自己的投资集中于社会基础设施和基础产业等有关国计民生的领域;而私人投资者的逐利性及其自身的特点决定了私人投资者一般都从事竞争性行业的投资。

政府分为中央政府和地方政府,因而划分政府财政投资的范围也就需要划分中央政

府和地方政府各自的投资范围。有关二者投资范围的划分标准有两个:一是受益原则。也就是说,如果政府行使某项投资职能,受益范围遍及全国,则该项投资应由中央政府负责;如果投资的受益范围局限于某一地区,则该项投资应由地方政府承担。如果投资受益范围涉及两个或者两个以上的地区,则应由上一级政府协调有关的地方政府投资。二是效率原则,即考察由中央政府或者地方政府独立投资以及中央地方联合投资各自的效率,哪一种形式的投资效率高,就选择哪一种形式的投资。

2.财政投资支出的分类

按照财政投资的经济性质,可以将财政投资支出分为生产性投资和非生产性投资。生产性投资是指对物质生产领域为形成固定资产和流动资产而进行的投资;非生产性投资则是指对非物质生产领域的投资。

按照财政投资的具体内容,可以将财政投资支出分为自然垄断行业的投资、国有企业的投资、国家物资(如石油、粮食等)储备支出、农业发展投资支出、基础设施和大型设备投资、具有社会保障功能的经济适用房和廉价租金住房的建设投资等。

按照财政投资的主体,可以将财政投资支出分为中央财政投资和地方财政投资。

按照财政投资的形态,可以将财政投资支出分为固定资产投资和流动资金支出。

二、财政生产性投资

(一)自然垄断行业的投资

1.自然垄断行业的含义

有些行业的生产具有这样的特点:生产的规模效益需要在一个很大的产量范围内和相应的巨大的资本设备的生产运行水平上才能得到充分的体现,以至于只有在整个行业的产量都由一个或者几个企业来生产时才有可能达到这样的生产规模。而且,只要发挥这些企业在其生产规模上的生产能力,就可以满足整个市场对产品的需求。在这类产品的生产中,行业内总会有某个厂商凭着雄厚的经济实力和其他优势,最先达到这一生产规模,从而垄断了整个行业的生产和销售。某个厂商之所以能够垄断这个行业,是因为它最先进入这一行业,而这一行业的生产成本是递减的。这就是自然垄断。

由于这类行业的进入成本非常大,因而潜在进入者的风险很大。这就使得自然垄断行业可以对市场进行操纵,以牺牲社会利益来增进自身利益。如果不对这种垄断加以限制,该产品的数量就会低于满足社会利益的产出水平,不能实现产品组合效率;而如果采取反垄断措施,或者分割企业或者限制企业规模,则都会使生产成本大幅度上升,降低生产效率。因此,对于这类企业,一般可以实行价格管制或者公共部门投资生产等来克服自然垄断带来的弊端。

对自然垄断行业实行价格管制的好处是不需要政府投资,可以减轻政府的财政负担,但是企业的所有权和经营权仍归私人所有,由于信息不对称,政府难以有效地对其进行监督和调控。由公共部门投资生产虽然可以使政府成为该行业的所有者,政府可以较好地掌握生产的信息,以社会利益为目标来组织生产,但是政府投资生产本身又难以保证自然垄断行业的资源配置效率和生产效率的实现。也就是说,不论是实行价格管制还是政府投资自己生产,都会产生一些困难。但是,由于自然垄断行业在整个社会生产中并不是一种普遍现象,因而政府干预的收益通常会大于干预的成本。因此,几乎所有国家对自然垄断行业都在不同程度上采用了公共生产或者价格管制的形式。

2.自然垄断行业的投资

自然垄断行业的投资主要有两个方面的问题:一是投资的资金来源;二是投资回报。

自然垄断行业投资的资金来源应根据具体情况进行具体分析。一般来说,当项目的投资完全不能收回时,应由财政无偿拨款;对于有专门收入对应的投资项目,在专门收入充裕的情况下应实行专款专用,不足部分由财政拨款;对于可以采取收费形式部分收回投资的项目,应采用向社会招标与财政补贴相结合的形式;当项目能全部收回投资时,则可采用财政融资方式筹资。

自然垄断行业的投资回报涉及该行业的政府定价与收费问题。由于自然垄断行业具有明显的社会效益,其社会效益是通过其外部效应表现出来的,而完全的市场定价并不一定有利于全社会经济效益的提高,因此,这些部门不宜采用完全的市场定价与收费方式。也就是说,自然垄断行业的定价与收费应主要从社会的角度来进行成本与收益的比较分析。有时候经济效益可能微利甚至亏损,但是如果其社会效益仍大于成本,那么政府仍然应该进行投资。

(二)国有企业的投资

财政对国有企业的投资主要包括固定资产投资和流动资金支出两个方面。固定资产投资是指财政投资转化为生产某种私人商品或者混合商品所要求的特定生产条件,这类生产条件在使用寿命期内的生产过程中使用价值不变,但是其价值逐渐转移到被生产出来的商品中去。流动资金支出是指对在生产过程中使用价值发生变化,同时其价值一次全部转移到产品中去的那部分价值的支出。

财政对国有企业投资的内容具体包括以下几个方面。

第一,基本建设支出,包括各部门的基本建设贷款和拨款、专项基本建设贷款贴息支出、基本建设储备贷款基金、中央统借统还的基建支出、地方统借统还的基建支出等。

第二,企业挖潜改造资金,包括在原有固定资产基础上进行技术改造和采取技术措施,综合利用原材料、治理“三废”、试制新产品、劳动安全保护、购置零星固定资产等。

第三,简易建筑费,包括商业部门用于商品保管、储藏和运输,修建仓棚、货场,购置运输车辆等方面的支出。

第四,科技三项费用,包括新产品试制费、中间试验费、重要科研补助费等。

第五,流动资金支出,具体指核工业、航天工业所属国有企业需要的定额流动资金。

第六,专项基金支出,包括改烧煤为烧油(气)专项基金支出、港口建设管理支出、铁道专项支出等。

(三)农业发展的投资

1.发展农业的财政投资方式

(1)建立合理的利益机制。建立合理的利益机制应主要通过理顺国民收入分配关系来实现。在市场经济条件下,合理的收入分配关系主要通过相对价格水平来实现,因此,建立发展农业的合理的利益机制,就是要使农产品价格基本符合其价值。农产品的价值不仅包括市场价值,而且还包括加工增值价值、社会稳定价值(政治价值)、产业及其产品的生态价值等。这样,国家在确定国民收入分配格局时,就不仅要考虑农产品的市场价值,而且应将农业及其产品的加工增值价值、社会稳定价值和生态价值考虑进去。

具体来说,国家应对农业实行合理的价格政策:一是稳步提高农产品合同定购价,使其逐渐向市场价格靠拢直至以市场价作为定购价;二是对非合同部分即市场定价部分,应实行价格保护,使农产品价格维持在最低保护价之上;三是国家对农业的价格补贴应从消费环节转移到农业生产环节,以激发农民生产的积极性。

(2)财政投资。财政对农业的投资有广义和狭义之分。广义的农业财政投资包括用于农业基本建设投资、生产性投资、农业事业费投入和对农产品流通的投入。狭义的农业投资是指能形成农业固定资产的投资,包括用于农业基础设施如农田水利设施的投资。

财政对农业的投资,首先要确定财政对农业投入的规模和比例。随着工业化程度的提高、工业"反哺"农业的能力增强,国家对农业投资的规模和比例应逐渐提高。其次,财政对农业的投资要确定财政投资在农业各个部门、各个环节的分配比例,确定农业投资的重点。

(3)税费政策。新中国成立以来,国家一直对农业采取轻税政策,促进了农业的发展。但是,我国在取消农业税后还存在一些问题,主要是国家与农民的收入分配关系比较混乱,收费、摊派过多;一些地方的财政增长计划是为了满足本地方支出增长的需要,而不是立足于经济增长,以至于出现了强行摊派,直接伤害了农民生产的积极性,削弱了农业经济增长的潜力;耕地占用税不能起到有效保护耕地的作用。因此,必须规范收费政策:一是严格规范收费,乡镇及乡镇以上各级政府的收费(服务性收费及规费除外)应逐步取消;二是提高耕地占用税税率,加强对耕地的保护;三是在取消农业产品生产税之后,应该研究和制定逐步降低甚至取消主要农业产品销售税的政策。

(4)财政贴息。财政贴息是指对某些农业项目的贷款帮助偿还全部或者部分利息。财政贴息的对象主要是政策性强的贷款,即指某些农业生产经营活动经济效益差而社会效益好以及从长远来看需要扶持发展的农业项目。由于财政贴息既弥补了财政资金的不足,又发挥了银行的投融资优势,因而成为世界各国普遍采用的财政投资方式之一。

(5)农用生产资料的价格补贴。对农用生产资料实行价格补贴是财政扶持农用工业的重要内容。一方面,为农业提供生产资料的农用工业一般来说是利润较低的行业,如农用机械、电力等,它们在市场竞争中处于不利地位,如果完全让市场调节,则最终会阻碍农用工业部门的发展,因而需要对农用生产资料实行价格补贴;另一方面,农用生产资料的价格是构成农业生产成本的重要内容,政府对农用生产资料实行价格补贴,对农用工业部门的价格实行控制,又会使农用工业部门的利益受到损害。因此,为了使受到价格控制的农用工业部门免受损失,促进农用工业的正常发展,财政要对农用工业的政策性亏损以及由于市场缺陷而带来的损失给予适当补贴。

近几年来,部分农用生产资料如化肥、农药、种子、农业机械等已逐渐成为具有较高利润的产品,因而应逐步放开对这部分农用生产资料的价格管制,理顺价格关系,完善价格体系。应该注意的是,在取消对利润较高的农用生产资料价格补贴的同时,对低利、微利的农用生产资料还必须继续实行价格补贴。

2.发展农业的财政投资重点

财政对农业投资的重点取决于农业投资项目本身的特点以及哪些项目更适合于政府投资。一般来说,发展农业的财政投资重点有以下两个方面。

(1)改善农业生产条件。政府将改善农业生产条件作为其农业投资重点,这是因为:第一,农业生产条件具有公共产品或者准公共产品性质,其涉及面广,投资形成的资产的效用具有明显的"外溢性",投资者在提供这些设施后不能对这部分外溢的效用收费,收益与投入不相称,因而不能吸引私人投资;而且,这些投资产生的效益不宜分割,难以用收费或者销售的方式收回投资。第二,改善农业生产条件所需资金大、投资期限长、风险高,因此私人投资者一般不愿意投资或者没有实力进行独立投资。由于这部分投资对于农业的发展是必不可少的,因而政府必须担负起这部分投资的责任。

政府为改善农业生产条件进行投资时,必须明确划分中央政府与地方政府之间的投资范围。对于一些地方性的建设,由于地方政府所掌握的信息更充分,动员人力、物力的能力可能更强,因而应由地方政府负责;而对于一些跨省、区、市的项目,则应由中央政府负责。应该注意的是,中央政府与地方政府之间的分工是在确定各自效率大小的基础上进行的分工协作,以保证投资项目建设的高效率,二者之间不是对立的而应该是互补的。

(2)农业科研和科技推广。由于农业科研和科技推广及农户教育等对农业至关重要的农业投资所需要的资金大、风险高,而且这一系列投资活动具有典型的"外部经济"性,即农业生产者不需要付费或者付费很少就可以从这些活动中受益,而这些活动的组织者却不能或者很少取得回报,成本与收益的不对称使得私人投资者不愿意投资或者没有能力进行独立投资,因此,政府必须在这些投资方面负起主要责任。

(四)国家物资储备支出

国家物资储备支出是指国家预算为有计划地建立国家物资储备所安排的资金,主要用于带战略性的粮食、重要经济作物、重要工业原材料、能源(如石油、天然气)、重要设备的储备,其目的在于应付自然灾害和意外情况的发生。国家物资储备不是经常性的物资周转储备,而是重要生产资料的长期战略储备,是国家重要的后备物资力量。这类支出构成社会后备基金的主要来源。

由于国家物资储备要占用一部分资金,因而在安排国家物资储备支出时要合理安排其规模。一般来说,确定国家物资储备的规模要考虑以下因素:一是对储备物资的需要量,这可以根据历年发生自然灾害和意外情况的实际资料进行推算,或者运用概率统计方法对未来各种可能的因素进行预测。二是财力的可能,正确处理好当前需要和未来需要之间的关系,在保证当前社会经济发展的最低需要量的基础上,在财政收入不断增长的基础上尽可能多地进行物资储备如尽可能多地进口国外的不可再生的重要金属矿产资源品和石油、天然气,以防患于未然。

三、财政非生产性投资

(一)基础设施投资

基础设施投资是指为提供社会劳务所必不可少的固定设施支出,包括道路桥梁设施、公共照明设施、通信设施、公共交通设施、城市给排水设施、气象与环境保护设施、科技文化教育设施、公共卫生设施、公共安全设施、水利设施、国家公园、政府部门的办公设施等。

基础设施是国民经济运行的基础条件,它决定着农业、工业、商业等直接生产经营活动的发展水平。由于基础设施具有"公共产品"的性质,如果基础设施的供给由市场机制来决定,则会是低效率甚至是无效率的;另外,基础设施大都属于资本密集型行业,需要大量的资本投入,而且其建设周期长、风险大,私人资本很难独立进行投资。而对于政府来说,正是由于基础设施的"基础性"地位,政府也不允许私人资本对其进行垄断经营。因此,世界各国政府普遍对基础设施进行投资和干预,其差别在于投资的方式、规模、范围和干预的程度有所不同。

(二)财政的住房投资

财政的住房投资特指对具有社会保障功能的经济适用房和廉价租金住房的建设投资。它也是"改善民生"的重要投资。由于这类住房投资所需资金规模大且回收期长,因而其投资具有特殊性:一方面,这类住房投资具有非生产性特征且资金需求大,政府大规模安排这类住房投资会挤占生产性投资,因而政府进行这类住房投资的机会成本较大;另一方面,这类住房是社会低收入群体特别是弱势人群的生活必需品,政府又必须将这类住房投资放在比较重要的地位。

在传统的计划经济体制下,我国国有单位的住房建设投资基本上由政府财政拨款解决。经济体制改革以后,国有企业的住房建设投资虽然大部分由企业安排,但是实质上仍属于政府投资,而这部分投资由于政府财政资金数量有限一直存在着面窄量少的问题,难以满足居民的需要。长期以来,我国一直存在着住房短缺问题。而要解决这一问题,不仅需要增加住房供给,而且同时要提高住房的售价和房租水平。

要实现住房资金的良性循环和推动住房建设的快速发展,从而有效地解决住房短缺问题,必须对我国的住房制度进行改革。一方面,政策性规定停止一切福利住房的建设与分配,并且将国有单位原有的福利住房按照市场价格出售,或者向住户收取参照市场价格所计算出来的租金,由此获得的资金作为政府进行住房再投资的主要来源,同时相应的调整财政收支结构,将原来隐含在无偿性住房投资支出中的"暗贴"转化为"明补"。另一方面,实现住房商品化,通过各种途径大力引导商品住房的建设,鼓励居民在住房市场购买商品房或者租房。但是,在缺乏有效监督管理制度和政策的条件下,住房商品化快速发展的结果是商品房价格大幅度上升,而在居民收入差距又在不断扩大的条件下,那些低收入群体特别是弱势人群以及新就业人员就没有商品住房购买能力。因此,从长远来看,具有社会保障功能的经济适用房和廉价租金住房的建设投资,其主要来源是政府财政资金。它已经成为财政非生产性投资的重要组成部分。2008年,我国在原建设部的基础上组建了住房和城乡建设部,负责国家财政支出的保障性住房包括经济适用房和公共廉价租金住房的建设投资与管理。由财政资金支持建立的住房公积金,其重要功能是保障性住房投资。

第三节 财政补贴支出和国家债务支出

一、财政补贴

(一)财政补贴的概念和性质

财政补贴是国家财政根据社会生产和生活的需要,在一定时期内以直接或者间接的方式对某些特定的产业、部门、地区、企业事业单位和居民个人给予的财政性补助和津贴。

财政补贴是国家为保持社会稳定,促进生产发展和生产结构的调整,支持某种产品,保护消费者利益所进行的一种特殊的财政再分配。

国家实施财政补贴实质上是把纳税人的一部分收入无偿地转移给补贴领受者。财政补贴是财政收入再分配的一种特殊形式,也是国家干预经济发展、调节经济关系的重要杠杆,它具有政策性、灵活性以及时效性的特征。财政补贴支出属于转移性支出。

(二)财政补贴的内容和形式

1.财政补贴的内容

财政补贴的内容可以从不同的分类角度去考察。根据国家预算对财政补贴的分类,我国的财政补贴主要包括以下内容。

(1)价格补贴。价格补贴是国家为了弥补因价格体制或者政策原因造成价格过低给生产经营者带来损失而支付的补贴。价格补贴是财政补贴中最主要的内容,在财政补贴中占有相当大的比重。价格补贴按其用途划分包括:用于保障和改善人民生活的主要农副产品的价格补贴;用于居民生活日常用品的价格补贴;用于支援农业的农用生产资料价格补贴;用于某些原材料、燃料的价格补贴;用于外贸出口商品的价格补贴。

(2)国有企业亏损补贴。国有企业亏损补贴是国家基于经济政策和产业政策的需要,对于国有企业因客观因素造成的亏损给予的财政补贴。它包括政策性亏损补贴和经营性亏损补贴。政策性亏损补贴是指由于贯彻国家政策,调节市场供求和经济生活,对某些产品实行低价政策,对企业收不抵支发生的亏损给予的补贴。经营性亏损补贴是指对由于自身经营管理不善而引起的个别企业成本高于社会平均成本的亏损给予的补贴。

(3)财政贴息。财政贴息是指国家财政对某些国有企业、某些投资项目的贷款利息,在一定期限内按一定比例给予的补贴。贴息贷款主要用于:促进企业联合、发展优质名牌产品、引进先进技术和设备、重要节能和环境保护的机电产品的制造和推广,以及技术改造后产品性能提高、社会效益大、企业不受益或者受益少的项目。

财政贴息可采取部分补贴和全补贴的办法进行。部分补贴是由国家承付借款单位应付利息的一部分;全补贴是国家承付借款单位应付的全部利息。

2.财政补贴的形式

财政补贴实质上是一种转移性财政支出,其形式主要包括:预算支出形式,即将该项补贴支出列入国家预算，按一般方式支出；抵补形式，如用价格补贴抵补企业的财政上缴任务；还有减免税收形式、退库形式、代替付息形式和其他支付形式。

财政补贴的形式尽管多种多样，但是从国家支付补贴与受补贴者获取补贴的预算处理方式来看，主要是直接补贴和间接补贴，或者财政的明补和暗补两种形式。

（三）财政补贴的效应

1.财政补贴的正面效应

在商品经济不发达、市场机制不完善的条件下，价格背离价值的现象是经常存在的。在这种情况下，财政补贴运用价格补贴形式，对于缓解和抵消不合理价格结构对经济运行的不利影响，具有积极作用，主要表现在以下几个方面。

（1）促进经济发展，特别是支持农业生产的发展。在价格低于价值的条件下，要想维持正常的再生产，国家必须运用价格补贴杠杆，给亏损企业以合理的补贴，以支持企业的生产和经营。同时，为了发展农业生产，国家一方面有计划地提高农产品收购价格，另一方面对农业生产资料实行低价供应，由国家承担对农业生产资料的价格补贴。

（2）能有效地控制价格变动所带来的连锁反应，有利于稳定市场物价，保证居民实际生活不受影响。

（3）有利于促进对外贸易的发展，增加出口创汇能力和引进先进技术设备，满足国内短缺物资的需要。

（4）有利于支持有限自然资源的开发和合理使用。

2.财政补贴的负面效应

财政补贴运用不当也容易产生负面效应，主要表现在以下几个方面。

（1）违背价值规律，削弱了价格杠杆的作用。

（2）增加补贴会增加财政的压力，削弱财政的宏观调控能力。

（3）不利于控制消费和资金的滥用、浪费，降低了资金的使用效益。

（4）企业亏损补贴会助长和维护不合理的价格体系，容易混淆盈亏真相，削弱企业经济核算，违背了自负盈亏、自主经营的原则，不利于企业改善经营管理。

二、国家债务支出

（一）国家债务支出的概念

国家债务支出是指国家财政用于偿还国内外债务本息的支出。我国国内债务支出包括：偿还国内发行的公债、国库券和国家财政向中国人民银行借款的本金和利息支出；国外债务支出包括：偿还外国政府贷款、国际组织贷款及国外商业银行贷款的本金和利息支出。

（二）国家债务还本付息的资金来源

国家债务还本付息需要一定的资金来源。偿还债务的资金来源通常有以下几个方面。

1.预算直接拨款

预算直接拨款即根据每年到期公债的偿还情况，在国家预算中专门安排一笔支出用以还债。这种方法手续简便，但是由于各年度需要偿还债务的数额不同，因而会使预算中的债务支出数额经常波动，不利于国家预算的平衡和稳定。

2.预算盈余

预算盈余即在每年度预算执行结果有盈余时，用盈余资金偿还债务。由于盈余资金事先难以估计，而还债的数量是一定的，所以，在数量上难以保证；同时，由于客观需要的变化，预算盈余并不一定首先用来偿还债务，而且从各国近年来的财政实践看，很少出现财政结余。这样，预算盈余作为偿债资金的来源，具有很大的局限性。

3.建立偿债基金

建立偿债基金即政府建立一种专用基金，专门用以偿还债务，从而在制度上保证偿还债务的所需资金。偿债基金一方面可以减轻每年因偿还债务而给预算所带来的压力，另一方面还可以使偿还债务资金来源稳定。

4.发新债以偿还旧债

发新债以偿还旧债，即以发行新公债作为偿还旧公债的资金来源，其实质是使到期的公债延长偿还期，以解决偿还债务资金的来源问题。这种办法虽然可以暂时缓解财政紧张状况，但是如果处理不好，容易使政府陷入债务危机。

第四节　社会保障支出

一、社会保障支出的含义和特点

（一）社会保障支出的含义及主要内容

国家为城乡居民在年老、疾病、失业、灾害或者丧失劳动能力时，以集中或者分散的形式，提供必不可少的基本生活保障，统称为社会保障。与此相适应，所建立的用于社会保障需要的专门资金，称为社会保障基金，用于社会保障需要的支出称为社会保障支出。社会保障支出主要包括社会保险、社会救济、社会优抚和社会福利的支出等，是公共福利支出的重要组成部分。

1.社会保险

社会保险是国家对劳动者在生育、年老、患病、伤残、失业时给予的物质帮助。它主要有：老年保险，即政府对那些因年老而丧失劳动能力的公民给予的生活保障，如养老金、退休金等；医疗保险，即政府对公民因病就医时给予的医疗补助费用；伤残保险，即政府对未达到退休年龄因在生产劳动过程中伤残或者患职业病而丧失劳动能力的公民所给予的补助金；失业保险，即政府对那些因企业效益不好、破产或者其他原因被解雇而失去工作的劳动者，在失业期间给予的基本生活保障。

2.社会救济

社会救济是指政府对因种种原因无法维持最低生活水平的城乡居民提供的物质帮助。它主要包括：对无依无靠、无生活来源的孤老残幼的生活救济；对无固定收入和生活困难的城乡居民提供最低生活标准的救济补助；对受灾、贫苦地区居民的各种临时性救济补助;对社会流浪人员的救助支出。

3.社会福利与社会优抚

社会福利与社会优抚是指政府对盲聋残哑和鳏寡孤独等社会成员提供的各种物质帮助。它主要包括:抚恤支出,即政府在现役军人牺牲、病故或者因战、因公致残以后对其家属或者本人的一种生活补助;福利支出,即政府对孤儿院、养老院、精神病院、戒毒所等社会福利院及福利企业、盲聋哑学校的费用支出。

(二)社会保障支出的特点

改革开放以来,我国社会保障支出呈现出以下特点。

一是社会保障制度改革与建设使社会保障支出占财政支出的比例逐步提高,从而使社会保障的覆盖面、参加社会保障的人员、提供社会保障的资助程度、社会保障的社会化管理水平都在快速提高。

二是价格补贴在预算内保障支出中占有绝大比例。价格补贴所占比例过大使财政背上沉重的包袱,同时也使价格不能正确反映市场供求关系,造成资源浪费。

三是抚恤和社会救济金支出稳定增长。

四是离退休人员养老保障支出在整个社会保障支出中所占比例最大;同时,城乡居民的最低生活保障支出以及医疗、失业保障支出持续大幅度增长。

二、我国社会保障制度存在的问题及其改革

(一)我国社会保障制度存在的问题

20 世纪 80 年代以来,随着我国经济体制改革和对外开放进程的加快,我国原有的政府“供给制”的社会保障制度越来越不适应经济、社会生活的需要,其弊端日益明显,相对于社会主义市场经济体制来说,其滞后性越来越突出。我国社会保障制度的弊端主要表现在以下几个方面。

1.各个地区、企事业单位之间社会保障负担极不平衡

我国在建立市场经济体制以前长期实行统收统支的财政体制,在社会保障方面实行现收现付、企业和单位列支的制度,即企业和单位按照国家有关社会保障制度规定的标准和对象,直接从产品成本或者企业管理费用或者营业外项目中列支,直接支付需要。这种保障实际上是“企业保障”或者“单位保障”,不同企业和单位会由于职工年龄组合不同而出现社会保障负担不平衡的情况。

2.有限的保障与就业的高度统一

我国传统社会保障的一大特点是将社会保障与劳动者的实际职业相联系,企业实行劳动保险,行政事业单位实行公费医疗。由于就业与保障所体现的分配原则存在较大的差别,二者并不一定完全统一,因而这种制度既不能体现分配上按劳分配与按需分配的差别,也不能真正发挥社会保障的保障功能。其结果必然是不能很好地贯彻按劳分配的个人消费品分配准则,同时也会使那些无劳动能力或者暂时丧失劳动能力、生活无保障而真正需要得到帮助的人得不到应有的帮助,这就不能充分发挥社会保障的保障功能。

3.社会保障办法单一、保障覆盖面小、社会化程度低

我国传统社会保障的对象主要是城镇企业职工,尤其是国有企业职工。改革开放

后,对国有企业、集体企业、私营企业(个体户)、外商投资企业等不同所有制企业的职工实行不同的社会保障办法。在农村,农民受社会保障的范围相当狭小,除农村新型合作医疗和国家财政提供少量的困难补助、优抚、自然灾害救济之外,开始建立养老保险和农民工失业保险;在实行家庭联产承包责任制以后,原来由农村集体经济实行的部分保障越来越难以实现了。这种保障状况不仅严重削弱了保障制度对劳动者的保障功能,而且也不利于劳动力和人才的跨地区、跨所有制、跨行业、跨企业的合理流动,从而会阻碍经济的顺利发展。

4.社会保障的管理混乱

在我国,有限的保障经费浪费惊人。一些社会保障项目待遇标准不合理、城乡社会保障待遇差距较大;有的保障标准定得过高,与我国生产力发展水平不相适应;有的保障标准定得过低,很难真正解决实际困难。

我国社会保障制度存在的这些弊端,严重制约了我国经济的发展。在我国经济转轨过程中,要求改革不完善的保障制度,建立与市场经济相适应的社会保障制度。

(二)我国社会保障制度的改革

1988年,我国撤销了劳动人事部,重建人事部和劳动部,并对原有的民政部和中国人民保险公司等社会保障管理机构进行重构。1999年,我国成立了劳动和社会保障部,促进了社会保障制度改革与建设的进程,使社会保障支出占财政支出的比例逐步提高。我国社会保障制度改革所取得的成效,主要表现在以下几个方面。

1.建立了失业保险制度

1986年,我国颁布实施了《国营企业职工待业保险暂行规定》,这一规定标志着我国失业保险制度的正式建立。1995年,政府又颁布实施了《国有企业职工待业保险规定》,这一规定的实施范围仍确定为国有企业职工,但是省(自治区、直辖市)人民政府可以根据该规定制定实施办法,从而将实施范围扩大权交给了地方政府;同时,该规定将实施对象由原来的4种扩大到7种,即增加了按照国家有关规定被撤销、解散企业的职工,按照国家有关规定停产整顿企业被精简的职工,根据法律、法规规定或者按照地方政府规定享受待业保险的其他职工;并对企业辞退职工、待业保险资金的筹集、待业保险的待遇标准等做了更详细的规定。

1999年1月12日,我国颁布了《失业保险条例》。这是我国第一次以国家法规的形式明确地界定和解决市场经济发展过程中出现的失业现象。同时,政府还颁布了《社会保险费征缴暂行条例》,建立了社会保险的参保登记管理、缴费申报管理、征缴监督检查、基金财务会计、失业保险金申领发放和失业保险统计的制度,推行事业单位参加失业保险和调整基金支出结构等有关政策,这使失业保险的各项管理工作走向规范化。这些政策的实施,使参加失业保险的人数大幅度增加,失业保险基金征缴工作成效显著,失业人员基本生活得到有效保障。可见,我国已经初步建立了失业保险制度,但存在着适用范围窄、资金渠道单一、统筹程度不高、救济水平较低、监督机制不健全、没有与失业人员再就业很好地结合起来等问题,还有待于进一步改革和完善。

2.对养老保险制度进行了改革

我国1986年颁布实施的《国营企业实行劳动合同制暂行规定》,确立了国家、企业、个人三方共同筹集养老保险基金的原则，首次规定实行劳动合同制工人的养老保险金采用基金积累式筹资方式。1991年国务院颁布的《国务院关于企业职工养老保险制度改革的决定》提出了建立多层次的养老保险制度的改革方案。其主要内容包括：建立企业养老保险、企业补充养老保险和职工个人储蓄性养老保险制度；国家、企业和个人共同承担养老保险费用，职工个人缴纳的标准将逐步提高；企业补充养老保险由企业根据自身经济能力为本企业职工设立，个人养老储蓄性保险根据个人经济能力自愿参加。1992年，我国又将基本养老金分为社会性养老金和缴费性养老金两部分，规定每年随社会平均工资增长定期进行调整。此后，全国各地开始了对养老保险制度的改革探索，主要是实行"社会统筹与个人账户相结合"的制度。

1995年3月1日，我国发布了《关于深化企业职工养老保险制度改革的通知》，进一步明确企业职工养老保险制度改革的方向、原则和主要任务。它提出的改革目标为：基本上建立起适应社会主义市场经济体制要求，适用城镇各类企业职工和个体劳动者，资金来源多渠道、保障方式多层次、社会统筹与个人账户相结合、权利与义务相对应、管理服务社会化的养老保险体系。其改革原则为：保障水平与社会生产力发展水平及各方面承受能力相适应；社会互济与自我保障相结合，公平与效率相结合；管理法制化；行政管理与基金管理分开；等等。自1995年以后，我国城镇养老保险的覆盖面逐渐扩大到私营企业职工、个体工商户等。

1997年7月16日，国务院发布了《关于建立统一的企业职工基本养老保险制度的决定》。该规定在重申《关于深化企业职工养老保险制度改革的通知》所确立的改革目标和原则的基础上，确定"社会统筹与个人账户相结合"的模式为我国城镇企业职工基本养老保险的统一模式，并提出了全国统一的养老保险办法。

另外，我国农村的养老保险于1992年逐步开始实行，其主要做法是：农村社会养老保险以个人缴纳为主，集体补助为辅，国家给予政策扶持，其中集体补助费用主要从乡镇企业利润和集体积累中提取。

3.对医疗保险制度进行了改革

1993年原劳动部颁发的《关于职工医疗保险制度改革试点的意见》中规定，医疗保险基金由个人医疗保险专户金、单位医疗保险调剂金、大病医疗保险统筹金三部分组成，医疗费用由国家、用人单位和职工个人三方共同负担。1994年颁发的《关于职工医疗制度改革的试点意见》中又规定，职工医疗保险费用由用人单位和职工共同缴纳，建立社会统筹医疗基金和职工个人医疗账户相结合的制度，职工医疗费用首先从个人医疗账户中支付，个人医疗账户不足支付时，先由职工自付，如超过职工收入的5%以上，则由社会统筹医疗基金中支付大部分，个人仍然负担一定比例。

1998年国务院颁布《关于建立城镇职工基本医疗保险制度的决定》，要求在全国范围内建立与社会主义初级阶段生产力水平相适应、覆盖全体城镇职工、社会统筹和个人账户相结合的基本医疗保险制度，确定了我国医疗保险制度改革的基本目标、基本原则和主要政策，从而建立了城镇职工基本医疗保险制度。

自2001年起，我国开始在全国农村建立新型的农村合作医疗制度，它主要是参照城镇职工基本医疗保险制度的做法，实行农村居民基本医疗费用由国家、农村集体和农民个人三方共同负担的制度。

4.对生育保险、工伤保险进行了改革

我国1994年颁发的《企业职工生育保险试行办法》中规定,企业按照其工资总额的一定比例向社会保险经办机构缴纳生育保险费,建立生育保险基金,职工个人不缴纳生育保险费,女职工按照法律、法规的规定享受产假。

我国1996年颁发的《企业职工工伤保险试行办法》规定,工伤保险应与事故预防、职业病防治相结合,同时对职工工伤保险实行社会统筹,设立工伤保险基金并实行社会化管理服务。同时,对于疾病生活保险也提出了具体的规定,主要是按照本人参加工作年限和本单位工作年限,给予3~24个月的医疗期,并将连续计算病假时间改为累积计算。

随着城乡劳动力的流动对生育保险、工伤保险所提出的新要求,2005年,我国各地逐步扩大了生育保险和工伤保险范围,主要是将进入城镇就业的农村劳动力纳入生育保险和工伤保险的范围。

5.促进社会福利事业的发展

在发展社会福利和优抚事业方面的主要做法是:不断调整优抚对象和抚恤补助标准,其保障能力进一步提高;采取各种措施不断提高优抚工作的社会化水平,帮助军人、残疾人及其他优抚对象解决了大量的有关生产、生活,包括住房、就业、入学等方面的实际问题,增强了优抚保障的实力。与此同时,多渠道、多层次、多种形式地举办各种社会福利事业,推动了社会福利事业的大发展。

综上所述,我国社会保障制度的改革取得了显著的成就,但是与社会主义市场经济体制的要求及我国社会保障制度发展目标相比,还存在着很大的差距。因此,我国应进一步深化社会保障制度的改革,建立有中国特色的社会保障制度。其主要内容是:加强社会保障立法;完善社会保障预算管理体制;调整保障支出结构;改革失业、医疗、养老保险制度;完善城乡最低生活保障制度;完善保障性住房制度;完善农村社会保障体系并使之与城市社会保障体系逐步并轨;等等。2008年我国将人事部、劳动和社会保障部合并组建人力资源和社会保障部,这使我国社会保障制度进入全国城乡统筹的全面改革的历史时期。

2011年7月1日实施《中华人民共和国社会保险法》,基本养老保险、基本医疗保险、工伤保险、失业保险、生育保险进入法制化发展阶段,社会保险事业的财政支出有了法律保障。

第五节 政府采购

一、政府采购概述

(一)政府采购的概念

政府采购也称公共采购,是指各级政府及其所属机构为了开展日常政务活动的需要,或者为提供公共服务,在财政监督下以公开招标为主要方式,从国内外市场上为财政开支单位统一购买商品和劳务的行为。政府采购属于财政购买性支出。

在政府采购制度下,财政部门只监督商品的采购过程,使用单位不仅要参与采购过程,而且是采购商品的主体。

政府采购的主要目的是强化预算职能、节约支出、提高资金使用效率,针对的是政府对所有的商品、工程和服务的购买,是通过间接的规范采购方式和财政监督来实现的。

(二)政府采购的作用

1.有助于强化政府的宏观调控

政府实现宏观调控有两大政策工具,即财政政策和货币政策,其中,政府采购是财政政策的重要组成部分。由于政府采购的数量、品种和频率影响着财政支出的总量和结构,反映一定时期的财政政策走向,因而政府采购能够调节经济周期,起到调节国民经济总量和结构的作用。同时,政府采购还可以通过体现政府政策意图以达到一定的政策目标,如政府可以以市场为纽带通过带有政策倾向的政府购买,支持民族产业的发展、平衡地区差距、平抑物价、维护消费者和生产者的利益等。

2.有助于加强对政府支出的管理

政府采购以一系列制度的规定,加强了政府对财政资金由价值形态向实物形态转变过程的影响、监督和管理,可以有效地制约和规范政府购买行为,从而对于节约财政资金、提高资金使用效益和加强对国有资产管理等均具有重要的意义。可以说,政府采购是健全和完善财政政策的重要举措,在客观上有利于构建政府资金分配与使用的效率机制,有助于加强对政府支出的有效管理。

3.有助于开拓国内外市场,提高我国企业的国际竞争力

随着生产国际化、经济全球化趋势的不断加强,政府采购无疑有助于我国从国际市场上获得价廉物美的产品和服务,从国际贸易中获利。同时,也可以促进国内企业进一步适应国际市场行情的变化,逐步按照国际惯例办事,从而提高我国企业的国际竞争力。

4.有助于整顿财经秩序

政府采购的基本原则是公开、公平、公正、自由竞争,因而它有利于建立一种防腐倡廉机制,使政府采购行为置身于财政、审计、供应商和社会公众等全方位监督的机制中,在公开、公平、公正的环境中操作,可以有效地抑制腐败行为,维护政府的信誉和形象。但是,如果政府采购管理机构不能够严格按照政府采购法、招标投标法的规定进行管理,违反法律规定进行招标投标,不仅会产生腐败,而且会破坏招标投标的公开、公平、公正原则,使政府采购制度失去其应有的作用。

二、政府采购制度

(一)政府采购制度的基本内容

政府采购制度是指政府采购过程中以法律形式表现的采购法规、采购政策、采购程序和采购管理等一系列规章制度的总称。

政府采购制度的基本内容主要有以下几个方面。

1.政府采购法规

政府采购法规主要表现为各国分别制定的适合本国国情的“政府采购法”,该法规一般包括总则、招标、决议、异议及申诉、履约管理、验收、处罚等内容。

2.政府采购政策

政府采购政策主要包括政府采购的目的，采购权限的划分，采购调控目标的确立，政府采购的范围、程序、原则、方式方法、信息披露等方面的规定。

3.政府采购程序

政府采购程序具体包括购买商品或者劳务的政府单位采购计划拟定、审批，采购合同签订，价款确定，履约时间、地点、方式和违约责任等方面的规定。

4.政府采购管理

政府采购管理主要包括政府采购管理的原则、方式，管理机构、审查机构与仲裁机构的设置，争议与纠纷的协调与解决等规定。

（二）政府采购的法定程序

1.行政事业单位要向财政部门提出专门申请

行政事业单位应该按照政府采购的有关规定向财政部门提出采购商品或者劳务的专门申请。例如，凡申请更新、报废汽车，必须分别提供能基本保证工作所需要的汽车的详细规格性能要求，以便进行招标，也可以注明品牌、型号、产地等为政府采购时做参考，但是不准申请购买超标车及豪华汽车。如果申请购买专项设备，则要写明设备名称、规格、型号、配置要求、参考产地及金额等，专项设备以经济、实用为主。这些申请项目，经财政部门核准后，通知购货单位，由财政部门组织向社会公开招标采购。

2.成立政府采购管理机构

由财政部门成立专门的政府采购管理机构，采取公开、公平、公正的招标方式进行招标、采购、供应。招标会上供货单位必须到场，参与招标的全过程，并协助办理有关手续。在这个管理过程中，政府采购管理机构必须严格按照政府采购法、招标投标法的规定进行管理，不得违反法律规定进行虚假的招标投标，如果破坏了招标投标的公开、公平、公正原则，就会使政府采购制度失去其应有的作用。

3.签订合同

招标会结束后，购货单位在财政部门监督下与中标供货单位签订合同。合同签订后，财政部门要将所需款项拨给申请购货的单位，中标供货商按合同规定供货，使用单位组织验收，验收合格后将货款付给供货单位。

4.财政审计监督

财政部门对政府采购的过程特别是采购商品和劳务的质量、采购资金的使用等进行审计监督，以节约政府采购支出和提高政府采购支出的效益。

复习思考题

1.什么是财政经常性支出？它的意义、特点和内容有哪些？

2.什么是财政投资支出？它的范围如何确定？

3.财政的生产性投资包括哪些内容？

4.农业发展投资支出的方式和重点有哪些？

5.财政的非生产性投资包括哪些内容？
6.什么是财政补贴？它的性质、内容和形式有哪些？
7.如何认识财政补贴的效应？
8.什么是国家债务支出？其资金来源有哪些方面？
9.什么是社会保障支出？它的内容和特点有哪些？
10.我国社会保障制度存在哪些问题？如何进一步改革？
11.什么是政府采购？其作用有哪些？
12.什么是政府采购制度？其内容和程序有哪些？

第七章

财政管理

第一节 财政管理体制

一、财政管理

(一)财政管理的含义

财政管理是对财政分配活动的组织、指挥、调节和监督。具体地说,财政管理是在认识和研究财政分配规律的基础上,按照客观经济规律的要求,制定指导和组织财政分配活动的一系列财政政策法规和管理制度、办法,使财政工作按照一定的准则和规范运行,并把财政政策、法规制度和财政预算付诸实践的组织活动。

财政管理是财政部门的一项经常性工作,贯穿财政收支活动的全过程。从财政收入组织到财政支出的落实,从财政预算的编制、执行到财政决算,都需要财政管理。加强财政管理是促进国民经济发展的客观要求,其目的是为国家职能的实现提供财力保障,为国家的宏观调控服务。

由于财政管理是一种主观活动,为了使这种主观活动符合客观规律,就需要制定有关规章制度和基本法规以规范财政管理活动,这些规范财政收入和支出的规章制度和基本法规就构成了财政管理体制。

(二)我国涉外财政管理

1.我国的对外财政关系

随着世界政治、经济、科技、文化的发展,尤其是生产国际化和经济全球化趋势的不断加强,各国之间的联系日益密切。在这种条件下,一国财政经济的发展必然由国内向国外发展,国家的职能必然由国内向国外发展,从而使得一国的对外财政成为国内财政的发展和延伸。具体表现在三个方面:第一,对外经济贸易合作关系的发展带动和促进一国对外财政关系的发展,而对外财政关系的发展反过来又推动一国对外经济贸易合作关系的发展。第二,一国财政收支与国际收支的关系日益密切,财政收支平衡在一定程度上取决于国际收支平衡,国际收支平衡对国内财政收支平衡有重要作用,而国内财政收支平衡也会促进国际收支平衡的实现。第三,一国的政治、经济、社会政策主要用于解决国内的问题,但是它们在制定和实施时要考虑国外因素,并受国外因素变化的影响,同时一国还要制定相应的对外政治、对外经济、对外社会的政策。因此,在开放型经济条件下,一国的财政是国内财政关系与对外财政关系的总和。

我国对外财政关系的发展是与国家的政治、经济发展相适应的,是同对外开放的程度和对外经济贸易合作关系发展的程度以及中国经济的国际化进程相适应的。

2.涉外财政的基本内容

涉外财政的基本内容包括涉外财政收入、涉外财政支出及涉外财政收支平衡或者涉外财政预算管理等。其中,涉外财政收入和涉外财政支出分别在财政总收入和财政总支出中占有极其重要的地位。

涉外财政收入的主要来源有以下几个方面:一是以涉外税收为基础的国际税收,包括对纳税人征收的企业所得税和个人所得税、关税以及财产税等;二是在国外的国有资产经营、租赁、出售和转让收入;三是国外债务收入,具体包括国外借款收入(政府借款收入、国外金融组织借款收入、地方政府向国外借款收入以及其他的国外借款收入等)、国外还款收入(即我国对外援助中低息贷款到期的少量的国外还贷收入)、发行外币债券收入和其他收入等;四是对外有价证券投资的利息收入;五是外事服务收入。

涉外财政支出的主要途径有以下几个方面:一是对外直接投资和间接投资支出;二是对在国外的国有资产进行经营的管理支出;三是外债支出(包括偿还外国政府贷款、国际组织贷款及其他国外贷款的本金和利息支出);四是对外援助支出(包括对外进行科教文化、医疗卫生、体育等发展援助支出、对外救济等人道主义援助支出、对外捐赠支出等);五是外交支出(包括驻外机构经费、出国费、外宾招待费、国际组织会费及捐赠和其他外事费等的支出,如参加联合国等国际政治经济文化组织活动的经费支出)。

3.涉外财政管理

随着我国社会主义市场经济体制的基本建立,我国经济贸易国际化的发展及我国综合国力不断增强,尤其是加入世界贸易组织以后,我国涉外财政规模持续扩大,涉外财政质量不断提高。这是我国涉外财政发展的基本趋势。

我国要进一步以对外经济贸易合作关系的发展为核心来促进涉外财政关系的发展,要以经济市场化、贸易自由化、金融国际化来加速涉外财政关系的发展。同时,要加强对涉外财政的管理。具体来说,应从以下多个方面来加强对涉外财政的管理。

(1)加强财政政策与货币政策的密切配合,实现国内外经济双平衡的目标,以国际收支平衡来实现财政收支平衡。

(2)继续改革和完善对外经济贸易体制,坚持以质取胜战略和市场多元化战略,完善统一、科学、公开的外贸管理制度,发展和扩大直接贸易和多种形式的国际经济技术交流与合作,积极参与和维护区域经济合作和全球多边贸易体系,使双边贸易和多边贸易相互促进,通过对外经济贸易的发展巩固和扩大涉外财政的基础。

(3)加强涉外税收征管,防止偷税漏税,同时积极、合理、有效地利用外资,对外商投资企业逐步实行国民待遇,增强"三资"企业纳税能力,以此提高涉外财政收入在财政总收入中的比例。

(4)加强对在国外的国有资产的管理,在防止在国外的国有资产流失的同时实现其保值增值的目的。

(5)加强对外投资管理,从对外间接投资为主转向对外直接投资为主,鼓励民族资本输出,以扩大市场占有率。

(6)积极稳步地发展外债,管理好外债支出,借用外债要根据我国经济发展需要和偿还能力,做到适度和高效,建立责权利相统一的借、用、还管理体系。

(7)改革无偿外援政策,实行有偿援助政策,减少长期无息贷款的外援比例,根据国力增长的情况在增加外援(尤其是发展性援助)的同时应讲求外援财政资金或者物资使用的经济效益。

(8)扩大对外政治活动支出,增加外交支出,以提高我国在国际政治舞台上的地位,增强管理国际社会经济文化发展的能力,达到促进涉外财政健康发展的目的。

二、财政管理体制

(一)财政管理体制的概念

财政管理体制有广义和狭义之分。广义的财政管理体制是国家预算管理体制、税收管理体制、基本建设财务管理体制、国有企业财务管理体制、文教行政事业财务管理体制、预算外资金管理体制、财政信用管理体制等体制的总称。狭义的财政管理体制,是确定中央政府与地方政府之间、地方各级政府之间、政府与企事业之间的分配关系的国家财政管理的基本规范,是各级政府、部门以及企事业单位财政分配活动的行为准则,它具有法律性和规范性的特点。

财政管理体制的实施是为了正确处理资金分配和管理上的集权与分权、集中与分散的关系,以调动各个方面理财的积极性,促进国民经济稳定发展。决定财政管理体制性质的根本因素是社会生产力发展水平和生产资料所有制的性质。我国社会主义公有制的确立,使中央政府与地方政府之间、地方各级政府之间、国家与企事业单位之间不存在根本利益上的矛盾,财政资金的筹集和分配都是全体人民共同利益的体现。但是,由于中央、地方、企事业单位所处的地位和所担负的任务及各项职能不同,在财政资金的分配上必然会产生中央政府利益与地方政府利益、全局利益与局部利益、单位利益之间的矛盾,这些矛盾实际上反映了集权和分权的矛盾。中央政府如果集中财权过多,会影响地方发展经济的积极性,阻碍地方各项事业的发展;如果财权分散过多,则中央政府的财力又难以保证,无力进行宏观调控。因此,必须正确处理好集权与分权之间的关系,把握好集权与分权之间的度。由于财政收支与各个地方政府、各个单位的财力紧密相连,因而,集权与分权的关系就集中反映在财政管理体制上。

(二)建立财政管理体制的原则

一定形式的财政管理体制反映了一定的分配关系,因而建立财政管理体制必须根据生产力发展水平,结合财政分配的特点来进行。我国财政管理体制的建立必须与现阶段社会主义市场经济条件相适应,既强化中央政府的宏观调控能力,又促进地方各项事业的发展;同时与社会主义的所有制结构、经济发展方式相适应,既体现集中统一,又体现灵活多样;而且,还必须与社会共同需要的层次相适应,以保证社会再生产的连续性和社会有机体的正常运行。为此,在建立财政管理体制时,必须遵循以下原则。

1.统一领导、分级管理的原则

统一领导、分级管理是建立财政管理体制的基本原则。这一原则是民主集中制原则在国家财政管理体制中的具体运用,同时也是由我国的政治、经济制度决定的。

财政管理必须坚持统一领导,也就是说,财政管理必须在中央统一领导下,按照国家整体利益的要求,有计划地筹集和分配资金,以保证国家财力的统筹安排和重点使用,实现中央的宏观调控和满足国家重点投资的需要。

实行财政的分级管理,是由于中央政府、地方各级政府及各企事业单位都有自己的切身利益及各自的职能和任务,各自都具有相对的独立性,因而必须赋予它们各自的权限,在统一领导下,实行分级分层次的管理,以调动各个方面的积极性。其次,由于我国地域辽阔,各地情况千差万别,各个地区的自然条件、自然资源及经济基础都不相同,为了使地方因地制宜、因事制宜安排收支、解决问题,保证收支平衡及国家财政方针政策的贯彻落实,更好地体现效率原则,就必须给地方政府一定的权限,使地方政府对财政的管理具有一定的灵活性。

"统一领导、分级管理"体现在财政管理体制中,要求中央政府有三个统一、地方政府有三个职权。具体地说,就是中央政府要有统一的财政政策、统一的财政预算计划、统一的财政法律制度;地方政府要有对本级财政收支适当的自主权和调剂权、对本地区机构财力和专项资金的使用权,以及在贯彻全国统一财政政策和制度的前提下结合本地区实际情况制定实施细则的权力。现行的分税制分级财政管理体制适当地扩大了地方财政的职权。

2.责、权、利相结合的原则

责、权、利相结合的原则就是在国家财政分配中,划给各级政府和企事业单位一定的财权,让它们承担相应的责任,享有应得的利益,使责、权、利相互联系、相互制约。因为在责任、权力和利益三者中,责任是主导性的,起决定作用;具有多大的责任才能相应地具有多大的财权,并获得相应的利益;财权是保证,是履行责任、获得利益的必要条件;物质利益是履行责任、运用权限的动力和压力。只有将责、权、利三者相结合,才能保证各级政府和部门的职责得以实现,同时又能调动各级政府和部门管理财政的积极性。

为了使责、权、利相结合,各级政府和部门必须实行收支挂钩,即明确划分各级政府和部门的收支范围,并在此范围内求得平衡。实行收支挂钩,有利于责、权、利更好地结合,调动各级政府和部门积极征集财政收入、合理安排支出的积极性。

3.与政治经济发展相适应的原则

财政管理体制属于上层建筑,它服务于经济基础,并随着经济基础的发展变化而变化,因而,没有一成不变的财政管理体制。新中国成立以来的财政管理体制就经历了一个发展变化的过程,即按照生产力发展的要求及政治经济形势发展的需要在统分之间不断地调整。我国建立和完善社会主义市场经济体制,需要有健全的宏观调控体系,而财政管理体制是这一体系中的一个重要组成部分,通过确立财政管理体制,理顺中央与地方的分配关系,保证财政收入特别是中央财政收入的合理增长,可以强化中央政府的宏观调控能力,促进政治经济的全面发展。因此,财政管理体制必须随着经济基础的变化及时调整中央政府与地方政府的关系,并与政治体制改革和经济体制改革相配合。

(三)财政管理体制的类型

根据财力的集中与分散、财权的集权与分权的程度不同,可以将财政管理体制划分为集权型、分权型、集权与分权相结合偏向集权型、集权与分权相结合偏向分权型四种。我国的财政管理体制可以划分为以下几种类型。

1.高度集中型财政管理体制

高度集中型财政管理体制的基本特点是把财力和财权高度集中于中央政府,对地方政府基本上实行"统收统支"的办法,地方政府的财力、财权很小。这种体制对集中必要的财力、恢复和调整国民经济能起到明显的作用,但是抑制了地方政府的积极性,因而在正常情况下不宜使用。

2.以中央集权为主,适当下放财权型财政管理体制

以中央集权为主,适当下放财权型财政管理体制的基本特点是财力和财权的大部分集中于中央政府,地方政府有一定的机动权力,但是比较小。这种体制仍然以保证中央集权为主,但是适当下放权力给地方政府。这对于调动地方政府的积极性有一定的作用。

3.多种形式的包干型财政管理体制

多种形式的包干型财政管理体制的基本特点是在中央政府统一领导和统一计划下,地方政府有较大的财权,地方政府财力大大增加,如"划分收支、分级包干"就是属于这种体制。这种体制进一步调动了地方政府理财的积极性,同时也增加了中央政府财政的压力。

4.建立在分税制基础上的分级管理型财政管理体制

建立在分税制基础上的分级管理型财政管理体制的主要内容是:在明确界定各级政府事权的基础上,合理划分财政支出的范围;按税种划分财政收入,并建立中央政府与地方政府两套税收征管体系;实行税收返还和转移支付制度;建立严格的分级预算制度。这种体制有利于健全中央政府财政运营机制,强化宏观调控,同时,有利于产业结构的调整,堵塞财政收入流失的漏洞,实现地方政府财政收支平衡。

不同类型的财政管理体制适合于不同时期的政治、经济条件,它是由一国的政权结构形式、国家性质和职能、国家对社会经济生活的干预和国家经济体制决定的,是各种因素综合作用的结果。

三、我国财政管理体制改革

为了理顺中央政府与地方政府的财政关系,更好地发挥国家财政的职能,增强中央政府的宏观调控能力,我国决定从 1994 年 1 月 1 日起对各个省、自治区、直辖市以及计划单列的副省级城市实行分税制财政管理体制。

(一)分税制的概念

分税制是一种以分税为主要特征、以划分中央政府与地方政府事权和财权为实质的财政体制。其主要目的是为了进一步理顺中央政府与地方政府的财政分配关系，调动中央政府和地方政府组织收入的积极性；合理调节地区之间的财力分配，实现地区经济的协调发展；加强税收的征管，充分发挥税收的作用，促进社会主义市场经济体制的建立和国民经济的健康发展。

完整的分税制应该包括事权、财权和财力三方面。其中，事权是基本依据，财权是核心，财力是主要表现。

我国实行分税制是由于财政包干体制不能适应改革和发展的需要。财政包干体制使财力过于分散，不利于国家财政收入的增长，弱化了中央政府的宏观调控能力，而且包干制不够规范，导致中央财政与地方财政相互挤占，体制缺乏应有的约束力。而分税制则有利于促进财政收入合理增长，提高中央财政收入的比例；同时，分税制改变按隶属关系划分收入的做法，有利于社会资源的优化配置和产业结构的合理调整，也有利于把企业真正推向市场，因此，分税制是我国财政管理体制改革的合理选择。

（二）我国分税制改革的主要内容

1.收入划分

根据事权与财权相结合的原则，按税种将收入划分为中央财政收入、地方财政收入、中央财政和地方财政共享收入。

中央财政收入包括：关税，海关代征消费税和增值税，消费税，中央企业所得税，非银行金融企业所得税，铁道、银行总行、保险总公司等部门集中缴纳的税收和利润（包括营业税、所得税、利润和城市维护建设税），中央企业上缴利润等。

地方财政收入包括：营业税（不含构成中央收入部分）、地方企业所得税（不含构成中央收入部分）、地方企业上缴利润、个人所得税、城镇土地使用税、房产税、车船使用税、印花税、屠宰税、农（牧）业税、耕地占用税、契税、遗产和赠与税、房地产交易增值税、国有土地有偿使用收入等。

中央财政与地方财政共享收入包括：增值税、资源税、证券交易税。

2.支出划分

按照中央政府与地方政府事权的划分，确定中央财政与地方财政的支出。

中央财政支出具体包括：中央统管的基本建设投资、中央直属企业的技术改造和新产品试制费及地质勘探费，由中央财政安排的支农支出、国防费、武警经费、外交和外援支出、中央级行政管理费，由中央负担的国内外债务的还本付息支出、公检法支出和科教文卫等各项事业费支出。

地方财政支出具体包括：地方统筹的基本建设投资，地方企业的技术改造和新产品试制经费，支农支出，城市维护和建设经费，地方文教卫等各项事业费支出，地方公检法支出，部分武警经费和民兵事业费，价格补贴支出及其他支出等。

3.中央财政对地方税收返还数额的确定

中央财政对地方税收返还数额以1993年为基期年核定。按照1993年地方实际收入以及税制改革和中央财政与地方财政收入划分情况，核定1993年中央财政从地方上划的收入数额净值（消费税+75%的增值税-中央下划收入）。1993年中央上划收入净值，全额返还地方财政，保证地方财政已有的既得利益，并以此作为以后中央财政对地方税收返还基数。1994 年后，税收返还额在 1993 年基数上逐年递增，递增率按全国增值税和消费税增长率的 1 0.3 系数确定，即本地区增值税和消费税每增长 1%，对地方的税收返还则增长 0.3%。1994 年上划中央收入达不到 1993 年基数的，相应扣减税收返还基数。

4.对原体制若干问题的处理

为了减轻改革的阻力，原体制的分配格局暂时不变，过渡一段时期再逐步规范化。原体制中有关中央财政对地方财政的补助规定继续执行，原体制中有关地方财政上解的规定仍然按不同体制类型执行。原体制中中央财政拨给地方政府的各项专款，该下拨的继续下拨。原体制中的有些结算事项继续运转。分税制的改革主要是通过渐进式的方式来逐步推行的。

5.过渡期转移支付制度

为了补充和完善分税制改革，1995 年，我国制定了《过渡期转移支付办法》。该办法是一种充分考虑当时实际的过渡性转移支付制度，主要表现在两个方面：其一，体现 1994 年分税制改革中“存量不动，增量调节”原则，仍然维持“税收返还”，只是将中央收入增量中的一部分用于转移支付，重点是缓解地方财政运行中的突出矛盾，体现对少数民族地区适度倾斜的政策，因而拨款金额以及调节的范围和力度都是有限的。其二，由于要继续维持原体制的既得利益，在制度设计上就不可能全面放弃“基数法”而转入按影响因素计算的“标准收支法”，同时由于统计数据的不完整和计算方法的不完善，因而规范化程度是有限的。也就是说，1995 年实行的《过渡期转移支付办法》实际上是一种有限的转移支付，它的主要意义不在于转移支付额度，而在于制度的转变，即开始由“基数法”向“标准收支法”转变。

（三）进一步完善分税制的思路

实践表明，我国自 1994 年起开始实施的分税制财政管理体制，对于理顺财政的分配关系，增强中央政府的宏观调控能力，促进社会主义市场经济体制的建立和国民经济持续稳定发展起到了十分重要的作用。但是，由于我国的市场经济体制正处于全面深化改革和逐步完善的过程中，适应这一形势而建立起来的分税制财政管理体制也不可避免地会存在一些问题。主要有以下四个问题：一是各级政府之间事权划分不清，支出责任不够明确，一些属于地方政府的事权，本来应该由地方财政负担的支出却由中央政府负担，而一些应该由中央政府承担的责任和事务却由地方财政承担。二是省级以下各级财政的管理体制未能得到应有的规范，有的地方在收入的划分方面并没有按照分税制的原则进行，而有的地方则过分强调上级财政的调控能力。三是分税制采取保障地方财政既得利益的做法，未能对地区间横向分配关系做出更为合理的调整，从而还没有充分体现出公平的原则。四是转移支付未能实现财力分配的公平，而且财政补助透明度不高，存在较大的随意性，致使转移支付制度不规范。

分税制在实施过程中存在的这些问题，制约了国家财政状况的尽快好转以及市场经济体制的完善，因此，必须尽快完善分税制。

1.进一步明确各级政府的事权范围和各级预算主体的支出职责

明确各级政府的事权范围，首先涉及政府职能的定位和政府行为的规范，这是实行分税制财政管理体制的前提条件。在市场经济条件下，政府的职能范围应包括：有效地提供公共产品和服务，如国防、外交、司法、行政等；提供经济建设和社会发展的基础设施，如能源、交通、信息、通信、教育、卫生、环境保护等；对宏观经济进行宏观调控，以保障和促进宏观经济的平稳发展。在明确政府职能的基础上，划分各级政府的事权。一般来说，国家最基本的、重大的制度和政策应由中央政府决定，涉及宏观经济总体发展规模和总量平衡的决策权、调控权应该集中于中央政府。而与地方的社会、经济发展有关的各项事权则应交给地方政府，赋予省一级地方政府一定的经济管理权。在事权划分明确的前提下，仍然要求对财政支出职责细化，特别是中央财政与地方财政之间交叉的支出、跨地区性支出、具有外溢性的支出，力求边界清晰，避免混淆不清，相互干扰。

2.规范收入划分

这主要包括：与工商税制的调整相适应，及时调整分税及其相应的收入划分，如作为我国主体税种的增值税由目前的生产型转为消费型，并扩大征收范围，这将是一种必然选择，一旦增值税税制进行了调整，就要求收入划分随之调整；将按行政隶属关系划分收入的做法，改为按比率分成或者比例分成；将分税制中属于中央税种而目前由于征管困难划归地方的税种如个人所得税，逐步划归中央；逐步健全地方税收体系。

3.调整集权与分权的关系

根据我国的具体国情，我国的分级财政管理体制的目标模式应该是集权与分权相结合，侧重于集权。我国分税制改革后，中央组织收入的比重是上升的，已经接近目标模式的水平，但是，由于为了维护既得利益而向地方返还税收的幅度过大，这使转移支付后中央收入的比重基本上维持原水平，而且明显偏低，中央支出的比重也基本上维持原水平，也明显偏低，其中有相当部分是靠借债来维持的，因此，要进一步完善分税制，就应该使中央财政实际可支配收入逐步达到适当的比重（比如40%左右）。这就必须逐步减少以至最终取消维护既得利益的税收返还，使中央财政与地方财政之间的收支比例都达到一个相对稳定的分配状态。

4.完善转移支付制度

这种制度的基本途径，首先是进一步明确转移支付的目标模式，然后通过增量与存量同时并存的微调向目标模式靠近。

现行分税制采用存量调节与增量调节两条转移支付系统。存量调节是为了维护既得利益集团的利益而设置的双向转移支付，自上而下的支付有税收返还、体制补助、结算补助等多种办法，自下而上的支付即地方税收的上解。规范的转移支付制度要求逐步减少以至于消除以“基数法”为依据的为维护既得利益的转移支付，过渡到按客观因素测定标准收入和标准支出的转移支付制度。规范的转移支付制度有两种可供选择的模式：一是单一的纵向转移支付；二是纵向转移和横向转移的混合模式。我国一直采取纵向转移模式，由于中央财政对地方财政的“税收返还”不仅存量不减反而增加，而中央财政从增量集中的财力有限，致使中央财政实行纵向转移支付的范围和力度都受到限制。在这种情况下，中央财政同时实行横向转移支付，试图通过横向转移支付来改变地区之间既得利益格局，以实现地区之间公共服务水平的均衡。而横向转移支付的“调富济贫”的分寸如何把握等问题，是需要研究和进行试点的重要问题。

纵向转移的微调，首先是改进过渡期转移支付办法。这主要是扩大按“经济税基×平均税率”确定标准收入的范围,沿着“单位费用×测定单位数值×成本差异系数”的思路改进标准支付的测算。其次,进一步将维护既得利益的多种方法简并为“税收返还”一种方法,而后逐步减少经济发达地区税收返还的增量,增加贫困地区税收返还的增量。更为妥当的办法是将税收返还基数逐步纳入按因素法计算的拨款公式,每年纳入一定比例,若干年后全部过渡为按因素法计算的转移支付制度。与此同时,清理现行的专项拨款,改进拨款方式。

第二节 国家预算管理

一、国家预算的特点及其分类

(一)国家预算的特点

国家预算又称财政预算,是指以收支一览表形式表示的具有法律效力的国家年度财政收支计划,它是国家集中和分配财政资金的重要工具,是国家调节、控制社会经济运行的重要经济杠杆。

国家预算作为一个独立的财政范畴,与其他财政范畴相比具有其自身的特点,具体表现在预测性、法律性、集中性、综合性和指令性五个方面。

1.预测性

国家预算的预测性是指预算年度内,国家预算收入和支出的各项指标,必须进行科学预计和测算,使之与客观实际情况相符合。国家预算本身就是一个计划,它是国家根据社会经济预测情况,对国家集中性财政资金分配进行预测的结果,因此国家预算本身就具有预测性的特征。

2.法律性

国家预算的法律性是指国家预算的制定和执行结果都要经过立法机关审查批准之后才具有法律效力。国家预算是按照一定的立法程序制定的,国家预算制定之后,就是法律性文件,必须贯彻执行。《中华人民共和国预算法》(以下简称《预算法》)以法律的形式把国家财政资金的集中和分配形式、组织机构及其职权范围,预算的编制、审核、批准、执行和决算程序固定下来,建立起了我国国家预算工作的法律秩序,因而,它是国家预算管理的法律规范,是组织和管理国家预算的法律依据。

3.集中性

国家预算的集中性是指国家预算的规模、来源、去向、收支结构和平衡,由国家按照社会生产力水平和政治经济形势的需要,从国家整体利益出发进行统筹安排。

国家预算资金是国家履行其职能所必需的财力,国家预算收入都应及时、足额地缴入国库,任何部门、单位和个人都不能坐支和挪用;国家预算支出的用途、比例、指标和数额等都是按国家整体利益确定的,必须遵照执行,不能各行其是。可见,国家预算收支的统筹安排充分体现了国家预算的集中性特征。

4.综合性

国家预算的综合性是指国家预算的收支指标能通过价值形式,综合反映国民经济和社会发展规划的内容,综合反映政府部门、国民经济各个方面活动的情况。

国家预算收支的货币化是由财政分配的货币化决定的。国家预算既能反映中央政府与地方政府之间、地方各级政府之间的纵向分配关系,又能综合反映国家与国民经济各个部门及企事业单位之间的横向分配关系。国家预算通过其收支活动,综合反映了国民经济和社会发展的情况,因而,国家预算在国民经济管理中居于重要地位。

5.指令性

国家预算的指令性是指国家预算确定的各项收支指标,经国家权力机关审查批准后下达,各个地方、各个部门、各个单位必须严格执行。市场经济条件下国家预算的指令性不是采用行政手段,更多的是采用税收等经济强制手段和法律手段来实现的。

(二)国家预算的分类

国家预算可以从不同角度、按不同标准进行分类。

1.普通预算与特别预算

按收支范围的不同,可以把国家预算分为普通预算与特别预算。普通预算是指政府编制的一般财政收支项目的预算;特别预算则是指政府对某些具有特殊意义的收支项目另行安排的预算。

2.总预算与单位预算

按预算内容的分合关系的不同,可以把国家预算分为总预算与单位预算。总预算是各级政府汇总的本级政府预算和下级政府的年度收支所编成的预算;单位预算则是各级政府机关、社会团体、企业事业单位的财务收支计划。有些国家以政府部门预算取代了单位预算。

3.中央预算和地方预算

按预算组成环节的层次不同,可把国家预算分为中央预算和地方预算。中央预算即中央政府的预算,由中央各个部门的单位预算、企业财务收支计划和税收计划所组成;地方预算即地方政府的预算,是各级地方政府总预算的统称。

4.本预算、临时预算和追加预算

按立法手续的不同,可以把国家预算划分为本预算、临时预算和追加预算。本预算又称正式预算,是指政府依法对每年度可能发生的财政收支加以预计,编制正式预算,经立法机关通过后公布实行的预算;临时预算是指正式预算成立之前作为财政活动依据的暂时性预算,其目的是为了解决预算成立前的政府经济开支问题;追加预算是指在本预算已经批准并付诸实施的情况下,为了增加某项必要的财政收支而编制的一种追加预算,以作为本预算的补充。

5.单一预算与复式预算

按国家预算编制形式所包括的范围不同,可以把国家预算分为单一预算与复式预算。单一预算是在预算年度内,将全部财政收支统一编在一个总预算中,而不按各类财政收支的性质分别编制预算,它是一种传统的预算形式。复式预算是在预算年度内,将全部财政收支按经济性质分别编成两个或者两个以上的预算,一般分为经费预算和资本预算两个部分。经费预算又称经常性预算或者普通预算，主要指教科文卫、国防、行政等方面的经费开支，其收入来源主要是税收收入；资本预算又称投资预算、建设性预算，是国家用于固定资产投资和归还国债利息的开支，其收入主要是债务收入。

二、国家预算的编制

（一）国家预算编制的原则

国家预算的编制就是制定集中和分配预算资金的年度计划。它是国家预算管理的起点，也是预算管理的关键。因此，编制国家预算必须遵循以下基本原则。

1.贯彻执行国家的政策

国家预算是国家的年度财政收支计划，又是国家干预和调节经济的重要手段，也是实现国家职能的重要工具。因此，编制国家预算必须以国家在各个时期的任务为指导思想，以各个历史时期国家的具体方针政策为依据，以确定管理方法，落实收支任务，使国家预算充分体现出国家的大政方针，反映政府活动的范围、方向的重点。这是编制国家预算的基本前提。

2.正确处理国家预算同国民经济和社会发展规划的关系

国家预算同国民经济和社会发展规划有着密切的联系。国家预算是国民经济规划的重要组成部分，是国民经济和社会发展规划的财力保证；同时，国家预算又是国民经济和社会发展规划在财力上的主要反映，国家预算对国民经济和社会发展规划起着重要的制约作用。因此，国家预算的编制要以国民经济和社会发展规划为基础，从财力上反映国民经济的发展规模和速度，为实现国民经济规划提供财力保证。而且，在国家预算的编制过程中，必须注意同国民经济和社会发展规划的制定紧密配合，相互协调，使经济指标和预算指标相衔接，预算的安排积极可靠。

3.加强国家的后备力量

编制国家预算必须坚持留有余地，建立后备力量，实现综合平衡原则，这是保证社会经济持续稳定发展的重要条件。国家预算的后备力量主要有国家物资储备和预算后备基金两种形式。国家物资储备由国家物资储备局承担，所需资金主要由国家预算拨付。预算后备基金主要由各级预算的预备费和周转金所组成，其目的是为了解决预算执行过程中出现意外、特殊情况时进行的临时性支出，或者应付预算收支季节性周转的需要。留有余地、建立后备力量可以防止预算执行中出现收支脱节的现象，可以平衡财政收支。

此外，国家预算还必须坚持统筹兼顾、全面安排、保证重点，正确处理各种比例关系，收支平衡等原则。

（二）编制国家预算的准备工作

编制国家预算是一项极其复杂而又细致的工作，并且具有重要的现实意义，需要在调查研究的基础上进行大量的具体计算。为了保证预算的质量，及时完整地编制好预算，在正式编制预算前，必须做好一系列准备工作，主要包括以下几个方面。

第一，对本年度预算执行情况进行预计和分析，为编制下年度预算提供参考。

第二，拟定计划年度预算收支控制指标。

第三，颁发编制国家预算草案的指示和具体规定。其内容有：编制预算的方针和任务、编制各项主要的收支预算的要求、各级预算报送程序和报送期限。

第四,修订预算科目和预算表格。现行预算收支科目分为类、款、项、目等四级科目,它是进行会计核算、财务分析及财政统计的工具。预算表格是预算收支指标体系的表现形式,它将大量的预算收支和有关资料系统地安排在预算表格中,可以清楚地反映预算的全部内容。预算表格大致可分为三类:收支表、收支明细核算表和基本数字表。

(三)国家预算编制的程序

国家预算编制的程序,一般是自上而下与自下而上相结合,即"两上两下"的程序。首先,由各个地区和中央各个部门提出计划年度预算收支建议数,报送财政部。然后,财政部参照此建议数,根据国民经济和社会发展规划指标,拟定预算收支指标,报经国务院批准后下达。各个地区和中央各个部门根据下达的预算收支指标,结合本地区和本部门的具体情况,经过切实的核算,自下而上地编制各个地区的地方总预算草案和中央各个部门的单位预算草案,报送财政部。财政部对这些草案进行认真审核后,编制出国家预算草案,并附上文字说明报送国务院,经国务院审查通过后,提请全国人民代表大会审查批准。

国务院根据全国人民代表大会批准的预算决议,对预算草案进行修订,并分别核定下达中央预算和地方预算。中央预算是指令性预算,必须贯彻执行;地方预算是指导性预算,由地方各级人民政府结合本地区的实际情况,修订预算草案,提交本地区同级人民代表大会审查和批准后,成为地方指令性预算,并报上一级人民政府备案。

三、国家预算的执行

国家预算经过全国人民代表大会批准后,就进入预算的执行阶段。国家预算的执行,既是组织预算收支实施的过程,又是整个国家预算计划管理的中心环节。

(一)国家预算执行的任务

国家预算执行的任务是:根据国家的方针政策,积极组织预算收入,使其正确、及时、足额地上缴国库;按照规划及时合理地拨付资金,保证各项建设和事业的需要;通过组织收入和拨付资金,督促国有企业和事业单位加强经营管理,合理、节约、有效地使用资金;根据国民经济的发展情况,组织预算执行的平衡,保证国家预算收支的圆满完成。简单地说,国家预算执行的任务就是"收、支、管、平"。各级人民政府、财政部门、政府各个主管部门及各个单位在预算执行中必须按《中华人民共和国预算法》规定的职权范围,各司其职、各负其责,以保证执行阶段各项任务的顺利完成。

(二)国家预算执行的调整

要实现预算执行任务就需要根据国民经济的发展情况不断地、及时地组织预算执行中的平衡。这主要是通过预算调整的方法来进行的。预算调整主要有以下几个方面的内容。

1.动用预备费

各级预备费的动用,一般应控制在下半年使用,并须经过一定的批准程序。

2.预算的追加和追减

预算的追加和追减,又称"追加追减预算",即在原核定的预算以外增加收入或者支出的数字和在原核定的预算以内减少收入或者支出。在必须追加追减原核定的收支预算时，要向上级财政部门提出报告，经审查后转报国务院或者同级人民政府批准。

3.科目的流用

科目的流用是指经本级人民代表大会批准的本级政府预算科目之间调入或者调出资金而形成的预算资金再分配。进行科目流用，必须遵守国家规定的流用范围。

4.预算划转

预算划转是指在预算执行中，因行政区划和企事业单位隶属关系的变更，必须同时改变其预算隶属的关系，将原预算划归新的领导部门或者接管单位。

四、国家决算

（一）国家决算的意义

国家决算是对国家预算执行情况的总结，也是国家经济活动在财政上的集中反映。编制国家决算在于总结预算执行情况，检查国家有关政策的贯彻执行情况，总结研究预算编制、执行，加强预算管理和平衡收支等方面的经验教训。这说明，国家决算可以为国家领导机关研究问题、制定政策提供参考和依据，同时也有利于提高以后年度财政预算工作水平。

（二）国家决算编制的准备工作和编制程序

1.国家决算编制的准备工作

编制国家决算需要做一系列的准备工作。通常包括以下内容：各级财政部门对各地区、各部门、各单位颁发编制决算的有关规定，明确编制决算的基本要求、方法和具体规定；进入年终清理，即各级财政和行政、企事业单位对预算收支、会计账目、财产物资等进行全面核对和清查；各级财政部门修订并颁发决算表格。

编制国家决算，必须划清预算年度和预算级别，分清资金界限，做到收支数额准确、内容完整、报送及时。

2.国家决算的编制程序

国家决算的编制，通常采取自下而上的汇编方法。其编制程序大体是：先从执行预算的基层单位决算编起，经单位领导审阅签署后报上级主管部门；主管部门进行审核后汇编成一个部门的总决算，上报同级财政部门；县市财政部门根据基层单位报送的单位决算汇编成县、市级总决算，然后报送省（自治区、直辖市）财政部门；省（自治区、直辖市）财政部门将本级收支决算和县、市总决算汇编成省（自治区、直辖市）总决算报送财政部；财政部根据地方总决算和中央总决算编制国家决算。

国家决算编成后，报送国务院审查并提交全国人民代表大会批准。地方各级总决算，由地方财政部门报请同级人民政府审查后，提交同级人民代表大会审查批准。

第三节 预算外资金管理

一、预算外资金概述

（一）预算外资金的含义及特点

1.预算外资金的含义

预算外资金是根据国家财政制度、财务制度的规定，不纳入国家预算，由各地方政府、各部门、各企事业单位自收自支的资金，它是国家预算资金必要的补充。

我国是一个幅员辽阔、人口众多的国家，各地区发展很不平衡，经济技术条件千差万别，许多特殊的问题亟待解决，这些问题如果统统纳入国家预算，既不方便也不可能。在国家预算之外让各地方、各部门、各单位在国家政策允许的范围内自行筹集资金，因地制宜地进行各项建设事业，对于调动各地方政府、各部门、各单位管理国家财政资金的积极性，既是合理的，也是十分必要的。

虽然预算外资金不纳入国家预算，但是其性质与预算内资金一样，同属于国家的财政资金。它有规定的收入渠道、提取标准和使用范围。它一部分来自国民收入的分配，另一部分来自补偿基金及其他收入，是一种特殊的财政资金。

2.预算外资金的特点

虽然预算外资金是不纳入国家预算的财政资金，但是它的形成和分配仍然以国家为主体，并根据国家的有关规定形成和使用。与预算内资金相比，预算外资金具有以下几个特点。

(1)自主性。预算外资金的自主性表现在各地方政府、各部门和各单位在国家规定的范围内实行自收自支、自提自用、自行管理的方式，对预算外资金具有充分自主的支配权和使用权，国家不能直接占有、直接支配或者无偿平调。尽管如此，由于预算外资金的所有权仍然属于国家，所以它必须接受国家宏观经济政策的指导，并为财经制度所制约。

(2)专用性。预算外资金的专用性是指预算外资金一般都有专门用途，应该专款专用，而不能随意挪用，这样才能保证这些建设项目的资金需要，有利于这些事业的发展。预算外资金的这一特征，是加强对预算外资金有效管理的必然要求。

(3)分散性。这是指预算外资金属于非集中性资金，其来源项目繁多，且零星分散，资金的支出有多种用途。国家对这一部分资金不进行统筹安排，而由各地方政府、各部门、各单位自收自支，自行掌握使用。它与预算内资金相比，具有分散性的特点。这一特点有利于调动各地方政府、各部门、各单位的积极性，大力开展增收节支，因时因地地发展国民经济。

（二）我国预算外资金的发展概况

我国预算外资金是在传统计划经济体制下随着社会主义建设事业的发展而逐步建立和发展起来的，其规模和结构同各个不同时期的政治经济形势、生产建设和各项事业的发展紧密相连,并受到当时的经济管理体制尤其是财政管理体制的制约。

1978年党的十一届三中全会以后,我国进入了社会主义现代化建设的新时期,财政管理体制也随着经济形势的变化而进行了重大改革。改革内容主要包括:调整了中央政府与地方政府的分配关系,变“一灶吃饭”为“分灶吃饭”,扩大了地方的财权、财力;调整了国家与国有企业、事业单位的分配关系,如对国有企业恢复实行企业基金制度,实行多种形式的利润留成制度。这一系列的改革措施使一部分预算内资金变为预算外资金,地方政府和企业、事业单位的财权、财力不断扩大,致使预算外资金急剧膨胀,总规模几乎与预算内资金相当,号称“第二预算”。

由于预算外资金的急剧膨胀引发了一系列问题,因而20世纪90年代以后,中央政府加强了对预算外资金的管理,使预算外资金管理开始步入规范化管理的轨道。如1992年12月财政部颁布《企业财务通则》和《企业会计准则》,进行企业财务会计制度改革。从1993年7月1日起实行新的财务会计制度,财政部相应调整了预算外资金的范围和口径,对原确定为国有企业及其主管部门的预算外资金不再纳入预算外资金的统计和管理范围,从而使所统计的预算外资金总量大幅度减少。

预算外资金的数量、规模或者占国家预算收入的比例的变化主要是由财政管理体制的变革决定的。也就是说,财政管理体制决定了哪些资金项目应放在预算内、哪些资金项目应放在预算外,从而引起预算外资金的变化。这说明,当实行高度集中的财政管理体制时,预算外资金的项目就减少,其数额也相应减少,绝大部分财政收入都纳入预算内收入管理的范围;当财政管理体制发生变化、实行财权下放时,预算外资金就会迅速地增加,其占预算内收入的比例也会相应提高。新中国成立以来,我国预算外资金发展变化的最突出的表现是:第一,1957—1990年的33年间,预算内外资金合计占国民收入的比例为40%~50%,但是从1991年以来,这一比例下降到40%以下,并且还呈继续下降的趋势。第二,改革初期(1978—1992年)的行政事业单位和国有企业的预算外资金急剧增长。这期间的国有企业和行政事业单位的预算外资金分别增长了11.2倍和2.9倍,国有企业预算外资金从1978年的252.61亿元(占财政预算外资金的73%)急剧增加到1992年的2 827.59亿元(占财政预算外资金的75%),但是地方财政部门的预算外资金在同期只增长了2.9倍。第三,1993年7月1日实行新的财务会计制度,原来占预算外资金总量75%的国有企业及其主管部门的预算外资金不再纳入预算外资金管理范围,导致统计口径的预算外资金总量减少2/3,原确定为国有企业预算外资金部分由企业自主支配使用。第四,1994年以来的分税制改革没有取消预算外资金,反而扩大了地方政府的财权、财力,从而助长了各地方政府、各部门和单位为了扩大自己利益而实行保护主义,这在客观上又使预算外资金在规模和占国民收入的比例上都有扩大的趋势。

(三)预算外资金的范围和作用

1.预算外资金的范围

根据市场经济条件下的财政分配原则,预算外资金主要包括以下几个部分。

(1)地方财政部门管理的预算外资金。这部分预算外资金主要是指地方财政部门、国有企业和主管部门提留或者负责组织的预算收入和相应安排的支出。其主要项目有:①各项附加收入,包括(未取消农业税时期的)农业税附加、城镇公用事业附加、工商税附加、渔业税及渔业建设附加等;②集中的企业收入,包括集中的企业折旧基金、预算外企业上缴的收入、以港口养港口收入等;③集中的事业收入,包括公房租赁收入和集中的其他事业收入等;④各种项目资金和专用资金;⑤集中的其他收入。

(2)行政事业单位管理的预算外资金。这部分预算外资金主要是指由行政事业单位负责组织的预算外收入和相应安排的支出。其主要项目有:①工业、交通、商业部门的收入,包括交通监理收入、驾驶员培训费、运输管理费、内河航道养护费等;②农、林、水、气象的收入,主要有育林费收入、水费收入等;③文教、卫生、科学事业收入,主要包括中小学杂费收入、勤工俭学收入、高等院校的学校基金、体育场馆收入、广告收入等;④社会福利事业收入,包括民政部门管理的盲、聋、哑人及残疾人员的福利工厂和殡仪馆、火葬场的收入;⑤行政机关收入,包括机关印刷厂收入、宾馆、招待所收入等;⑥工商管理收入,包括市场管理收入、工商企业登记费、合同签证费、商标注册费等;⑦其他收入,即按照财政部和各省、市、自治区财政部门规定不纳入预算管理的其他预算外资金。

(3)其他预算外资金。这部分资金是指除地方财政部门管理的预算外资金和行政事业管理的预算外资金两项收入以外的其他预算外资金收入。其主要包括:①地方政府和中央主管部门所属的国有企业、事业单位和社会团体中集中的管理费及其他资金;②用于乡(镇)政府开支的乡镇自筹资金和乡镇统筹资金;③其他未纳入财政预算管理的财政性资金。

2.预算外资金的作用

从预算外资金的发展概况来看,我国预算外资金的存在和发展是我国经济发展的客观要求,在我国国民经济中具有重要的作用。具体表现在以下几个方面。

(1)有利于调动各地方、各部门及企业、事业单位管理财政资金的积极性。设置预算外资金,给各地方、各部门及企业、事业单位一定的自主权,可以使权责利相结合,事权与财权相一致,从而有利于调动它们增加收入、节约开支、挖掘财政收入潜力,不断提高资金使用效益的积极性,为国家创造出更多的财富。

(2)有利于减轻国家的财政负担。预算外资金一般都有特殊的来源渠道和专门用途,资金的安排使用往往主动及时,因而能切实解决预算内资金难以解决的问题,满足国有企业、事业单位自身发展的一些需要。这样就可以弥补国家预算财力不足的困难,使国家能集中更多的财力,保证国家重点建设资金的需要,因而有利于国民经济各个部门的协调发展。

(3)有利于地方政府因地制宜地发展地方事业。预算外资金具有较大的灵活性,能帮助地方政府因地制宜、结合本地区的具体情况灵活安排使用预算资金,加快各地方、各部门的国有企业和有关事业的发展。

二、预算外资金的管理

预算外资金对促进我国经济体制改革和社会主义市场经济的发展起到了积极的作用,但是,如果管理不善就会使有些地方政府、部门和企业、事业单位有机可乘,出现截留应上缴财政的预算资金,或者划预算内资金为预算外资金,甚至出现将预算外资金转变为部门、单位、个人的福利,以及严重的腐败和违法行为等问题。这些问题的存在已经冲击了国民经济和社会发展规划,影响了社会主义市场经济的健康发展,并且直接导致了社会收入分配差距的快速扩大。因此,为了更好地发挥预算外资金的经济效益,必须加强预算外资金的管理。

(一)预算外资金管理的原则

根据预算外资金的性质和特点,我国预算外资金的管理应该遵循以下原则。

1.严格区分预算内与预算外资金的界限

预算外资金的项目和列支范围,以及各种预算外资金的收费标准、提留比例、开支范围和标准,都必须严格按照国务院的有关制度和规定执行。凡是列支的项目,其收支可放在预算外进行管理。各地方、各部门和企业、事业单位不得任意增设项目,扩大预算外资金范围。如果需要增设预算外资金项目,一律报国务院或者国务院授权部门审批。各个基层单位也应划清资金界限,不能将应由预算外开支的费用由预算内资金支付,应加强资金管理。如果预算内与预算外资金界限不清,必然会冲击国民经济和社会发展规划,削弱国家财力,不利于国民经济和社会的健康发展。

2.专款专用

预算外资金一般具有特定的收入来源和专门的资金用途,必须按规定的用途使用,而不得挪作他用。这一原则是由国家设置预算外资金的目的所决定的。因此,除国务院或者财政部另有规定外,各地方、各部门、各单位一般不能自行安排使用预算外资金,而必须坚持专款专用的原则,以保证专项事业的资金需要。近几年来,为适应社会主义市场经济发展的需要,中央财政不断地放权让利。这一方面调动了国有企业、事业单位的积极性,另一方面又使预算外资金规模日益扩大。如果不坚持预算外资金专款专用的原则,可能会导致消费基金规模过大,消费品供给紧张,从而引起产业结构的不合理,并制约生产的发展。因此,在预算外资金的使用中,一定要坚持专款专用的原则。

3.综合平衡

预算外资金具有比较分散的特点,各地方、各部门和企业、事业单位在自行支配和使用预算外资金时,考虑的是自身的局部利益。这样做的结果是,预算外资金仅仅从局部看可能是平衡的,但是从全局来看则可能是不平衡的。因此,必须将预算外资金计划列入国家综合财政计划进行综合平衡。这样,就能使预算外资金与预算内资金相结合,财政资金与信贷资金相结合,从而既有利于维护整体利益,又能控制和调节预算外资金的规模、比例和使用方向与使用效益。

4.间接调控

这一原则是指运用经济手段调节预算外资金的使用规模和使用方向。这是因为预算外资金是属于各地方、各部门、各企业事业单位自收自支的资金,因而国家对预算外资金的管理就不可能是直接的,而只能是依靠经济杠杆以及指导性计划等间接调控方式来引导和调节。调节的经济手段主要有税收杠杆、信贷杠杆等。

(二)预算外资金的管理方式

1.预算外资金管理的组织机构的构成及其职责

加强预算外资金的管理是一项涉及面广、政策性强的工作,需要各方共同努力,统一行动,才能相互衔接,使有限的资金充分发挥其最大的效用。建立预算外资金管理的组织机构是保证各项预算外资金管理政策与制度颁发和具体执行的基础。

(1)预算外资金管理的组织机构。它是从事预算外资金组织、指挥、监督和调节的实施组织,包括机构设立和人员组成。财政部作为统一管理政府资金的职能部门,负责有关国家预算外资金管理的政策、制度的制定工作,利用财政管理的杠杆作用对预算外资金的运行进行宏观调控和引导;地方财政部门(省财政)、中央各个部委(主管部门)及其他职能部门(审计、发展与改革、银行、物价、工商等),特别是省以下的各个地区,包括财政、银行、发展与改革、审计、国有企业主管部门等职能部门,是预算外资金的直接管理机构,地方财政部门负责预算外资金管理制度和具体办法的制定,同时监督管理制度和办法的执行,其他职能部门则按照各自的职责分别从不同领域对预算外资金的收入(提取)、使用(包括分配)进行必要的监督管理。地方政府各个主管部门的自身收支要遵循国家的有关规定,而且还要对具体单位的预算外资金进行管理。

(2)预算外资金管理组织机构的职责。预算外资金管理体系的内部组织由具有管理职能、实施管理行为、从事管理活动的单位和人员组成。其具体职责包括:第一,各级政府是预算外资金管理的领导机构,负责贯彻政府有关预算外资金管理的方针、政策和法规、规章,制定本级行政区域的预算外资金管理的具体实施办法,审批本级行政区域预算外资金收支计划和决策;第二,各级财政部门是预算外资金管理的职能部门,既受上级财政部门的业务指导,又隶属于同级政府的行政及业务领导;第三,各级国家(政府)机关、社会团体、事业行政单位和国有企业及其主管部门是预算外资金管理的执行单位,对预算外资金享有充分的支配权,但是这种支配权的发挥必须以国家的有关规定为依据,不得任意改变预算外资金的使用方向,必须专款专用;第四,各级规划、银行、物价、审计、劳动、税务等部门是与预算外资金管理有关的部门,应当积极配合财政部门做好预算外资金管理工作。

2.预算外资金的财务管理

预算外资金的财务管理主要包括以下几个方面。

(1)收费项目、基金项目及标准管理。严格收费项目、基金项目及标准管理既是强化预算外资金管理的要求,同时也是促进政府职能转变的需要,因此,必须加强收费项目、基金项目及标准管理。收取或者提取预算外资金必须依据法律、法规和有法律效力的规章制度所规定的项目、范围、标准和程序执行,其审批主体有:国务院、省级人民政府、财政部、各级政府的财政部门、规划部门(发展与改革委员会)、物价部门。

(2)票据管理。实行统一收费收据制度是为了更好地维护国家的利益,保护企事业单位的合法权益,促进行政事业单位勤政廉洁的重要措施。收费票据分为统一(通用)票据和专用票据两类。统一收费票据由中央级和省级财政部门制定,其管理机关是各级政府财政机关,实行“统一领导、分级管理”的形式。统一收据的格式,统一由中央财政机关制定,由地方政府各级财政机关按照统一格式印刷,单位购回统一收据后设专人保管。根据行政管理的特殊需要,需要印制专用收款收据的单位,应向财政部门提出申请,然后将单位自行设计的格式和收费许可证送到财政机关审核、编号、登记,领取“印刷专用收款收据通知书”到指定的国有印刷厂印制。印制完毕后送一本样本到财政机关备案,收据的报销联须套印财政机关的“统一行政事业性收费收据专用章”。印制的专用收据应该设专人保管,建立出入库制度和账簿核算制度,定期向财政机关报送使用结存的情况表。

(3)财政专户管理。财政专户是财政部门在银行设立的预算外资金专门账户,用于对预算外资金收入进行统一核算和集中管理。财政专户分为中央财政专户和地方财政专户,分别处理中央财政和地方财政预算外资金的收缴和拨付。对预算外资金实行专户管理,一方面,可以有效地调节预算内与预算外资金之间的分配关系,杜绝变预算内资金为预算外资金的现象,制止甚至查处不正当的收入和不合理的支出;另一方面,能有效地用国家所有权约束性调节手段限制各单位、各部门的占有权、支配权和使用权,使各单位、各部门在国家规定的范围内收取和使用这部分资金,以达到宏观调控的目的。

(三)我国预算外资金管理中存在的主要问题

预算内资金和预算外资金在本质上都是由政府与国有经济控制、支配使用的一部分国民收入,是国家参与国民收入分配的不同形式。虽然它们从征收方法到支出范围都有所不同,增长速度也不相同,但是当国民经济处于一定的发展水平时,由国家与国有经济控制的部分国民收入的比例是保持相对稳定的。从预算外资金来看,虽然它是不纳入国家预算的财政资金,但是它的形成和分配仍以国家为主体,其性质与预算内资金一样同属于国家的财政资金,并根据国家的有关规定形成和使用,即它有规定的收入渠道、提取标准和使用范围,它一部分来自国民收入的分配,另一部分来自补偿基金及其他收入,是一种特殊的财政资金。

在预算内外资金合计占国民收入的比例保持相对稳定的情况下,预算内和预算外的资金表现出此消彼长、互相转化的关系。如在预算外资金变化最大的经济体制改革初期,预算内资金占国民收入的比例呈持续下降的趋势,而与此同时,预算外资金占国民收入的比例却呈急剧上升的趋势。这种不正常的发展变化说明了预算外资金存在较多的问题。

1.预算外资金数量迅速扩大,管理失控,助长了投资膨胀,造成了严重的投资浪费

在1985—1994年的10年间,我国的基本建设投资规模增长了近10倍,其中以预算外资金为主体的自筹资金占基本建设总投资资金来源的比例,这10年间平均为38%,1985年为31.6%,1994年增加到44.5%,此后至2018年,该比例一直保持在35%~45%。由于预算外资金本身的性质和特点,这就决定了分散在各地区、各部门和各企事业单位的预算外资金在自行安排使用中不可能完全符合国家产业政策的要求,因而不同程度地存在着盲目、重复、粗放的建设等问题,造成了人力、物力、财力的极大浪费,不利于经济增长和发展方式由粗放型向集约型转变,不利于实现产业结构的调整、优化与升级。

2.大量增加的预算外资金分散了政府财力,削弱了宏观调控能力

预算外资金虽然在本质上是国家的财政资金,但是由于缺乏有效的管理,大量的预算外资金实际上处于政府的控制之外。各种费用和基金分别由政府的不同部门征收和管理,自收自支,财政部门无力进行调剂。在预算外资金迅速增长的同时,预算内资金占国民收入的比例一直呈下降趋势,财政处于越来越困难的境地,收不抵支,赤字不断扩大,财力分散,使国家财政难以组织足够的资金支持农业、能源、交通、通信等基础产业和

教育、科学、公共卫生、环境保护等事业的发展,财政支出对产业结构的调整能力弱化,影响了整个社会经济的协调发展。

3.多种多样的预算外资金扰乱了分配秩序,影响了廉政建设,不利于社会的稳定

(1)预算外资金扰乱了分配秩序,造成各地区、各部门、各企业事业单位及个人之间收入分配差距的快速扩大。许多地区、部门、单位都将大量的预算外资金用于不正当的奖励和各种名目的福利支出,直接造成分配不公和扩大社会收入分配的差距,破坏了正常的收入分配关系和分配政策的严肃性,也使消费基金增长过快。

(2)预算外资金使"三乱"(即乱摊派、乱收费、乱罚款)强化和具有刚性,影响廉政建设。一方面,大量合法的预算外资金项目的设置为各级政府部门和社会团体大量地从事公开的"三乱"提供了可乘之机,也是"三乱"屡禁不止的重要原因;另一方面,以政府为主体的各种名目的预算外资金收支活动所形成的无数个"小财政部"的资金,既分散又难以管理,是投资、消费双膨胀的重要财源,更是造成政府出现各种严重腐败行为的重要经济根源。"三乱"和各种腐败行为严重损害了政府的形象,影响了改革与发展的顺利进行,不利于社会的稳定,与建设和谐社会相冲突。

(3)预算外资金拉大了各地区之间的差距,助长了地方保护主义。由于各地区之间预算外资金增长不平衡,而且差距有不断扩大的趋势,因此,它扩大了各地区、各企业之间的发展差距,助长了"诸侯经济""王爷经济"和地方保护主义,不利于各个地区的均衡协调发展。缺乏统一、严格的预算外资金管理办法,各个地方政府对预算外资金的统计和管理宽严程度不同,又进一步加剧了各地的不平衡发展趋势。

正因为预算外资金存在这些严重的问题,1996—2017 年,国家曾经多次集中清理"小金库",1998—2019 年,我国一直在逐步加强预算外资金管理,以进一步发挥预算外资金在调动各地方、各部门及各企业事业单位管理财政资金的积极性,减轻国家财政负担,因地制宜地发展地方经济等方面的积极作用。

(四)进一步加强预算外资金的管理,推进预算外资金管理的改革

预算外资金对于促进我国经济体制改革和社会主义市场经济发展起到了积极作用,预算外资金的管理则是国家财政管理的重要组成部分。随着社会主义市场经济的发展,预算外资金的增长将是一个基本的趋势。管理好预算外资金可以分担预算内资金的一部分困难,缓解国家资金不足的矛盾;反之,由于预算外资金具有范围广泛和分散的特点,并且不能反映资金的计划性和正常筹集与使用的要求,如果管理不善则会冲击国家规划、冲击市场,影响社会主义市场经济体制的逐步完善,因此,为了强化国家财政职能,加强财政管理和财政宏观调控,更好地发挥预算外资金的经济效益,必须加强对预算外资金的管理。

根据预算外资金的性质和特点,加强预算外资金管理,推进预算外资金管理改革的思路是:通过配套措施,将预算外资金逐步分解,把占其中绝大部分的以政府为主体的资金收支活动,以及现行预算外口径未能覆盖的同类资金收支活动纳入预算内统一管理。在加强对预算外资金管理的基础上进行改革,在改革中加强管理,将改革与管理统一起来。

1.建立和健全预算外资金收支的法律、法规制度

在国务院已颁发的《预算外资金管理办法》《关于加强预算外资金管理的通知》和财政

部的有关规定的基础上,进一步完善有关法律和法规。从预算外资金项目的设立到资金专户存储、单独建账、独立核算、财政审批、银行监督等一系列政策性法规都必须进一步修改、完善,使国家在对预算外资金进行管理时有法可依,有章可循。现阶段,应该根据现有的法规进一步严格清理“小金库”,严格地依法取消一切“三乱”,把真正减轻农民负担、企业负担和交通运输负担等作为规范政府行为、进行廉政建设的重要内容。

2.完善各级监控机制,发挥财政部门在管理预算外资金方面的主导作用

管好用好预算外资金对于财政预算具有十分重要的意义,各级财政部门应把预算外资金的管理作为自己的一项重要任务。为了加强对预算外资金的管理,各级财政部门必须建立、健全预算外资金管理机构,检查和监督预算外资金的来源、收费标准、提取比例、支出用途及其标准是否符合国家有关标准和规定,做到奖惩分明。只有这样,才能提高预算外资金使用效益,发挥预算外资金应有的作用,保证国家财政信贷的综合平衡,才能克服预算外资金因缺乏监控而对实现宏观调控目标产生的逆向或者消极的作用。

3.实行预算外资金计划管理与经济政策引导相结合的管理办法

为了防止各地方、各部门、各单位在国家规定的范围之外自行设立各种收费项目和基金,使预算外资金的使用符合经济发展的客观要求,必须改变预算外资金既不反映计划又不反映市场的状况,必须编制预算外资金的收支计划,加强计划管理。但是,预算外资金自身的性质和特点决定了预算外资金收支计划只能是一种参考指导性计划。也就是说,国家必须对预算外资金进行计划管理,但是主要是通过运用经济政策来进行引导,并通过税收、价格、利息、财政补贴等经济手段加以调节和控制。例如,通过信用杠杆可以集中一部分预算外资金用于国家重点工程建设或者投资于基础产业部门,促进产业结构合理化。

4.进一步完善分税制,逐步统一预算内外资金,把预算外资金纳入预算内统一管理

不同级别的政府、不同的政府部门,尤其是地方政府凭借行政权力征收各种费用和摊派,这些名目繁多的费用和摊派成了一种变相的税收,成为预算外资金的固定来源。有些地方政府自行设立的一些专项基金,既不纳入预算,也没有在预算外资金中反映出来,从而导致地方政府预算外分配规模扩大,宏观上难以进行控制。我国从1994年开始实行分税制财政管理体制,初步划清了中央政府与地方政府、中央财政和地方财政各自的收入获取范围。实行分税制以来,地方财政已经倾向于统一预算,中央财政也有必要进行统一预算。只有进一步改革和完善分税制,才能把游离于财政之外的各种中央政府财力归入预算内,缓解中央财政的困难,这既有利于加强对预算资金的管理,又有助于形成市场经济所要求的规范化的政府行为。因此,现阶段应该在严格清理和整顿以及取消不合理的各种收费、基金、摊派、集资的基础上,对各项预算外资金做必要的分类管理,即先将其中的绝大部分纳入预算内统筹安排,再将其余部分在加强管理中逐步纳入统一预算管理之中。具体来说,应该采取以下几个方面的措施。

(1)对于地方财政部门掌握的预算外资金,在核算金额、加强监管的基础上先纳入地方“准预算”管理,然后再过渡到统一预算管理。

(2)对于行政部门的预算外资金,在逐项加以清理、整顿的基础上,原则上应该将其主体部分都逐步纳入预算内统一预算管理,这有利于禁止政府行政部门各种形式的“增收”和“创收”,有利于禁止“三乱”和遏止行政部门不正常的自身利益的膨胀。

(3)对于事业单位的预算外资金,应该经由物价、财政部门审核、批准和认定之后加强管理,在原则上要逐步纳入预算内统一管理。

(4)要严格管理和控制各种行政性事业收费和罚款,将它们全部纳入法制轨道,并加强相应的监督。

总的来说,就是要强化预算法规,以法律形式强化“收支两条线”制度,将所有行政部门的各种行政性事业收费和罚款全部上缴财政(国库),而其全部的正常支出则由财政预算来给予保证,这样就可以使预算外资金管理进入规范化和法制化轨道。此外,应加强纪检监察部门在预算外资金管理中的重要作用。

第四节 财政政策

市场机制可以合理配置资源,调节社会再生产,但是,市场机制既不能解决社会公平问题,也不能保证持续的高效率和促进经济稳定增长与发展,因此,政府必须干预和调节经济,对国民经济实行宏观调控,而实现宏观调控目标离不开财政政策。

一、财政政策概述

(一)财政政策的含义及分类

1.财政政策的含义

财政政策是国家以某种财政理论为依据,为达到一定的政策目标而采取的各种财政工具的总称。它既是政府经济政策体系的重要组成部分,也是实现政府经济政策目标的主要手段,是整个宏观调控体系中的重要环节。一般认为,财政政策由政策主体即国家、财政目标和财政工具三个要素组成。

2.财政政策的分类

财政政策的种类繁多,可以从不同的角度进行分类,主要有以下几种。

(1)按财政收支和管理的不同,财政政策可分为税收政策、财政支出政策、国有资产管理政策、投资政策、财政信用政策、财政补贴政策和财政预算政策,等等。

(2)按财政支出活动与社会经济活动之间关系的不同,财政政策可分为总量政策和个量政策,或宏观政策和微观政策。

(3)按财政政策对总需求影响的不同,财政政策可分为扩张性财政政策、紧缩性财政政策和中性的财政政策。

(4)按财政政策对总供给影响的不同,财政政策可分为刺激性财政政策和限制性财政政策。

(5)按财政政策对经济调节方式的不同,财政政策可分为自动调节的财政政策和相机抉择的财政政策。

(6)按财政政策调节对象的不同,财政政策可分为总量调节政策、结构调节政策和利益调节政策。

(7)按财政政策调整对象和实施时间的不同,财政政策可分为近期财政政策、中期财政政策和长期财政政策。

(二)财政政策的目标和工具

1.财政政策的目标

财政的职能是通过财政政策来实现的,或者说,财政政策的目标就是财政职能的体现,二者是一致的。财政宏观调控的目标就是通过财政政策进行宏观调控时所期望达到的目标,即财政政策目标。

一个国家究竟选择怎样的财政政策目标,主要受该国经济体制的影响。工业化国家财政政策目标是充分就业、物价稳定、经济增长和国际收支平衡。当然,在不同的经济条件下财政政策目标有所侧重,而不是齐头并重的,如当通货膨胀成为制约经济发展的首要因素时,财政政策目标就侧重于稳定物价,抑制通货膨胀。工业化国家财政政策目标经历了一个由单元目标向多元目标转化的发展过程。20世纪30年代世界性经济大危机以前,工业化各国家政府采取"自由放任"政策,财政政策还没有成为影响经济发展的重要调节手段;30年代至70年代初期,各个工业化国家把充分就业作为财政政策的目标,由此采取膨胀性赤字财政政策,造成了70年代中期的"滞胀"局面;为了解决"滞胀"难题,20世纪70年代末期以来,各个工业化国家转而采取多元化财政政策目标。如美国在1978年颁布的《充分就业和平衡增长法》就把充分就业、物价稳定、经济增长、国际收支平衡作为财政政策的四大目标,其他工业化国家也相继仿效美国的做法,从而使各工业化国家在20世纪90年代逐渐进入"低通货膨胀时代"。

不断发展社会生产力和最大限度地满足整个社会日益增长的物质文化需要是我国现阶段财政政策目标的基础。经济体制从传统的计划经济体制向社会主义市场经济体制的根本性转变,经济增长方式从粗放型向集约型的根本转变,决定了我国财政政策目标应该包括以下几个方面的内容。

(1)经济增长。经济增长目标是指财政政策的实施要保证和促进国民经济持续、稳定、协调、健康、快速地增长(即"又好又快"地发展)。这是社会生产、各项事业发展和居民生活水平提高的物质基础,也是关系到国富民强、社会和谐和国家在国际社会中的地位的首要问题。因此,现阶段我国应抓住机遇,大力促进经济增长和经济发展。当然,财政政策在推动经济增长过程中,必须注意处理好积累和消费的关系,保持适度的积累率;同时又必须充分认识到我国经济发展中的若干重大制约因素,注意发挥财政在结构调整和推进创新方面的重要作用。

(2)资源配置。它是指对现有的人力、物力、财力等社会经济资源进行合理分配,使其得到最有效的使用,获得最大的经济效益和社会效益。在社会主义市场经济条件下,资源的合理配置是由价值规律通过市场机制进行调节的,但是市场缺陷或者市场失灵也会影响资源的合理配置,因此,健全的市场体系和国家的整体调节都是实现资源合理配置所不可缺少的。政府可以从全社会的整体利益出发,运用财政作为资金分配的枢纽,从宏观上对资源的配置进行有计划、有导向的分配和调节。因为在社会主义市场经济条件下,人力资源和物力资源的配置决定于财力资源的配置,即决定于资金的流向和流量的不断调整，所以，财政政策在实现资源配置目标方面的作用集中表现在：通过合理的财政税收政策引导和调节资源在各地区、各部门之间进行合理流动，改变资源的利用结构，合理节约地利用各种资源；同时通过财政支出结构尤其是财政投资结构的调整来调节产业结构，以产业结构的优化升级来实现资源的优化配置。

(3)充分就业。充分就业目标就是运用财政政策工具将失业率控制在公认的限度以内。它并不是使所有的劳动者都有固定职业。工业化各国一般认为失业率若控制在4%左右即可视为实现了充分就业。由于就业的标准是以劳动力的失业率来衡量的，因此，如果存在着大量失业，则说明社会劳动力资源没有得到充分利用，有劳动能力的劳动者的劳动权利没能得到实现，从而既影响经济的稳定增长，又影响社会和谐和政治安定。政府可以运用扩张性财政政策，增加财政支出、增加对公共工程的财政投资、增加财政转移支付、增加财政的福利救济支出，增加"改善民生"的支出，通过经济扩张吸纳剩余劳动力，实现充分就业和更高质量就业。

(4)调控市场。财政政策可以为各个市场主体创造公平的竞争环境，对确立社会主义市场经济秩序起着重要的调节作用。尤其是它在培育市场体系、健全市场组织网络方面可以发挥重要功能。它在调节不同种类企业的级差地租、调节各部门、各行业之间的收入分配方面有着其他政策手段不可替代的调节作用。在社会主义市场经济中，财政政策在调控市场时应遵循间接宏观调控原则，主要运用经济手段和财政法规来实施发展规划，协调各个市场主体之间的利益关系，完善市场机制，对市场的运行进行监督，并为市场提供必要的服务。

(5)促进社会收入公平分配。收入公平分配是指通过财政参与国民收入和财富的分配，调整分配比例，理顺分配关系，使国民收入和财富分配达到社会公认的"公平"和"公正"的分配状态。在这一过程中，必须注意处理好公平与效率的关系，将两者统一起来。收入分配不合理，收入差距过大，不利于调动一部分劳动者的积极性，也不利于经济的持续增长和社会的和谐稳定。因此，政府必须动用财政税收杠杆，合理调节收入分配，特别是要通过财政的转移支付手段来"改善民生"，使收入分配合理化，以调动各方面的积极性，实现经济的稳定和发展。

(6)国际收支平衡。实现国际收支平衡的直接目的是为了保持适当的国际储备和汇率的稳定。如果存在大量的国际收支逆差，就会影响国内外经济的双平衡。相对于货币政策的作用而言，财政政策对国内经济活动的作用大一些，对国际收支的作用小一些，所以，运用财政政策实现内部平衡时，应与货币政策进行适当配合，以促使外部平衡的实现。也就是说，在国际收支失衡的情况下，通过财政政策与货币政策的相机抉择，实现内外经济的双平衡，从而也就实现了国际收支平衡。

2.财政政策工具

要实现上述财政宏观调控的目标，必须依靠有效的财政宏观调控手段。它是财政宏观调控主体所选择的用以达到调控目标的各种财政分配手段，也是中央政府能直接控制的，并且是为实现财政宏观调控目标服务所需要的。我国的财政政策工具主要有以下几种。

(1)税收。它是国家凭借政治权力参与国民收入的分配，具有分配形式上的强制性、无偿性和固定性等特点。它对国民经济活动和收入分配起调节作用，并为财政政策目标服务，是财政政策的最主要手段。其作用形式是税种、税率和税收优惠或税收惩罚。

与其他财政政策工具相比，税收具有如下特点：第一，作用的范围较广，它可以深入到国民经济各个领域、社会再生产各个环节、社会经济生活的各个方面。第二，在调节方向上具有双向性，税收总量和结构的变化，既可以刺激或者抑制总需求，同时又能抑制或者刺激总供给，并能对总需求和总供给的结构进行调节。第三，其作用较灵活，国家可根据宏观情况的变化调整税率，改变税种及实施税收优惠或者惩罚的条件。

(2)财政预算。它是国家在年度内制定的调节财政收支总体规模和结构的一种计划性政策手段。其作用的形式包括财政收支总量(如结余、赤字、平衡)和财政收支结构。国家可以根据国民经济运行状况、总供给和总需求的关系，分别采用不同的收支总量及结构政策，以使总供给和总需求实现总量上和结构上的平衡，既稳定经济，又促进经济增长。

(3)公债。它是国家举借的内外债的总称。公债产生的原因是为了弥补财政赤字。但是随着信用制度的发展，公债已经成为调节货币供求、协调财政与金融关系的重要手段，也是重要的财政政策工具。

公债的作用形式有公债的种类、利率、发行和偿还。国家可以根据客观经济形势的变化，选择不同的公债作用形式，以调节经济运行。如在经济过热时，可以适当扩大发行规模，以回笼货币，收缩经济；而在经济萎缩时，则偿还公债，向流通中注入货币，刺激经济。公债对经济的调节作用主要体现在“挤出效应”和“货币效应”上。“挤出效应”是指公债的发行会使利率上升，引起私人投资减少，从而对私人投资起到调节作用；“货币效应”则是指公债发行引起货币供求变动，从而引起经济变动。

由于公债具有可偿还性，因而可以避免调节中发生的直接利益冲突，所遇阻力较小。同时，公债的发行及流通是在公开市场上进行的，因而为运用公开市场业务这一货币政策工具提供了条件。这样，就会产生财政—货币政策联动效应，达到更好地调节经济的目的。

(4)政府投资。它是政府直接参与物质生产领域的投资，具有直接影响社会总供求的功能，是实现资源有效配置的重要手段。政府投资的作用形式包括投资的总量与结构。通过投资总量与结构的变化，可以影响资源的配置，促进产业结构和产品结构的合理化，从而促进国民经济的稳定增长和发展。

(5)其他财政政策工具。财政政策工具还包括财政补贴、公共支出和折旧手段等。财政补贴具有政策性强、时效性强、较为灵活等特点，政府可根据宏观经济运行的情况，灵活采用多种补贴形式或者标准，取消或设置财政补贴来发挥调节作用。公共支出包括政府的购买支出和转移支出两大部分。前者是一种政府的直接消费支出，政府可根据实际情况增加或者减少这部分开支；后者具有“自动稳定器”的作用，经济繁荣时期，就业人数增加，转移支付自动减少，经济萧条时期则自动增加，从而可以缓和经济的周期波动。折旧在很大程度上是一个微观经济范畴，但是由于折旧率的高低直接影响企业利润水平和财政收入的多少，因此，折旧也成为实现财政政策目标的手段之一。

以上各项财政政策手段可以单项使用，也可以多项使用，共同作用于财政宏观调控目标的实现。但是,为了保证财政手段的实施,还必须有完善的法律手段和行政手段与之相适应。只有行政的、法律的和经济的手段协调一致,并发挥各自在政府宏观调控中的作用,才能实现财政宏观调控的目标。

二、财政政策对国民经济的调节

(一)财政乘数

乘数理论是由英国经济学家卡恩首先提出的。凯恩斯提出了投资乘数,对乘数理论进行了发展和推广。投资乘数是指增加一单位投资所带来的收入增加的倍数,即收入增量与投资增量之比。可用公式表示为:

$$K_I=\Delta Y/\Delta I,\text{或者 } K_I=dY/dI \tag{7-1}$$

式(7-1)中,K_I 表示投资乘数,Y 表示国民收入,I 表示投资。按照凯恩斯的解释,在没有政府干预的两部门经济体系中,国民收入 Y 等于消费 C 与投资 I 之和,其中,消费 C 是收入 Y 的函数,即 $C=C(Y)$。由此可得到下面的等式:

$$Y=C(Y)+I \tag{7-2}$$

对式(7-2)两边进行微分:

$$dY=(dC/dY)\cdot dY+dI \tag{7-3}$$

等式(7-3)中,$dC/dY=b$,表示边际消费倾向。因此:

$$K_I=dY/dI=1/(1-b) \tag{7-4}$$

如果考虑政府干预,便可以得到相应的财政乘数。

1.政府购买支出乘数

政府购买支出乘数是指政府购买支出的变动引起的收入变动的倍数。用 K_G 表示政府购买支出乘数。假定其他条件不变,政府购买支出变动相当于私人投资的变动,则政府购买支出乘数与投资乘数相同,即:

$$K_G=dY/dg=1/(1-b) \tag{7-5}$$

2.税收乘数

税收乘数是指税收变动引起的收入变动的倍数。税收乘数有两种:一种是税率变动对总收入的影响;另一种是税收绝对量变动对总收入的影响,即定量税对总收入的影响。在考虑总额税的体制中,假设 T 为净税收,t 为税率,这样,C 不再是 Y 的函数,而是可支配收入 Y_d 的函数,$Y_d=Y-T$,则

$$Y=C(Y_d)+I+G \tag{7-6}$$

假设 I 和 G 为常数,对(7-6)式两边进行微分,可得:

$$dY=(dC/d\,Y_d)\cdot dY_d \tag{7-7}$$

其中,$dC/d\,Y_d=b$,则:

$$dY=b(dY-dT) \tag{7-8}$$

所以,

$$K_T=dY/dT=-b/(1-b) \tag{7-9}$$

在考虑所得税的体制中,$Y_d=Y-tY=(1-t)Y$,所以,

$$Y=C(Y_d)+I+G \tag{7-10}$$

对(7-10)式两边进行微分:

$$dY=(dC/d\,Y_d)\cdot dY_d=b\cdot dY_d \tag{7-11}$$

$$dY_d=(1-t)dY-Y_dt \quad (7-12)$$

将(7-12)式代入(7-11)式,可得到:

$$K_t=dY/dt=-bY/[1-b(1-t)] \quad (7-13)$$

3.转移支付乘数

转移支付乘数是指政府转移支付的变动所引起的收入变动的倍数。用 K_{TR} 表示政府转移支付乘数,这样,C 是可支配收入 Y_d 的函数。假设政府转移支付值为 T_r,则:

$$Y=C(Y_d)+I+G \quad (7-14)$$

假设 I 和 G 为常数,对(7-14)式两边进行微分,可得:

$$dY=(dC/dY_d)\cdot dY_d=b\cdot(dY+dT_r) \quad (7-15)$$

$$K_{TR}=dY/dT_r=b/(1-b) \quad (7-16)$$

4.平衡预算乘数

平衡预算乘数是指在平衡预算的条件下,政府的收入和支出以相等数量增加或者减少时对收入变动的影响。用 K_B 表示平衡预算乘数。假设政府支出全部是政府购买支出,没有转移支付,而且增加的支出等于增加的税收,则:

$$dY=K_GdG+K_TdT=[1/(1-b)]\cdot dG+[-b/(1-b)]\cdot dT \quad (7-17)$$

由于 $dG=dT$,则 $dY=[(1-b)/(1-b)]\cdot dG$,所以:

$$K_B=dY/dG=dG/dG=1 \quad (7-18)$$

这说明,在投资不变的情况下,平衡预算系数为1,即平衡预算对产出仍然具有扩张效应,$dY=dG$,国民收入仍然会随着政府支出的增减而等额增减。

(二)挤出效应

挤出效应是指政府财政支出增加所引起的私人消费或者投资降低的作用。挤出效应是否存在?挤出效应有多大?这取决于许多因素。

如果政府的财政开支增加完全是通过向个人和企业征税筹集的,而且个人和企业原本就准备将这部分收入的一部分用于消费和投资,那么挤出效应就只是部分地存在,并不会完全抵消因政府财政开支增加而扩大社会总需求的作用。如果政府财政开支的增加是依靠向个人和企业发行债券的办法实现的,而个人和企业本来打算将这笔收入用于储蓄,则挤出效应就不存在;如果个人和企业本来准备进行消费和投资,则挤出效应就存在;如果两种打算都有,则挤出效应部分地存在。如果政府财政开支的增加是靠向中央银行借款来实现的,中央银行因此而增发了货币,那么挤出效应就不存在;如果政府财政开支的增加是靠商业银行认购公债而实现的,并未因此而增发货币,那么挤出效应就存在。政府扩大财政支出的结果,如果引起了国民经济的高涨,刺激了生产,从而预期利润率普遍上升,那么企业投资会因之而增加,从这个意义上说,扩大政府财政支出不仅没有挤出企业的投资,反而引入了企业的投资。

从总体上来说,挤出效应是否存在取决于整个经济是否存在着大量的闲置生产能力。一般认为,在一个充分就业的经济中,政府财政支出增加会以下列方式使私人投资出现抵消性的减少:由于政府财政支出增加,商品市场上购买产品和劳务的竞争会加剧,物价就会上涨,在货币名义供应量不变的情况下,实际货币供应量会因价格上涨而减少,进而使可用于投机目的的货币量减少。其结果是,债券价格下跌,利率上升,进而导致私人投资减少;而私人投资减少了,人们的消费也随着减少。这就是说,政府财政支出增加

“挤占”了私人投资和消费。

(三)财政收支对国民经济均衡的影响

1.财政支出对国民经济均衡的影响

假设在一国的国民经济中出现了社会总需求小于社会总供给的情况,由此引起了通货紧缩,这时,政府可以增加财政支出,刺激总需求,使国民经济达到宏观控制目标所需要的均衡状态。在国家预算开支中,由于军费开支与战争有关,和平时期要大幅度扩张显然是不可能的;社会福利开支虽然可以增加,但是由于涉及整个社会的公平与效率问题,也不会轻易大幅度上升;而公共工程开支则可以用来作为政府干预经济的手段,因而可以通过政府公共工程支出的扩大来刺激经济,进而达到国民经济所需要的均衡。同样的,如果经济中出现了社会总需求大于总供给的情况,则可以削减政府财政支出,抑制总需求,使通货膨胀得以缓解。而这时,最有效的办法也是变动公共工程支出,即削减公共工程开支。

2.财政收入对国民经济均衡的影响

如果其他条件不变,政府征税后会使投资乘数效应变弱,乘数变小。由于乘数变小,因而使社会总需求变动造成的国民收入变动幅度也会变小。相反,如果政府减税,在其他条件不变的情况下,其乘数作用会加强。由于乘数作用加强,社会总需求变动所引起的国民收入变动幅度也会因此而增大。

3.财政收支对国民经济均衡的影响

财政收与支的两个方面组成了国家预算。由于国家预算有三种结果:财政平衡、财政盈余、财政赤字,因此,分析财政收支对国民经济均衡的影响也就是分析财政平衡、财政盈余、财政赤字对国民经济均衡的影响。

如果财政收入和财政支出都增加一个相同的数量,不管国民边际消费倾向和边际储蓄倾向是大还是小,结果总会使国民收入也增加相同的数量(两种乘数的净效应为1)。根据前面的分析可知,财政赤字对国民经济具有扩张作用。也就是说,政府增加开支会刺激总需求,导致国民收入增加。正因为如此,在预算发生赤字的情况下,政府开支的增加不一定带来赤字的同比例增加,而国民经济却可以实现均衡。相反,如果片面追求财政预算平衡,则有可能难以实现国民经济的均衡。同样的,在财政盈余的情况下,政府财政开支的减少不一定必然带来财政盈余的同比例增加。这说明,财政赤字并不是绝对的坏事。但是,实行财政赤字政策是有条件的。赤字预算在经济萧条、失业严重时可以采用,一旦实现了充分就业,则不宜采用赤字预算,否则,将会引发通货膨胀。

复习思考题

1.什么是财政管理?我国如何加强涉外财政管理?

2.什么是财政管理体制?建立财政管理体制应遵循哪些原则?

3.如何完善我国现行的分税制财政管理体制?

4.简述国家预算的特点和编制原则。

5.什么是预算外资金？其特点和作用是什么？

6.试述预算外资金的管理。

7.什么是财政政策？其目标和工具有哪些？

8.如何运用财政政策对国民经济进行调节？

第八章

金融概论

第一节　金融的基本范畴

一、金融的概念及其基本范畴

（一）金融的概念和范畴

金融是与货币、资本联系在一起的，一般来说，金融就是资金的融通及货币的流通。在有的经济学辞典上，把“调节货币流通和组织信用活动”总称为金融。从狭义方面来说，金融由货币、信用和金融机构（主要是银行）三要素构成。在现实经济生活中，货币发行机构发行货币、企业和个人的存款储蓄、银行等机构的贷款发放、国际货币市场上的汇兑、有价证券的发行与交易，还有保险、信托、基金或者期货交易等活动，都是金融活动。这是因为随着经济的不断发展，金融的范围越来越广，甚至财政、财务以及房地产融资等一切与资金运动相关的活动，都被视为金融的范畴。所以在广义上，凡是货币资金融通、筹集、分配、运用及其管理，都属于金融活动。这就是说，广义的金融内容，既包括专业金融活动，也包括国家、企业、社会组织、个人的非专业金融活动，社会上的整个资金运动都是金融活动。并且，随着全球经济联系日益紧密，国家之间的金融活动，即国际金融也迅速地发展起来。外汇市场上的外汇交易，黄金市场上的黄金交易，以及国际上其他资金的流动等活动，都属于国际金融的范围。因此，金融包括国内金融和国际金融，它们共同构成一个有机的整体。同时，根据金融活动范围的不同，可以将金融划分为“宏观金融”和“微观金融”。“宏观金融”主要包括货币银行、国际金融，“微观金融”主要包括公司金融（公司财务、公司理财）、个人金融（家庭理财）、资产定价等。此外，根据金融活动规模的不同，可以将金融分为“规模金融”和“微型金融”，还根据金融活动盈利性与可获得性的不同，可以将金融分为“商业金融”和“普惠金融”，以及根据金融活动技术水平的不同，可以将金融分为“传统金融”和“现代金融”。

(二)直接金融和间接金融

金融有狭义、广义之分,按其活动范围不同可以划分为国内金融和国际金融。根据是否通过银行等中介机构来进行融资,可把金融划分为直接金融和间接金融。直接金融是指不通过银行等中间媒介,货币资金需求者在金融市场上从资金所有者那里直接融通资金的活动。它主要是通过发行股票或者债券的方式来完成的,即资金需求者出售股票、债券取得货币资金,资金所有者购得了股票、债券,付出了货币资金,这样,双方直接建立了债权债务关系。间接金融则是指通过以银行等金融机构为媒介而进行的融资活动。它主要是通过银行等金融机构吸收资金与发放资金贷款的方式来完成的。直接金融与间接金融存在着十分密切的联系,并且相互影响。

二、金融的产生及发展现状

(一)金融的产生与发展

金融是商品货币关系发展的产物,只要存在商品货币关系,就必然会在商品货币关系发展到一定程度时产生金融活动。与此相应,金融的发展也是伴随着商品货币关系的发展而发展的。

在原始社会末期,尤其是在奴隶社会,商品交换得到了一定程度的发展,货币的支付手段职能也相应地得到了发展。贫困的人找富裕的人借物或者钱,并在约定期限内归还本金,还必须支付一定的利息,这时就产生了实物形式的高利贷。如在我国的春秋时期,就有大量的"券契值"借贷活动,可见那时的高利贷活动就已经十分普遍了。到了资本主义社会,随着资本主义生产关系的不断深入发展,出现了有的资本家的资本暂时闲置,而有的资本家又急需补充资本的情况,这样就形成了借贷关系,产生了借贷资本。伴随着商品经济和信用的进一步发展,货币兑换、保管和汇兑业务也相继出现,金融机构如银行就逐渐产生和发展起来。国家之间商品交换的不断发展,要求不同国家的商品生产者只有将本国货币兑换为他国货币或者是世界货币的金银,才能使国家之间的商品交换即国际贸易继续发展下去,由此产生了货币之间的国际汇兑业务。商品在交换过程中交换规模的扩大和交换地域的扩大,又促使货币的汇兑、保管等业务的发展,从而进一步促进了商品生产和交换的发展。

(二)现代金融业的发展变化

金融业从其产生到发展,已经历了一个较长的历史阶段。现代的金融业与传统的金融业相比,已发生了很大的变化,这些变化主要表现在以下几个方面。

1.金融业务的扩展

与传统的存款、贷款、汇兑等业务相比,现代的金融业务扩展了许多。如储蓄存款、抵押贷款、信托、投资、保险及债券股票的买卖、信用卡、旅行支票等都成了金融业务的范畴。随着现代市场经济的发展,金融业务的范畴还会继续扩展,如期货、期权等新兴金融业务、房地产金融业务、风险投资业务的发展都极大地扩展了金融业务的种类。

2.金融服务范围的扩大

传统的金融活动范围很小,而现代金融服务范围则大大扩大了。金融服务的对象有政府、厂商、组织、居民户和消费者个人等;金融服务的范围从国际之间的金融活动,如国际货币汇兑、国际证券交易、国际银行的联合信贷等,到居民家庭的各种服务,如银行代发工资、代办家庭的各种收支、个人消费信贷、证券代购以及提供各种金融信息咨询等。现代金融服务已经扩展到整个经济生活的所有领域中,使现代经济生活中人们对金融的依赖程度越来越大了,而人们对金融服务的依赖又会进一步促使金融服务范围的扩大和金融服务质量的提高。

3.金融组织体系的扩展

现代金融组织体系的扩展,在银行方面表现为在商业银行发展的基础上产生了中央银行,而且随着经济的发展产生了许多具有不同功能的银行,如政策性银行。我国在金融体制改革过程中,根据经济发展的需要在1994年建立了国家开发银行、中国农业发展银行和中国进出口银行三家政策性银行,完成了政策性金融和商业性金融的分离。在现代金融组织体系中,除了有各种类型的银行之外,还有多种非银行金融机构,如证券公司、保险公司、信托投资公司、投资银行、财务公司以及合作性金融机构等。

4.金融工具增多

随着金融创新的发展,新的金融工具不断地产生。根据融资期限的不同,可将金融工具分为货币市场的金融工具和资本市场的金融工具。前者主要包括商业票据、银行承兑汇票、短期公债、可转让大额定期存单等,这类金融工具期限短、风险小、流动性强,一般视为准货币;后者主要包括股票、公司债券及中长期公债等,它们的期限长、风险大、流动性较弱。金融工程的发展使各种金融衍生工具不断创新,新的金融工具大量出现,随着现代金融创新的发展,还会产生更多的新的金融工具,金融工具的多元化对金融业的发展特别是金融市场的发展起了重要的推动作用。

5.金融操作管理向现代化、高级化发展

随着电子技术的发展,电脑在现代金融业务中的应用逐渐扩大;信息技术等也开始广泛地用于金融业的操作与管理中。网络技术的发展使银行业务发生了重大变化,网络银行或者电子银行迅速发展。这些都促进了金融管理的现代化,使之更能满足现代经济发展的要求。

三、金融的作用

金融是社会资金运动的总枢纽,是国民经济的重要调节器,是控制货币供给的总闸门,是发展经济、革新技术的重要杠杆。金融不仅对调控宏观经济,而且对搞活微观经济,都具有重要的作用。具体来说,金融的作用主要表现在以下几个方面。

(一)金融具有融资集资的作用

资金是最重要的生产要素之一,它在经济发展中起着极为重要的作用。作为社会资金总枢纽的金融对于融通和运用社会资金,促进现代经济的发展起着极大的推动作用。随着经济的发展,金融已成为筹集、分配资金的主要渠道。金融市场在筹集资金方面已经发挥了重大作用,而且随着现代经济的发展,这种作用还将不断加强。

(二)金融能促进资金的有效配置和合理利用

要促使经济的快速发展,就必须实现资金结构合理化,有效地配置和合理利用资金。利用不同的金融工具作为调节杠杆来引导资金合理地从资金使用效率较低的生产部门或者地区向资金使用效率较高的生产部门或者地区流动。银行对资信高、偿还能力强的公司和企业的贷款予以优先考虑，对有发展前途的新兴产业给予支持等，都会使资金得到有效配置。银行吸收广大居民的闲散资金，使之转化为生产资金，从而使社会闲散资金得到合理利用。资本追求利润最大化的本性可使资金自动流向效益好的生产部门或者企业，促使企业充分利用资金，加强资金管理，提高经济效益。证券市场的发展特别是股票交易对于股份制企业有效配置和合理利用资金起着明显的促进作用。

（三）金融是调节经济发展的有效手段

金融对经济发展的调节作用主要是通过自发调节和人为调节这两个方面来实现的。自发调节就是金融市场机制自发地调节资金流向，促使资金优化配置，从而促使经济增长。人为调节就是在市场经济体制下的宏观调控，也就是政府综合运用信贷、利率、汇率等金融杠杆来调节人力、物力、财力等生产要素或者资源的流向，通过实现社会总供给与社会总需求的总量均衡和结构均衡来促进经济发展。金融作为调节经济发展的有效手段，已经成为各国政府所利用的主要经济手段。

（四）金融可以加强国际经济交流

随着商品生产和交换国际化的发展，世界各国的经济联系日趋紧密，金融在国际经济交流、促进对外开放、加速经济国际化中的作用日益加强。如国际金融活动中的对外发行股票、债券，不仅可以“引进来”（即为本国引进外资），而且还可以为扩大对外贸易架桥铺路，为本国工商企业的出口创汇或者“走出去”对外投资创造有利条件。金融对国际经济信息的传递也起着不可忽视的作用。金融的发展既能加强国内外经济的交往，促进一国的对外开放，又能加速一国经济的市场化和国际化进程。随着经济全球化、金融国际化的发展，金融对于加强国际经济交流与合作的作用将日益巨大。

（五）金融服务可以提高居民的生活质量

金融不仅促进了经济的发展，而且金融服务也为居民的日常生活带来了方便。银行可以提供储蓄存款等方面的服务，也可以为交易双方提供支票、信用卡等信用支付手段的服务。证券机构可以提供股票、债券投资等服务。金融的服务不仅可以节约交易和清算的时间，而且也极大地方便了人民的生活。特别是保险机构提供的家庭财产保险、人寿保险等服务，银行积极发展个人理财和消费信贷业务，均有助于提高居民的生活质量。

总之，金融不仅能通过发挥宏观调控的作用来稳定经济，而且能通过资金的运用促进经济的发展。金融与经济的关系是互相影响、相互作用的。一方面，经济是金融产生和发展的基础，随着经济的发展，人民收入增加，对金融服务的需求也相应增加，对金融业的发展起着刺激作用；另一方面，健全的金融能有效地吸收资金和调控经济，对经济发展起着促进作用，因此，金融业被称为现代市场经济的主导产业和支柱产业。所以，金融这个工具运用得好，就可以很好地促进经济的发展；如果运用得不恰当，则所起的作用不大，有时甚至对经济产生长期的不良影响。日本20世纪80年代金融扩张使“泡沫经济”发展过头，以至于90年代由于受“泡沫经济”破裂的影响，经济发展一直徘徊不前。墨西哥于1994年12月爆发了严重的金融危机，股票、外汇市场价格大幅度下跌，虽然经有关国家联合干预，墨西哥经济仍然在这场金融危机中遭受了重创。1997年7月至1999年12月爆发的东南亚金融危机对东南亚地区、亚洲以至整个世界的经济和贸易都产生了极大的影响,对东南亚地区一些国家的政治和社会造成了较大的冲击。阿根廷于2001年12月至2003年12月由外债危机引发了较为严重的金融危机,它对阿根廷的金融、经济、政治、社会产生了广泛而深刻的影响,从而导致了阿根廷的全面危机,使阿根廷在事实上破产,并对整个拉丁美洲的经济和贸易造成了重大的冲击。[①] 根据日本综合研究所2008年1月发表的研究报告估算,美国房地产金融发展在2006年12月爆发的住房次贷(sub-prime house loan)危机及其在2008年的余震给全球带来的潜在损失达到4 636亿美元,其中,次贷产品及其证券化后形成的各类金融产品可能发生的损失最大将达1 420亿美元,而如果算上与次贷产品没有直接关系的其他证券商品的价格下跌,次贷危机所致全球金融机构及投资家的损失最大将达4 636亿美元。2008年9月,美国的次贷危机引发了金融危机,并对全球金融、贸易和投资产生了全面的、重大的冲击,对经济、政治、社会生活影响十分严重;至2011年10月,全球金融危机仍然在向更全面、更复杂、更严重、更深刻的方面发展,美国纽约的"占领华尔街"抗议活动向全美、全球蔓延。这主要是因为,在现代经济生活中,金融活动与物质经济相脱离的现象越来越严重。如固定汇率体制崩溃以前的1970年,国际外汇交易量大约是物质商品贸易的6倍,而进入21世纪以来的外汇交易额是全世界进出口总额的90多倍。国际清算银行(BIS)报告显示,2018年全球各种外汇市场每日交易量达5.1万亿美元,其中日均现货外汇交易量为1.7万亿美元、外汇掉期交易达2.4万亿美元,约等于各国中央银行外汇储备的总和,这些外汇交易中的大部分同物质的生产和贸易没有直接关系。BIS报告显示,2019年4月全球外汇市场日均成交6.6万亿美元。所以要加强对金融业的全方位的监管,正确引导金融的发展,充分发挥金融的积极作用,克服金融的消极作用,以促进社会经济的健康稳定发展。

第二节 货币

一、货币的定义和职能

货币有各种不同的定义,有代表性的定义为:货币是从商品世界中分离出来的固定充当一般等价物的商品,它反映着商品生产者之间的关系。从货币的职能来看,货币是交换的媒介,是支付的手段。前者揭示了货币的本质,后者说明了货币的表面现象。

货币的职能是货币本质的体现。货币作为固定的一般等价物,主要有五种职能:价值尺度、流通手段、支付手段、贮藏手段和世界货币。其中的价值尺度和流通手段是货币的基本职能,其他三种职能为货币的派生职能。

(一)价值尺度

价值尺度就是货币充当表现和衡量一切商品价值的尺度或者"计量单位"。货币作为价值尺度,把一切商品和劳务价值表现为同名货币的量,使它们的量可以相互比较。

① 江时学.阿根廷危机反思[M].北京:社会科学文献出版社,2004.

货币之所以能充当价值尺度,就是因为货币本身也是商品,也有价值。当商品和劳务的价值用货币来表现时,就成了商品和劳务的价格。我国用人民币、美国用美元、英国用英镑、法国用法郎等来表示本国的商品和劳务的价值。货币的价格标准则是货币充当价值尺度的前提条件。

(二)流通手段

流通手段就是货币充当商品交换的媒介。在没有货币的物物交换($W—W$)条件下,商品所有者只能拿着自己的商品去找持有自己所需商品的所有者交换。有了货币,则只需把商品换成货币,再用货币来换所需商品($W—G—W$)。这样货币就成了商品买卖的媒介。以货币为媒介的商品买卖,就是商品流通。货币充当交换媒介的职能对经济效益的提高和商品流通范围的扩大起了很大的促进作用。

(三)支付手段

货币用来清偿债务或缴纳赋税、支付租金和工资等的职能,即为货币的支付手段职能。货币作为支付手段起因于赊账的商品交易:债务人(赊买者)到约定的日期,以货币清偿他对债权人(赊卖者)的债务。支付手段随着商品生产和交换的发展而逐渐扩大使用范围。只要在支付中没有商品同时与之发生相应运动,就是货币发挥了支付手段的职能。

货币作为支付手段而进一步发展,便产生了信用货币,如期票、汇票、支票等等。而这些货币的信用形式又是大规模交易领域经常采用的主要形式。经济生活中工资是在劳动力被购买、使用后才支付的,银行吸收存款和发放贷款,都是货币作为支付手段职能在起作用的表现。此外,分期付款、按揭、信用卡(结算与透支)等都是现代经济生活中货币支付手段职能的重要表现。

(四)贮藏手段

贮藏手段是指货币退出流通领域,被人们当作独立的价值形态和社会财富的一般代表保存起来的职能。自从商品生产和交换产生了货币以来,货币就几乎成为财富的代名词。因为货币是一般等价物,可以随时换成任何一种商品,成为社会财富的一般代表,因而常被人们作为一般社会财富贮藏起来。在现代社会,人们除了以金银积累贮藏价值外,更多的还是采取银行存款和储蓄等方式来贮藏价值。

货币的贮藏手段具有调节流通中货币量的作用。流通中货币数量过多,则过多的货币会退出流通而贮藏起来;流通中货币数量不足,则贮藏的货币又会进入流通。货币的贮藏手段是货币流通规律发挥作用的表现形式,但在金融货币和纸币流通条件下,这种表现形式会存在着一些差异。

(五)世界货币

世界货币是指贵金属如黄金和白银越出国内流通领域,在世界市场上执行一般等价物的职能。它是国际进出口贸易发展的必然结果,同时又成为国际金融发展的基础。关于金银充当世界货币的职能问题在后面的有关章节中再进行阐述。

二、货币的起源和发展

了解货币的起源和发展,有助于进一步理解货币的定义和职能。总的来说,货币是随着商品生产和交换的产生和发展而产生和发展的。使用价值千差万别的商品之所以能交换,是因为商品都有一个共同点,即都耗费了一般人类劳动,这种凝结在商品中的一般的、抽象的人类劳动就称为商品的价值。价值是在交换中通过一般等价物来体现的,通过交换,价值取得了可以实现的外在形式,即价值形式。货币就是价值形式发展的结果。价值形式的发展主要经历了以下几个阶段。

(一)简单的、偶然的价值形式

在这个阶段,由于生产力水平极低,社会分工还很落后,因此用来交换的商品还很少,商品交换的范围也很小,且商品与商品之间的交换是非常偶然的。但是,这种偶然发生的物物交换,却包含着货币的萌芽,即一种商品的价值会通过另一种商品表现出来,从而出现了等价物。因此,这种最初的物物交换就产生了简单的、偶然的价值形式。

(二)扩大的价值形式

随着社会分工的发展,商品生产和交换迅速发展,不仅参加交换的商品生产者增多,而且用于交换的商品数量、种类也多起来,出现了一种商品与多种商品相交换的情况。一种商品的价值就通过其他多种商品表现出来,而所有商品都可成为表现某一特定商品的价值的等价物,这就是扩大的价值形式。但是,这种扩大的物物交换所产生的特殊等价物也日益暴露了它的局限性。例如,除非一个需要衣服的面包师碰巧找到一个需要面包又有衣服出售的裁缝,否则,交易不可能发生。因此,为了克服扩大的价值形式的局限性,在商品生产和交换的进一步发展过程中就产生了一般价值形式。

(三)一般价值形式

随着商品生产的发展和交换的扩大,有的商品由于进入交换的次数多,成为商品生产者都愿意接受的商品。这种商品就逐渐成为所有其他商品价值的表现形式,这就是一般价值形式,这种商品就称为一般等价物。于是直接的物物交换就发展为初级的间接交换,即交易者可将自己的商品先换成一般等价物,然后再用这种一般等价物来购买自己所需的商品。从扩大的价值形式到一般价值形式,是一次质的飞跃,它促进了商品生产和交换的快速发展。

(四)货币形式

在历史上,许多商品都充当过一般等价物,如贝壳、羊皮、家畜等。但是,这些充当一般等价物的商品都有很大的缺陷,如不能分割为小单位来计量、容易损坏、质地不统一、不便于携带和保存等,而且充当一般等价物的商品的多样性和不固定性也为交换的扩大带来了诸多不便。这就要求形成一种统一的、固定的价值形式。随着一般价值形式的发展,最终使一般等价物固定到金银身上,当金银固定地充当一般等价物时,货币就产生了。“金银天然不是货币,但货币天然是金银”①。金银之所以成为货币,是由货币本身的要求与金银的自然属性决定的。首先,金银也是商品,能衡量其他各种商品的价值;其次,金银的自然属性决定了它们成为理想的货币材料,如金银具有易于分割、质地均匀、体积小、价值大、便于携带、不变质腐烂等优点。金银的这些自然属性决定了它们最适宜充当货币。

---

① 马克思,恩格斯.马克思恩格斯全集:23卷[M].北京:人民出版社,1965:107.

历史上的货币形态主要是金属铸币,如铜铸币、铁铸币、银铸币、金铸币等,其中金币是足值货币,即作为商品的价值和作为交换中介的价值完全相等的货币。但是金属铸币如金银币也具有会磨损、易腐蚀等缺点,且金银的开采较难,金银的生产量难以满足流通中对金银的需求量。随着货币形式的发展,出现了代表金银币执行货币职能的纸币和信用货币。纸币是由国家发行并强制流通的货币符号,如我国的人民币、美国的美元、法国的法郎以及欧盟的欧元等都是纸币。纸币并不具有商品那样的价值,它只是一种标志,赋予持有者支取经济商品和劳务的权利。在现代社会,几乎所有国家的纸币都是"法定不兑现的"货币,即不能兑换成它所代表的同等价值的足值黄金。信用货币是代替金属货币充当支付手段和流通手段的银行信用证券,它包括银行券、期票、汇票、本票等。信用货币同纸币一样可用来支付商品和劳务费用,并且具有纸币所不具有的优点。

随着现代电子技术的发展及其广泛运用,货币形态进一步发展为"电子货币",如信用卡等。在电子技术较发达的市场化工业国家,"电子货币"已成为极其普遍使用的支付手段。在我国,越来越多的居民开始使用"牡丹卡""长城卡""金穗卡"等。随着电子技术、网络信息技术特别是移动支付技术的进一步发展,"现金"(即纸币)将逐渐被"电子货币"或"数字货币""虚拟货币"所取代,最终将可能出现一般日常支付交易而无须"现金"或者没有现金(cashless)的情况。

三、货币制度

为了维护货币的流通,促进商品经济发展,各个国家都制定了有关货币流通的各种法律,货币制度就是从这些法律中逐步发展起来的。货币制度是指由国家法律所确定的货币流通的结构和组织形式,它是货币流通的各个因素相结合的统一体。根据商品经济发展的要求,各国的货币制度都基本上经历了一个从金属货币制度到不兑现信用货币制度演变的历史过程。货币制度是由其所处的社会经济制度决定的,同时又为社会经济制度服务。稳定的货币制度能为一个国家经济的发展提供有利的条件。

(一)货币制度的内容及其构成要素

货币制度的内容主要包括规定作为本位货币的金属、货币单位、本位币和辅币的铸造及流通制度、纸币的发行制度和准备金制度等。规定本位货币的金属是货币制度的基础。货币制度的最初发展形式是金属货币制度。它主要包括以下几个要素。

1.金属货币材料的确定

不同的金属作为货币材料,就构成了不同的金属货币制度。根据流通中货币材料的不同,可将金属货币制度分为银本位制、金银复本位制和金本位制三种类型。金属货币材料并不是任意选择的,而是由本国的经济发展和生产水平等因素决定的。现在世界各国都实行不兑现黄金的货币制度,在这样的法令中则无任何金属材料充当货币的规定。

2.货币单位的确定

货币单位的确定包括规定货币单位的名称及其单位货币所包含的货币金属量和成色两个方面。如英国的货币单位定名为"英镑",1816 年 5 月的金币本位法案规定,1 英镑含纯金 113.003 先令。又如美国 1943 年 7 月的美元金本位确定 1 美元的含金量为 0.888 671 克纯金或者 1 盎司黄金等于 35 美元。在现代社会不兑现黄金的货币制度下,纸币是一种价值符号,不代表黄金的价值,而只代表一般商品的价值。

3.货币铸造、发行与流通程序的确定

在货币的铸造与发行历史上,货币的铸造权通常由国家所垄断,即由国家铸币厂按照标准规格铸造,但并不排斥也有私人授权或者特许办厂造币的情况。在金属货币制度下,流通中的货币一般有本位币和辅币之分。本位币是指用法定货币金属材料按照国家规定的货币单位所铸造成的货币,它是一国的基本通货,具有名义价值(面值)与实际价值(金属本身价值)一致的特点。辅币一般使用价格比较便宜的金属铸造,实际价值小于名义价值,为不足值货币。此外,在金属货币制度下还有关于本位币和辅币的兑换比例关系,以及货币的无限法偿和有限法偿等规定。所谓无限法偿,就是货币的无限的法定支付能力,即不论数额多少,不论是何种性质的支付,受款人不得拒绝接受。一般而言,本位币都具有无限法偿能力。有限法偿主要是对辅币规定的,即在支付中如超过一定的数额,受款人可以拒绝接受。

目前,在世界各国都实行不兑现黄金的信用货币制度条件下,货币的发行与管理主要由中央银行来进行。在本位币和辅币制度下,国家通过中央银行发行的纸币也是法定的支付手段,任何人不得拒收。此外,各国都规定只有本国货币才是本国范围内流通的唯一法定货币,外国货币不允许在本国范围内自由流通。

4.金准备制度

金准备又称黄金储备,是货币制度的一个重要内容。黄金储备一般都由中央银行掌握。关于在金属货币制度下准备金的作用问题,马克思做过精辟的论述:"作为时而扩大时而收缩的国内金属流通的准备金";"作为支付存款和兑换银行券的准备金……"。[①] 1929—1933 年的世界性经济危机以后,资本主义各国曾一度相继放弃过金本位制。第二次世界大战后布雷顿森林体系虽然又暂时恢复了金本位制,但是"美元危机"最终使各国放弃了金本位制。黄金的后两个作用就完全消失了,现在只存在作为国际收支最后支付手段的准备金的作用。

(二)我国的货币制度

旧中国流通的货币主要是银元、铜元。在国民党统治时期,实行了"法币改革"等措施,但是由于严重的通货膨胀的影响,货币流通一片混乱,从而使货币制度没有起到应有的作用。我国现行的货币制度是人民币制度。人民币的最初发行是在 1948 年 12 月 1 日,当时采取的是不兑现的银行券形式。1955 年 3 月 1 日,我国又发行了新版人民币,同时建立了辅币制度。这种主辅币流通制度一直保持到现在。具体来说,我国现行的货币流通制度的内容主要有以下几个方面。

1.实行纸币流通制度,人民币是唯一法定通货

《中华人民共和国中国人民银行法》对人民币作了如下规定:"中华人民共和国的法定货币是人民币,以人民币支付中华人民共和国境内一切公共的和私人的债务,任何单位和个人不得拒收",而且"任何单位和个人不得印刷、发售代币票券,以代替人民币在市场上流通"。

① 马克思,恩格斯.马克思恩格斯全集:25 卷[M].北京:人民出版社,1965:643.

2.人民币的单位、主币和辅币

人民币的主币单位为“元”，辅币单位是“角”“分”。它们之间的兑换比例是：1 元等于 10 角，1 角等于 10 分。人民币的分币已经退出流通。

3.人民币的发行和流通

人民币由中国人民银行统一印刷、统一发行。中国人民银行是国家唯一的货币发行机关，并在全国范围内实行统一的货币管理。

4.我国的外汇储备

外汇储备包括黄金、外币汇票和本票、外国有价证券以及国外短期存款等。它是国家经济后备的一种形式，主要用于保持国际收支平衡，有时也用于急需商品的进口。我国的外汇储备由国家外汇管理局集中掌握，统一管理，由 2007 年成立的国家外汇投资公司特许经营。

5.人民币的对外关系

我国人民币仍然是非完全自由兑换货币。可自由兑换货币是指持有者可以自由将其兑换为另一种货币，政府不对这种兑换设置任何限制。人民币的兑换目前是受到限制的。从某种意义上说，这可以使我国经济免受或者少受外国经济的影响，有利于我国经济的独立发展。但是随着我国对外经济关系的发展，这种状况已越来越不适应日益紧密联系的世界经济发展的要求，而且我国在与周边国家进行贸易时已突破了人民币不可兑换的限制，由于人民币币值较稳定，人民币已经在不同程度上被周边国家所接受。我国从 2001 年 12 月 11 日起正式成为世界贸易组织（WTO）成员国，随着金融改革开放的推进，人民币成为可自由兑换货币将是我国金融体制改革的重要目标之一。截至 2019 年 2 月，已有 32 个国家使用人民币进行贸易结算。与此同时，保持人民币币值即汇价的相对稳定，也是我国在扩大对外开放和加快国际化过程中需要努力实现的另外一个重要目标。

第三节　信用

一、信用的概念及其职能

（一）信用的概念

信用是货币借贷、商品和服务买卖过程中的延期付款或者交货的总称，它是以偿还为条件的价值运动的特殊形式。具体来说，信用就是指商品、货币所有者把商品、货币赊销或者贷放出去，根据约定的时间，到期由商品的赊购者或者货币的借入者如数归还并附带一定利息的借贷活动。所以信用的基本内容包括借出、偿还、期限和利息四个方面，通常将信用的基本特征概括为还本付息。

（二）信用的职能

信用具有两个职能，即资金再分配职能和提供、创造货币的职能。由于信用在社会再生产过程中处于分配环节，它可以将其他分配方式如企业内部的初次分配、财政再分配所不能动员的闲置资金汇集起来，并投向需要资金的方面。也就是说，信用再分配是在企业初次分配和财政再分配的基础上，将社会各方面暂时闲置的货币和货币资金集中起来，并投向需要资金的产业部门和企业。这种以偿还为条件动员和再分配资金的职能就是信用的基本职能。信用在执行资金再分配职能的同时还执行着提供和创造货币的职能。这是因为，信用所直接分配的对象是货币，无论是商业信用还是银行信用，其活动都具有提供货币的职能，信用再分配和提供货币的过程还具有创造和派生货币的职能，从而导致货币供应总量扩大。从信用的两个相互联系的职能可以看出，信用活动不仅涉及资金分配是否得当以及资金使用是否有效益的问题，而且会影响到货币流通量及其稳定状况。

二、信用的产生和发展

信用是在商品交换和货币流通的基础上产生的经济关系。它伴随着商品和货币的产生和发展而产生和发展，商品和货币的发展，必须会产生信用，商品货币经济越发展，信用活动也越发达。商品货币经济自产生以来，经历了小商品经济、资本主义商品经济和社会主义商品经济三个阶段，与此相适应，信用的产生和发展也经历了高利贷信用、资本主义信用和社会主义信用三个阶段。

1.高利贷信用

最早的信用活动产生于原始社会末期，开始出现的是高利贷信用。所谓高利贷信用，就是通过贷放货币或者实物以收取高额利息为特征的一种借贷活动。在原始社会末期，社会分工的发展，促进了商品和货币的产生，并且使原始公社内部出现了贫富分化的情况，一些贫困家庭为了能够维持最基本的生活或者能够继续从事再生产等，不得不向富裕家庭借商品或者货币等财物。而在那种剩余产品极其有限、可贷物极少的条件下，借入者只有支付高额利息才能取得所需物品。这样就产生了高利贷信用。

最早的信用形式是实物信用，如借粮还粮等，实物信用与商品的物物交换形式一样，有诸多不便。随着商品货币经济的发展，货币的支付手段职能也相应地得到了发展。由于人们占有货币财富量不同，一部分人拥有一定量的闲置货币，而另一部分人又急需货币，这就需要使用信用手段来进行调节。货币信用就在这样的经济条件下产生和发展起来，并逐渐成为高利贷信用的主要形式。高利贷信用是贷方牟取暴利的手段，它使许多借方因无力偿债而破产，从而导致生产力的萎缩。尽管如此，在封建社会的末期，高利贷信用的发展为资本主义生产方式的产生准备了条件：首先，在高利贷信用活动中破产的借方沦为无产者，从而为雇佣劳动的产生创造了条件；其次，高利贷条件下的高利盘剥又使高利贷者积累了大量的资财，为资本主义生产积累了必要的货币资本；最后，当高利贷完全以货币形式借贷和以货币形式还本付息存在时，它又使小生产者必须先把产品变换成货币之后才能还贷，这在一定程度上又加速了自然经济的瓦解，促进了商品货币经济的发展。

2.借贷资本信用

建立在社会化大生产基础之上的资本主义经济是商品经济占统治地位的经济，商品生产和交换获得了高度发展,从而促进了以资本作为主要借贷对象的信用即借贷资本信用的发展。在资本再生产过程中,由于各个资本的循环和周转情况不相同,从而出现了有的职能资本家手中会产生暂时闲置的资本,而有的职能资本家因再生产又急需补充资本的情况,这样,信用的作用就使暂时闲置的资本转化为借贷资本。借贷资本就是借贷资本家为了在一定时间内获得利息而贷给职能资本家使用的货币资本,它是从职能资本运动中分离出来的一种独立的资本形式。借贷资本信用在资本主义经济中不仅自身获得了充分的发展,产生了专门从事经营借贷资本信用的银行资本,而且促进了整个资本主义信用体系的发展,并产生了许多新的信用形式和信用工具。

现代市场经济是一种“信用经济”,信用在经济生活中所起的作用越来越大。不仅借贷、债权债务活动都变成了极其平常的信用活动,而且,各个市场主体的信用观念也发生了很大变化,已经由尽量避免“借债”转到充分利用各种信用手段来提高自己的信誉和增强自己的实力。因此,无论是资本主义市场经济还是社会主义市场经济,都是以社会化大生产为基础的信用经济。各个信用主体之间信用关系的发展、新的信用工具的创新,不仅有助于各种资源的优化配置,提高经济效益,而且也有助于创造一个良好的宏观经济运行环境,维持国民经济正常发展所需的信用秩序。

三、信用的形式

在现代市场经济中,信用的形式是多种多样的。根据信用主体的不同可将信用分为:商业信用、银行信用、国家信用、消费信用、民间信用、国际信用等。根据偿还期的不同可将信用分为短期信用、中期信用和长期信用等。

(一)商业信用

1.商业信用的含义

商业信用就是买卖双方用赊销商品的形式互相提供的信用,或者说是工商企业之间以赊销商品和预付货款等形式相互提供的信用。赊销赊购、分期付款、预付定金等行为都是商业信用的表现形式。社会化大生产是商业信用存在和发展的基础。因为在社会化大生产条件下,各个生产者或者企业都彼此依赖、相互联系,并且形成了一个有机的整体。在生产销售过程中,每个企业都不能独立存在,也不能保证生产、再生产能够连续进行下去。当有的企业因资金短缺而暂时不能购买原材料时,有的企业则可提供原材料的赊销;或者,当有的企业因资金周转困难而暂时不能支付其他企业的货款时,则会产生赊购。这些赊销赊购行为都会形成商业信用关系。在钱货不能两清的情况下,商业信用能保证买主顺利进行资本周转,使再生产得以继续进行下去。

2.商业信用的特点及其局限性

商业信用主要有以下四个特点:第一,商业信用是以商品形态提供的信用,其对象是商品,它所贷的资本是处于产业资本循环中最后一个阶段的商业资本。卖方可通过赊销方式推销自己的产品,使企业再生产能继续进行下去,买方可通过赊买方式解决资金暂时困难。这样,一方面解决了买方企业的流通手段不足的问题,另一方面也使卖方企业实现了产品的销售。第二,商业信用的借贷双方都是工商企业,商业信用才可能发生。第三,商品生产和流通状况决定商业信用的兴衰。在生产增长、流通顺畅、经济繁荣时,以商业信用方式买卖的商品就增多;反之就减少。第四,商业信用具有提供和创造货币的功能。在商业信用形式下所产生的商业票据,它经过承兑和背书手续后可以流通、转让,即它可以被用来购买商品和进行支付,发挥着货币的职能,因此被马克思称之为"商业货币"。

虽然商业信用对于促进商品经济发展具有积极作用,但是商业信用的特点又决定了商业信用具有很大的局限性。第一,商业信用的规模和期限受到了买卖双方资本量的限制。商业信用的规模以产业资本的规模为度,它只能对企业现有的资本进行分配,不能再获得新的补充资金。因此,买卖双方资本的有限性决定了赊销的商品不可能太多、期限不可能太长,并且资本归流的快慢也制约着商业信用的规模。第二,商业信用具有方向性,且只能在买卖双方之间进行。商业信用的特点决定了它在通常情况下由产品的供给者提供给产品的需要者,在特殊情况下则相反。第三,商业信用发生的范围也有限。商品用途决定了商业信用的范围,因此,商业信用只可能在有商品交易关系的企业之间发生,而且只有在一方企业得到另一方企业的信任后,信用关系才能建立。商业信用的局限性决定了它不可能完全满足现代经济发展的需要,因此,其他信用形式就在克服商业信用局限性的过程中应运而生。

3.商业信用在我国的发展

在新中国建国初期,是允许商业信用存在的,其发展也比较活跃,这对当时的国民经济的恢复和资本主义工商业的改造起到了积极的作用。1955 年 3 月,国家下令取消了企业之间的商业信用,规定国有企业之间禁止提供商业信用。这主要是因为商业信用的存在会给高度集中的计划经济带来诸多问题,如它不利于经济计划中的资金分配、造成银行过多的货币投放、不利于银行对企业的监督管理等等。虽然商业信用曾受到严格的限制,但是在生产领域中商业信用仍然大量存在。因为只要是社会化大生产,商业信用就有其存在和发展的基础,商业信用活动也就不可避免。1979 年进行经济体制改革以来,地区之间、企业之间横向经济联系日益发展,企业之间开始较多地利用赊销、委托代销和分期付款等途径进行生产、技术、物资、资金的横向交流,这样,我国于 1980 年开始逐步开放商业信用。1995 年 5 月,我国颁布了《中华人民共和国商业票据法》。在我国现阶段,随着社会主义市场经济体制的基本建立和逐步完善,企业改革进度逐步加大,商业信用会迅速发展起来,并且逐步成为企业间最为重要的信用形式之一,在经济生活中发挥着越来越大的作用。但是,我国的商业信用仍然存在许多不完善之处,这要求我国本着扬长避短的原则,加强对商业信用的管理,规范商业信用行为,通过银行来组织和引导商业信用,把它的发展纳入银行信用发展的轨道上来。

(二)银行信用

银行信用就是银行以货币借贷的形式提供的信用。也就是说,银行向社会吸收存款付出利息,向企业提供贷款收取高于存款利率的利息而形成的借贷关系,就是银行信用。银行信用是在克服商业信用局限性的基础上产生的。与商业信用相比,银行信用具有以下特点。

1.银行信用是以货币形态提供的信用,其对象是借贷资本

银行贷放出去的是从产业资本循环过程中分离出来的暂时闲置的货币资本,银行以储蓄方式吸收的是社会各阶层分散的货币收入。银行把许多企业的暂时闲置的货币资本和社会阶层的储蓄货币汇集成巨额借贷资本,所以在银行信用形式下,集聚小额的闲置货币可以满足数量大的货币需求,巨额借贷资金也可满足分散的较小数额的货币需求,这就克服了商业信用在借贷数量上的局限性。

2.银行信用的借贷双方是银行和工商企业

银行信用的借贷双方,一方是专门经营货币资本的金融企业即银行,另一方则是从事生产经营活动的工商企业。商业信用的借贷双方都是工商企业,它们借贷的对象是普通商品。由于银行贷放的是货币,而货币是价值的代表,能够与一切普通商品进行交换,借方取得银行贷款后可以购买一切商品,因此银行可以把货币资本提供给任何一个需要它的部门或者企业,这就克服了商业信用方向上的局限性。

3.银行信用的期限不受资本量的限制

银行可以提供不同期限的借贷,既可提供期限长的贷款,即银行可把短期可贷资金集中起来满足长期的货币需求,也可把较长时期的可贷资金贷给一些较短期的货币需求者。而在商业信用中,由于买卖双方都不可能大量地长期赊销和赊购商品,因此它只有在借者和贷者在借贷的期限上取得一致后才能成立。可见,银行信用的产生克服了商业信用在借贷期限上的局限性。

4.银行信用具有广泛的接受性,是其他信用赖以正常运行的支柱

因为银行的信誉好、稳定性较高,银行的信用活动克服了商业信用在信用能力上的局限性,因而,银行信用成为现代经济生活中被工商企业和社会居民普遍接受的主要信用形式。

5.银行信用具有提供和创造货币的职能

在银行信用下,银行的一存一取、一贷一还(款)的收支活动本身同时具有提供货币的职能。银行创造货币的功能体现在两个方面:一是银行在信用程序基础上,通过存款提现和发放贷款两个途径发行银行券(如人民币),增加流通中货币供应量;二是在实行通过银行转账结算的情况下,银行贷出一笔款,它又会转存入银行存款账户,相应派生出一笔存款来,从而增加了银行存款总量,这就是派生存款功能。因此,在银行信用形式下所产生的银行票据,它经过承兑和背书手续后可以流通、转让、抵押,发挥着货币的职能,它被马克思称为“真正的货币”。

在我国社会主义经济制度下,银行信用直接或者间接控制在国家手中,成为国家调节经济的重要手段,使它成为社会主义信用的基本形式。随着我国经济体制改革的深化,银行信用逐渐得到恢复和发展,但如何理顺并且规范银行与企业之间的信用关系,建立市场化的新型银企关系,仍然是我国金融体制改革的重要任务。

(三)国家信用

国家信用又称“政府信用”,就是国家以债务人身份向社会举债、筹集资金的一种信用形式。国家信用的基本方式是国家发行政府债券,即在国内发行公债和国库券、向银行借款、向国外发行债券或者借款等。

国家信用在现代经济发展中起着重要的作用。这主要表现在:第一,国家信用是弥补财政赤字的重要手段。中央财政部门通过发行国库券等途径来实现财政收支的基本平衡。第二,国家信用是调节经济的重要手段。中央财政通过发行政府债券,一方面可以增加政府的消费和投资支出,对经济起着扩充作用;另一方面,吸收社会分散的闲置资金,减少流通中的货币量,抑制过热的经济。与此同时,中央银行通过买进、卖出政府债券来调节货币供给量,影响金融市场上资金供求关系。通过国家信用能迅速集中社会闲散的资金,将它变为巨大的国家财力,由国家统一安排和集中使用,国家可以根据产业政策和国民经济发展战略的要求,解决基础设施工程、重大建设项目等的资金短缺问题,从而促进国民经济的持续协调发展。

我国于1950年发行了“人民胜利折实公债”,1954年又发行了“国家经济建设公债”,1968年还清了全部公债的本息。但是,由于对国家信用的作用认识不足,以致片面地认为社会主义国家应该既无内债又无外债,举债不能体现社会主义制度的优越性,所以,在20世纪60和70年代,我国基本上不存在国家信用。随着改革开放的发展,我国重新认识到了国家信用的作用,并且对国家信用形式的利用也越来越多、规模越来越大。如我国从1981年开始恢复了国库券的发行,到2020年已连续发行39年,发行的国库券品种越来越多,规模越来越大,发行手段也越来越市场化,并且随着市场经济的发展,我国还将继续扩大发行国库券。又如,我国充分利用外国政府贷款、世界银行贷款、亚洲银行贷款,还多次在发达国家发行债券筹资,以大量吸收和利用外资。

如果政府的资产负债表出现问题(即国家信用出现问题),就会产生主权债务危机。2008年10月冰岛出现主权债务问题,随后“欧猪五国”(PIIGS)(葡萄牙、意大利、爱尔兰、希腊、西班牙)等多个国家开始陷入危机。欧洲主权债务危机对全球经济产生重大影响,至2010年12月欧洲主权债务危机才结束。美国政府因过度举债在1977—1996年间关门17次,2013年10月联邦政府又关门,2018年12月21日—2019年1月25日联邦政府再次关门,美国史上最长(35天)政府关门导致80万政府雇员被迫回家“行业”。

(四)消费信用

消费信用是企业和银行向消费者个人提供的用于生活消费的信用。它包括企业用赊销方式向消费者个人或者家庭推销消费品,特别是用分期付款等方式推销耐用消费品,以及银行向消费者个人发放的消费贷款,如信用卡透支就是消费信贷的一种表现。

在资本主义国家,消费信用是一种重要的信用形式。如消费信用的发展已使美国成为一个典型的“负债消费”的国家。而在我国,消费信用曾在新中国成立初期存在过,但是后来消费信用被取缔了。经济体制改革以来,随着商品经济的发展和人们生活水平的提高,消费信用又开始发展起来。如在住房管理体制改革过程中出现了银行向需要建房或者购买商品房的个人提供住房信贷的情况,银行允许信用卡用户透支,商业部门为了促销采取分期付款的方式向消费者推销高档耐用消费品等。实践证明,消费信用不仅能改善消费结构,提高消费者的生活水平,而且能扩大国内消费需求,加速企业资金周转,促进生产和刺激经济的发展。

(五)民间信用

民间信用也称个人信用,是个人之间以货币或者实物的借贷形式所提供的信用。它具有如下几个特点:第一,借贷期限较短,借方的目的主要是供急需之用;第二,利率高,一般都高于银行利率;第三,由于民间信用无法用法规来规范,也无法有效管理,因此民间信用具有较大的自发性和风险性。

民间信用在我国民间尤其是农村大量存在。随着市场化改革的发展,城乡个体经营经济大量涌现,它们对资金的需求大大增加,而商业银行、信用社等金融机构却不能完全满足它们对资金的需求,这就给民间信用提供了一个发展的条件。灵活多样的民间信用不仅扩大了融资范围,调剂了民间生产经营资金的余缺,而且弥补了银行信用等信用形式的不足,从而促进了生产的发展和商品的流通,它对于提高民间资金的使用效率和改善人们的生活起到了积极的作用。尽管如此,由于民间信用是一种非正规的金融信用,多数情况下以"地下金融"形式存在,因此政府还是有必要加强对民间信用的管理,并且积极引导其正常发展,避免其自发盲目性和高风险性所造成的不良影响。如我国规定,民间借贷利率只有在为银行同期借贷利率的 4 倍以内时,它才是合法的,才能受到法律的保护。

(六)国际信用

国际信用是国际上相互提供借贷的一种信用形式。国际信用的主要形式有:国际商业信用、国际银行信用、国际政府信用等等。随着各国之间经济交往的日益紧密,世界经济的发展使国际金融、国际贸易和国际投资成为国际信用发展的基础,国际信用也随之日益发展起来,并且已经成为一种利用国外资金和技术的重要手段。

在改革开放以前,我国很少使用国际信用形式,即使使用国际信用,主要还是与前苏联、东欧国家进行的。改革开放以来,我国为了大量引进外资,充分利用发达国家的先进技术与设备,扩大产品出口,开始积极采用各种形式的国际信用,并逐步扩大国际信用规模。在所采用的国际信用形式中,使用得较多的首先是世界银行中长期贷款、外国政府信用(如日元贷款),其次是国际银行信用和国际商业信用。同时,我国为了支援其他发展中国家,促进其经济发展,对它们也进行了较多的政府贷款或者经济技术援助。我国加入了世界贸易组织,这将促进我国经济的市场化、国际化进程,我国将会充分利用这一有利机会,更多地采用各种国际信用形式,进一步扩大国际信用规模,但是,必须将国际信用发展所形成的信用规模尤其是外债规模控制在我国的偿债能力之内,不断优化外债结构,防止出现国际信用风险或危机。

四、信用工具

(一)信用工具的特征

信用关系最初是以口头或者挂账形式确立的,后来才发展到凭证形式,这样就产生了信用工具。所谓信用工具,是以书面形式发行和流通,借以保证债权人和债务人的权利义务的合法凭证。

信用工具必须具备以下几个特征。

第一,偿还性,信用工具(除股票外)上均注明有自发行日至到期日的期限,即偿还期。各种不同的信用工具,其偿还期都不同,有长有短。偿还到期时,债务人需按信用凭证上所记载的要求偿还应付债务,同时债权人收回债权全额本息。偿还期是针对债务人来说的,这个期限是所借资金可供其使用的时间。而对债权人来说,实际的偿还期应从持有人得到信用工具之日开始算起至到期日止。

第二，流动性，即可转让性或者变现性，是指信用工具迅速变现而不致亏损的能力。有的信用工具，如果在短期内不易变卖或者变卖时易受市场波动影响而蒙受损失，或者在变现过程中需耗费相当的交易成本或者较多时间，则流动性小；反之，流动性大。

第三，安全性，这是指顺利收回本金并不受市场价格变动影响的保障程度。使本金遭受损失的风险有两类：一类是违约风险，即债务人不履行合同，不按期还本付息；另一类风险是市场风险，即信用工具的市场价值因利率上升而下跌的风险。

第四，收益性，即盈利性，信用工具一般都能为其持有者带来一定的收益。收益量的大小是通过收益率来反映的，收益率是净收益对本金的比率，一般有三种表示方法：其一为名义收益率，即信用工具的票面收益与本金的比率；其二为即期收益率，也就是信用工具的票面收益与即期市场价格的比率；其三为实际收益率，即信用工具的票面收益加本金损益与当时的市场价格的比率。

每种信用工具在上述四种特征方面的程度是不平衡的。一般来说，其流动性与盈利性成反比，如银行发行的银行券流动性最强，但是不能给投资者带来什么收益；反之，如股票等收益性较高，其变现的流动性相对较弱。信用工具的收益性与安全性往往成反比，流动性与安全性成正比。可见，每种信用工具都有不同程度的利与弊。

（二）信用工具的种类

随着现代经济的不断发展，信用工具的种类也越来越多。根据发行者性质的不同可将信用工具分为直接信用工具和间接信用工具。前者包括金融机构所发行的银行票据、存单、人寿保险单等，后者包括金融机构所发行的商业票据、股票或者政府发行的债券等。根据金融市场交易的偿还期不同可将信用工具分为长期信用工具和短期信用工具。前者如债券、股票等（债券和股票都代表一定的有价物，故也称为有价证券），后者如商业票据、可转让存单和支票等。

1.票据

票据是指具有一定格式，载明一定金额和偿还期限，在到期时持票人向发票人或者指定人无条件支取款项的信用凭证。票据可以转让，是支付手段和流通手段，也可以通过贴现成为融通资金的手段。根据票据期限的不同，可将票据分为见票即付款的即期票据和须到票面载明的日期才能付款的定期票据。根据票据发行主体的不同，可以将票据分为商业票据和银行票据。商业票据是记载商业信用债权债务的一种凭证，它包括期票和汇票两种形式；银行票据是指由银行签发的由银行承担付款义务的票据，它包括期票、汇票和支票三种形式。

（1）期票。期票又称本票，是指由债务人签发并承诺在一定时期内无条件支付款项给收款人的凭证。期票可分为商业期票和银行期票。商业期票是由接受信用的购货人签发给收款人的债务凭证，经发票人“背书”后，未到期的商业期票也可以转让给他人或者向银行贴现。银行期票是申请人将款项交存银行，由银行签发给申请人以办理转账或者支取现金的票据。银行期票可以背书转让，但是只能在指定的同一城市范围内使用。

（2）汇票。汇票与期票不同，期票是一种承诺式的信用凭证，而汇票则是一种命令式的信用凭证，即由债权人签发的命令债务凭证。汇票也可分为商业汇票和银行汇票。商业汇票由提供信用的销货人签发，须在债务人承兑后才能生效。承兑就是由付款人或者付款人委托的银行在汇票上“背书”,做出付款承诺的手续。由企业承兑的称商业承兑汇票,由银行承兑的称银行承兑汇票。银行汇票是汇款人将款项交存银行,由银行签发给汇款人持往外地办理转账结算或者支取现金的票据。

(3)支票。支票是由活期存款的存款人签发,通知银行从其账户上支付一定金额给收款人的票据。按支票是否记载受款人姓名,可将支票分为记名支票和无记名支票。记名支票也称抬头支票,即银行只能对支票上所指定的受款人付款的支票;无记名支票又称来人支票,即银行可对任何持票人付款的支票。按支票支付方式的不同,又可将支票分为现金支票和转账支票:现金支票可以用来支取现款;转账支票只能用于转账结算。随着电子信息技术的发展与应用,金融科技创新出现了“电子支票”(e-check),传统的纸质支票在减少,电子支票在增加。

2.股票

股票是股份公司发给股东以证明其入股的资本额,并有权取得权益的书面凭证。股票体现的是所有权关系,股票持有人无权向公司要求撤回股金,股东若需用资金时,可以在股票市场上出卖转让股票以获取现金,因此,股票没有偿还期。

由于股票是股份公司发给出资者作为投资入股的证书和索取股息红利的所有权凭证,因此,谁持有公司的股票,谁就是该公司的股东并享有相应的权利和义务。普通股东享有的权利包括盈利分享权、出席股东大会权、表决权、选举权、优先认股权、股份转让权、对董事的诉讼权和破产清算后的财产分配权。股东的义务是:当股份公司成立时,股东要对公司投资入股(当公司增资扩股时,股东可以选择是否增加投资额);当股份公司破产时,股东要对公司的债务负清偿责任。其中,股份有限公司的股东的清偿责任以其出资金额为限,而股份无限公司的股东的清偿责任不受其出资金额的限制,如果公司本身财产不足以清偿债务,那么,股东的私人财产也必须用于清偿债务。

股票有多种分类方法,不同的分类方法得出不同的股票概念。按股东享有权利的不同可以将股票分为优先股票和普通股票:优先股票根据事先确定的股息率优先取得股息,公司解散时可以优先得到分配给股东的剩余财产;普通股票只能根据公司盈利状况获得不固定的股息红利。按股票是否书名可以将股票分为记名股票和不记名股票,前者必须经过一定的手续才能转让其所有权,后者则可以自由转让。按股票是否载明票面金额可以将股票分为额面股票和无额面股票。

3.债券

债券是借款人发行的一种债权证书,债券持有人可以定期获取利息收入并到期收回本金。债券种类较多,根据债券发行主体的不同,可以将债券分为政府债券、企业债券和金融债券三大类。由政府发行的称为政府债券,包括公债券、国库券、地方债券等;由企业发行的称为企业债券或者公司债券;由金融机构发行的称为金融债券。

由于债券是债务人向债权人出具的、在一定时期支付利息和到期归还本金的债务凭证,因此,债券上面必须载明债券发行机构的名称、面额、期限、利率等事项。政府债券是政府根据信用原则向社会举借债务的借款凭证,它是现代经济条件下的主要债券形式。由中央政府发行的称为国家公债券,其中由中央政府财政部发行的国家公债券称为国库券,由地方政府发行的称为地方公债券。发行政府债券筹资主要用于特殊项目的建设或者弥补财政赤字。政府债券由政府承担还款付息责任。国库券因风险较小,因而其利率通常稍低于同等期限的公司债券。国库券因风险小、盈利高而被称为“金边债券”。此外,政府债券按偿还期不同又可以分为短期、中期、长期债券。一年期以内的政府债券为短期政府债券,它以国库券为主要形式,一年期以上的中、长期政府债券通常称为公债券。

虽然股票和债券都是有价证券,但是它们仍然有许多不同之处。相比较而言,两者的区别主要表现在四个方面:第一,性质不同。股票是一种所有权凭证,持有者对发行公司拥有股权;债券则是一种债权凭证,到期可以凭借其收回本金和利息。第二,权利不同。股票持有人拥有选举权,通过选举董事行使对发行公司的经营决策权和监督权;债券持有人可以按期收回本金和利息,但无权参与发行者的经营决策与管理。第三,期限不同。股票一般是不偿还的,没有偿还期,因而是无期限的,但可以在证券市场上转让;债券票面上一般规定有偿还期,如果持有者需要提前偿还,则可以贴现或者在证券市场上转让。第四,收入分配形式不同。股票一般视公司经营情况进行分红派息,在公司发生破产时,清理资产,债券偿付在前,股票偿付在后,因而股票的风险相对较大;债券票面规定有利率,持有者可按债券发行时规定的利率获得固定的利息收入,因而债券的风险相对较小。

在多样化融资格局中,作为融资手段的信用工具,股票、债券与票据也有不同之处。采用发行股票、债券的途径所筹集的资金,多数被用作长期投资,它与公司当前的日常资金周转并不一致;而商业票据则是在商品赊销中产生的,商业期票或者商业汇票经背书后可以转让、流通或者向银行贴现、承兑,通过这些方式所筹集的资金用以解决企业短期周转的需要,它构成企业当前的日常生产周转资金的组成部分之一。

第四节　利息和利息率

一、利息和利息率的定义

利息即借贷资金的买卖价格,是资金所有者因贷出货币的使用权而从借款人处取得的一种报酬。或者说是借者到期支付给贷者的超过其使用资金的代价。利息是信用活动的产物,它来源于劳动者所创造出的剩余价值的一部分。

利息率(简称利率)即一定时期收取的利息额与本金之比。它是决定利息数量的因素和衡量其大小的标准。利息率的计算公式为:

$$利息率=利息额\div本金\times100\%$$

二、利息率的种类

(一)年利率、月利率和日利率

年利率、月利率和日利率是按计算利息期限的时间单位来划分的。年利率是以年为时间单位计算利息，通常按本金的百分之几来表示。月利率是以月为时间单位计算利息，通常按本金的千分之几来表示。日利率习惯上叫“拆息”，是以日为时间单位计息，它一般按本金的万分之几来表示。如果本金为存款，则利率为存款利率；如果本金为贷款，则利率为贷款利率。

（二）单利和复利

单利和复利是计算利息的两种方法。单利是指在计算利息时，不论借贷期限长短，仅以本金计算利息，所生利息不再加入本金重复计算利息。其计算公式为：

$$I=P\cdot i\cdot n$$
$$S=P+I=P(1+i\cdot n)$$

其中：P 表示本金；I 表示利息额；i 表示利率；n 表示借贷期限；S 表示本利和。

复利是相对单利而言的，它是计算利息时，按一定的借贷期限（如 1 年），将所生利息转为本金一并计息的方法。复利的计算公式为：

$$S=P\cdot(1+i)^n$$
$$I=S-P\cdot[(1+i)^n-1]$$

一般而言，单利计算更多地应用于短期信用，复利计算更多地适用于长期信用。

（三）名义利率和实际利率

名义利率是以名义货币表示的利息率，也就是借贷契约和有价证券上规定的利率，它不考虑通货膨胀因素对货币币值本身的影响。而实际利率是指物价不变，从而货币购买力不变条件下的利率，它是剔除了通货膨胀因素以后的真实利率。实际利率等于名义利率，但这种情况在现实生活中很少出现，因为物价总在变动；当物价上涨率高于名义利率时，实际利率就成为负数，通常称为“负利率”，负利率不利于储蓄和投资，从而对经济有消极影响。

（四）固定利率和浮动利率

按在借贷期内利率是否可调整，利率可分为固定利率和浮动利率两大类。固定利率是指在借贷期内利息率不随借贷货币资金的供求状况而波动，即不做调整的利率。它具有简便易行、易于计算等优点。在借款期限较短或者市场利率变化不大的情况下，可采用固定利率。浮动利率是指利率在借贷期内随市场利率的变化而定期调整的利率，其调整期限和调整基准等由借贷双方协定。实行浮动利率手续繁杂，会不可避免地增加计算利息成本，但它能使借贷双方承担的风险损失降到较低水平。

（五）市场利率和公定利率

市场利率是指在货币借贷市场上由借贷双方通过竞争而形成的利息率。市场利率随借贷资金供求关系的变化而变化。公定利率是指一国政府通过金融管理部门或者中央银行确定并公布实行的利率。它反映了非市场力量对利率的干预。一方面，公定利率的变化代表了政府货币政策的意向，市场利率随着公定利率的变化而变化；另一方面，市场利率反映着借贷资金的供求状况，是国家制定公定利率的重要依据。

此外，利率还可分为长期利率和短期利率、一般利率和优惠利率等。

三、决定和影响利息率变化的因素

决定和影响利息率变化的因素主要有以下几个方面。

（一）平均利润率

由于利息是利润的一部分，因此利率与平均利润率有着密切联系。在其他条件不变的情况下，平均利润率高，则银行就要按较高的利率收取或者支付利息。因为即使利率高，生产和经营在平均利润率高的情况下仍能获得较多的利润，借款者仍然多；相反，平均利润率下降时，利率也会相应地下降。

（二）货币资金的供求关系

利率主要是由借贷双方在货币市场上相互竞争决定的。在其他条件一定的情况下，借贷资本的供给大于需求，利率下跌；借贷资本的需求大于供给，利率则上升。

（三）国家经济政策的影响

在现代市场经济条件下，利率不再完全随着借贷资本供求状况的变化而自由波动，它还要受到国家经济政策的调节和控制，而成为一种重要的货币政策工具，通过它来达到调节经济、促进经济发展的目的。因此，国家的经济政策和目标也是影响利率变化的一个重要因素。例如，我国根据国内外经济形势的变化，为了扩大国内需求，刺激生产和消费，采取了积极的财政政策和货币政策，从 1996 年 5 月至 2002 年 2 月止，连续 8 次降低银行的存、贷款利率，同时连续 2 次降低银行准备金率，从而使公定利率降低到一个较低的水平。但是，从 2005 年 3 月开始至 2007 年 12 月，我国连续 9 次提高银行的基准利率，其中 2007 年就有 6 次提高利率。2007 年 12 月中央经济工作会议在部署 2008 年经济工作时明确提出，2008 年要实施稳健的财政政策和从紧的货币政策。我国实施了 10 年之久的稳健的货币政策“功成身退”，取而代之的是从紧的货币政策，货币政策在 10 年之后首次从“稳健”转为“从紧”，是对物价连续上涨、货币信贷增长过快等宏观经济形势的反映。但是，受 2008 年 9 月发生的美国金融危机的冲击，我国决定实施积极的财政政策和适度宽松的货币政策，连续降低银行存款准备金率和存贷款利率。此后连续至 2020 年实施积极的财政政策和稳健的货币政策。这说明，以利息率调整为主的货币政策走向是与宏观经济形势紧密相连的。

（四）国际利率水平

国内利率水平与国际利率水平的状况，会直接影响资金在国际上的流动。当国内利率水平高于国际利率水平时，国外货币资金就会向国内流动，如果要限制国外货币资金大量流入，就要降低国内利率；反之，当国内利率水平低于国际利率水平时，国内资金就会外流，如果要限制国内资金的流出，则要提高国内利率。由此可见，国际利率水平对国内利率水平的确定或者变化也有重要的影响。

总之，影响利率变化的因素是多种多样的，除了上述主要因素之外，还有物价水平、经济周期以及历史传统、社会与政治环境等因素，它们都会对利率的变动产生不同程度的影响。

四、利率的作用

利率是重要的经济杠杆，利率的变化能调节和影响经济的发展。

（一）利率对资源配置的作用

银行的存款利率使银行能集中暂时闲置的各种货币资金，将它们转化为可贷资金，从而能够对资源起到优化配置的作用。如果贷款利率高，使用贷款资金的成本就大，那些利润较低、效益差的企业就会减少投资，从而减少贷款，这就会使资金资源流向效益好、利润高的企业；相反，如果贷款利率低，效益差的企业也可获得投资所需的贷款，这就会浪费有限的生产资源。同时，国家也可以通过实行差别利率，把资金分配给最急需的产业部门或者企业，从而实现产业结构合理化，促进经济协调发展。由此可见，通过利率对资金分配的调节，可以达到资源有效配置的目的。

（二）利率对资金使用效益的作用

利率不仅在宏观上能调节资金分配，在微观上也能使企业加速资金周转，充分利用资金。利息是对利润的一种扣除，在利率一定的条件下，利息的多少是与占用资金的多少成正比的。要提高企业利润，就必须减少资金的占用，提高资金使用效益。因此，利率已成为银行督促企业提高资金使用效益的一个很重要的工具。

（三）利率对投资的作用

利率的高低影响着投资规模的大小。在其他条件不变的情况下，低利率会减少利息的支出，降低企业的生产成本，增加企业盈利，从而刺激企业扩大投资和生产；相反，高利率会使企业的利润下降，从而起着抑制企业投资的作用。利率是决定或影响投资行为的重要因素。

（四）利率对物价和货币流通的作用

利率的高低直接影响银行的信贷总规模，而信贷规模又直接决定货币供给量。当利率高时，存款规模扩大，投资规模下降，从而有利于减少流通中的货币量，起到稳定物价的作用；当利率低时，存款规模下降，投资规模上升，流通中的货币量增多，当流通中货币量超过现实商品流通的需要时，必然引起纸币贬值、物价上涨。

五、我国的利率体制及其改革

（一）传统利率体制的特点

新中国成立初期，我国实行了利率高度集中的管理体制。在这种体制下，利率管制及其政策特点表现为：第一，利率管理高度集中，利率的变动及调整都必须经由国务院制定和批准，中国人民银行统一执行，各级金融机构都无权调整利率；第二，实行以低为主且无差别的利率政策；第三，制定利率政策的目的主要是为了适应生产关系发展的需要，因而不能发挥其对生产应有的杠杆作用。

（二）利率体制改革的表现

金融体制改革以来，利率管制及其政策改革主要体现在：第一，利率总水平比改革前有所提高，并拉开了档次，体现了差别。第二，利率管理权限开始统分结合，逐步分散。第三，利率调控体系开始建立，利息政策渐趋完善，增强了利率弹性，使利率政策成为货币政策的主要内容。

虽然我国对利率体制进行了改革，但是利率管制还比较集中，利率变化难以适应社会主义市场经济发展的要求，利率的经济调节作用难以得到充分发挥。所以，市场经济的发展客观上要求我国建立能够充分反映资金供求关系的利率机制，进一步放松对利率的管制，尽快实现利率市场化。

复习思考题

1.什么是金融？其作用表现在哪些方面？
2.什么是货币？它是如何产生的？货币有哪些职能？
3.什么是货币制度？我国现行货币制度的主要内容有哪些？
4.什么是信用？它是如何产生的？
5.信用有哪些职能？
6.信用有哪些形式？
7.什么是信用工具？它有何特征？有哪些种类？
8.什么是利息和利息率？利息率有哪些种类？
9.决定和影响利率变化的因素有哪些？利率有何作用？
10.试述我国的利率体制及其改革。

第九章

金融组织体系

第一节　金融组织体系概述

金融组织体系是指为了有关资金的集中、流动、分配和再分配，由银行和各类金融机构形成的一个系统。它包括构成该系统的各个重要组成部分，各类金融机构的作用、职能和它们彼此间的关系以及它们的运行，资本在这一系统流通以及政府通过的金融法规和监管机构在这个系统中的作用等方面。

一、金融组织体系的形成

金融组织体系是在现代银行产生和发展的基础上，在商品货币经济迅速发展的过程中形成的。

银行是商品货币经济发展到一定阶段的产物。早在中世纪的西欧就存在着货币兑换的行业，起初货币兑换商只办理兑换货币业务。随着商品交换范围的扩大，货币收付数量增加，有的商人为了避免保存和携带货币的危险，便把自己的货币给汇兑商保管，并让他们办理支付和汇兑，这样，货币的汇兑业便发展成货币经营业。货币经营者在从事货币经营业务中获得大量的资金，为他们的放贷提供了基础。随着借贷职能与货币经营业的其他职能相结合，逐渐使货币经营业演变成既办理兑换、又办理存款和汇兑业务的银行。近代银行产生于中世纪的意大利，1397 年全世界第一家银行——美弟奇银行建立，到 15 世纪末，银行逐渐发展到欧洲各国。这个时期的银行主要经营存、放、贷等业务，且放款对象主要是政府，利息也很高。

1694 年，世界上第一家大规模的股份制银行——英格兰银行的建立，标志着资本主义信用制度的确立。继英格兰银行建立之后，各国相继建立了不少股份制银行，它们都是商业性银行，以经营工商业放款为主要业务，以吸收存款为主要货币资金来源，以盈利为目的。

19 世纪,中央银行开始兴起。它是为了适应比较发达的商品货币经济和社会化大生产的需要,在商业银行的基础上逐渐分离出来的独占货币发行权力,为商业银行承担最后贷款,并为商业银行集中办理清算的银行,即货币发行的银行、银行的银行、国家的银行。同时,为了适应分工越来越细、生产越来越专业化、对信用要求越来越高的需要而产生了各种专业银行和非银行金融机构,至此,一种完备的银行组织体系最终形成。

随着银行组织体系的建立和逐步完善以及金融服务多样化的发展,其他非银行金融机构如保险公司、证券公司等大量产生,从而形成了以银行为主体的金融组织体系。

二、金融组织体系的职能及金融机构

金融组织体系最基本的职能是使贷款人(储蓄者)的资金顺利流向借款人,让资金发挥最大的效益。它是通过对社会资金的融通来实现的。社会资金的融通(即资金在金融体系中的流动和配置)有两种形式:一是直接融资,由筹资者通过买卖股票、债券等有价证券的形式向投资者直接融资;二是间接融资,是一种由金融机构充当中介人,由其发行存款单和贷款合约及保险公司的保险单等融资工具来吸收贷款人(储蓄者)的资金,再贷给借款人的融资方式。

发行各种间接融资工具的信用组织就是金融机构。金融机构种类繁多,并且各国的金融机构又各不相同,如美国的金融机构可以分为存款机构、投资性中介机构和合约性储蓄机构。按资金来源的形式,金融机构可以划分为银行的存款式金融机构和非银行的非存款式金融机构。前者如商业银行、储蓄银行及信用合作社等,后者如保险公司、信托投资公司、租赁公司等。按信用创造能力,金融机构可以划分为中央银行、商业银行、专业银行及非银行金融机构。按分业经营、分业管理原则,金融机构可分为政策性银行、商业银行、投资性金融机构(证券业)、合约性金融机构(保险业)、国内与国外合资和外商独资金融机构。

三、我国的金融组织体系及改革趋势

(一)我国金融组织体系的形成

我国早在北宋时期便开始使用纸币,是世界上使用纸币最早的国家。1845 年在广州设立分行的英国丽如银行是我国境内最早的银行。1897 年在上海建立的中国通商银行是我国第一家私人银行,它标志着我国近代民族金融资本的出现。1905 年在北京建立的户部银行是我国最早的中央银行。

国民党统治时期,蒋、宋、孔、陈四大家族在我国建立起官僚资本银行,"四行两局一库"的建立是垄断资本形成的主要标志。1924 年,国民党政府成立中央银行,1928 年使之具有国家银行职能、垄断国际汇兑业务。1930 年,国民党政府成立了专门办理储金汇兑业务的邮政储金汇业局。1935 年,国民党政府控制交通银行,垄断实业投资,同年成立中国农民银行和中央信托局。1946 年成立中央合作金库,垄断全国的合作金融。

1948 年 12 月 1 日,我国以华北银行、北海银行为基础建立中国人民银行,并首先发行了人民币。从新中国成立初期到金融体制改革前,我国金融体系的主要特征是"大一统”,中国人民银行既发行货币,又办理信贷业务,既是国家金融管理机关,又是经营货币信贷业务的特殊企业。显然,“大一统”金融体系不适合经济发展的需要,随着经济的发展,其缺陷和局限性日益显露出来。

（二）我国现行的金融组织体系

1979 年 2 月,国务院恢复中国农业银行,专门经营管理农村金融业务;同年 3 月又把中国银行从中国人民银行中分离出来,专营外汇业务。1983 年 9 月,国务院决定中国人民银行正式成为我国的中央银行,同时,决定成立中国工商银行,办理工商信贷储蓄业务。之后,全国区域性商业银行逐步发展。1987 年以来,非银行金融机构也得到发展,特别是证券交易所的建立和股票二级市场的发展,使证券机构获得了快速发展。我国的金融体系经过 40 年的改革,已形成以中央银行为核心,以国有商业银行为主体,非银行金融机构为补充,多种金融机构并存的金融组织体系。到 2019 年 1 月,全国已有中国人民银行 1 家,国际性开发银行 2 家、政策性银行 3 家,国有商业银行 5 家,此外,有较多全国性或者区域性股份制商业银行,中外保险公司,证券公司,基金投资公司,财务公司,信用评估公司,金融租赁公司,城市商业银行,城市信用合作社,农村信用合作社,乡村银行;还有较多外资和合资金融机构代表处,包括外资银行代表处,而营业性外资金融机构的分支机构多数为营业性外资银行的分支机构。

（三）我国金融组织体系的改革趋势

为了不断完善社会主义市场经济体制,促进国民经济健康发展,更好地发挥金融在国民经济中的宏观调控和优化资源配置作用,必须对我国金融组织体系进行改革。其内容和措施主要有以下几个方面。

1.把中国人民银行办成真正的中央银行,建立有效的中央银行宏观调控体系

从中国人民银行建立到近几年的改革,各种制度和职能逐步完善,但是中国人民银行还没有变成真正的中央银行,主要表现在:首先,没有真正对全国金融业特别是银行业进行有效监管;其次,还在办理一部分政策性贷款业务;再次,还缺乏有效的间接调控手段对金融进行宏观调控。需要改革的内容主要有:第一,明确中国人民银行稳定货币和加强金融监管两大职能,它不再直接发放政策性贷款,其总行行使货币发行权、基准利率调节权、中央银行资金管理权、信用总量调控权。第二,改革和完善货币政策体系,使中国人民银行能控制住货币供给量和贷款规模,防止通货膨胀,其主要手段有调整法定存款准备金率、中央银行再贷款、利率和货币信贷限额、公开市场业务等。第三,加强对金融机构的管理,加强金融立法工作,依法管理金融业,规范各种金融行为,建立良好的金融秩序。

2.完善政策性银行

中国人民银行和国有商业银行承担过去国家的政策性业务。国有商业银行既办理商业信贷,又办理国家政策性信贷业务,使国有商业银行难以自主经营、自负盈亏、自担风险和自我发展。1994 年,国家建立了三家政策性银行:一是国家开发银行,它是管辖中国建设银行和国家投资的机构,办理政策性国家重点建设贷款及贴息业务;二是中国农业发展银行,它承担国家粮棉油储备、农副产品收购及农业开发等方面的政策性贷款,代理财政支农资金的拨付及监督使用;三是中国进出口银行,它为大型成套设备进出口提供信贷,为成套机电产品出口提供信贷贴息及信用担保。

发展和完善政策性银行,一是要进一步理顺其组织管理体制;二是要强化其职能,明确其业务范围,防止其将政策性贷款资金转为商业性贷款资金;三是要进一步使政策性银行的发展与国家相关产业政策导向结合起来。

我国在不断完善政策性银行职能的同时,针对发展需要调整政策性银行的改革目标。2008 年 2 月确定了国家开发银行的改革发展方向是转化为商业银行。2008 年 12 月 11 日,国家开发银行整体改制为国家开发银行股份有限公司,但是仍然承担相关的政策性业务。。

3.发展和完善商业银行

自主经营、自负盈亏、自担风险、自我发展是商业银行的经营特点,实行资产负债比例和风险管理是商业银行经营的基本方法。但是,我国目前的国有商业银行与真正的商业银行的要求相距甚远,因此,必须深化改革,加速国有商业银行的商业化与股份化进程,同时积极发展股份制、区域性商业银行和城市商业银行、邮政储蓄银行、乡村银行,完善我国的商业银行体系。

4.正确引导非银行金融机构的健康发展

我国非银行金融机构种类繁多,主要有农村信用合作社、证券公司、信托投资公司、投资银行、保险公司、期货公司、金融租赁公司、投资基金、外汇投资公司、风险投资公司、典当公司等。非银行金融机构的发展对于完善金融组织体系具有重要的意义,对其要加强管理,进一步严格规范,促使其健康稳定发展。

(四)我国的金融组织体系

根据 1995 年通过的《中华人民共和国中国人民银行法》和《中华人民共和国商业银行法》,以及《中华人民共和国证券法》《中华人民共和国保险法》,依据我国金融体制改革的实践及其发展趋势,可以勾画出我国的金融组织体系,见图 9-1。总体来说,我国的金融组织体系主要由银行业、证券业、保险业三大类金融机构构成,它们互相补充、互相竞争、取长补短,同时与西方工业化国家金融组织体系的完善程度将相差越来越小。

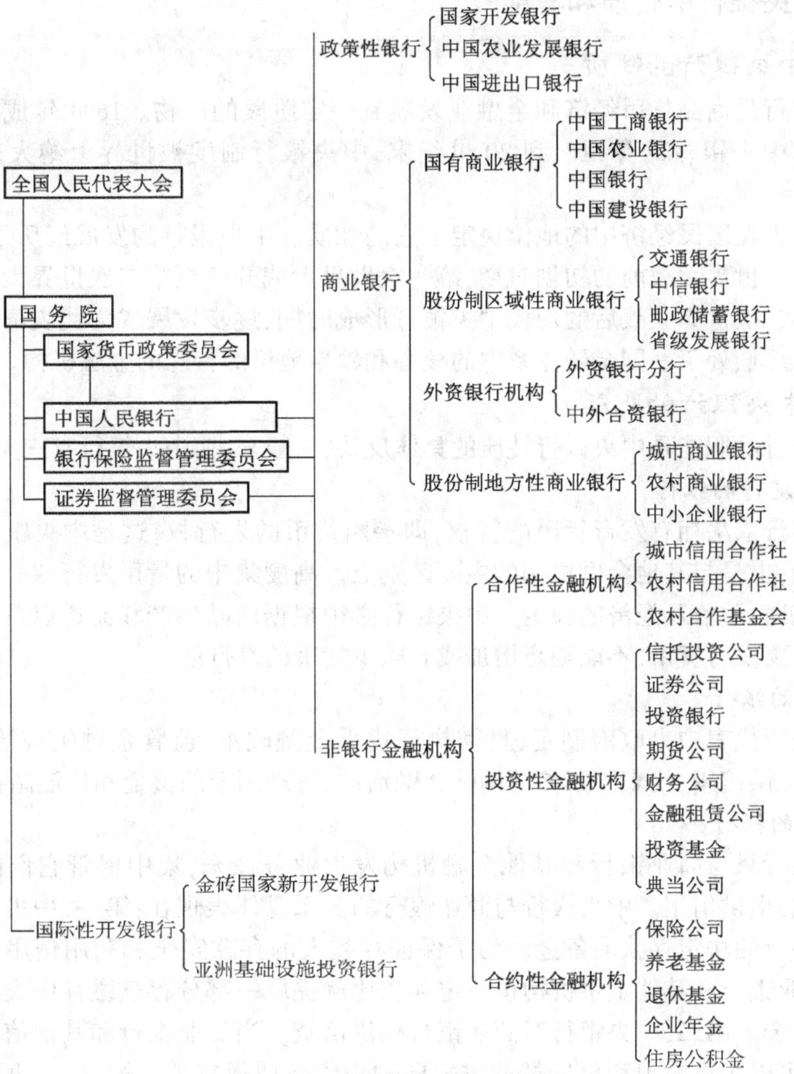

图 9-1　我国的金融组织体系

第二节　中央银行

中央银行(central bank)是代表中央政府领导和管理全国金融机构,制定并执行货币金融政策与法令,调控货币信用的发行,管理金融活动,维持金融体系和经济稳定发展的金融管理机构。它是货币信用制度和国家职能相结合的产物,是金融组织体系的核心。

一、中央银行的性质和职能

(一)中央银行的性质

中央银行是商品货币经济和金融业发展到一定阶段的产物。1694 年成立的英格兰银行被称为中央银行的鼻祖。到 20 世纪末,中央银行制度被世界上绝大多数国家所采用。

中央银行在国民经济中的地位决定了它的性质。中央银行的发展经历了从 19 世纪中期到第一次世界大战前的初创时期,第一次世界大战开始至第二次世界大战结束的发展时期和第二次世界大战后的现代中央银行形成时期,逐步发展成为代表国家调节宏观经济、管理金融、处于一国金融体系中的核心和领导地位的特殊的金融机构。

(二)中央银行的职能

中央银行的职能是中央银行性质的具体反映,一般来讲,中央银行有三大职能。

1.货币发行的银行

中央银行依法拥有发行货币的特权,即垄断货币的发行权,这是中央银行发挥其他职能的基础,也是与其他金融机构的主要区别点。高度集中的货币发行权有利于实现货币的统一流通、币值及经济的稳定。中央银行必须根据商品生产和流通以及国民经济发展的实际需要发行货币,不能随意增加或者减少货币的发行量。

2.政府的银行

中央银行代表中央政府制定、贯彻执行货币金融政策,监管金融机构活动,代理国库,向政府提供信用,代表国家参与国际金融活动,管理国家的黄金和外汇储备。

3.银行的银行

中央银行只与商业银行和其他金融机构发生业务往来,集中保管它们的存款准备金,并对它们提供信用。中央银行与商业银行的关系具体表现在:第一,中央银行集中和保管商业银行的法定存款准备金。为了保证存款人的存款安全和利用信用杠杆调节经济,规定商业银行和其他金融机构按一定存款比例提取一部分存款缴存中央银行作为法定存款准备金。第二,中央银行对商业银行提供信贷。当商业银行和其他信用机构要补充资金时,可以用再贴现和再抵押的方式向中央银行取得贷款。第三,中央银行办理商业银行及其他金融机构的清算。

二、中央银行以及中央银行最高权力机构的组织形式

(一)中央银行的组织形式

中央银行按其资本所有权的不同,一般有四种组织形式。

1.国家资本的中央银行

国家拥有中央银行的全部资本,中央银行资本国有化有利于国家从宏观上调节经济。第二次世界大战后,许多国家都采用国家资本的中央银行组织形式,如法国、瑞典、西班牙、英国、德国、印度及我国等国家的中央银行的组织形式都属这一类。

2.国家资本与私人资本合营的中央银行

国家拥有中央银行一部分资本,而另一部分属于私人,但私人无权参与管理。日本、

墨西哥、土耳其、奥地利、比利时等国家都采取这种组织形式。

3.私人资本的中央银行

私人股东拥有中央银行的资本,它经国家授权,发挥中央银行的职能和作用。意大利、秘鲁、瑞士等国家的中央银行的组织形式都属于这一类。

4.由会员银行资金组成的中央银行

这种银行的实质是私人资本的银行,如美国的联邦储备银行就属于由会员银行资金组成的中央银行。

中央银行的组织形式还可以分为单一的中央银行制度,即国内只设一个中央银行;二元的中央银行制度,即国内设立中央和地方两级中央银行机构;多元的中央银行制度,即国内建立较多的中央银行机构;跨国的中央银行制度,即由参加同一货币联盟的国家组建的中央银行,如欧盟建立的中央银行(European central bank);准中央银行,即由货币局执行中央银行职能的组织形式。

(二)中央银行最高权力机构的组织形式

由于各国家的管理体制、历史传统以及经济发展水平不同,其中央银行最高权力机构的组织形式也不同,一般有三种形式。

第一种是理事会为中央银行的最高权力机构,具有很大的权威性,掌握决策权和执行权,统一主管金融体系。英国、菲律宾、马来西亚及我国等国家的中央银行属于这一类。

第二种是最高权力机构分为决策机构和执行机构,两机构相互配合、相互制衡,行使其权利。日本银行、美国联邦储备银行、德意志联邦银行等属于这一类。

第三种是中央银行最高权力机构分为决策机构、执行机构和监督机构。瑞士国家银行、荷兰银行、比利时国家银行等属于这一类。

各国中央银行的最高权力机构虽然在组织形式上不尽相同,但是其权力机构拥有独立的决策权,组成人员都有法定原则,主要领导人(行长)由国家任免,并且由国家直接管理控制和监督。

三、中央银行的经营原则

由于各国的国家制度、经济发展水平及中央银行组织形式不同而使各国中央银行具有不同的特点。但是,中央银行都有其共同的经营原则:第一,中央银行开展的业务对象是政府和商业银行,它不对工商企业和个人提供服务。第二,中央银行不以营利为目的,它的任务是维护币值稳定,执行货币政策,管理全国金融,实现宏观经济目标,促使经济发展,所以它与以营利为目的的商业银行及其他金融机构不同。第三,中央银行的主要任务是管理金融,对商业银行和其他金融机构进行管理、领导和监督。第四,中央银行对其吸收的存款一般不付利息。第五,中央银行处于超然地位,它具有相对独立性,不被党派斗争和政治运动所左右;中央银行在处理金融机构之间的矛盾时,必须依法照章办事。第六,中央银行资产以保持最大清偿性为原则。

中央银行对金融负有调节职责,通过货币政策工具的运用来刺激经济、调节货币供给总量。中央银行运用货币政策通常有三种方法:法定存款准备金、贴现窗口政策和公开市场操作。其他货币政策工具还有控制信贷和道义劝说等。

四、我国的中央银行

(一)我国中央银行的组织机构

中国人民银行是我国的中央银行,是国务院领导和管理全国金融事业的国家机关。

1948年12月1日,中国人民银行正式建立。新中国的中国人民银行大体经历了三个发展阶段:首先是1949—1978年的“大一统”阶段。在此阶段只有一家银行即中国人民银行,实行单一的银行体制,形成大一统式独家垄断型的模式。其次是1979—1983年的分工阶段。1979年中国农业银行和中国银行相继从中国人民银行中分离出来,到1984年中国人民保险公司恢复之时,一个较为松散的中央银行机构最终形成。再次是1984年后中央银行独立建制阶段。1983年9月17日,国务院决定中国人民银行专门行使中央银行职能,并决定成立中国工商银行,开始了中央银行独立建制时期。

中国人民银行直属国务院领导,它的最高决策机构是理事会,掌握决策权和执行权。理事会成员由中国人民银行行长、副行长,少数专家顾问,财政部副部长,国家发展和改革委员会副主任,3家政策性银行的行长、4家国有商业银行的行长及中国人民保险公司总经理等组成。理事长由中国人民银行行长担任,副理事长从理事中选任。中国人民银行实行行长负责制,行长领导中国人民银行的工作。中国人民银行下设货币政策委员会和其他分支机构。

2000年以前,中国人民银行基本上按行政区设置分支机构,总行下设各省(直辖市、自治区)分行,各地区(省辖市、自治州)设中心支行、各县(市)支行及办事处。为了减少地方政府对中央银行业务的干预,中国人民银行有必要按经济区设置分支机构,经过2000年的组织机构改革后,目前的中国人民银行机构由总行、9个区域性分行、各省(市、区)支行三级构成。中国人民银行对其分支机构和干部管理实行垂直领导,统一管理。

(二)我国中央银行的职责

1995年3月18日公布的《中华人民共和国中国人民银行法》规定,中国人民银行履行下列职责:①依法制定和执行货币政策;②发行人民币,管理人民币流通;③按照规定审批、监督管理金融机构;④按照规定监督管理金融市场;⑤发布有关金融监督管理业务的命令和规章;⑥持有、管理、经营国家外汇储备和黄金储备;⑦经理国库;⑧维护支付、清算系统的正常运行;⑨负责金融业的统计、调查、分析和预测;⑩作为国家的中央银行,从事有关的国际金融活动;⑪国务院规定的其他职责。

(三)我国中央银行的建设

随着我国社会主义市场经济体制的建立和完善,以及我国金融业全方位的发展,多种金融机构和多种信用形式的建立,迫切要求把中国人民银行建设成为现代中央银行,进一步完善中国人民银行的职能。

第一,要保持中央银行的相对独立性。中央银行的货币政策的决策与执行不受政治的影响,这样有利于维护人民币币值稳定,抑制通货膨胀。第二,中央银行必须努力保证一个正值的实际利率。利率即资金的价格和投资成本,稳定的正值的实际利率,可以鼓励储蓄,促进资金的合理使用。第三,中央银行应该努力保证形成一个可管理的、富有弹性、灵活性和竞争力的实际汇率。第四,中央银行在运用商业银行法定存款准备金率、对商业银行的再贴现率及公开市场操作等政策工具时,要设立明确的中间目标,确定对货币总量进行监测的变量指标和方法。第五,中央银行必须与政策性银行、银行监督管理委员会(2003 年建立,简称“银监会”)、证券监督管理委员会(2004 年建立,简称“证监会”)、保险监督管理委员会(2004 年建立,简称“保监会”)①、期货监管机构等进行分工合作、相互配合,加强对整个金融市场的监管。第六,当商业银行遇到资金流动方面的困难时,中央银行应提供临时性、救援性措施,不应助长商业银行的“软预算约束”,对经营不善、资不抵债的商业银行要及时发现,并指令其补充资本,以保证整个银行体系的稳定,保持高效率的支付机制,防止金融秩序的混乱。

第三节　商业银行

商业银行(Commercial Bank)是办理多种金融业务,并以营利为目的的重要的金融中介机构或者金融企业。

一、商业银行的职能

商业银行作为重要的金融中介机构,其作用主要有以下几个方面。

(一)提供期限转换

商业银行通过筹集短期资金、放出长期贷款来提供资金转换,这是商业银行最基本的职能。商业银行的存款按客户存取的时间长短,可分为活期(支票)存款、储蓄存款和定期存款。商业银行通过吸收储蓄存款的形式将社会闲散的资金转化为资本,扩大了社会资本总额。商业银行的贷款,按期限不同分为活期贷款和定期贷款;按发放贷款的对象不同分为放给以工商企业为主的工商业贷款、放给消费者个人的消费者贷款和以不动产为抵押的不动产贷款。

(二)提供风险的转换

商业银行可以通过资产多样化把风险大的资产转化或者分散为风险小的资产,为客户和自己降低风险,达到获取最大利润的投资目的。

(三)评价、监督借款者行为和减少合约、信息加工成本

商业银行向借款人发放贷款会存在一定风险,这就要求对借款人的品德、能力、资本、担保及经营状况等进行审查、筛选和评估。如果审查合格,达成借贷协议,商业银行必须对贷款的使用情况进行监督和检查,保证贷款合理、有效地使用。银行通过雇用许多专业投资人员收集大量的信息,对借款者进行信用分析后,才决定是否签订借贷合约。收集的信息量和签订的合约越大,单位合约信息加工成本就越小。

① 2018 年 4 月中国银行监督管理委员会与中国保险监督管理委员会合并,成立中国银行保险监督委员会(简称“银保监会”)。

(四)提供支付手段

高科技的发展及其在商业银行中的广泛应用,使支付工具多样化。现代交易采取的支付手段有现金、支票、旅行支票、银行支票、信用卡和电子资金转账系统、网络交易结算系统等,商业银行可以提供这些支付手段。

二、商业银行的组织形式

商业银行的组织形式及其在社会经济中的存在形式,一般来说,可以分为以下四种类型。

(一)单一银行制

单一银行制是指不设立分行,银行业务由各自独立的商业银行经营的组织形式。这种制度有利于防止大银行势力过于扩张造成垄断,有利于促进银行业竞争,促进地方经济的发展。

(二)分支银行制

分支银行制是指一家商业银行设立一个总行,下设分支机构的银行制度。这种制度有利于实现规模经营效益,有利于吸收更多的存款,灵活调度资金,提高现金准备的运用效率,同时也有利于分担风险。分支银行制度是目前各国普遍采用的商业银行组织形式。采用这种制度的国家,其商业银行的总数不多,但分行可遍布国内各大城市,形成庞大的商业银行网络。

(三)集团银行制

集团银行制是指一个集团成立股权公司,再由该公司收购或者控制两家以上商业银行的银行制度。

(四)连锁银行制

连锁银行制是指商业银行的所有权和业务经营决策权被某人或者某一集团所操纵的商业银行组织形式。它和集团银行制一样是为了回避对设立分支行的限制。

三、商业银行的经营管理原则

商业银行是以营利为目的的金融企业,其经营前提是实现利润最大化。商业银行必须遵循安全性、流动性和盈利性三个基本原则。

(一)安全性原则

安全性是商业银行经营的基本原则和首要原则。由于银行资金少,难以承受损失,并且如果自身放贷资金不安全,更谈不上盈利。安全是相对风险而言的,风险是指由于对未来的不确定性而产生放贷本金和预期利息蒙受损失或者减少的可能性。影响银行安全的风险有市场风险和违约风险,前者指由于市场利率的波动所引起的影响放贷本息的风险,后者指放贷对象违约不能偿还借款本息的风险。

(二)流动性原则

流动性是指商业银行资金运用可以在无损状态下迅速变成现款的能力。它是商业银行经营的重要原则。这是因为商业银行的大多数经营活动要通过现金频繁流动来进行,这就要求商业银行保持足够的现金准备,如保持相当部分的现金以满足活期存款随时被提取的需要,保证满足定期存款客户要求银行到期付款的需要,这就要求商业银行资产变现能力强,以有利于银行经营活动顺利进行。

(三)盈利性原则

盈利性是指商业银行获得利润的能力。较好的盈利水平有利于银行股东获得较高的收益,增加银行自身资本;有利于增强银行的竞争实力和信誉,扩大吸收外来资金的能力;有利于增强银行承担经营风险的能力;有利于银行的生存和持续发展。

以上三原则是相互统一的,它们能保证商业银行经营活动的顺利进行。其中,安全性是前提,流动性是条件,盈利性是目的。一般来讲,流动性越强,安全性越高;而盈利性越大,安全性越小,流动性越差。商业银行应该兼顾这三个原则,妥善处理安全性、盈利性和流动性之间的关系。

四、我国的商业银行

为了适应我国社会主义市场经济体制建设的需要和经济发展的要求,我国必须逐步建立和完善以商业银行为主体的金融组织体系。在21世纪初期,银行上市(公开发行股票筹资)与上网(发展网络业务)已经成为我国商业银行发展的两大趋势。

(一)国有商业银行

目前,我国国有商业银行在金融组织体系中占主体地位,国有商业银行实行企业化经营和管理,逐步过渡到真正的商业银行是我国建立以商业银行为主体的金融组织体系的主要途径。我国国有商业银行包括已经转换成商业银行的国有专业银行。

1.中国工商银行

1984年1月,中国工商银行从中国人民银行独立出来,专门办理城市工商信贷、储蓄和结算业务,是我国目前规模最大的国有商业银行,其分支机构遍及全国各个城镇。现阶段,中国工商银行的业务种类还在增加,业务范围已经由过去的仅限于城市扩展到全国城乡。

2.中国农业银行

中国农业银行成立于1935年,自1979年第四次恢复以来,成为专门办理农村金融业务的国有商业银行。现阶段,中国农业银行的业务种类得到了扩大且业务范围已经由过去仅限于农村扩展到全国城乡。

3.中国银行

中国银行于1912年2月成立。1979年4月从中国人民银行中独立出来成为经营外汇业务的国有商业银行。现阶段,中国银行的业务范围已经由过去仅限于国外扩展到国内,货币业务范围由过去仅限于外币扩展到人民币的各项业务。

4.中国建设银行

1954年10月组建的中国人民建设银行是管理固定资产投资、贷款的国有商业银行。1996年3月26日更名为“中国建设银行”。现阶段,中国建设银行的业务范围已经由过去主要限于国内基本建设信贷业务扩展到国内外的商业银行基本业务。

5.中国邮政储蓄银行

2007年3月在改革原有邮政储蓄管理体制基础上成立中国邮政储蓄银行。2012年1月实行股份制改造,2015年12月发行新股,由单一股东向股权多元化迈进,2016年9月在香港主板上市,2017年发行境外优先股。2019年2月拥有近4万个营业网点,形成了网上银行、手机银行、自助银行、电话银行、微信银行在内的全方位电子银行体系,进而形成电子渠道与实体网络、线下实体银行与线上虚拟银行并进的金融服务格局。

6.交通银行

交通银行于1908年创建,1986年国务院对其进行重新组建,目前已成为我国股份制商业银行的代表。它既是我国第一家以国有股为主的股份制银行,也是我国第一家打破行政性隶属关系而按经济区设立机构的银行。交通银行现在发展为全国性的股份制商业银行。

(二)股份制、区域性商业银行

目前,我国已经建立了一批股份制、区域性的商业银行。这些银行按国际通行原则和市场原则开展银行业务活动,进行自身经营管理,它们是我国商业银行体系的重要组成部分。我国股份制、区域性商业银行主要有以下几家。

1.中信银行

中信银行是1987年成立的一家隶属于中国国际信托投资公司(简称“中信”)的综合性银行,原名“中信实业银行”。中信银行现在发展为全国性的股份制商业银行。

2.招商银行

招商银行是1987年成立的我国第一家由企业投资的股份制银行。2002年4月,招商银行A股上市,成为我国第4家上市银行。招商银行现在发展为全国性的股份制商业银行。

3.深圳发展银行

深圳发展银行是1987年12月成立的区域性、股份制商业银行。1988年,深圳发展银行的股票开始在深圳经济特区证券公司上市,成为我国第一家挂牌上市的商业银行。

4.兴业银行

兴业银行原名“福建兴业银行”,是1988年8月在福建省福兴财务公司的基础上组建的区域性、股份制综合性商业银行。兴业银行正在逐步向全国性的股份制商业银行方向发展。

5.广东发展银行

广东发展银行是1988年9月成立的全面经营本外币金融业务的股份制、区域性商业银行。

6.中国民生银行

中国民生银行是1995年12月在北京成立的我国第一家由民营资本投资的全国性股份制商业银行,2002年1月在上海A股上市,成为我国第3家上市银行。

此外,还有中国光大银行、华夏银行、上海浦东发展银行(2001年12月在上海A股上市,成为我国第2家上市银行)、烟台住房储蓄银行、蚌埠住房储蓄银行、浙商银行、汉口银行等。一批在城市信用社基础上组建的城市商业银行,正在快速地由股份制、地方性商业银行向股份制、区域性商业银行方向发展。

（三）外资和中外合资银行

1979 年 2 月，日本输出入银行在我国设立了第一家代表机构。之后，随着我国对外开放和金融体制改革的加快，外资和中外合资银行在我国不断增加。我国于 2001 年 12 月 11 日正式成为世界贸易组织（WTO）成员，2007 年 12 月 31 日结束了金融过渡保护期对外资银行等金融机构的地域限制和业务限制，外资营业性金融机构和中外合资银行及其营业性分支机构快速增加。

第四节　非银行金融机构

非银行金融机构有合作性金融机构、投资性金融机构和合约性金融机构三类。

一、合作性金融机构

目前，我国存在着众多的农村信用合作社和部分城市信用合作社，它们属于合作性金融机构。随着市场经济的发展，一部分信用合作社在条件具备的情况下，经中央银行批准，可以组建为城市合作银行和农村合作银行，再将它们转化为城市商业银行和农村商业银行，开展综合性商业银行业务。截至 2019 年 1 月，我国先后在深圳、北京、上海、南京、石家庄、济南、天津、重庆、杭州、郑州、广州、武汉、青岛、长沙、合肥、福州等 661 个城市组建城市商业银行（urban commercial bank）。但是，目前我国大量存在的信用合作机构，如在农村信用合作社基础上组建的“中国信合”（credit cooperative of China）、农村合作基金会等仍然是城乡群众性的合作金融组织，属于非银行金融机构，它们是我国金融组织体系的有益补充。

（一）农村信用合作社

农村信用合作社是我国农村居民自愿集资入股，联合组成的群众性的合作金融组织。其主要业务有：吸收农村个人储蓄；办理农户、个体经营户、农村集体经济组织和企事业单位的存款、贷款和结算；代办国家银行及其他单位的存贷款；证券交易和其他资金收付。

我国农村的合作金融组织除了农村信用合作社以外，还有农村合作基金会。它产生于 20 世纪 90 年代初期，并在 90 年代中后期获得了迅速发展。21 世纪初期，在农村产生了适应农业产业化发展要求的专业性生产互助社，它也是一种新型的农村合作金融组织。

（二）城市信用合作社

城市信用合作社是 1984 年诞生的为满足城市集体经济、个体经济蓬勃发展需要的城市集体金融组织。其主要业务有：办理城市集体企业和个体工商户及实行承包租赁的小型国有民营企业的存款、贷款、结算业务；办理城市个人储蓄存款业务；代理经中国人民银行批准的证券业务；代办保险及其他代收代付业务；办理经中国人民银行批准的其他金融业务。

城市信用合作社中的大部分已经改造为城市合作银行或者发展为城市商业银行，其数量还会进一步缩小。

二、投资性金融机构

投资性金融机构是直接为融资市场服务的金融机构，其一般有投资银行、经纪公司和交易商、共同基金、金融公司以及有组织的交易所5种类型。

（一）投资银行

投资银行（investment bank）是指协助客户筹集资金，并帮助客户交易证券的金融机构。

1.投资银行的业务

投资银行的业务广泛，主要有如下几种。

（1）认购证券。这是指投资银行代理客户出售新的证券，在一级市场上筹集资金的活动，它是投资银行的传统业务。其酬金是出售时的证券价格与认购时的证券价格的差额。

（2）证券交易。这是指投资银行在二级市场中交易证券。它通过买卖差价或者库存证券的升值得到收益。交易者一般采用无风险套利、风险套利和投机三种交易策略来获得收益。

（3）证券私下交易。这是指在证券发行前不必到证券交易委员会注册，也不受检查，新发行的证券不在市场上公开出售，而由投资银行直接推售给机构投资者的业务。

（4）资产证券化。这是指以一组集团的资产做担保来发行证券的业务。

（5）并购业务。它包括杠杆收购、公司重建和有问题公司的重新组织等业务。投资银行可以参加并购业务，寻找并购业务的候选人，帮助公司阻止不友好收购企图和协助收购公司筹集必要的收购资金。

（6）商人银行业务。这是指投资银行提供自己的资金给客户购买公司的股权和债权的经济活动。

（7）建立风险控制工具。这是指投资银行用期货、期权、利率掉期保值工具来控制投资者的证券风险。

（8）货币管理。这是指投资银行建立附属机构管理个人或者机构投资者的资金的业务。

随着金融业竞争的加剧，投资银行的业务朝多样化、专业化、集中化和国际化方向发展，呈现出现代投资银行业务综合化的特点，如投资银行积极参与风险投资（venture investment），开展新兴的金融工程（financial engineering）和网络金融业务。

2.投资银行与商业银行的主要区别

从历史的角度来看，商业银行与投资银行同出一源，典型的商业银行和投资银行的出现则是在二者分离、融合、再分离之间形成的。1929—1933年的世界性经济大危机之后，以美国为主的商业银行与投资银行最终分野，商业银行以存放款为主要业务，投资银行以证券承销与证券经纪为主要业务，二者互不交叉，纯粹意义上的商业银行和投资银行从此诞生。现阶段的各国证券公司就是金融体系中有代表性的投资银行，现在我国的证券公司也在向投资银行方向发展。

投资银行与商业银行的主要区别表现为：

(1)从本质上讲，商业银行是存贷款银行，投资银行是证券承销商。投资银行是个起步晚、发展快、起伏大的行业，是证券市场的主角和关键环节，而证券承销是投资银行业务的轴心，因此，投资银行的本质就是证券承销商(merchandiser of securities)。

(2)从业务上看，商业银行主要是资产负债业务，投资银行无明显的资产负债管理特征。商业银行主要从事负债业务、资产业务以及与此相应派生的中间业务及国际业务，安全、效益、流动是商业银行的经营目标，因而具有明显的资产负债管理特征。投资银行的狭义业务主要是证券承销和证券经纪业务，广义业务包括项目融资、公司理财、资金管理、资产证券化、金融工具创新与运用等；其业务的主要特征是作为一个证券中介机构，通过发行和证券交易的形式，为投资者和筹资者融通资金。投资银行的资金来源有三：自有资本金、借入款、客户交易买卖保证金。投资银行的资金运用除了保持一定的现金头寸之外，主要在于固定资产的购置、更新和投资。从投资银行业务特点、资金来源与运用来看，它无明显的类似于商业银行的资产负债管理特征。

(3)从功能上看，商业银行行使间接融资职能，投资银行行使直接融资职能。投资银行在筹资者需要资金时帮助其发行债权凭证，即资金盈余者均能接受的企业债券、股票及各种政府债券等，这种采用债权凭证的方式而进行的融资就是直接融资。随着市场经济的发展，金融市场中间接融资的比例相对减少，直接融资的规模越来越大，投资银行不同于商业银行间接融资角色的直接融资地位将起到越来越重要的作用。

(4)从利润构成来看，商业银行的利润主要来自存贷款利息差，而投资银行的利润则主要来源于佣金收入。商业银行的利润来源有三个：一是存贷款利差；二是资金营运收入；三是表外业务收入(佣金收入)，它所占比例最小或者比较小。投资银行的利润来源也有三个：一是佣金收入，包括一级市场上承销企业债券和股票获取的佣金、二级市场上作为证券交易经纪人收取的佣金、金融工具创新中资产及投资优化组合管理中收取的佣金，佣金收入是投资银行业务中主要的利润来源；二是资金营运收入，包括投资收益与其他收入；三是利息收入。这三者共同构成投资银行的利润来源。因此，商业银行与投资银行在利润来源的基础和比例上存在很大区别。

(二)经纪公司和交易商

经纪公司指不具有筹集资金功能，只在二级市场中买卖证券的公司。其销售代表是证券经纪人或者业务经理、金融顾问、投资顾问等。客户一般指令经纪人购入或者售出证券，有时也授权经纪人决定证券交易。经纪公司一般有地区公司(仅在一个地区营业的公司)、投资银行和专业公司。

交易商为客户提供更多更可靠的价格信息，随时买入或者卖出证券，他自己也拥有一定的不同品种的证券，主要依靠买卖差价盈利，其风险较大。

(三)共同基金

由不同的投资者投资构成的基金称为共同基金。共同基金的经纪人用资金购买多样化的证券组合为投资者谋利。共同基金根据它们的基本证券组合可分为股票共同基金、债券共同基金、保险共同基金和货币市场共同基金等,它们统称为投资基金。

（四）金融公司

金融公司是通过出售商业票据、发行本公司的债券和股票,然后放贷给消费者和小企业的金融中介机构。金融公司根据放款类型不同可分为以下五类:销售融资、商业放款、批发融资、消费放款和金融租赁的金融公司;根据所有权类型不同又可分为附属的、完全自有的和独立的金融公司。

（五）我国投资性金融机构

我国投资性金融机构包括信托投资公司、证券公司、财务公司、金融租赁公司、投资基金以及期货公司等。目前主要有以下几种。

1.信托投资公司

信托投资公司是以信托制度为基础,吸收资金从事信托投资业务的金融机构,主要有委托、代理、租赁和咨询四类信托业务。中国国际信托投资公司是国务院直接领导的,吸收侨资、港资、澳资及外国长期投资,开展信托投资业务的公司,于1979年10月成立,是我国第一家信托投资公司。

2.证券公司

证券公司是居于资金需求的证券发行者与资金供给的证券购买者之间起媒介作用的金融中介机构。其主要业务包括:代理证券发行;自营、代理证券买卖;代理证券还本付息和红利的支付;证券的代保管和证券的签证;接受委托代收证券本息和红利;接受委托办理证券的登记和过户;证券贴现和证券抵押贷款;证券投资咨询;经中国人民银行和中国证券监督管理委员会批准的其他业务。

3.财务公司

财务公司是办理企业集团内部存款、贷款、投资、信托、租赁、房地产和有价证券等业务的金融机构。1987年5月成立的东风汽车集团财务公司是我国第一家财务公司。财务公司的成立,有利于我国企业集团化发展。随着财务服务专业化的发展,独立于企业的专业财务公司会大量增加。

4.金融租赁公司

金融租赁公司是以出租人的身份,用贷款从制造商处购买设备,定期租给承租人使用并收取租金的金融机构。1981年4月成立的中国东方租赁有限公司是我国第一家现代租赁公司。金融租赁公司的主要业务有:用于生产、科研、文教、医疗、卫生、旅游和交通运输的设备、工厂和资本货物的租赁及转租赁;租赁标的物的购买业务;与金融租赁有关的咨询业务;进出口租赁;经中国人民银行和商务部(原为对外经济贸易合作部)批准的其他业务。

三、合约性金融机构

合约性金融机构主要包括保险公司和养老金计划。

（一）保险公司

保险公司是金融中介机构。投保人付给保险公司的保险价格叫作保险金,一旦投保需要赔偿,保险公司必须以保险单上的全部和部分金额赔偿受益人。保险公司包括人寿保险公司、财产和意外保险公司、健康保险公司，以及为以上保险公司提供最后支付能力的再保险公司四类。

1.人寿保险公司

人寿保险公司的承保险别主要有以下几种。

(1)定期人寿险，它要求投保人只付预防死亡成本，并且只是在一个特定时期的保险。可分为无担保定期人寿保险和年度可延续与转换定期人寿保险。

(2)终身险，投保人通过支付保险金取得终身险，只要保险单不中止和取消，当投保人死亡时，受益人可以获得保险公司的抚恤金。

(3)通用人寿险，指保险公司把人寿保险金投资到短期货币市场上的有价证券。通用人寿保险金利率随市场利率的变化而变化。保险公司可以在法律允许范围之内改变死亡成本或者支出费用，投保人可以决定保险单的面值和保险金的大小。

(4)通用可变险，指保险公司用保险单现价投资股票、债券或者货币市场的有价证券。

(5)年金(annuity)，指投保人为了安排其以后的生活，一次付足保险金给保险公司，保险公司再按月给他支付年金，保障他以后的生活。年金是保险公司经营的最古老的保险形式。现代企业为了调动职工积极性，在为职工提供基本的社会保险(失业、养老、医疗保险)的同时，还额外提供补充的年金。

(6)担保投资合约，指主办人购买担保投资合约作为投资，到期支付已付的保险金和利息。

2.财产和意外保险公司

财产和意外保险公司提供财产遗失、损坏或者毁掉，工作能力的丧失或者损害，由于意外造成当事人的受伤或者死亡的保险保护。财产和意外保险分为“个人类”和“商业类”两种。

个人类险别主要包括房主保险和汽车保险。房主保险，是指以房主的住宅和附属建筑、独立建筑、树木和灌木为保险标的的保险，保险人承担保险标的由于火灾、暴风雪、冰雹、闪电、他人破坏、爆炸、骚乱，以及下水道故障引起的水害和电的毁坏等各种危险引起的受损的经济赔偿责任。房主保险险别包括基本的生活支出保险，个人财产、收藏品保险，替换成本保险等。汽车保险，指以运输工具汽车为保险标的的保险。保险公司赔偿因汽车事故造成当事人的汽车、财产损失及身体伤害的损失。汽车保险险别包括：身体伤害责任险、财产损坏责任险、未保险或者保险不足、医疗支付保险金和个人伤害保护、撞车保险、综合保险及其他保险等。商业类险别有产品责任险、商业财产保险和违法行为保险。

3.健康保险公司

健康保险公司承担投保人因严重疾病或者受伤而支付大量医疗费的保险责任。健康保险公司提供的健康保险有以下九种。

(1)住院支出保险。保险公司支付投保人在医院期间的全部和部分费用，包括膳宿、化验、药品和基本护理费用。

(2)手术保险。保险公司支付给投保人用于手术的部分或者全部支出，包括手术费、手术室费和麻醉费。

(3)基本医疗保险。保险公司支付投保人用于就诊或者检查的费用,如投保人支付的诊所就诊费、医院就诊费、化验费、X 光费和家庭出诊费等。

(4)主要医疗保险。保险公司在付给投保人因保险损失所需的最初医疗费用以后再负责支付的医疗费。

(5)综合医疗保险。该类保险指其保险单包括住院保险、手术保险、基本医疗保险和主要医疗保险。

(二)养老金计划

养老金计划(pension plan)是指当计划参加者退休时,可以根据合约支付退休金。养老金计划根据退休后的收入类型分为确定预付金计划和确定养老金计划,还可以分为私人养老金计划和公共养老金计划。

1.私人养老金计划

私人养老金计划由私营公司的雇主、工会或者委托的个人主持,雇主为支付雇员的退休金而建立的基金。一般来说,养老金在雇员退休之前不能使用,参加养老金计划具有延期纳税的好处。典型的计划形式有美国的养老金计划,其包括以下内容。

(1)401(K)计划,是由雇主建立,经国税局、劳工部和相关机构批准的延期付税的雇员储蓄计划。

(2)雇员持股计划,又称雇员所有权计划(ESOP),是指雇主转换公司所有权给雇员,允许雇员购买全部或者大部分公司股票,雇主依然控制公司的股权。现在使用得最普遍的是杠杆 ESOP。

(3)个人退休账户,指雇员把他们的就业收入等预付给他的个人退休账户,退休后,再来使用该基金的账户。

另外,还有自我就业(self-employment)退休计划等。

2.公共养老金计划

公共养老金计划包括政府退休计划和社会保障系统。

(1)政府退休计划是指政府(如联邦政府、州和地方政府)以及军队主持的各种退休计划。其参加者包括各级政府的公务人员以及军队的军人、教师、警察和消防队员等,当这些雇员离职时,他的政府退休金被冻结,只到退休时才能被使用。

(2)社会保障系统是根据法律规定为社会全体人员提供的保险,又称为投保的(保险的)养老金计划(insured pension plan)。在美国,社会保障系统是联邦政府最大的养老基金,也叫老年人、遗属、伤残人和健康保险系统(OASDHI),是根据 1935 年社会保障法案建立起来的。它可为低收入的个人和家庭提供物质需要,保护老年人和伤残人,防止医疗支出耗尽他们的储蓄,保持家庭完整,并为未成年人在健康和安全环境下成长提供保障。

(三)我国的合约性金融机构

我国的合约性金融机构有保险公司、养老基金、保险基金、企业年金等。目前我国的保险公司主要有以下几家。

1.中国人民保险集团公司

中国人民保险公司是 1949 年成立的,是经营国内、国际业务的专业险公司。总公司设在北京,在全国各地和海外设有众多的分支机构。为了适应市场竞争的需要,1996 年 7 月,中国人民保险公司(PICC)改名为中国人民保险集团公司(PICC GROUP)。1999 年 7 月 8 日,中国人民保险集团公司正式撤销,恢复原来的公司组织形式。之后再次恢复为中国人民保险集团公司并发展为我国最大的股份制的综合性保险集团公司。现在该集团有 8 家大型专业性的保险公司,其中如中国人民财产保险公司(PICC)和中国人寿保险公司,分别从事财产保险和人寿保险,2003 年分别在美国纽约和中国香港上市。

2.中国平安保险公司

1988 年 3 月,由深圳招商局蛇口工业区下属的社会保险公司与中国工商银行深圳分行信托投资公司合资创建了中国平安保险公司,其性质为区域性、股份制企业。中国平安保险公司的业务范围已由深圳向内地扩展,并发展为全国性的大型保险公司。

3.中国太平洋保险公司

中国太平洋保险公司 1991 年 4 月由交通银行拨资组建,其性质是股份制企业,是我国第二家全国性的大型保险公司。该公司 2007 年在 A 股上市。

4.中国华泰保险公司

中国华泰保险公司是 1995 年在北京成立的全国性的股份制商业保险公司。

此外,还有泰康人寿保险公司、新华保险公司、保险资产管理公司以及再保险公司等。

与此同时,我国已在上海、北京、广州、武汉等城市引进了多家外资或者港资保险公司如太平人寿保险公司,并且建立了合资保险公司以及再保险公司。我国加入世界贸易组织之后,保险市场逐步开放,外资、合资保险公司和再保险公司在迅速增加,这对于促进我国保险业发展、完善非银行金融机构体系具有十分积极的作用。

复习思考题

1.我国金融组织体系的构成及其改革趋势是什么?

2.中央银行的职能和经营原则是什么?

3.商业银行的职能和经营原则是什么?

4.我国商业银行体系是由哪些部分组成的?

5.非银行金融机构由哪些种类构成?

6.什么是投资银行?它与商业银行有何区别?

7.加入世界贸易组织对我国金融组织体系的发展有哪些影响?

第十章

商业银行的基本业务

商业银行的基本业务包括负债业务、资产业务、中间业务。其中的负债业务和资产业务需要通过资产负债表反映出来,因此也称为表内业务。而商业银行开展中间业务一般不需要动用其资产或者负债,因而不需要通过资产负债表反映出来,故中间业务也称为表外业务。信息和网络技术在商业银行经营中的广泛应用使得商业银行业务在不断扩展,网络业务就是银行在原来基本业务基础上新扩展出来的。商业银行基本业务(主要是负债业务、资产业务)的管理就是资产负债管理。

第一节　商业银行的负债业务

商业银行的负债业务,就是指商业银行组织资金来源的业务,它是商业银行经营的基础。商业银行的资金来源主要有自有资本、各项存款和借款以及发行的债券等。其中自有资本又包括两部分:一是银行筹建时股东的投资,又称资本金;二是银行为扩大经营而追加的投资。一般而言,在商业银行的资金来源中自有资本所占比例很小,但是这部分自有资本是银行吸收外来资金的基础。因为银行拥有的资本越雄厚,它就越能得到存款人的信任,从而可以吸收更多的存款。商业银行最主要的资金来源是吸收外来资金,其中主要是吸收存款。

一、商业银行的存款业务

商业银行的存款业务是其最重要的资金来源。商业银行的存款额一般约占其负债总额的85%以上,同时,商业银行的存款业务也是其开展其他一切业务的基础,存款的多少直接决定着银行的实力和信用程度。所以,为了开展资金竞争,世界各国的大多数商业银行负债业务的重点都有集中于存款业务的趋势。在我国国有商业银行经营过程中,这种趋势也很明显。

（一）存款的分类和来源

商业银行的存款可以从不同的角度进行分类。按时间长短可分为短期、中期和长期存款，按来源可分为原始存款和派生存款。原始存款是指客户以现金形式存入银行的直接存款；一般情况下，客户在取得银行贷款后，不立即提取全部现款，而是转入其在银行的活期存款账户，通过这种银行转账方式发放贷款而创造的存款就称为派生存款。按币种可分为本币存款和外币存款。按资金性质可分为活期存款、定期存款、储蓄存款和信托存款等。

无论存款如何分类，存款的来源不会有多大变化，主要有以下几种。

1.企业流动资金

企业流动资金是指购买原材料或者支付工资等用途的、必须以货币形式暂时闲置下来的资金。这部分资金数额较大，在使用前只能以活期存款等形式存入银行，因而成为银行存款的主要来源。

2.社会闲散资金

社会闲散资金主要是指居民手中节余的消费资金、个体经营户或者私人企业主的收入、政府部门和事业单位及社会组织的经费等。由于生利保值或者生活方便等原因，它们也会成为存款的来源之一。虽然大部分存户存款金额不大，但累积起来的存款数额却相当可观。

3.银行自身的存款创造

上述两种存款都是来自银行外部，属于原始存款。但是，银行自身也可以创造存款，这就是派生存款。银行将其吸收的存款的一部分用作法定准备金，而将其余部分用于放款，客户从银行取得贷款后，又转入其在银行的账户，这样银行无形中就派生出一笔新的银行存款。如此反复可创造大量存款。但是，银行并不能无限地创造存款，它要受法定存款准备金率的限制，法定存款准备金率越高，派生存款的倍数就越小，两者成反比例关系。

（二）商业银行的主要存款业务

商业银行的存款业务种类较多，在各国也不相同。其主要的、有影响的存款业务有以下几种。

1.活期存款

活期存款是相对于定期存款而言的，它是指那些可由存户随时存取或者转让的存款。活期存款的存入不是为了获取利息，而是为了通过银行支付和结算。这种存款支用时需使用银行规定的支票，因而又有支票存款之称。活期存款的特点是：流动性较大，存取频繁，风险较大，并且需要提供许多相应的服务，如存取服务、转账服务、提现服务，等等，因而成本较高；而且这种存款的利息率很低，有的国家甚至不支付利息。

商业银行经营活期存款业务有许多获利之处：第一，活期存款客户经常在提取存款的同时也经常在补充新的存款，因而银行总可以运用活期存款的稳定余额，且不需支付较高利息；第二，活期存款的支票多用于转账而不是提现，银行可以周转使用，创造派生存款，进行信用扩张；第三，银行可以通过活期存款扩大与客户的信用关系，争取客户和存款。目前活期存款的种类有所增加，比如美国商业银行提供的活期存款账户主要有：

支票存款,支票、储蓄合一存款,电子转账存款,等等。

2.定期存款

定期存款是指有固定期限、到期才能提取的存款。存款期限通常有3个月、6个月、9个月、1年、2年、3年、5年甚至更长时间,利率随着存款期限长短而高低不等,一般高于活期存款利率。定期存款主要为近期暂不支用或者作为价值储藏的款项。由于定期存款有固定期限,在到期前一般不能提取(如果客户要求提前支取,银行就按照活期存款办理),所以为商业银行提供了稳定的资金来源,对于商业银行的长期放款与投资具有重要意义。定期存款存入时,银行须向客户出具存单或者存折。定期存款的存单主要为定期储蓄存款单,此外,还有可转让大额存单、不可转让存单等形式。

二、商业银行的借款业务

商业银行的借款是银行资金的第二个重要来源。其借款业务主要有以下几种。

(一)向中央银行借款

中央银行是银行的银行,是商业银行的最后资金融通者和贷款人。中央银行向商业银行融通资金主要有两个途径,即再贴现和再贷款。

再贴现是指商业银行把自己已经贴现、但尚未到期的工商企业的票据或者债券向中央银行再一次贴现,以弥补资金之不足。具体来说,即商业银行把商业票据或者债券交给中央银行,从中央银行那里贴息取得现款,而票据或者债券债权则由商业银行转给中央银行,中央银行到期收取票据或者债券所载款项。再贴现率是资金市场利率的晴雨表,再贴现利息则是商业银行从中央银行取得资金的成本。再贷款就是中央银行给商业银行的直接贷款,可以是抵押贷款或者是信用贷款。抵押贷款是商业银行将其持有的各种证券和票据作抵押,或者将企业的贷款抵押品再抵押给中央银行而取得的贷款;信用贷款则是靠商业银行的信用而从中央银行取得的贷款,它无须特定的担保品作抵押。

(二)银行同业拆借

商业银行之间买卖它们在中央银行存款的余额或者其他超额储备,进行同行业短期的资金融通,称为同业拆借。为了控制货币流通量和银行信用扩张,以保证客户和银行的安全,各国金融制度都规定所有接受存款的金融机构都必须向中央银行按存款金额缴纳一定比例的法定存款准备金,这部分存款是没有利息的,所以各金融机构总是尽可能地将其维持在最低的水平上,以最大限度地提高资金的使用效率。商业银行在经营过程中,其法定存款准备金随资产负债情况发生变动,于是每天总有一些商业银行的法定存款准备金出现不足或者多余的情况,这样就有了临时性资金拆借的可能和必要。同业拆借的利息率称为同业拆借利率,其中期限最短的为隔夜拆借利率。

同业资金拆借的期限都是短期的,而且借贷方式灵活。这样不仅解决了资金的不足,而且也可以使各商业银行不必经常保留大量的法定存款准备金,从而提高了资金使用效益。

(三)从货币市场借款

从货币市场借款是指商业银行发行债券(主要是长期债券)的借款方式。银行发行的债券是一种约定期限付息、定期还本的债权证券,其具有本票性质。债券的发行要经过监管机构批准,发行额要有限制。如美国规定,银行发行债券的总额不得超过其全部资本额加上未分配盈余的一半之和。近年来,由于利率频繁波动,有的商业银行发行的长期债券开始采取浮动利率形式,这样可以使银行减少利息支出。在国际经济联系日益紧密的今天,商业银行除了在国内货币市场开展活动外,还经常从国际货币市场上借款来弥补短期资金的不足。

(四)结算过程中短期资金占用

结算过程中短期资金占用就是指商业银行在同业往来及办理中间业务过程中占用他人资金。在银行之间的业务往来过程中,必然会产生资金相互占用的情况。如应付账款大于应收账款,便占用了他行资金。同样,商业银行在办理一些中间业务时,也会发生临时占用资金的情况。如汇兑业务中从客户把款项交给汇出行起,到汇入行把该款项付给指定的收款人为止,中间会有一定的间隔时间,在这段时间内,该款项汇款人和收款人均不能支配,而被银行占用。虽然每笔结算资金数量可能有限而且占用时间短,但从任何一个时点来看,总会有一些处于结算过程中的资金,构成结算银行可运用的资金来源。

三、商业银行负债业务的发展

第二次世界大战以来,各国商业银行的负债业务都发生了变化,如存款迅速增长、定期存款增长速度超过活期存款、非银行金融机构也开设了存款业务等,从而使金融业竞争越演越烈。而对商业银行来说,它主要表现在商业银行进行存款竞争和借款竞争上。自20世纪70年代初以来,商业银行新的存款账户和新的借款途径不断出现。

(一)存款账户的创新

1.可转让支付命令账户(NOWS)

可转让支付命令账户是20世纪70年代的美国商业银行在利率管制条件下,为竞争存款和改变活期存款比例下降趋势而设立的一种新账户。其中所使用的可转让支付命令账户与支票相似,可以对第三者进行支付。通过此账户,商业银行既可以提供支付上的便利,又可避开联邦储备Q号条例中不许对活期存款支付利息的规定,从而可以吸引客户,扩大存款。

2.自动转账服务账户(ATS)

自动转账服务账户是在20世纪70年代的美国由电话转账业务发展而来的账户。电话转账业务,即指存款户可以随时通过电话,将其存在有息储蓄账户上的存款转到无息的支票存款账户上。自动转账服务账户是指商业银行为其客户开设两个账户:储蓄账户和余额为"0"的支票账户。这样既为客户提供了支付上的便利,又为客户支付了利息。

3.大额定期存单(CDs)

大额定期存单是1961年开始出现的一种新存款账户。它又分为可转让大额定期存单和不可转让大额定期存单,其利率也有固定的和浮动的两种,可转让大额定期存单可以转让和流通。

除了上述银行存款创新外,还有诸如"个人退休金账户""储蓄存单""货币市场存款账户"等新的存款账户。

(二)商业银行借入资金的新途径

1.回购协议

回购协议也称为赎回协议,即卖方将证券、放款等金融资产暂时出售给买方,并商定于规定期限,由卖方按约定价格从买方重新赎回该证券与放款的交易。参与回购协议的资金需求方主要是商业银行和证券经纪人,供给方则主要是地方政府和大企业。可见,回购协议实际上是有担保品的短期资金融通,它为短期资金找到了一条理想的出路。

2.欧洲美元借款

欧洲美元是指在美国境外的商业银行(外国银行或者美国银行的国外分行)以美元表示的存款。欧洲美元借贷交易主要在银行之间发生。当国内资金不能满足银行需要时,银行就转向欧洲美元市场来补充资金。这种借款主要凭信用,无须担保品。

第二节　商业银行的资产业务

一、资产业务概述

资产业务就是商业银行对通过负债业务所集聚的货币资金加以运用的业务,它分为放款业务和投资业务两类。商业银行的负债资金主要有三种用途,即一级准备、二级准备、发放贷款和投资。一级准备用于法定存款准备金、在中央银行的其他存款、库存现金和存放同业,它们构成商业银行安全的第一道防线。但是中央银行对准备金存款和其他存款一般不付或者少付利息,因此一级准备资产不能直接为商业银行带来利润。二级准备主要用于短期政府债券、承兑汇票和通知存款。它们是商业银行证券投资和放款的一部分。虽然二级准备的流动性不如现金资产,但是它们比其他投资和放款的流动性要高得多。当商业银行的一级准备金不足时,它们可以为商业银行构筑起第二道防线。与一级准备不同的是,二级准备能获得一定收入,只不过其收益率较低。而贷款和投资则是商业银行资产业务的中心,它们构成商业银行利润的主要来源。

商业银行是自负盈亏的金融企业,自然要追逐最大化的利润。但是如何运用作为其主要收益途径的资产业务,运用资产业务时应如何在利润与风险之间进行合理的选择,就成为商业银行资产业务经营过程中应注意的主要问题。一般而言,商业银行在运用其资产时,都会兼顾资产的安全性、流动性和盈利性三个基本原则。

二、放款业务

(一)活期放款和定期放款

根据放款期限是否固定可把放款分为活期放款和定期放款。活期放款是不规定固定偿还期限而可随时由银行通知收回的放款,又称为通知放款。定期放款是指银行与借款人事先约定偿还期限,到期一次或者分期偿还的放款。按时间长短,又可将定期放款分为短期放款、中期放款和长期放款三种。一年以内需归还的放款称短期放款；中期放款的期限一般在1年以上5年以下，通常是在放款期内分期偿还；期限在5年以上的放款即为长期放款。过去，商业银行的资金来源以活期存款为主，因而放款业务也相应地以短期周转性贷款为主；现在，银行定期存款的比例逐渐上升，从而为银行增加盈利较多的中长期放款创造了条件。

（二）信用放款和抵押放款

根据放款有无担保品可把放款分为信用放款和抵押放款。

1.信用放款

信用放款又称非抵押放款，是指单凭借款人的信誉而不需提供任何担保品的放款。由于信用放款只凭借款人的信誉，因而银行对借款人必须熟悉，并充分了解借款人的偿还能力和信誉程度。这种放款的利率较高，有时还附加一定的条件，如要求借款人提供企业资产负债表，并说明企业经营情况以及借款用途等。

2.抵押放款

抵押放款又称为担保品担保放款，是指要求借款人提供一定担保品的放款。当发生借款人在到期不能偿还所贷款项的本息等违约行为时，银行可依法处理抵押品，并优先得到清偿。根据抵押品的不同，又可将抵押放款分为以下几种放款。

（1）票据抵押放款。这是以各种票据作为抵押品的放款。放款期限不得超过票据到期的期限，且放款额总是低于票据的面额，一般为票据面额的60%～80%，两者差额称为“垫头”。

（2）证券抵押贷款。这是以股票和债券作为抵押的贷款。

（3）商品抵押贷款。这是以各种商品或者商品凭证（如提货单）等作为抵押品的贷款。

（4）不动产抵押贷款。这是一种典型的长期放款，其资金主要用于房屋、工商企业设备的购置及维修等。

（5）人寿保险单担保放款。由于人寿保险单流动性强，价格稳定且易转手，因而也是一种有吸引力的担保品。

（6）信用证担保放款。这是出口企业如外贸公司在获得国外企业生产订单后，以生产订单或者信用证作为抵押的贷款。

（7）应收账款担保放款。发放这种贷款通常是为了满足客户短期季节性资金周转需要，贷款额度一般为应收账款面值的50%～90%。

（三）工商放款、消费者放款和房地产放款

根据放款用途不同可将放款分为工商放款、消费者放款和房地产放款。

1.工商放款

工商放款是指用于补充工业和商业企业流动资金的贷款。过去商业银行只限于提供这种短期信贷，随着其负债结构的变化，商业银行开始提供这种中长期信贷。

2.消费者放款

消费者放款是指贷放给消费者个人用来购买消费品或者支付劳务费用的放款，如分期付款、支票信贷、信用卡透支等都是消费者放款的具体表现形式。

3.房地产放款

房地产放款是指为协助购买土地、房屋及建造或者改良住宅等方面的放款。它在商业银行放款中的地位仅次于工商放款,其特点是分期偿还本息,流动性不强,而且金额大,期限长,利息通常较其他放款高。为了保证贷款能按时收回,银行一般采用把土地、房产作为抵押品的方式放款。

除了上述几种用途的贷款外,还有用于农业生产的农业贷款、各种投资贷款等。

(四)一次偿还放款和分期偿还放款

根据还本付息方式的不同可将放款分为一次偿还放款和分期偿还放款。

1.一次偿还放款

一次偿还放款是指放款到期时一次还清本金,而利息则可分期偿还或者于还本时一次偿付的放款。

2.分期偿还放款

分期偿还放款有两种:一种是加息平均法,即本金和利息都采用平均分期支付的方法;另一种是预扣利息法,即在放款时银行预先将利息扣除。

(五)透支与贴现

1.透支

透支是指银行对其活期存款客户给予临时性融通资金的一种放款形式。具体来说,即当活期存款账户上的资金用完时,银行允许存户在约定额度内,继续签发支票或者使用信用卡支付从银行暂时借用的资金,当存户的存款账户收入资金时,可随时归还贷款。透支的额度不大,主要是为客户往来结算提供方便。当客户未按期归还透支款时,则应支付未结清透支余额的本息。

2.贴现

贴现是顾客将未到期票据提交银行,由银行扣除自贴现日起至到期日止的利息而取得现款的一种放款形式。票据到期时,由贴现银行按票面额向票据债务人收回现款。银行办理票据贴现须按一定的利率计算利息,这种利率称为贴现率。未到期票据贴现付款的计算公式是:

$$贴现付款额=票据面额\times(1-年贴现率\times未到期天数\div 365)$$

票据贴现实际上是一种特殊的放款,它与普通放款的区别在于:第一,普通放款利息通常在放款期满时或者期满前分批收取,而贴现的利息则是在办理贴现业务时,由银行预先扣除,且借款利率一般略高于贴现率;第二,普通放款的期限较长,且只有到期才能收回,而贴现的票据期限较短,而且可在市场上流通转让,随时收回这笔资金;第三,普通放款的申请人即为银行的直接债务人,而贴现的责任人与关系人则包括签名于票据上的发票人、承兑人和背书人,他们均对票面款项负连带责任,因此贴现的安全性高于普通贷款。

除了上述放款种类外,按费用定价方法不同可分为固定利率放款、优惠与加减放款、优惠与加倍放款和交易利率放款。按承办放款时银行数量及其相互关系,可分为单独放款和联合放款。

三、投资业务

商业银行的投资业务是指商业银行购买有价证券的经营活动。投资业务是仅次于商业银行放款业务的一项重要的资产业务,是商业银行收入的重要来源之一。商业银行的证券投资业务不仅有利于宏观经济调控,而且也有利于商业银行自身的发展。商业银行投资于证券有三个作用:一是可获取盈利。盈利主要来自利息收入和证券增值收入。二是分散风险。资产分散化是银行规避风险的基本手段,银行在经营放款业务的同时,又投资于多种证券就能从多方面分散风险。三是增强流动性。从资产方面来讲,存放在中央银行或者其他银行的现金款项,其流动性最强,是银行的第一准备金,其次就是变现能力较强的有价证券,特别是短期有价证券,是银行的第二准备金。当银行不能完全满足借款需求时,可以出售一部分有价证券来换取现金,这样就会增强银行资产的流动性,从而提高银行信誉。

商业银行的投资按投资对象的不同,可以分为四种类型。

(一)中央政府债券投资

中央政府债券又称公债券或者国债券,是一国中央政府因弥补财政资金不足而向社会集资的一种凭证。公债按票面是否规定利息可分为有息公债和折息公债。有息公债在发行时附有息票,持券人到期根据息票领取利息;折息公债是在发行时不附有息票的公债,按公债票面价格折息发行,公债到期时按票面价格偿还,折息额即为所付利息。按偿还期限长短,公债又可分为长期公债(5 年以上)、中期公债(1 年以上 5 年以内)、短期公债(1 年期以内)。在各类证券中,中央政府债券是商业银行投资的主要对象,因为中央政府债券安全性最好,政府不会拒付债务,也不会转嫁风险。

(二)政府机构债券投资

政府机构债券是指除中央政府(财政部)以外的其他政府部门和有关机构发行的借款凭证。这种债券信誉较高,风险较低,且一般以中长期为主。虽然期限较长,其流动性相对较差,但是收益率通常比中央政府债券的收益率高。

(三)地方政府债券投资

地方政府债券是指中央政府之下的各级政府发行的借款凭证,又称市场债券。它主要是为发展地方公益事业筹集资金而发行的。购买地方政府债券,其利息收入可以免纳国家所得税和地方所得税,从而使地方政府债券所提供的收益率事实上要高于其他债券。

(四)公司债券与股票投资

公司债券是由工商企业或者公司发行的借款凭证。商业银行购买公司债券远不如购买其他证券踊跃,因为公司债券的风险很大,收益不如其他债券高(利息还要纳所得税),并且公司债券期限较长,会使银行资金被长期占用。股票虽然是一种重要的投资对象,但是商业银行对它的投资还是有限的。在金融分业经营管理体制下,许多国家规定商业银行不能购买股票或者购进数不能超过其自有资本的一定比例。所以,在商业银行的投资对象中,银行对股票投资所占的比例较小。随着金融的分业经营管理体制向混业经营管理体制转变,许多国家放松或者取消了商业银行购买股票的限制性规定,这样在商业银行的投资对象中,银行对股票投资所占的比例逐步扩大。

第三节　商业银行的中间业务

中间业务是商业银行不需要运用自己的资金,只是为客户提供结算、支付、委托代理、咨询等服务而收取手续费或者佣金的业务,又称表外业务。商业银行在经营这种业务时,它既不是真正的债权人,也不是债务人,而只是受托代理的中间人。传统的中间业务有:汇兑业务、信用证业务、代理收付业务、同业往来业务、代客买卖业务、信托业务等。第二次世界大战后,商业银行又出现了一些新的业务,如租赁业务、信用卡业务、咨询和情报业务、代理融通业务、保管业务、金融信息业务、以计算机与网络为基础的金融科技服务等。

一、汇兑业务

汇兑业务是客户将一定款项支付给承汇银行,再由承汇银行代客户将款项汇往异地指定收款人的业务。汇兑业务使用特殊的汇兑凭证即银行汇票和支付委托书。银行汇票是由银行交给客户,客户再将它寄给收款人,由收款人向汇票指定银行取款的凭证;支付委托书是由承汇银行用邮信或者电传直接通知指定的付款银行,再由付款银行通知收款人取款的凭证。银行汇兑方式主要有以下三种。

(一)电汇

电汇(T/T)是汇出行应汇款人要求,用电报或者电传形式通知汇入行,请其向收款人支付款项的结算方式。其特点是手续简便,汇款迅速,但是汇款人要支付较高的电传费用;同时,因交款迅速,银行无法利用顾客的资金,故手续费也较高。

(二)信汇

信汇(M/T)是汇出行根据汇款人的要求,将信汇委托书通过邮局传递给汇入行,授权汇入行解付一定金额给收款人的一种汇款方式。其特点是汇费较低、交款慢、手续费少。

(三)票汇

票汇(D/D)是由汇出行根据汇款人要求,开立以账户行或者代理行为汇入行的银行即期汇票,交由汇款人自行寄给收款人,由收款人凭票取款的一种结算方式。其特点是传递不通过银行,汇票经收款人背书后可以流通转让。

二、信用证业务

信用证业务是指由银行保证付款的业务。信用证可分为商品信用证和货币信用证两种。商品信用证是银行应商品买方要求向卖方开出的一种保证付款的凭证。银行在开出这种信用证时,一般要在信用证上列明买方购货所规定的条件,如购货的规格、数量、单价等。只要卖方按信用证所列条件发货,就有权凭信用证要求银行付款。这种方式在异地采购,尤其在国际贸易中被大量使用。货币信用证是指银行收取客户一定款项后,开给客户保证在异地银行兑取相应现款的一种凭证。旅行者常使用这项特殊的结算方式,以免携带大量现金。

三、代收业务

代收业务是指银行接受客户委托,根据各种凭证代为收取款项的业务。代收业务根据对象不同可分为以下几种。

第一种,代收支票款项,是指客户收到其他银行的支票,委托自己的开户银行代为收款的业务。

第二种,票据代收业务,是指银行接受客户委托,负责收取票据款项的业务。

第三种,有价证券代收业务,是指客户把有价证券交给银行,委托银行代收利息和股息等。

第四种,商品凭证业务,是指卖方向买方发货以后,把有关发货的商品凭证交给银行,委托银行代收款项的业务。这种业务与放款业务有密切联系。当客户把凭证提交银行请为代收时,就能以此为抵押从银行取得贷款,等银行收回贷款时,即用其偿还贷款。商品凭证在异地和国际贸易中被广泛采用。

四、同业往来业务

同业往来是指银行之间在进行各项业务时建立的往来关系。银行在办理汇兑、信用证、代收业务时,需要与同地的、异地的,甚至不同国家之间的有关商业银行发生资金往来关系。如果两家银行不是隶属关系,就需要事先订立契约并建立往来账户,通过账户来办理相互委托的收付等业务。

五、代客买卖业务

代客买卖业务是指银行接受客户委托,代为买卖有价证券、贵金属(如黄金)、外汇、基金、期货的业务。银行在代理国家发行公债或者代理企业发行股票和债券时,可以从发行总额中获取一定比例的手续费。银行在办理这种业务时,常常与其资产业务相结合,即银行先按一定的折扣把有价证券买进,然后再陆续卖出,从中赚取买卖差价。

六、信托业务

凡是凭自己的信用,受他人委托代为经营其受理的财产或者办理一定事项,为指定人牟利的经济行为,通称为信托。在信托业务中,拥有信托财产的人,称为委托人;接受委托者的要求,按合同规定对信托财产进行管理和处理的人则为受托人。委托人把财产委托给受托人进行管理或者处理时,双方需要签订委托合同或者协议,这种行为就是信托行为。受托人在管理或者处理信托财产的过程中,应取得劳务报酬即信托报酬。根据信托方式不同可将信托分为投资信托、职工福利信托和公益信托等。

(一)投资信托

投资信托是指客户把资金交存银行,由银行代为营运,客户到时收取利润的一种信托方式。它又可分为信托存款和委托投资两种。信托存款是委托人以一定数额的资金存入银行,在约定期内由银行代为营运,所得收益除扣减一定的信托费用外,全部归受益人所有。委托投资是委托人将资金交存银行并指定投资方式由银行代为营运，投资的收益，在向银行交纳一定的费用后，全部归委托人所有。但是银行按合同管理或者处理信托财产所遇到的风险，则由委托人承担。

（二）职工福利信托

职工福利信托是企业或机关、团体为安定职工生活而设立的一种信托方式。它由企业作为委托人每月从福利费中为每个职工交付一定金额的年金费，或者从职工工资收入中预先扣除一定比率的年金费，由企业形成福利基金后交给委托银行，银行将所交资金在金融市场上投资，或者认购团体保险。它能使职工在获得基本的社会保障金后获得一笔额外的福利费用。

（三）公益信托

公益信托是一种由个人或者团体捐赠或者募集的基金，以用于公益事业为目的的信托。这种信托是由委托人将基金捐款作为信托财产交给银行，银行作为受托人与委托人签订合同，并将委托资金代为运用生息，最后根据委托人的指示将收益支付给受益人。

商业银行除了从事上述几种信托业务之外，还从事遗嘱信托、动产或不动产信托等业务。

七、租赁业务

租赁是指出租人在一定时期内把租赁物借给承租人使用，承租人则按租约规定分期付给一定的租赁费。现代租赁业是以设备租赁为主要内容的新兴产业。租赁业务的一般程序是：首先，承租人根据自己的需要选好所需设备，并就设备的价格、性能、交货条件等同厂商达成协议；其次，承租人到办理租赁业务的商业银行申请租赁，一般要填写“租赁委托书”或者“租赁申请书”，并提供一些必备的合法证明和保证书；最后，商业银行在通过了承租人的租赁申请后，就可向设备厂商购买设备，所需资金由银行负责，并同承租人签订租赁合同。商业银行经营的租赁业务有融资性租赁和操作性租赁两种基本类型，它们都称为金融租赁。

（一）融资性租赁

融资性租赁又称资本性租赁，它是以融通资金为目的的租赁，是一种由出租人提供融资条件来支付购买承租人所需设备的全部资金的租赁形式。承租人通常在租期满后通过象征性付款来取得设备的所有权。它主要有以下四种形式。

1.直接租赁

直接租赁亦称自营租赁，指银行或者租赁公司直接购进承租人所选定的设备，再租给承租人使用的形式。它是金融租赁的主要形式。

2.转租赁

转租赁是将设备进行两次租赁的形式。这种租赁形式在国际租赁中经常采用，其过程为国内租赁公司先作为承租人从国外租赁公司（或者厂商）租进用户所需设备，再转租给国内承租人使用。

3.回租租赁

回租租赁亦称售出租回租赁，是指企业急于筹措资金时，可先把自己现有设备卖给租赁公司,再作为承租人租回原设备继续使用,并按期交租金。这样,企业既获得了资金,又可继续使用原有设备。

4.杠杆租赁

杠杆租赁又称衡平租赁,是指当出租人无力单独购置价格昂贵的设备时,可在小部分资金自筹的基础上,以待购设备和租金作为抵押,向别的银行贷款,购进设备后,出租人以收取的租金偿还贷款。

(二)操作性租赁

操作性租赁又称经营租赁,是指银行或者租赁公司根据市场需要购进需专门技术保养、技术更新快,同时使用较为广泛的设备或者商品,以供承租人选择的租赁方式。它是一种短期性租赁。出租人负责设备的维修和保养及各种专门的技术服务,租赁期满后承租人将设备退还给出租人。因此,它的租费要高于融资租赁。

八、其他业务

(一)代理融通业务

代理融通业务又称代收账款,是由商业银行代理客户收取应收账款,并向客户提供资金融通的一种业务方式。一般是厂商向它的顾客提供赊销商品或者劳务,然后把应收赊销账款转让给银行,由银行向该厂商提供资金融通并到期收取欠款。

(二)咨询业务

咨询业务指专门办理提供信息、回答询问、进行可行性研究和专题研究、提供决策依据的一种服务性业务。目前商业银行办理的咨询业务主要有资信调查、商情咨询、投资咨询、金融咨询、介绍客户、理财咨询等。商业银行的咨询业务一般由银行的社会调查部门作为附属业务来提供,只有规模较大的商业银行才设置专门的咨询部门来从事信息情报的收集加工和咨询业务。

(三)信用卡业务

信用卡是消费者信贷的一种工具和形式,也称为“电子货币”或者“便携银行”。按照协议,信用卡的发卡银行授权持有人可以凭卡在指定的或者特约的零售商店取得商品和服务,不支付现金而由发卡银行来偿还支付。零售商须向发卡银行支付一定的手续费,而持卡人须在发卡银行开立账户,而且银行一般要向持卡人定期收取款项,以便支付。由于信用卡技术升级和功能扩展,如信用卡可用于转账、结算等支付,信用卡业务成为现代商业银行大力发展的一种中间业务,是商业银行利润的重要来源。

第四节　商业银行的网络业务

网络经济的发展使商业银行在做好传统银行业务的同时,可以引入高新技术特别是网络技术开展业务创新。商业银行网络业务的快速发展已经成为商业银行利润来源的新增长点,也成为商业银行之间业务竞争的新领域,成为网络银行发展的重要途径。

一、网络银行的兴起

(一)网络银行的概念

网络银行(e-bank, internet bank, online bank, virtual bank)因其产生的历史较短且发展迅速而尚无统一的规范的定义。但是根据网络银行发展的情况来看,目前它有广义和狭义的概念之分。

广义的网络银行是指在网络中拥有独立的网站并为客户提供一定服务的商业银行。这些商业银行提供的网络服务可以是:一般的信息服务,如银行历史和信用介绍、银行服务和产品的广告;简单的银行交易业务,如划拨款项、支付账单、查询账户交易及其余额等;全面的银行服务。广义的网络银行概念涵盖了几乎所有的拥有互联网网页的银行,并为美国、英国、亚太地区一些国家的金融当局所普遍接受或者采纳。如美国联邦储备委员会(FRS)认为,网络银行是指利用互联网作为其产品、服务和信息的业务渠道,向其零售客户和公司客户提供服务的银行;英国金融服务局(FSA)认为,网络银行是指通过网络设备和其他电子手段为客户提供产品和服务的银行。

狭义的网络银行是指在互联网上开展一类或者多类实质性银行业务的商业银行。它们一般都执行了传统银行的部分职能,如其所提供的业务包括简单的银行交易业务和全面的银行服务,而不包括一般的信息服务。国际金融机构、欧洲中央银行接受这种概念。如巴塞尔银行监管委员会(BCBS)认为,网络银行是指那些通过电子通道,提供零售与小额产品和服务的银行,这些产品和服务包括存贷、账户管理、金融顾问、电子账户支付以及其他一些诸如电子货币等电子支付的产品与服务。欧洲银行标准委员会(ECBS)认为,网络银行是指那些利用网络为通过使用计算机、网络电视、机顶盒及其他一些个人数字设备连接上网的消费者和中小企业提供银行产品和服务的银行。

根据美国的网络银行评价标准,在线银行必须提供网上支票账户、网上支票或者电子支票(e-check)异地结算、网上货币或者电子货币(e-cash)数据传输、网上互动服务和网上个人信贷这五种业务中的一种以上业务才能称为网络银行。如果银行只拥有自己的网址和网页,只提供银行的历史和业务信息,而不能为自己网站上客户提供可以查询账户交易及其余额、划拨款项和支付账单等网上银行业务,则该银行不能称为真正的网络银行。

(二)网络银行的产生

网络银行是现代金融与高科技发展并且相互渗透而形成的金融科技的产物。这主要体现在:第一,信息技术革命(计算机通信技术的发展、国际互联网的迅速普及、网络安全认证技术的进步)为网络银行的产生提供了技术基础;第二,电子商务(e-business 或者 e-commerce)在银行业务中的应用促进了网络银行业务的发展;第三,金融信息数字化的发展要求银行提供较高质量的新型产品和服务,要求银行管理实现数字化和网络化;第四,银行采用新技术以降低经营成本、扩大竞争领域和增强竞争能力、增加利润来源,这是网络银行产生的内在动力。

网络银行是商业银行电子化服务发展的直接结果。在美国,经过 20 世纪 70 年代电话银行的发展阶段、80 年代家庭银行(客户在家里或者随时随地享受银行柜台式的服务)的发展阶段,到 90 年代才进入网络银行发展阶段。1992 年,美国加利福尼亚州的威法银行开始建立自己的网络和以网络银行服务为核心的信息系统,并于 1994 年年底开始经营网络银行业务,这是世界上第一家拥有分支营业机构的商业银行开展真正的网络业务。1994 年 9 月,美国 3 家银行控股公司向美国储蓄机构监管局(OTS)申请成立无任何分支机构的网络银行即安全第一网络银行(SFNB),OTS 于 1995 年 3 月 8 日批准其成立,1995 年 10 月 18 日 SFNB 正式上网开展业务。这样,世界上第一家完全意义上的网络银行正式诞生了。此后,世界各国的网络银行数飞速增长,全世界享受网络银行服务的客户数,1996 年为 160 万,1997 年为 430 万,2000 年为 970 万,2002 年为 1 850 万,2008 年为 109 697 万,2011 年为 188 960 万,2018 年达到398 980万。

(三)网络银行的特点

与传统的商业银行相比,新兴的网络银行或者传统商业银行开展的网络业务,具有以下几个方面的特点。

1.网络银行依赖于计算机网络与通信技术

网络银行依赖于迅猛发展的计算机网络与通信技术,以及移动互联网技术,还依赖于渗透到全球各地的国际互联网。金融高科技的发展是网络银行产生与发展的技术基础,特别是网络安全认证技术的进步为网络银行的顺利发展提供了安全可靠的技术保障。

2.网络银行的经营机构虚拟化

网络银行不需要增设有形的营业场所,客户只需通过计算机终端上网访问网络银行站点进入虚拟的"营业厅"来进行交易或者享受服务。因此,网络银行具有十分巨大的无形营业场所,也称为虚拟银行。

3.网络银行可以实行无纸化交易

网络银行所使用的票据和单据能够全面电子化,它能采用电子现金(e-cash)、电子支票(e-check)、电子钱包、信用卡、支付宝、微信等电子货币来取代纸币现钞进行支付,利用电子数据交换进行往来业务结算。无纸化交易极大地提高了银行业务的操作速度和精确度,大幅度地降低了客户交易成本和银行提供服务的经营成本。

4.网络银行可以提供个性化的服务

网络银行在开展业务时不与客户进行面对面的直接接触,一切交易和服务都是通过互联网进行的,因此,网络银行可以根据以客户为中心的营销理念为每个客户的不同服务需求提供个性化的金融产品,最大限度地满足客户日益多样化、个性化的金融需求,提高金融服务质量。

(四)网络银行的业务

随着网络银行的发展,其业务范围和种类在不断增加,其基本业务主要包括三个方面。

1.公共信息服务

网络银行在其网站上发布公共信息,包括银行业务介绍、利率、股票、期货、外汇牌价、政策、新闻、广告等,这些公共信息对所有的访问者均开放。

2.客户银行业务

根据客户性质的不同,客户银行业务又分为公司客户银行业务和个人客户银行业务。前者主要包括信用管理、内部转账、对外支付、网上信用证、账务查询、客户信息查询、金融信息查询等服务;后者主要包括储蓄转账服务、代收代缴业务、贷款业务、信用卡消费业务、个人账户与理财查询、金融咨询等服务。客户银行业务仅对在网络银行系统开户注册的客户提供。

3.网上支付业务

网络银行能为开展电子商务的客户提供安全、高效的网上资金支付手段和流通手段,即电子货币。典型的电子货币系统包括电子支票系统、信用卡系统、数字现金(以电子化数字形式存在的货币)和银行卡,因此,网上支付就是交易双方在网上发生的一种资金交换与结算。开展网上支付业务使网络银行成为虚拟结算中心。

二、网络银行的发展

(一)网络银行的发展模式

网络银行的种类和形式较多,其发展模式主要有以下几种。

1.银行机构建立的网络银行与非银行金融机构建立的网络银行

根据发起主体的不同,网络银行可以分为传统的商业银行机构发起建立的网络银行,非银行金融机构建立的网络银行,金融机构和其他非金融机构联合建立的网络银行。传统的商业银行所建立的网络银行,一般作为一个独立的经营部门或者是银团控股的子公司,其所开展的网络业务成为其发展新客户、稳定老客户的重要途径。其他发起主体所建立的网络银行,一般是利用网络银行业务进入壁垒较低的有利条件或者利用在资金、信息技术上的优势来开展少数几种金融服务。

2.纯网络银行与非纯网络银行

根据组织形式的不同,网络银行可以分为纯网络银行和非纯网络银行。纯网络银行是指没有传统的实体营业网点而完全依赖于互联网发展起来,且全部的银行业务均在互联网上进行的网络银行。它一般采取全方位多样化发展或者特色化发展战略,以克服自身的局限性并逐步取代传统的商业银行。非纯网络银行是指现存的商业银行在互联网上开展传统的银行业务,或者在互联网上建立属于自己品牌的网络银行作为分支机构向客户提供网络金融服务的网络银行。它们一般采取收购已有的纯网络银行或者组建自己的网络银行分支机构的发展战略来巩固和扩大传统的商业银行业务,为客户提供新的金融服务。

3.专业型网络银行与综合型网络银行

根据提供服务的内容不同,网络银行可以分为专业型网络银行和综合型网络银行。专业型网络银行是专门在某一特定领域提供某一方面或者几方面的特色金融产品和服务的网络银行,提供个性化服务的纯网络银行一般均为专业型网络银行。综合型网络银行是能提供全面的金融服务内容,让客户能办理所有的存贷款业务,并开发新的电子金融业务的网络银行,提供大众化服务的非纯网络银行一般主要为综合型网络银行。

(二)网络银行的发展趋势

产生于20世纪90年代中期的网络银行,经过几十多年的快速发展,出现了新的发展趋势。这主要表现在以下几个方面。

1.传统商业银行的网络化趋势

网络银行具有经营成本低、效率高的优势,这使越来越多的传统商业银行加入网络银行行列或者积极发展网络业务。在美国,共有 10 000 家银行和储蓄机构,到 2008 年,美国所有的商业银行都建立了网站并提供网络交易服务。银行“上网”所形成的网络化已经成为世界各个国家传统商业银行发展的主要趋势。

2.虚拟银行的实体化趋势

纯网络银行的最大局限性就是没有有形营业网点,不能为客户提供吸收存款和提取现金的服务。网络银行为了在业务上与传统型商业银行进行竞争,其解决网上存贷不方便问题的有效途径就是设立分支营业机构或者与一些办理存款的非银行零售商建立合作关系。虚拟银行的实体化已经成为纯网络银行发展的重要趋势。

3.银行业与信息产业的并购趋势

银行业为了安全有效地发展,需要信息产业部门提供安全防范技术支持,而信息产业部门的发展也需要银行提供资金支持。银行业与信息产业的合作并购趋势的不断加强使金融网络机构得以快速发展,并为客户提供安全便利的金融网络服务。

4.网络银行发展的混业化趋势

网络银行的发展既为许多非金融机构向金融业渗透提供了条件,同时也使许多网络银行向其他行业发展创造了条件。如一些网络银行在其网站上提供娱乐(如影视和电子游戏)、教育、网络购物、信息交易、情感交流等内容的服务。网络银行的发展出现了混业化特别是媒体化趋势。

(三)网络银行发展对传统银行业的影响

网络银行具有经营成本低、技术设施先进、经营不受时空限制等优势,其迅猛发展对传统商业银行产生了诸多影响。归纳起来主要表现在两个方面。

1.网络银行发展对传统银行业的间接影响

从外部来看,网络银行的发展在宏观上对传统商业银行业的发展产生了间接影响。网络银行作为一种新兴的金融中介机构,它使传统商业银行业发展面临两种外部冲击:一是使传统商业银行正在逐步丧失降低交易成本和拥有充分的信息资源的优势;二是网络银行的发展对中央银行的货币发行、货币的供求以及货币政策工具等方面均产生了较大的影响,从而对中央银行的金融监管和货币政策提出了新的要求,中央银行要加强对网络银行的监管和调整货币政策(如调整利率以影响电子货币的供求量)必然对传统银行业产生间接影响。

2.网络银行发展对传统银行业的直接影响

从内部来看,网络银行的发展在微观上对传统商业银行业的发展产生了直接影响。网络银行作为一种新兴的银行业务,它使传统商业银行业发展面临两种内部冲击:一是使传统的商业银行业务(资产业务、负债业务、中间业务)在数量、规模、结构、业务范围、服务质量、服务的速度与效率等方面直接面临着网络银行业务快速发展所带来的竞争。传统商业银行积极开展网络业务,就是为了直接争夺客户,增加银行利润,由此也带来了传统商业银行内部机构及业务结构以及服务质量的变化。二是使传统商业银行必须加强资产负债管理,必须充分利用网络技术加强风险控制,特别是应加强网络系统风险、交易安全风险、客户误操作风险、信誉风险、法律风险的防范与控制。

三、我国网络银行的发展

(一)我国网络银行的发展现状

我国网络银行产生于20世纪90年代中期。我国商业银行的网络业务发展与发达国家相比,在时间上基本上是同步的。

1996年2月,中国银行在国际互联网上建立了自己的主页,首先在互联网上发布信息;1998年3月,中国银行与世纪互联有限公司联合建立了国内第一家网络银行。

1996年12月,招商银行开始在网上开发一些在线服务系统。1999年9月,招商银行率先在国内全面提供网络银行服务,建立了由网上企业银行、网上个人银行、网上证券、网上支付和网上商城等组成的网络银行服务体系,经中国人民银行批准,成为国内第一家经营网上个人银行业务、实现全国联通式网络银行的商业银行。2000年1月,招商银行开展手机银行业务,将其与网络银行结合在一起。

2000年2月,中国工商银行成立了电子银行办公室,将电话银行、手机银行、网络银行整合到统一的平台上,成为我国第一家走上网络银行系统平台化发展的国有商业银行。

2002年4月,我国已有36家商业银行的450个分支机构拥有网址和主页,其中开展网络银行业务的分支机构达110家。至2008年4月,我国所有的商业银行及其分支机构均拥有网址和主页,其中开展网络银行业务的分支机构多达920家。至2010年12月,我国所有的商业银行及其分支机构均开展了网络银行业务。

我国网络银行几十多年的快速发展,表现出以下几个特点:第一,都是由现存的商业银行以开展网络业务的形式发展起来的,没有建立纯网络银行。第二,网络银行的业务范围较窄,主要分布在网络使用相对普及和经济发达的东部沿海地区和中心城市,但其服务范围正在逐步扩大到全国尤其是中西部内陆地区的中小城市。第三,受现行的金融分业经营管理体制的限制,网络银行业务的品种较少,其所提供的服务大多数是较低层次的初级服务,不能提供创造性的或者高附加值的金融产品和服务。第四,网络银行发展不平衡,四家国有商业银行和招商银行的网络业务发展较快,其他区域性股份制商业银行特别是中小银行如城市商业银行的网络业务发展迟缓或滞后;东部沿海地区和中心城市的网络银行发展较快,而中西部内陆地区和中小城市的网络银行发展较慢,农村地区的网络银行发展尚处于发展不充分的状态。

(二)我国网络银行发展存在的主要问题

与经济发达国家网络银行发展所遇到的问题相比,我国网络银行在迅速发展过程中面临着以下主要问题。

1.网络银行的市场准入难

我国将网络银行作为普通商业银行进行管理,要求现存的商业银行开展网络业务时必须进行申请,并按普通商业银行的开业条件或标准进行审批。美国现有的金融机构开展网络银行业务时,不需要事先申请,也不需要声明或备案,新成立网络银行既可以按照标准注册程序申请注册,也可以按照银行持股公司规则申请注册,而经州政府或者联邦政府有关管理机构注册的储蓄机构开展网络银行业务,只需提前30天做出声明即可。与美国相比,我国网络银行注册审批的限制较严,市场准入较难,这不利于促进网络银行的发展。

2.网络银行赖以发展的网络基础设施不完善

我国网络基础设施不完善主要体现在高速宽带网建设迟缓,整个互联网络运行速度慢,拨号上网和宽带上网的速率低而收费比较高;尽管截至2011年10月我国网民总人数已达到4.6亿人(其中宽带网民数3.2亿人,手机网民数1.4亿人),超过美国而居世界第一,2018年12月我国网民总人数达8.5亿人(其中手机网民数7.98亿人),但是多数集中在教育科研部门且越来越多使用网上支付手段。截至2020年3月,我国网民规模为9.04亿,互联网普及率达64.5%,庞大的网民构成了中国蓬勃发展的消费市场,也为数字经济发展打下了坚实的用户基础。互联网络普及率的提高且网民越来越多地使用网络支付手段,这在较大程度上推动着网络银行的发展。

3.网络银行的有形服务网点少,对客户缺乏持久的吸引力

网络银行在开展业务时不能在各地的有形服务网点上为客户提供吸收存款和提取现金的服务,使客户在交易和支付时存在着"虚拟"与"现实"的矛盾,这在较大程度上限制了大批客户主动进入网络银行。

4.网络银行不能有效地降低成本,经营效率不高

网络银行不需要建立众多的分支机构和营业网点以及高大的建筑物,不需要雇用大量的从业人员,其业务活动全部通过计算机网络完成,这样既可以降低银行的经营成本,又可以降低客户的交易成本。从理论上分析,高科技的运用使网络银行的经营和服务成本较低,但是,从实践来看,网络银行的营销成本、技术成本和融资成本都非常高。高成本的资金来源和低收益的资金运用使网络银行的资产负债之间的利差很低,经营效率不高。同时,网络银行还必须提供大量的免费服务,这进一步减少了网络银行的利润。网络银行的成本竞争优势难以充分发挥出来,经营效率普遍不高。

5.网络银行面临着安全和信用难题

尽管网络安全认证技术的发展为网络银行的发展提供了技术保障,但是,我国目前所使用的计算机及操作系统多从国外引进,银行部门并没有掌握相关软件的核心技术,特别是缺乏拥有自主知识产权的一整套数据加密和身份识别技术,一些网络银行受到"黑客"的侵袭,客户资金被盗取的事时有发生。不断增加的网络犯罪为网络银行的安全运行带来了隐患。同时,我国信用制度建设滞后,至今尚未建立全国统一的个人信用监管制度,这使得企业和个人对利用网络银行采取犹豫甚至排斥的态度,网络银行也因此而难以向更多的客户提供大量的网络金融产品和服务。所以,不健全的安全运行机制和信用机制影响了网络银行的发展。

6.网络银行的管理制度和营销观念转变较慢

西方发达国家网络银行内部管理制度已经完成了从以物为中心的管理向以人为中心的管理的转变,并以市场营销观念作为网络银行的经营管理观念,建立了以客户为中心的网络营销模式。网络银行发展过程中,管理制度创新较之技术创新更重要,但是,我国网络银行的管理制度和营销观念转变较慢,难以适应国际网络银行发展的要求。

7.网络银行急需大批高素质的复合型人才

网络银行是信息技术与现代金融相结合的产物,是金融技术创新的结果,其发展急需大量既掌握计算机网络技术，又精通金融业务知识和擅长银行经营管理的复合型人才。但是，我国现阶段还不能培养出网络银行所急需的大批高素质的复合型人才。

8.网络银行的法规建设滞后

我国现有的《中华人民共和国中国人民银行法》《中华人民共和国商业银行法》及其他有关的金融法规均没有对网络银行或者商业银行的网络业务进行明确的规定，从而使金融监管机构的监管无法可依，网络银行与客户之间的电子交易无法律依据，网络银行因缺乏法律保障而存在着较大的经营风险和法律风险。

（三）我国网络银行发展的对策

1.我国发展网络银行的客观必要性

进一步促进我国网络银行的快速发展，既具有客观必要性，又具有现实可能性。我国已经加入世界贸易组织（WTO），外资银行尤其是国际化商业银行已经开始以其先进的金融技术、产品和服务（如电子化金融网络服务）与我国商业银行进行全面的竞争。我国商业银行不仅要在国内迎接大批外资银行的竞争，而且应逐步走出去在世界金融市场上与外国银行展开竞争或者寻求更多的发展机遇。这说明我国网络银行面临着严峻的挑战和新的发展机遇。同时，我国互联网市场的不断扩大、电子商务、金融电子化的发展以及发达国家网络银行发展所提供的实践经验，都为我国网络银行的进一步发展创造了有利条件。

2.我国发展网络银行的主要对策

针对我国网络银行发展过程中存在的一些主要问题，进一步促进我国网络银行发展的对策主要有以下几种。

（1）放松对网络银行注册审批的限制，减少网络银行的市场准入难度。我国应确立网络银行近期、中长期发展的战略目标，对网络银行采取适宜且宽松的市场准入规则，以提高市场竞争力，促进网络银行业的发展。

（2）加快网络基础设施建设，重点建设具有宽带化、智能化、个性化特征的高速信息网，为网络银行的发展奠定物质基础。

（3）鼓励网络银行建立适量的有形服务网点，以利于其扩大客户量和尽快占领网络业务市场。

（4）改革分业经营方式，允许网络银行开展混业经营，使网络银行通过综合运用资产负债以增加利差，降低经营和服务成本，提高经营效率。

（5）建立健全网络银行的安全运行机制和信用机制，保证网络银行的健康发展。

（6）引导网络银行建立以客户为中心的管理制度和网络营销模式，树立网络市场营销观念，以利于网络银行不断开发并提供具有个性化的金融产品和网络服务。

（7）大量培养既懂网络技术又懂金融业务的复合型人才，满足网络银行发展对高素质人才的需求；同时应改革人才的使用、激励与约束机制，通过优惠政策措施来充分发挥网络银行专业人才的积极作用。

（8）加快网络银行的立法与司法，参考国外的电子交易法，制定适合我国国情的电子交易法和网络银行法，规范网络银行的市场行为，明确界定各相关主体的权利和义务，为金融监管机构加强对网络银行的监管以及促进网络银行的法制化发展提供法律依据和法律保障。

第五节 商业银行的资产负债管理

一、商业银行的资产负债表

(一)资产负债表的定义及其作用

资产负债表亦称资金平衡表,是通过记录某一时点的资产和负债状况,反映企业一定期限内财务状况的一种会计报表。商业银行资产负债表的格式和基本原理与一般工商企业的基本相同,只是内容上稍有区别。一般工商企业资产负债表的会计处理都是把资产和负债分为固定和流动两大类,但在商业银行的资产负债表上,一般不用这种分类,因为商业银行的资产负债基本上都是流动性质的,因此,常按期限不同而将它们分为流动和长期两大类。

商业银行资产负债表主要用于反映商业银行的资金来源与资金运用情况,向商业银行监督管理部门、投资者、债权人等提供有关商业银行经营的各种信息。

(二)资产负债表的结构和内容

为了便于分析,现列出美国某商业银行资产负债表(见表10-1)。从表中可以看出,资产负债表的结构由三大类组成,即资产、负债和股东产权。三者关系为:资产=负债+股东产权(资产净值)。

表10-1 美国某商业银行资产负债表

(每年3月31日) 单位:100万美元

项 目	2017年		2018年	
	数额	%	数额	%
一、资产类				
现金及存放同业	159 824	25.99	115 855	20.09
通知放款	12 488	2.03	10 999	1.91
有价证券	69 497	11.3	68 777	11.93
放款及贴现票据	326 257	53.06	341 069	59.15
外汇资产	7 204	1.17	5 563	0.96
其他资产	37 512	6.12	32 103	5.57
房地产及设备	2 049	0.33	2 225	0.39
资产总计	614 831	100.00	576 591	100.00
二、负债类				
存款	494 460	80.42	472 777	82.00
拆入款	47 332	7.70	31 820	5.50

续表

项　目	2017 年		2018 年	
	数额	%	数额	%
借入款	4 204	0.68	8 893	1.52
外汇负债	10 581	1.72	4 406	0.75
其他负债	37 978	6.18	37 559	6.51
呆账准备	2 075	0.34	2 208	0.39
养老金准备	630	0.10	605	0.11
其他准备	73	0.01	82	0.02
负债总计	597 333	97.15	558 350	96.80
三、股东产权				
资本金	4 579	0.74	4 579	0.80
资本盈余	3 462	0.56	3 463	0.62
法定准备	566	0.10	618	0.11
自由准备	7 174	1.17	8 372	1.45
本期未分配盈余	1 717	0.28	1 209	0.22
股东产权共计	17 498	2.85	18 241	3.20
负债及股东产权共计	614 831	100.00	576 591	100.00

资料来源:美国某商业银行 2017 年、2018 年向股东大会提出的年度报表。

1.资产项目

资产项目主要分为四类:放款、投资、现金资产和其他资产。其中现金资产包括顾客提取的库存现金、在中央银行的准备金存款和一般存款以及存放同业三部分。其他资产则包括商业银行经营用房屋和设备、应收款项等。

2.负债项目

负债项目主要包括存款、借款和其他负债项目,其中存款、借款是商业银行最主要的负债项目。其他负债项目包括汇兑在途资金、应付费用等。

3.股东产权或资产净值

股东产权主要包括资本金和未分配利润,而未分配利润又可分为各项准备金、未分配盈余等项目。

(1)资本金,即银行的原始资本。银行资本有定额资本和实缴资本之分。前者是登记注册时经主管部门批准的资本额,亦称注册资本或者法定资本。而后者则是实际收缴的资本,它必须在财务报表中列出。资本金的多少标志着商业银行承受意外风险能力的大小,具有维持公众信心的作用。

(2)资本盈余,又称资本溢价。它是指银行在发行股票或者增资发股时,若股票的市场价格高于股票面额,银行出售股票可得到的溢价部分。

(3)准备金。它主要包括法定公积金和自愿准备金。法定公积金是按照法令的规定而提取的,法定公积金与资本盈余一样不能用于分配股利,而只能用于弥补亏损或者将其转化为资本。自愿准备金则是根据董事会或者股东大会的决定而提取的准备金。

(4)未分配盈余。它是历年的盈余在分配给股东以后剩下的部分,是银行的一笔无费用、无利息开支的资金来源。其大小对商业银行股票的市场价格和银行增资发股有很大的影响。

二、商业银行的资产负债管理

商业银行的资产负债管理是银行对其资产与负债进行综合性管理的一种经营管理方法。在西方发达国家,它经历了三个发展阶段:资产管理、负债管理和资产负债管理。20世纪60年代以前,在储蓄存款为充裕的自动资金来源的情况下,如何获取最大资金盈利问题决定了银行主要采用资产管理;60年代初期以后,银行为了增加储蓄存款来满足日益增长的巨大的贷款需求而转向主要采用负债管理;80年代中期以来,由于存款竞争和贷款竞争更加激烈,银行改变了单一管理方法,注重从资产和负债两方面同时进行管理。21世纪初以来,商业银行开始注重对资产负债表以及表外业务的综合管理。商业银行进行资产管理、负债管理或者资产负债管理以及综合管理,其目的都是要在管理之下增强资产的流动性、安全性和盈利性,实现盈利最大化。

(一)资产管理的方法和内容

资产管理是商业银行将资产在现金、证券投资、贷款及其他资产之间进行合理配置,以达到在保证流动性、安全性的前提下获得最大利润的管理方法。

1.资产管理的方法

商业银行进行资产管理的方法主要有两种。

(1)资金集中法。商业银行将活期存款、定期存款、储蓄存款、自有资本金等不同来源的资金集中起来,再按银行投资贷款的需要把资金分配到不同资产上去。通过这种先集中资金、后分配资金的配合方式来实现商业银行的总体管理目标。

(2)资金转换法。资金转换法又称资产配置法,它根据资金来源的流动速度(周转率)或者周转量和对法定存款金的不同要求来区分不同的资金来源。资金流动性越强,所需缴纳的法定准备金就越多。如每单位活期存款中,应有更大比例用于第一准备金、第二准备金上,而对于贷款和证券投资,这个比例就相对较小。

2.资产管理的内容

商业银行集中的资金,一般分配于第一准备金、第二准备金、贷款、证券投资、固定资产等方面。因此,根据商业银行资金分配能获得利润的途径,可将资产管理的内容分为以下三个方面。

(1)贷款资产管理。贷款资产是银行资产的主体,其管理包括:通过贷款的均衡配置、贷款的增量调节、贷款的存量管理和呆账坏账的资产化管理来实现贷款的流动性管理;通过识别风险、估算风险和控制风险来实现贷款的风险性管理;通过贷款创利额分析、贷款机会成本比较和贷款实用利率测算来实现贷款的盈利性管理。

(2)证券资产管理。在商业银行的资产结构中,证券资产占总资产的比例较大,用于购买证券资产的资金来源一般是银行的自有资本金或长期性负债,银行证券投资的对象是政府债券、公司债券和股票等有价证券。证券资产管理包括:证券资产估计(各类证券优劣的估算)、证券风险分析、证券投资收益率(证券收益与该证券投资额之比)计算和证券投资方法的运用。

(3)现金资产管理。现金资产即备付金,是商业银行预先准备为应付存款支取所需的资金。它主要由现金准备(业务库存现金)和存款准备(中央银行存款)组成。商业银行真正可以用于存款支取的只能是超过法定准备金的那一部分存款即超额储备。现金资产保有率越高,银行吸收的存款越多,整个银行体系资金的正常运转和金融稳定越有保障,所以银行加强现金资产管理,就是运用适当的方法使现金资产处于最低需要量和最高需要量之间的适量水平,保证银行有较强的清偿变现能力。

(二)负债管理的方法和内容

负债管理是商业银行主动到金融市场上寻找资金来源,特别是动用短期负债的手段来满足经济发展中的贷款需求,以增加银行盈利的管理方法。商业银行进行负债管理的原因在于:一是要实现有效存款利率最小;二是要建立和加强银行与顾客的信用关系;三是可以合理避开有关法则的限制。

1.负债管理的方法

商业银行进行负债管理主要有以下两种方法。

(1)储备头寸负债管理法。这种方法是用购入资金、增加短期负债向银行有计划地提供或补充银行所需流动性的管理方式。其主要工具是购买期限为1天的中央银行储备资金或使用回购协议。这种管理方法有助于提高资金的运用效益。

(2)贷款头寸负债管理法。这种方法首先经过有计划的安排,通过不同利率取得购入资金,增加负债,扩大贷款;然后通过增加银行负债的平均期限,减少存款的可变性,降低银行负债的不确定性。这是一种常被用来持续和扩大银行资产负债规模的方法,如银行发行大额可转让定期存款单就是运用这种管理方法的。

2.负债管理的内容

负债管理曾经是20世纪70年代西方发达国家商业银行所采用的最重要的资产负债管理方法。商业银行负债管理的内容包括存款负债管理、资本金管理、借入资金及其他负债的管理等三个方面。

(1)存款负债管理。存款是商业银行营运资金的主要来源和负债的主体。存款负债管理有:活期存款管理、定期存款管理、储蓄存款的结构配置和分类管理(长短期限结构配置、大小金额结构配置、储蓄存款种类结构配置、成本结构配置)等。

(2)资本金管理。广义的资本金一般包括股东权益(普通股、优先股、资本溢价、未分配利润)、长期负债、呆账准备金、其他储备等,它具有营业职能、保护职能和管理职能。银行管理当局为了保持银行的稳健运行而要求银行在一定资产规模下必须持有的资本数量就是资本适宜度。各国在不同时期所规定的资本适宜度是不相同的。美国、英国有各自不同的资本适宜度标准。1987年1月,英、美两国联合提出按一级资本和二级资本加权评估两国银行资本适宜度,以使两国银行能平等竞争。1987年12月,国际清算银行库克委员会提出了关于银行资本适宜度的国际标准,这个按风险资产加权平均计算的资本适宜度标准在1988年7月发表的《关于统一国际银行资本衡量和资本标准的协定》中得以确定,并在 1988 年 12 月获得包括美、英、德、日等 12 国政府的正式认可,这就是《巴塞尔协定》。该协定制定了一个国际通用的资本标准,商业银行资本由核心资本(永久性股东产权)和补充资本(公认的非普通资本)组成,核心资本在总资本中不得低于 50%;资本(核心资本加补充资本)对风险资产的比率到 1992 年末应达到 8%;经过 1990 年至 1992 年的过渡时期后各国银行都要严格执行《巴塞尔协定》的规定。此后,《巴塞尔协定》有关银行资本适宜度的国际标准及其实施原则不断得到补充、修改和完善。各国商业银行在统一的资本适宜度标准下进行公平竞争,有助于促进国际银行业的稳定发展。因此,商业银行的资本金管理实际上就是要按《巴塞尔协议》规定的资本适宜度国际标准进行管理。

(3)借入资金及其他负债的管理。商业银行经营时除了需要有存款和资本金外,还需要吸收大量的借入资金及其他负债,它们主要包括同业拆借、向中央银行借款及再贴现、转贴现和转抵押、发行中长期债券、临时占用资金、向国际金融市场借款等。借入资金管理主要有金融债券的管理和同业拆借资金的管理。同业拆借管理应坚持短期使用、按期归还、按协议办事的原则,以保证资金的合理流动和有效利用。

(三)资产负债管理的方法和内容

资产负债管理是商业银行对整个银行的资产和负债进行综合管理的一种复杂的方法,是金融管理中必须涉及银行上层职员的高级管理方法。资产负债管理的目的在于在管理战略和方针的指导下实现最大化盈利。资产负债管理的重点是对净利差和利差的管理。净利差是指利息收入与利息支出的差额,因此,资产负债管理常被视为控制利率风险的管理方法。

1.资产负债管理的方法

商业银行进行资产负债管理主要有以下三种方法。

(1)缺口管理法。商业银行的净利差由利率的敏感性、有收益资产和负债的数量,以及资产与负债的组合所决定,这样,利息净收益的变化就表现为数量上的变动、利率上的变动,以及结构上的变动之和。商业银行的资产和负债主要包括中央银行储备资金、回购协议、国库券、大额定期存单、可变利率贷款、活期存款账户等。资产或者负债的利率敏感性可用其收益或者费用对利率变化的调整时间来测量,利率敏感性最高的是那些到期日为 1 天的资金,利率敏感性最低的是那些期限长、利率固定的资产负债。所以,银行资产负债的实际管理就集中在控制其利率敏感性资产和利率敏感性负债的“缺口”上。缺口为利率敏感性资产与利率敏感性负债的差额;缺口率为利率敏感性资产与利率敏感性负债的比率。这样,缺口管理就分为以下三种具体方法:一是零缺口管理。缺口为 0 或缺口率为 1,就是银行的资产和负债的到期日相配或者偿还期对称。采取这种到期日搭配战略的管理方法,可使资产负债达到平衡状态,能降低利差的利率风险,但是不能完全消除利差风险。二是正缺口管理。缺口为正值或者缺口率大于 1,如果银行能正确地预测利率会上升而采取这种战略方法,就会增加银行的净利差。三是负缺口管理。当利率上升时正差额对银行很有利,同时,当利率下降时负差额对银行也很有利,所以储蓄机构常采用负缺口管理,缺口为负值或者缺口率小于 1。如果银行采取借短放长的管理方法,即从短期资金市场上借入低成本资金,同时在长期资金市场上放出高收益贷款,就会获得较大利润。

(2)差额管理法。差额管理是银行管理者根据预测利率的变化,积极调整资产负债结构,扩大或者缩小利率敏感性资产与负债的差额,以保证银行收益稳定或者增长的管理方法。如美国商业银行就广泛采用这种控制利率风险、资产负债统一管理的差额管理法。差额管理可分为以下两种策略方法:一是保守型的差额管理。这种方法要求银行努力使差额接近于零,把利率风险降到最低限度,以保证银行收益的稳定。二是主动型的差额管理。这种方法要求银行根据利率的预测,在利率的周期性变化中积极调整资产负债结构,以保证银行收益的增长。如果银行管理者能对利率变化做出正确预测,并能随时调整资产负债结构而不影响银行成本,那么在利率的周期性变化中,预测利率上升则会扩大差额,利率最高时差额最大,预测利率下降则会缩小差额,利率最低时差额最小。当利率变化剧烈、对利率预测的不稳定性程度增加时,银行应转而采取保守型的差额管理。

(3)综合管理法。由于预测利率变化趋势存在着不准确性的问题,因而银行管理者常在资产负债的实务管理中采用多种方法进行综合管理。系统分析法就是具有代表性的综合管理法。运用系统分析法,要确定银行的产权收益率目标,计算出净利差和各种推销费用率,考虑收益的稳定性,注重运用利率敏感性分析预测风险,因为利率敏感性分析的核心即缺口率是系统分析法的主线,能应用于分析所有的银行。具体进行系统分析时,银行应计算的数据包括:资本适宜度、有收益的资产及其盈利性、营业净收入、总的实际净收入、利率敏感性。将这些要分析的项目资料列入一个归纳表中,通过对这些指标的纵向和横向比较就能基本上了解银行资产负债的现状以及资产负债的发展趋势,从而提出有针对性的管理对策。

2.资产负债管理的内容

商业银行资产负债管理的中心问题是利率风险问题。针对利率风险管理的资产负债管理包括以下内容:了解市场利率变动所产生的利率风险对银行经营的影响;确定银行收益和实际净值最大化的目标;警惕缺口管理的误导;从风险与收益的替代关系中确定利息收入变动的影响;制定和比较几种利率方案并做出决策;了解影响利息收入变化的因素;测定利率风险;不断修改资产负债计划;确定资产负债的利率和到期日的搭配;做出确定利率方案的决策。当利率在确定的界限范围内波动时,要采取适当的管理对策来稳定、改善收益和实际净收益,实现资产负债管理的目标。

商业银行进行资产负债管理,需要有营运体系和组织机构。资产负债管理是一种综合性管理的经营方针和管理工具,它包括两层意思:一是将盈利与各种风险结合考虑的经营观念;二是运用各种手段来实现资产流动性、安全性、盈利性的管理工具。因此,资产负债管理是一个完整的体系,并且银行要实现资产负债管理就必须建立一整套与之相适应的组织协调机构。具体来说,资产负债管理的营运体系和组织机构包括:建立分析、预测和计划系统;健全资金的调节和调度系统;建立银行内部控制制度;健全管理机构和优化人力资源配置,保证资产负债管理的正常进行。

商业银行实行资产负债管理方法的最大优点在于:它有助于银行了解随着市场利率的变化,银行资产负债可能发生的变化趋势,但是它并不能保证一定会给银行带来最佳效果。

复习思考题

1.商业银行的基本业务有哪些？
2.什么是负债业务？它包括哪些内容？
3.什么是资产业务？它包括哪些内容？
4.什么是中间业务？它包括哪些内容？
5.什么是网络银行？它的特点和业务分别表现在哪些方面？
6.网络银行发展的模式和趋势是什么？网络银行发展对传统银行业有何影响？
7.我国网络银行发展的主要问题及其对策有哪些？
8.什么是资产负债表？其结构和内容有哪些？
9.什么是资产管理？其方法和内容有哪些？
10.什么是负债管理？其方法和内容有哪些？
11.什么是资产负债管理？其方法和内容有哪些？

第十一章

现代金融市场

第一节　金融市场概述

一、金融市场的概念

（一）金融市场的含义

金融市场（financial market）是指资金供求双方运用金融工具进行各种金融资产交易活动的场所。金融资产即金融市场交易的对象，它包括货币、外汇、银行定期存单、商业票据、政府债券、企业股票和债券、黄金、投资基金等，还包括金融期货（股票期货、债券期货、外汇期货、黄金期货）和期权等衍生性金融资产。金融市场可以是有固定地点和工作设施的有形场所；也可以是没有固定场所，在一定区域内的资金借贷和票据、证券的交易行为或者过程。金融市场作为金融商品的交易场所，从广义来看，它是一个由各种有形的金融机构和无形的移动网络通信交易合成的有机整体的抽象市场体系。

（二）金融市场的构成要素

金融市场必须具备以下基本要素。

1.金融市场的主体（参加者）

参加金融市场交易的所有居民个人、企业单位（包括商业银行和其他金融机构）、政府及某些政府管理机构（包括中央银行）构成金融市场交易的主体。它们作为资金的需求者和供给者在金融市场中发挥作用。银行和金融中介机构作为众多交易主体中的重要组成部分，是金融市场的特殊参加者，它们以中介身份促进资金的借贷流动和合理化配置。

2.金融市场的客体（交易对象）

金融市场的交易对象是金融工具，亦称信用工具，它包括票据、债券、股票、银行承兑汇票、大额定期存单、金融期货及期权等。

3.金融市场的交易组织方式

金融市场的交易组织方式是指金融市场主体对客体的成交方式。金融市场的交易组织方式有以下三种。

(1)交易所方式,又叫拍卖和竞价方式。它是通过金融交易的双方公开竞价方式来确定买卖的成交价格,一般有单向拍卖和双向拍卖。

(2)柜台方式,又称店头交易或场外交易。它是一种不通过交易所而分散于各个金融机构柜台上的金融交易。

(3)中介方式。这种交易方式的特点是,金融交易双方的直接联系被金融中介机构完全割断,金融机构成为金融交易双方债权人和债务人的总代表。中介方式和柜台方式最明显的区别在于,金融机构在组织交易过程中是否改变金融市场工具的性质。柜台方式买卖的对象是相同的市场工具,而中介方式购买的是一般的市场工具,如国债、公司债、股票等,卖出的则是自己创造的工具如储蓄存单、基金股份等,在交易过程中改变了市场工具的原有性质。

二、金融市场的形成

金融市场是商品货币经济发展的产物,它是伴随着信用制度的发展而发展的。

随着商品货币经济的发展以及商品买和卖的分离,商业信用的产生便出现了可能。早在资本主义以前的社会里,以延期支付方式进行的赊销商品活动便已出现。在货币支付手段职能的基础上,信用得到了广泛的发展,出现了商业信用票据化,借贷活动越来越频繁。资本主义经济是高度发达的商品经济,资本竞争日益激烈,商业信用已不能满足产业资本发展的需要,于是便产生了银行信用。银行信用除了进行存、贷款业务,满足了个别资本力量有限的生产者对资本的需求外,还办理商业票据承兑、贴现和再贴现业务,这就使银行信用与商业信用结合在一起。在此基础上,出现了信用工具,产生了现代股份制度。股票的发行,信用形式多样化和信用工具的增加,呈现出多渠道的资金融通关系,形成了特殊的市场——金融市场。随着信用工具作为一种金融性商品在市场上的交易活动日益扩展,金融市场也不断发展和完善。总之,商品货币经济带来了信用制度的发展,多种融资形式和金融工具的运用和流通,导致了金融市场的形成。

我国的金融市场萌芽于19世纪末期,20世纪上半期曾有过较快的发展,而且在经济发达的沿海地区和几个经济中心城市(如上海)形成了较为完善的运行机制。但是,由于我国对金融市场缺乏正确认识,视其为资本主义社会的产物,从而导致我国金融市场发展缓慢;特别是在新中国成立之后,我国的金融市场存在了一个短暂的时期之后就被取消了。我国的信用全部集中于银行(中国人民银行),不存在商业信用和国家信用。改革开放以后,我国的金融事业得到了很快的恢复,金融工具和金融业务逐渐增加,并形成了金融市场融资网络。我国金融市场的崛起对世界经济和各国金融市场的影响力越来越大,因而受到世界各国的极大关注,成为当今世界国际资本投资的重要场所。我国金融市场经过最初的孕育和萌芽阶段,以及20世纪80年代中后期的创建和90年代中后期的迅速发展阶段，到21世纪初期已经初步建立起了比较完善的金融市场体系，为促进社会主义市场经济的建设和发展起到了重要的作用。

三、金融市场的功能

发展金融市场，对于促进市场经济的发展具有十分重要的作用。金融市场的功能主要有以下几个方面。

(一)融通资金

金融市场的主要功能是融通资金。金融市场上存在多种融资形式，形成纵横交错的融资活动。金融市场上的融资活动可以实现长短期资金、大额资金和小额资金、不同区域间资金的相互转换，从而可以为社会闲置资金找到理想的投资场所，同时也可以为资金需求者及时、灵活、有效地筹集到资金。因此，金融市场能迅速地调剂不同资金供求，促进资金流通。

(二)提高资金使用效益，优化经济结构

金融市场机制主要是利率机制，利息是资金的价格，利率变动反映着资金供求关系的变化。因此，金融市场通过利率的上下波动和投资收益的变化，可以引导资金向经营管理好、收益高、利润高的企业及国民经济急需资金发展的产业部门流动，从而有利于提高投资效益，实现社会资源的优化配置和经济结构的合理调整。

(三)提供交易场所

金融市场为金融资产持有者提供出卖某种金融资产的场所，达到提高该资产流动性的目的。如当股票持有者不想再持有某种股票时，可以在二级市场出售股票，从而转移或者减少投资风险。

(四)可以降低交易成本，包括寻找买(卖)主的成本和信息成本

交易之前，为了寻找买(卖)主，需要花费一定的成本费用，如销售费。在金融市场上，则可以很快地直接找到自己想要交易的对象，从而减少寻找买(卖)主的成本。

收集信息和评价某种金融资产的质量所需费用就是信息成本。在金融市场上，参与人通过价格的变动可以了解相关信息，因而可以减少信息成本。例如商品期货、期权交易比现货交易成本低得多，交易者通过期货、期权交易，既可以减少费用，又可以以较少的交易成本达到获得最大收益的目的。

(五)可以分散风险

生产商和投资者通过各种金融资产的组合，可以达到分散风险的目的。如可以通过期货和期权交易将价格、利率和汇率风险转移给投机者，因此一般将期货和期权市场称为转移风险的场所。

(六)有利于中央银行实施货币政策，实行宏观调控

金融市场的存在，使中央银行的宏观调控多了一条灵活的渠道。中央银行可以通过调节货币的流量来控制经济规模；通过调整货币的流向来优化经济结构；通过调节市场上的货币总量来调节价格总水平，保证社会总供给与总需求之间的平衡，维持物价稳定。

四、金融市场的分类

金融市场内部结构复杂，种类繁多，按不同的标准可划分为不同的类型。

(1)按融资期限的不同可分为短期资金市场和长期资金市场。前者可称为货币市场，其融资期限一般在一年以下，交易对象有(短期)国库券、商业票据、银行大额定期存单、银行同业拆借等。后者称为资本市场，其融资期限在一年以上，交易对象有(中长期)国库券、公司债券、金融债券、股票、黄金及投资基金等。

(2)按金融工具的不同可分为股票市场、债券市场、票据贴现市场、大额存单市场、银行同业拆借市场、外汇市场、黄金市场、期货市场和期权市场等。

(3)按交易后交割的时间及合同的执行情况可以分为现货市场、期货市场和期权市场。现货市场指买卖双方签订协议即成交后，当天或者3天内完成交割，采用现钱现货方式买卖金融资产。期货市场是指买卖双方成交后，按协议在未来确定的日期以事先成交的价格交割金额资产。期权市场是指先用合约的形式确定持约者的权利，在一定期限内以买卖双方协议价格买进或者卖出某种金融资产，期权交易可能按合同规定的条件执行，也可能不执行。

(4)按地理范围不同可分为地方性金融市场、区域性金融市场、全国性金融市场和国际金融市场以及离岸金融市场。

(5)按金融市场的功能可分为一级市场和二级市场。前者称为初级市场或证券发行市场，在此市场上，发行人出售新创造的金融市场交易工具给初始投资人。二级市场也称为高级市场或证券流通市场，在此市场上，初始投资人把证券转让或者卖给新的投资人。

(6)按金融市场交易组织方式的不同可分为拍卖市场、柜台市场和中介市场。

(7)按交易场所的不同可分为有形市场和无形市场。前者是指交易在有组织的特定的交易所进行，如黄金市场、证券市场、可转让大额存单市场等。无形市场是指利用先进的通信设施(电脑、电话、电传等)相互联系，进行买卖货币和信贷业务，如拆借市场、外汇市场、贴现市场等。

(8)按融资的专门性可划分为同业拆借市场、贴现市场、股票市场、基金市场等。

(9)按交易对象的不同可分为本币市场、外币市场、黄金市场和证券市场等。

(10)按融资方式的不同可分为直接融资市场和间接融资市场。

(11)按交易对象和融资期限的不同可分为货币市场、资本市场、外汇市场和黄金市场。

金融市场体系如图11-1所示。

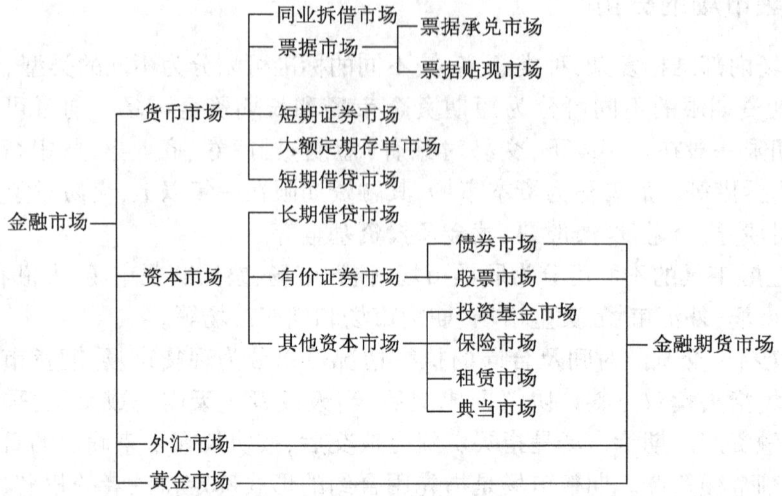

图 11-1 金融市场体系

第二节 货币市场

一、货币市场的特征及功能

(一)货币市场的特征

货币市场是经营期限在 1 年以内的短期资金借贷业务的市场，通常也称短期资金市场。它为该市场的参加者提供流动性头寸，以补充临时性、周转性、自偿性资金的需求。

在货币市场上，资金的融通是通过买卖短期信用工具来完成的。一般是临时性资金短缺的人通过发行或者出售货币市场工具，以及直接的短期借款来获得资金；资金盈余的人则购买货币市场工具或者直接短期贷款来让渡资金。

货币市场具有如下特征：第一，交易的期限短，最长为 1 年，最短只有 1 天。第二，其交易目的是为了解决短期资金周转供求需要。在货币市场上，货币资金的供给者和需求者有个人、企业、事业单位和金融机构，它们可以通过短期资金借贷，把供给者的暂时闲置资金临时贷给资金不足的需求者。第三，货币市场的金融工具具有较强的流动性，其偿还期也较短。此外，货币市场还具有交易方便、交易频率高、价格相对稳定、变动幅度较小、风险较低等特点。

(二)货币市场的功能

货币市场的功能主要体现在以下几个方面。

1.有利于国家、企业调节资金，增强资金的流动性，提高经济效益

当企业存在闲置资金时，在保证一定支付能力的前提下，可以用这些暂时闲置的资金在货币市场上购买价格适宜、收益率较高的短期证券。当企业、个人和政府支付能力缺乏或者政府出现财政赤字时,企业或者个人可以将其不同形态的金融资产迅速变换成现金,政府可以发行短期债券来弥补赤字。

2.促使银行短期信贷资金一体化

如果有的地方、有的银行存在着货币资金盈余,它说明社会产品闲置,社会生产能力结余;相反,如果有的银行存在货币资金短缺,则说明社会生产能力闲置。货币市场可以通过同业拆放、转贴现等方式使银行信贷资金一体化,从而使资金得到充分运用,取得较好的经济效益。

3.货币市场的融资活动对货币供给量具有决定性的影响

由于货币市场的融资活动可以增加或者减少流通中的货币量,中央银行可以通过再贴现控制和调节货币的供给,因而,货币市场的融资活动可以影响货币供给量。

二、货币市场的交易对象

(一)货币市场的工具

货币市场的交易对象主要是货币市场的工具,即短期证券。它主要有以下几种。

1.政府短期债券

政府短期债券是政府为弥补短期赤字而筹措短期资金或者先支后收而发行的债券。发行者是财政部,认购者是居民、企业、银行、投资公司、信托公司等。有期限为1年、9个月、6个月、3个月、2个月 、1个月甚至1周的债券。

2.商业票据

商业票据包括本票和汇票两种。它也可分为贸易性票据和融资性票据,前者指企业在商品交换过程中相互提供的一种信用,后者指企业委托发行公司办理发行的票据。

3.银行汇票

银行汇票是银行同业拆借的主要工具。

4.可转让大额定期存单

可转让大额定期存单是指银行签发的记载一定存款金额、存款期限及存款利率,可自由转让流通的存款凭证。其期限一般在1个月以上1年以下。

(二)货币市场工具的特点

货币市场工具具有以下几个特点:第一,短期性。这些工具短则1天,长则1年,其时间期限不等,但是一般不超过1年,反映了临时性融资的需要。第二,安全性。由于这些工具为短期融通资金所用,反映工商业短期周转之需要和政府周转资金的需要,它能在短期内归还,因此这类工具风险性小,比如短期国库券几乎没有风险,在许多国家其收益还免缴利息所得税。第三,流动性。由上述两个特点所决定,这些工具有很好的交易场所和交易性能,如短期国库券在西方发达国家是个人和机构进行短期投资的很好工具。第四,利率趋同性。上述三个特征决定了短期信用工具在风险收益的选择上替换性强,这会导致它们的收益率同升同降,趋于一致,或者差别很小。

三、货币市场的类型

货币市场主要包括同业拆借市场、票据市场、短期证券市场及大额定期存单市场。

(一)同业拆借市场

1.同业拆借市场的概念和特点

同业拆借市场是指金融机构之间进行短期(一般在1天至1个月内)临时性头寸调剂的市场,也叫金融同业拆借市场,是货币市场的重要组成部分。为了应付客户随时提取存款,中央银行规定商业银行必须有一定比例的存款资金不能用于发放,以作为现金准备,这就是法定准备金。例如,如果A银行某日结账时,发现手头准备金头寸短缺,第二天必须采取措施,或者多吸收存款少发放贷款,或者多收回贷款,使准备金符合法定比例的要求。但是A银行当天必须借入资金以弥补准备金的头寸短缺。银行可以通过到中央银行再贴现,或者向中央银行抵押借款筹到这笔资金,但是多数银行会到其他商业银行借款。因为A银行可以寻找到准备金超过其法定比例的与A银行情况相反的B银行,A银行愿意借入资金,B银行为获得较高利息也愿意贷出资金,双方达成协议即成交。这种银行间的资金借贷活动,就是同业拆借或者同业拆放。

同业拆借一般具有拆借期限短、交易手续简便、利率随行就市、议价成交、不需担保抵押及交易额大等特点,能敏感地反映资金供求关系和一国货币政策的意图,影响货币市场利率。同业拆借的期限通常以1~2天为限,多则1~2周,一般不超过1个月。拆款按日计息,即“拆息”,拆息额占拆借本金的比率为“拆息率”。拆息率每天不同,甚至一天之内也有变化,其高低灵敏地反映着资金市场的供求状况。

2.同业拆借的形式

同业拆借的交易形式一般有三种:一是通过中介机构的拆借,其中介机构有拆借经纪公司、代理银行、同业拆借中心、货币交易所等;二是不通过中介机构的拆借,即拆借双方直接联系,成交后直接相互转账结清;三是采用基金的形式。

同业拆借市场能起到借入贷出即时可用资金、平衡法定准备金的多余和不足的作用。

(二)商业票据市场

商业票据市场是指商业票据的承兑、贴现等活动所形成的市场。

1.商业票据

商业票据原是一种古老的商业信用工具,现已成为货币市场上筹措短期资金的工具。商业票据的发行者主要是那些资力雄厚、信誉卓著、经过评级而被称作主要公司的企业。其投资者是大商业银行、非金融公司、保险公司、地方政府或者投资公司等,这主要是因为商业票据具有面值或者购买单位大的特点。商业票据的一级市场就是商业票据的发行市场。

商业票据的利率就是其贴现率。决定其利率的因素有:发行人资信等级、有无担保及担保人的资信等级、税率高低、流动性程度等。

2.商业票据的二级市场——贴现市场

由于商业票据期限短、安全性高,因而商业票据常常是到期兑付。如果持有者在票据未到期前急需资金,可到发行公司提前兑付,从而产生了商业票据的二级市场,即贴现市场。

贴现是指持票人为了取得现款,将未到期的已承兑汇票,以贴付自贴现日起至票据到期日止的利息为条件,向银行所作的票据转让行为。贴现市场是未到期的承兑汇票贴取现金的融资场所,它是货币市场的重要组成部分。贴现市场是一种无形金融市场。

贴现可分为初贴现、转贴现和重贴现。初贴现指企业或者个人持未到期的承兑汇票向商业银行或者贴现机构办理贴现。转贴现指商业银行之间、贴现机构与其有业务往来关系的银行、贴现机构之间转移未到期票据。重贴现是指商业银行或者贴现机构持已贴现但是尚未到期的承兑汇票向中央银行申请再贴现。一般称以上三种贴现市场为广义的贴现市场,而称转贴现为狭义的贴现市场。

发展贴现市场,可以解决企业间生产和流通所需要的短期资金,在商业银行之间调剂资金,并且通过贴现市场调节短期利率。

(三)短期证券市场

短期证券市场是通过短期证券的买卖而进行短期融资活动的场所。短期证券市场的交易工具主要是政府发行的短期国库券,以及政府代理机构发行的其他短期证券。

国库券的发行一般由财政部委托中央银行办理,大多数采用拍卖的方式进行。投资者和包销机构通过投标提出认购数量,同时相互竞价确定发行价格。发行人根据投标情况按一定原则给予分配。例如,美国国库券的发行是由发行人财政部委托联邦储备银行作为发行的代理机构办理,由商业银行、经销商、非银行金融机构、机构投资者、政府及个人投资者或者包销商向联邦储备银行认购。国库券被称为"无息债券",它一般以低于票面额的贴现方式发行,到期不另付利息,而按票面价格清偿。国库券发行的投标可分为两种方式:一种是竞争性投标,参加竞争性投标的投资者必须报出认购数量和认购价格,希望用较有利的价格购入国库券,以其认购价格参加竞争;另一种是非竞争性投标,投资者只报出认购数量,成交时以财政部所接受的竞争性投标的平均数作为成交价格,其认购价格不参与竞争。国库券投标分配完毕就必须即时交割。

短期证券的特点是流动性高、风险最低、可以带来一定收益和在市场上可以随时变成现款,因而个人、企业、商业银行及其他金融机构都争相购买。因此,以国库券为主要工具的二级市场交易非常活跃。

(四)大额定期存单市场

大额定期存单市场的全称是银行大面额可转让定期存款单市场,是大额可转让定期存单的发行与转让所形成的市场,简称 CD 市场。其发行人是银行,购买者大多是非金融公司、大企业、政府机构、金融机构和个人等。1961 年,美国纽约花旗银行开始首次发行大额定期存单,以后流行到英国、日本。1986 年,我国国有专业银行开始开办大额定期存单业务。1989 年,中国人民银行总行制定了《大额可转让定期存单管理办法》,批准在全国推行大额可转让定期存单业务活动。

大额定期存单的发行价格一般取决于发行人资信等级、发行时市场利率水平及存单的期限。存单的发行价格一般有两种形式:一是按面额发行固定利率存单,其发行价格为票面面值,存单到期支付本息;二是贴现发行,其发行价格低于面额。存单的发行方式也有两种:一种是直接发行,即发行人直接在银行柜台零售或者通过通信销售;另一种是通过承销商发行,即发行人委托承销商发行存单。

大额定期存单的主要特点有:第一,面额大。在美国,最低面额为2.5万美元,通常在10万美元以上。在英国,面额最低为5万英镑,通常为50万英镑。第二,金额固定,决定权在发单银行。第三,期限较短。一般都在1年以下。第四,相对同期普通存款来说,其利息率较高。第五,可在市场上转让,但是不能提前贴现。正是由于大额定期存单具有活期存款流动性、接近定期存款利率的特点,因而很受购买者欢迎,银行也因此而扩展了自己的业务。

在货币市场的构成中,除以上四种主要市场外,还包括以下三种市场:①短期存、放款市场,主要是指银行及其他非银行金融机构办理短期存、放款业务的活动。②企业间短期借贷市场。在英国等国家,这个市场的利率较高,风险也较大。③地方机构贷款市场。在英国等国家,地方机构可以直接向市场借款,一般的金融组织如保险公司、房屋贷款会、养老金组织、银行以及公司企业,都愿意借款给它。

四、发展我国的货币市场

(一)我国货币市场的发展状况

货币市场是经营短期资金借贷业务的市场,是金融市场的重要组成部分。我国的货币市场是在经济体制改革之后产生发展起来的,现已初具规模。具体表现为:同业拆借市场得到了长足发展,同业拆借量大幅度增长,且资金的投向、投量和期限趋向合理;票据贴现、再贴现、转贴现业务迅速发展,并且,我国于1996年1月1日颁布了《中华人民共和国票据法》;货币市场工具日趋多样化,信用拆借、抵押拆借、票据买卖、证券回购等多种信用方式同时采用;为了使同业拆借、证券回购等得到规范化发展,我国制定了若干规则,并于1996年1月3日开通了全国统一的同业拆借市场网络系统。尽管我国货币市场有了较大的发展,但是也存在许多问题,主要表现为以下几方面。

1.货币市场的交易工具少、规模小、发展不平衡

一般意义上的货币市场工具有政府短期债券、商业票据、同业拆借、债券回购等。而在我国,真正上规模并有一定影响的交易只有同业拆借和债券回购交易两种。作为发达国家最主要的货币市场工具的短期国债,在我国发展得还不充分。我国在1994—1996年间作了试验性质的发行,1997年停止了发行,2001年恢复发行。同时,从国债的流动性看,可流通国债占已发行国债的比例在1996年前一直呈上升趋势,一度高达85%,但是1997—2020年发行了大量面向居民的不可流通的凭证式国债,使流动性比例降至30%。此外,商业票据作为历史最悠久的工具,在我国是唯一具有立法保障的交易工具,但是其发展也极为缓慢。可见,我国的货币市场不仅规模小,而且呈现抛物线形发展,在经济市场化程度日益加深、金融调控机制越来越市场化的背景下,我国货币市场却出现先萎缩、再恢复发展的现象。

2.货币市场的体制性分割

货币市场的体制性分割表现在两个方面:其一,同一种交易工具被人为地分割,缺乏

全国统一的市场。以国债的回购市场为例,同时有四种不同类型的市场存在:一是由上海证券交易所和深圳证券交易所构成的正规的交易市场;二是由各地的证券交易中心(如天津、大连、武汉)构成的"准正规"交易市场;三是在上述两种有组织的交易之外的由交易双方直接联系而达成交易的场外市场;四是1997年后应中央银行要求,国有银行和参加一级同业拆借市场的其他银行撤出证券交易所国债回购交易席位后形成的封闭的银行间交易市场。每一个回购市场都自成体系,相互分割。其二,不同的市场工具之间也存在着分割。就同业拆借和债券回购而言,二者都在短期资金融通方面发挥着重要作用,但是其间也存在着比较严重的分割,同业拆借利息和同期限的国债回购利率之间不存在同和关系,利率均不能为对方定价提供参照。随着金融管理体制改革的深化,货币市场的体制性分割在逐步减少而走向统一。

3.存在大量的不规范交易行为

我国的货币市场是在不规范的银行体制、不发达的金融市场和不完善的中央银行调控体制下产生和发展起来的,整个运行过程中充满了不规范的交易行为。以同业拆借市场为例,其发展过程就是一个混乱与调整的过程。在1996年以前,市场的参与者不仅有商业银行、一般的金融机构,而且非金融机构和居民也参与其中;在相当长的时间里没有全国统一的市场;市场活动也大大超过了短期资金融通的范围,甚至存在着长达数年的拆借现象;此外,市场利率的确定有很强的高利贷倾向。1996年初,在中央银行的组织下,全国一、二级拆借网络的形成在一定程度上使不规范交易情况有了好转,但是交易量却持续下降,而且种种不合理现象依然没有消失。国债回购市场的违规交易行为也大量存在,市场上大量的交易不是真正的国债回购交易,失去了调剂头寸、套期保值的作用,国债回购市场在某种程度上成为套取国家信用和银行信贷资金的投机场所,导致了一系列新的"金融三角债"的产生。

4.货币市场利率结构不合理

利率是货币市场上最主要的价格信号,反映了市场上资金的供求关系,而我国利率的市场化程度低,尚未形成合理的利率结构。我国把利率改革的第一步放在同业拆借利率的市场化上,经过多年的改革,虽有一定的进步,但是到目前为止,只是实现了利率形式上的市场化,利率并不能完全反映资金供求关系。主要是因为参与同业拆借的交易主体并没有做到真正意义上的商业化、市场化经营,其不规范的经营机制使入市资金不能反映平衡头寸盈余与短缺,相当一部分交易是为了寻求信贷资金。在1997—2004年实行放松利率的积极货币政策时期,在其他利率受到严格管制而仅仅放开拆借利率的情况下,利率之间存在"倒挂"现象,表现为拆借利率高于贷款利率。这种情况会产生两种不合理现象:一是商业银行拆入利率高而放出贷款利率低,承受利差损失;二是拆借利率高于中央银行再贷款利率,使得有能力从中央银行取得低息贷款的商业银行在拆借市场上高息拆出,实际上是从中央银行套利。利率的结构不合理还表现在各种信用工具利率之间的不合理。以国家信用为担保的国债的利率应比以商业信用为基础的企业债券低,然而在现实中,前者的利息率却高于后者。2005—2006年中央银行逐步提高利率,特别是2007年一年6次提高利率、10次提高法定存款准备金率;2008年5次提高法定存款准备金率。持续实行紧缩银根的货币政策,利率"倒挂"问题得到缓解。受2008年9月美国金融危机的影响,我国将从紧的货币政策调整为适度宽松的货币政策,相应地连续降低法定存款准备金率和银行存贷款利率。此后连续至2020年实施稳健的货币政策,货币市场利率弹性增强,但是货币市场利率结构仍然有待调整和优化。

(二)我国货币市场的发展目标和原则

我国货币市场的发展目标包括三个:第一,货币市场形成的利率具有“基准”利率的性质,可以作为确定其他债务工具以及银行存贷款利率的重要参考;第二,它为经济活动主体提供必要的融通流动资金的渠道,并使拥有多余短期资金的经济主体得以获利;第三,政府或货币当局可以通过这个市场来贯彻货币政策意图。

为了实现这一目标,必须遵循循序渐进、金融宏观调控、统一发展的原则。循序渐进是指发展货币市场与其他的建设一样必须同我国经济、政策环境相适应,既不能过快也不能过慢,而应逐步、稳步发展,不能照搬别国经验盲目发展,否则会给货币市场以及整个经济造成更大损失。加强金融宏观调控是指政府或者中央银行对于货币市场这样一种流动性很强、资金规模很大、对于各种经济信号极为敏感的市场不能放任自流,要在遵循市场规律的基础上实施对货币市场的有效调节和控制。统一发展是针对我国国内各种市场普遍存在条块分割、地区分割的现状提出来的,它要求形成全国统一的、开放的、规范有序的货币市场体系。

(三)稳步发展我国货币市场的措施

我国货币市场经过几十年的快速发展,现已进入稳步发展阶段。为促进我国货币市场的稳步发展,需要协调货币市场的发展与国家信贷政策的实施之间的统一关系,要配合好货币市场与资本市场、外汇市场之间的协调关系,应加强货币政策和财政政策的协调配合。具体来说,应采取以下几方面的措施。

1.进一步加强货币市场的建设与管理

首先,要加强货币市场的法制建设,结合《中华人民共和国中国人民银行法》《中华人民共和国商业银行法》《中华人民共和国票据法》等金融法规的实施,加快同业拆借、票据贴现、国债回购等有关法规的制定工作,保障货币市场的规范运行。其次,要加强货币市场的设施建设,建立一个各重点城市市场与全国中心市场联网的电脑交易系统,形成全国统一的货币市场体系。最后,要加强货币市场管理,改变现阶段多头管理的状况,加大管理力度,实行统一管理、规范化管理和严格监督。

2.发展和完善同业拆借市场

同业拆借市场是金融机构之间进行短期临时性头寸调剂的市场。发展拆借市场,要明确入市主体,确定营运方向,并且要形成全国统一的同业拆借利率;同时打破地区封锁,允许资金在遵守同业拆借规则的前提下在全国范围内自由流动。

3.发展和完善票据市场

一些资力雄厚、信誉卓著,经过评级而被称为主要公司的企业可以通过在票据一级市场上发行商业票据筹措资金。如果持有者在票据未到期前急需资金,可到发行公司提前兑付,从而产生票据二级市场即贴现市场。积极发展票据市场,需要增强对票据作用的认识;要大力发展以银行承兑汇票为主的商业汇票,以保障债权人的合法权益;要扩大中央银行对商业银行的再贴现业务、商业银行对工商企业的贴现业务以及转贴现业务；要在全国中心市场和各重点城市市场建立和完善相应的票据承兑与贴现市场。

4.增加货币市场交易对象的品种和数量

具有数量多、安全性高、流动性强、盈利性高、替代性强的短期金融工具是货币市场成熟的重要标志。我国要发展成熟的货币市场，就应增大中央银行融资债券的发行，增发短期国库券，推广商业信用票据，开发地方政府债券和企业短期债券等品种，大量发行大额可转让存单。

此外，要稳步发展我国货币市场还要加强中央银行对货币市场的监控，建立和健全独立的货币市场调查统计制度。

第三节　资本市场

一、资本市场的含义及功能

（一）资本市场的含义

资本市场又称长期资金市场，是相对于货币市场（短期资金市场）而言的一种金融市场。它通常是指经营期限在1年以上的长期资金借贷业务的市场。全面地看，资本市场包括两大部分：一是银行中长期存贷款市场；二是有价证券市场。但是，一般将资本市场视同或侧重在证券市场。

（二）资本市场的功能

资本市场的功能主要有：第一，资本市场有利于政府、企业等资本需求者筹措中长期资金。第二，有利于投资者即资本供给者的经济利益与企业经营管理挂钩，促进企业改善经营管理。第三，有利于调节社会资金，运用资金提高资金的使用效益。第四，有利于中央银行调节宏观经济。中央银行一般通过有价证券买卖、进行公开市场业务来调节宏观经济。

二、资本市场的交易工具

资本市场的交易工具一般是有价证券。有价证券主要包括债券和股票两大类。

（一）债券

1.债券的种类

债券是筹资者在筹集资金时所发出的一种表明债权债务关系的凭证，是一种金融工具和筹资手段。债券持有者称为债权人，债券发行者称为债务人。

按发行的主体不同，债券可分为以下三类。

（1）政府债券。政府债券是中央和地方各级政府或者政府所属机构在筹集资金时所发行的债务凭证。根据债务人身份不同，政府债券可分为三种：一是中央政府债券（国债），即以国家名义，中央政府作为债务人发行的债券。国家向国内发行的债券构成内债,向外国发行的债券称为外债。二是地方政府债券(地方债),是指经中央政府同意,地方政府作为债务人发行的债券。三是政府机构债券,指以中央政府作后盾,由政府机构作为债务人发行的债券。

(2)公司债券。公司债券是以公司作为债务人发行的债券。一般来讲,公司债券的利率比政府债券的高,因为公司信誉比政府低,持公司债券比持政府债券风险大,因此,政府债券尤其是国库券常被称为"金边债券"。公司债券特别强调有无担保,根据担保情况,公司债券可以分为无担保公司债券、有担保公司债券和可转换公司债券。

(3)金融债券。金融债券是指以银行或者其他金融机构作为债务人发行的债券。发行金融债券能集中筹措资金,再分配到社会更需要的、效益高的部门使用。金融债券必须经中央银行批准其发行额度,才能在其发行机构营业网点以公开出售的方式发行。金融债券的信誉一般低于政府债券,高于公司债券,因此它的利率水平一般高于政府债券,低于公司债券。

2.债券的价格

债券的价格是指债券首次发行的价格。债券发行的方式有平价发行、折价发行、溢价发行和贴现发行4种。无论采用哪种方式发行,债券价格都可以用下列公式来表示:

发行价格=(债券利率÷市场利率)×票面值

其中的市场利率以银行的基本利率为标准。债券的发行价格与债券利率成正向关系,与市场利率成反向关系。

(二)股票

股票是股份公司为筹集资本而发行的,证明持有人入股并借以分取股息,在资本市场上流通的一种有价证券。

1.股票的特征

股票具有如下特点:第一,股票必须具备一定的具体形式,并且要通过一定的法定程序才能发行,否则无效。第二,它是有价证券,投资者必须付出一定的资本才能取得股票、转让股票、收回现金。第三,股票持有者即股东既参与管理,获取收益,同时也缴足股金,承担风险,恪守义务。第四,股票可以在市场上转让出售,具有极强的流动性。第五,股票一经发行,只要公司持续经营,股东不能退股,它是永久性证券。第六,股票是一种虚拟资本,它作为资本证券既不是真实资本,也不是实物资本。

2.股票的种类

根据不同的标准,可以将股票划分为以下不同的种类。

(1)按股东所代表的权利和义务不同,可分为普通股和优先股。普通股在公司利润的分配和剩余资产的分配方面只享受一般的、普通的权利,而无特殊的优先权利。普通股的股息不固定,随公司利润的大小而定,当公司破产时,其破产清算分配也在最后。优先股是相对于普通股而言的一种股票。它是指在公司利润的分配和剩余财产的分配上较普通股更为优越的一种股份,其股息一般比较固定,风险小于普通股,当公司破产时,对剩余资产优先分配。

(2)按记名与否,股票可以分为记名股票和无记名股票。记名股票指在股份公司的股东名册上记有股东的姓名、住址,有些在股票上也记有股东的姓名。记名股票的买卖必须办理过户手续，以保证股东的权益。无记名股票则在公司股东名册及股票上不记载股东姓名，股票买卖也无须过户。

（3）按有无票面金额，股票可分为有票面金额股票和无票面金额股票。有票面金额股票在票面上标明金额，表示投资者投入股份公司的资本额，并作为获得股息的基础。无票面金额股票指该股票固定代表股份公司一定比例财产价值的股票。

3.股票价格

股票价格可分为票面价格、账面价格、结算价格、发行价格、交易价格和理论价格。计算股票价格的基本公式是：

股票价格=股票收益÷市场利率

其中的市场利率也是以银行的基本利率为标准。股票价格与股票预期收益（股息量）成正向关系，与市场利率成反向关系。

影响股票价格的因素很多，如市场利率、股票所代表的公司资产的质量和公司管理水平，还有经济周期、物价变动、财政金融政策、股票供求关系、人为的投机、社会心理、政治和军事因素以及灾害或者重大安全事故等都对股票价格有不同程度的影响。

三、资本市场的类型

传统的资本市场通常称为证券市场，它主要由证券发行市场和证券流通市场构成。现代的资本市场，按其结构与功能的不同，可以分为主板市场和二板市场。

（一）证券发行市场与流通市场

1.证券发行市场

（1）证券发行市场的构成及功能。证券发行市场是指原始证券（新股票、新债券等）发行的市场，也称一级市场或者初级市场。没有发行市场就没有直接筹资渠道。发行市场一般由证券发行者、证券中介机构和证券投资者三部分构成。证券发行者是筹资者，是新证券的供给者，一般指政府、企业、公司、金融机构等。证券中介机构是承购者，它们代理证券发行，向投资者推销，是筹资者和投资者的中介人，一般由投资银行、信托投资公司、证券公司等金融机构担任。证券投资者是出资购买证券的单位（主要是机构投资者）和个人，他们一旦买下证券，就成为股东和债权人。

发行市场的功能是将社会各方面的零星闲散资金汇集起来形成巨额资金，供给筹资者以促进社会经济的发展，它在长期资金需求者和供给者之间起着桥梁作用。发行市场的特点是：没有固定场所，没有统一的发行时间，证券的发行由发行人自己安排。为了维护经济秩序，防止欺骗公众，各国对证券发行的条件都有明确规定。证券发行必须有完备的手续。发行证券的基本程序是申请——审批——发行销售。

（2）证券发行的方式。它有三种方式：第一，包销，是指银行或证券公司购买政府或公司本次发行的全部证券，然后以批发或零售的方式出售，赚得买进和卖出的价差。包销把风险全部转移给包销商，但是费用较高。第二，代销，指部分新证券由发行单位直接向本公司或其他单位出卖，剩余部分再委托证券公司或银行代销，代销费用较少，但是发行者承担的风险大。第三，投标，指银行及中介机构获得证券发行单位信息后，以投标的形式提出自己的发行条件申请承销新证券，发行单位择其价高、条件优惠的投资者经销新证券。

2.证券流通市场

证券流通市场是证券买卖的场所,也称二级市场。证券流通市场由证券持有人(卖方)、信用中介机构(证券公司和证券交易所)和投资者(买方)三者组成。

证券流通市场有利于调节社会资金,加速资本的积聚和集中;有利于企业改善经营管理;有利于传播经济信息;有利于减少投资风险;也有利于促进资本在国际上流动。

证券流通市场包括证券交易所和店头市场,另外还包括第三市场和第四市场。第三市场是非交易所成员从事上市股票大笔交易的市场,也称店外市场。第四市场是指投资者和证券持有者直接利用现代化电信设备进行大宗证券交易的场外交易市场。

(1)证券交易所。它是根据国家有关法律,经政府证券主管机关批准设立的从事证券买卖的有形场所。证券交易所本身不参与买卖证券,也不决定证券价格,它只是为证券买卖提供一个常设市场。只有证券交易所的会员才准许进入证券交易所进行交易,这些有会员资格的证券商称为会员经纪人。它们是证券买者和卖者的中介人,以收取佣金为目的。证券交易所的交易一般按照开户——委托——竞价成交——交割——支付佣金——过户等程序进行。

目前,证券交易方式主要有以下五种。

第一,现货交易,亦称现款交易。这是指证券的现金现货交易,买方支付现金收取证券,卖方支付证券收取现金,钱货两清。它在短时期内完成证券所有权的转让,其投机行为少,是最基本的交易方式。

第二,期货交易。这是指买卖双方在未来的特定日或者特定期间,以双方预先协议价格交割特定数量和种类的证券的交易。其特点是:成交一定时期后再进行交割;结算时,按成交时的合约协议价格而不按交割时的行市进行清算,这样,证券价格的变化会给交易者带来收益或者损失;交易时可以采用清算方式互抵。期货交易主要有两种:一是为减少价格波动带来风险的套期保值交易;一是利用期货市场的价格波动而进行的投机交易。在期货交易中,一些人预计证券价格会上涨,就大量买进,待价格上升即抛出,这种先买后卖的叫作多头;一些人预计证券价格会下跌,趁价高时抛出,待价格下跌时再买进,这种先卖后买的叫作空头。做多头或者做空头也叫买空或者卖空。买空者和卖空者为了各自利益,拼命哄抬或压低价格,如果投资者判断失误,就会造成很大损失。

第三,信用交易,又称保证金信用交易。这是指经纪人将自有资金或者从银行贷入的资金垫付给投资者买卖证券的一种方式,也称垫头交易。一般经纪人为投资者垫付的资本,其利息高于银行利息。信用交易又有融资和融债两种方式。

第四,期权交易。这是指期权出售者和购买者通过经纪商按契约规定的期限、价格和数量,买卖某一特定有价证券的权利的交易。期权交易可分为买进期权、卖出期权和双向期权。买进期权是指买方在合约期内,有权按预先协议价格向卖方买入一定数量的证券,也称看涨期权。当证券价格呈上升趋势时,有的人认为证券看涨,决定买入期权,以期获利。卖出期权指期权买方在合约期内,有权按预先协议价格向卖方卖出一定数量的证券,也称看跌期权。当证券价格呈下跌趋势时,有的人认为证券看跌,决定卖出期权,以期获利。双向期权是指投资者在同一时间内对同一证券既做买进期权又做卖出期权,它可分为套涨期权和套跌期权。

第五,股票价格指数期货交易。股票价格指数是报告期平均股票价格对基期平均股票价格的百分比,它是考察股票市场一般价格水平的指标。股票价格指数期货交易中买卖的不是股票,而是股价指数。美国是该类交易较流行的国家,其股价指数期货是按购买或者出售时所报的指数数字的价格成交的,一份合约的价格为指数数字的500倍。价格的升降是按点计算的,每升降一个指数点,价格就升降500美元。

股价指数期货交易的主要意义在于减少投资者的风险。当投资者看涨股市时,可买进指数期货;相反,则卖出指数期货。

(2)店头市场,也称证券的场外市场、柜台市场或者电话市场。它是指公开发行但是未公开上市的证券由证券商自营或代客买卖的场所。现在有所谓的第三市场和第四市场,实际上都属于店头市场。店头市场交易的主要对象是未在证券交易所上市的证券,也有一部分是上市证券。

店头市场没有严格的场所,也没有严密的组织机构。证券买卖双方可以直接当面议价成交,手续简便,方式灵活,经营证券品种多,交易范围广。店头市场交易程序不如交易所交易程序严格。店头市场交易一般分为代理买卖和自营买卖两种。

美国的证券交易市场以店头交易市场最发达,交易数量超过证券交易所。店头市场没有中间商,交易时不用花费佣金。

3.证券发行市场与证券流通市场的关系

证券发行市场和证券流通市场共同构成证券市场,两者相辅相成,缺一不可。发行市场是流通市场的基础,任何上市公司都要通过发行市场才能达到筹资的目的,发行市场是前提。流通市场又直接影响到发行市场的成效,推动新证券的发行。流通市场为投资者提供变现条件和投资机会,使证券市场活跃,从而支持和巩固发行市场。

(二)证券主板市场与二板市场

1.证券的主板市场

主板市场(main board)又称为第一板市场,是指证券交易所的既有公开交易市场。它包括证券交易市场的一级市场(发行市场)和二级市场(流通市场)。美国的纽约证券交易所、我国的上海证券交易所和深圳证券交易所等均为主板市场。

主板市场的功能主要表现在两个方面:一是为大型公司、骨干企业的发展筹集资金。通过主板市场发行股票融资可以将社会上分散的资金筹集起来解决大中型企业资金不足的问题。二是为各个产业中处于成熟期的企业提供上市机会。由于主板市场的上市标准高,在主板市场上市的大多是处于成熟期的传统产业中的企业,如能源、钢铁、石油、化工、纺织等行业部门的大型企业,这些企业生产经营相对稳定,其资本与收益呈现相对稳定的特点,主板市场能为这些企业提供上市融资的机会。

2.证券的二板市场

二板市场(second board)又称创业板市场、中小企业市场、小盘股市场、第二交易系统,是与证券交易所内主板市场或者第一板市场相对应的资本市场体系。它特指主板市场以外的专门为新兴公司和中小企业提供筹资渠道的新型资本市场。它依托计算机网络进行证券交易,为创业投资提供退出通道;对上市公司经营业绩和资产规模要求较宽,但是对信息披露和主业范围要求相当严格。

二板市场的功能主要表现在三个方面：一是为有前景的中小创新企业的持续发展筹集资金。新兴中小创新企业规模较小，不符合主板市场的上市标准，在吸引一定的风险投资和私人投资以后，可以到上市标准较低的二板市场发行股票融资。二是为风险投资提供退出机制。风险投资加盟中小创新企业的目的是为了谋求高额回报。一旦时机适当，它们就会从二板市场退出，寻求新的风险投资机会。三是有利于促进中小企业建立良好的激励机制。有了二板市场流通股权，中小企业就可以采取股票期权、职工持股计划等激励手段，激励员工和管理者更加努力地工作。

20 世纪 70 年代以来，为了扶持中小企业和高技术企业发展，世界上不少发达国家和地区纷纷探索设立二板市场。美国的纳斯达克市场堪称国际资本市场上二板市场的典范。美国的纳斯达克市场即全美证券商协会自动报价系统（NASDAQ）成立于 1971 年，是一个支持技术创新的市场。在全部上市公司中，高科技公司比例高达 64%左右。在近 50 年中，纳斯达克不仅为美国培育出一大批如微软、英特尔、苹果等世界著名企业，而且催生出像索罗斯量子基金这样的巨型风险投资基金。现在，美国纳斯达克股票价格指数已经成为与道·琼斯工业股票价格指数同等重要的世界著名的股票价格指数。在纳斯达克的成功示范下，许多国家和地区都根据高技术产业发展的客观需要在主板市场之外建立了二板市场，如英国的另类投资市场（AIM）、德国的新市场、法国的新兴证券市场，以及在此基础上发展而成的全欧洲范围内的欧洲新市场、新加坡创业板市场、吉隆坡的证券交易所第二市场，以及我国台湾的场外证券市场、香港的创业板市场等。

与主板市场相比，创业板市场的门槛较低，不要求企业有连续三年的盈利业绩，因此，市场风险会相应较高，监管也将更为严格。创业板市场的开设，对于中小企业和私募基金都将是有利的，因为风险投资和私募基金有了退出渠道后，将使得更多的资金敢于投入到创新型企业中去，中小企业融资也将拥有更多的渠道。2004 年 5 月深圳中小企业板开市一年才有 50 家上市公司，2006 年 6 月 19 日启动全流通条件下的第一股——中工国际，至 2006 年 12 月 30 日有 102 家中小企业挂牌上市。2009 年 10 月 30 日，我国正式开设创业板市场。这对于完善我国的证券交易市场体系和促进中小型企业特别是高技术企业发展具有重要的作用。

3.主板市场与二板市场的关系

主板市场与二板市场之间是相互补充、相互促进的关系。

两者相互补充的关系表现在：主板市场主要为大型公司、骨干企业服务，且上市标准高；二板市场主要为具有增长潜力的中小型科技企业服务，且上市“门槛”低，恰好弥补了主板市场的功能缺陷。

两者相互竞争、相互促进的关系表现在以下三个方面。

(1)两者都是证券市场的重要组成部分。二板市场是在主板市场基础上发展起来的；同时二板市场的规范化发展对主板市场又会产生示范效应和扩散效应，从而进一步促进主板市场的发展。

(2)由于两者所依托的宏观经济背景完全相同，两个市场的股价走势在一定程度上将是一致的，其中任何一个市场的波动都可能引发另外一个市场的连锁反应。

(3)两者之间的竞争突出体现在对上市公司和市场资金的争夺上。二板市场建立后,主板市场面临着来自二板市场的竞争,面临着上市公司和投资者的分流。这种竞争有助于提高市场管理水平与市场运行效率,从而促进证券市场规范化发展。

四、完善我国的证券市场

(一)我国证券市场发展的现状

我国于1981年恢复了国库券的发行,1984年,上海、北京、深圳等地的少数企业开始发行股票和企业债券,证券发行使证券市场得以产生。1988年国债流通市场的建立和20世纪80年代中后期股票柜台交易的起步,标志着证券流通市场开始形成。自1990年和1991年上海证券交易所、深圳证券交易所相继开业以来,我国的股票市场获得了迅速发展。

我国于2006年开始进行股权分置改革,以解决同股不同权、不同价、不同利的矛盾。到2009年底,上海证券交易所、深圳证券交易所1 331家国有或者国有控股上市公司完成股权分置改革。股权分置改革的完成使国有股、法人股、流通股利益分置、价格分置的问题不复存在,各类股东同股同权、同价、同利,特别是有相同的上市流通权、相同的股价收益权,各类股票按照统一市场机制定价,二级市场价格开始真实反映上市公司价值,并成为各类股东共同的利益基础。股权分置改革为我国证券市场优化资源配置奠定了市场化基础,使我国资本市场从市场制度层面与国际市场不再有本质区别。

在上海、深圳两个交易所进行交易的品种有股票(A股、B股)、国债、企业债券、金融债券、可转换债券、封闭的证券投资基金、回购等品种,上市公司已经成为我国经济体系的重要组成部分。

我国证券市场经过近几十年的建设,获得了迅速的发展,为政府、企业等资金需求者筹措资金,促进企业改善经营管理,提高资金使用效益,加强中央银行调控,深化经济和金融体制改革特别是加快企业制度的建设起到了重要作用。但是,存在的问题也不少,主要有以下几个方面。

1.证券市场行为不规范

在股票市场上,股份公司的行为不规范。公司组织系统、公司管理制度并未建立起来,一些股份公司对企业的经营业绩、经营风险等信息不进行实际的披露,高溢价发行股票,盲目送配股。发行股票的目的是为了"圈钱",进行配股是为了进一步"圈钱"。一些证券商向客户提供虚假信息、挪用客户资金、内幕交易等欺诈客户的现象时有发生。大户联手操纵股市,兴风作浪,导致股市暴涨暴跌。在债券市场上,由政府、银行担保的发债企业不按期偿债,国债交易机构、国债期货交易、国债回购业务及国债投资基金都不规范。

2.投机性的炒买炒卖仍是证券市场活动的基本特征

在我国目前的证券市场上,投资者少而投机者多,而且投资队伍还很不成熟,他们主要搞"短线"投机频繁操作。例如:有一部分大户(投机者)挪用公款炒卖,其大部分资金直接或者间接来自银行甚至社会保障基金;有些证券商违规"坐庄"恶意炒卖,上市公司也炒自己的股票;小额投资者较少考虑公司业绩、经营成果,围绕股票走势跟进跟出,造成股市极不稳定。这样只能造就一些投机家和合法的赌博者,不利于证券市场的健康发展。

3.证券市场功能不健全

成熟而发达的证券市场一般都具有筹集资金、约束企业行为以及合理配置资源的功能。目前,我国证券市场的发展还只停留在外延拓展阶段,还没有形成一种全新的融通资金的市场机制;加之投机盛行,从而使得我国证券市场只具备筹资的功能,而不具备硬化企业约束、实现资源合理配置的功能,中央银行通过它对宏观经济进行调节所起到的作用也不明显。股票市场上的企业搞"圈钱运动",债券市场上的企业"欠债不还",这些问题反映了我国证券市场还没有形成对企业的外部约束机制。股票市场上的股价随政策的变化而暴涨暴跌,这种市场走势并不反映企业经营状况的好坏,这就不能通过投资者的资产选择过程引导资金流到效益好的企业和产业中去,不能发挥市场的优化配置资源的功能。

(二)促进我国证券市场规范化发展的措施

我国不仅要稳步发展和完善证券市场,而且要在发展过程中重点加强证券市场的规范化建设,并推进证券市场的自由化、国际化和现代化发展。

1.加快各项配套改革,为进一步推进证券市场发展提供基础性条件

一方面,要深化国有企业体制和财政、金融体制改革,塑造独立的市场主体。继续推进国有企业改革,把国有企业改革成产权明晰、责权清晰、政企分开、管理科学的具有现代企业制度特征的利益主体,而不是徒有虚名的股份公司。深化金融体制改革,加快股份制、区域性商业银行的建设,鼓励它们参与市场竞争;培育和发展合约性金融机构,完善和发展社会保险、保障事业,引导和规范社会保障资金进入证券市场。另一方面,要普及证券知识,培育各类专业人才。广大居民对证券知识知之甚少,因而投资意识淡薄也限制了资金流入证券市场。投资者证券知识的缺乏制约着证券市场发展。因此,应在全社会范围之内普及证券知识,培养高层次的专业人才,包括一批高素质的注册会计师、律师、证券交易商、基金经理、金融分析师及高素质的证券市场监管人员。

2.进一步完善证券法律法规,加强市场监管力度,规范市场参与者的行为

规范市场运行的《中华人民共和国证券法》(以下简称《证券法》)于2005年11月修订颁布、2006年实施,其修改中增加了对首次公开上市发行(IPO)的规定。但是,要强化对市场参与者的监督,还需要根据《证券法》的有关规定进行监督,或者根据证券市场新的发展情况进一步修改《证券法》,并逐步形成证券监督委员会、证券交易所、行业协会三级监督,法律、法规、交易所规则、行业自律四个层次的监督管理体系,使市场参与者在法制、规范、有序的状态下进行市场运作。

3.积极推进证券市场自由化发展

我国不仅应该推进证券市场规范化的发展,而且还应该推进其自由化发展。只有这样,才能提高证券市场的效益,促进证券市场发展。而要推进证券市场自由化,就必须改革企业上市的行政审批制度为注册制度,进一步放开证券发行的限制,实行融资行为的自由化,特别是应该减少行政手段的控制或者干预,并充分发挥市场机制的作用。

4.加快证券市场国际化进程

证券市场国际化是我国证券市场长远发展的方向。我国应进一步扩大证券市场的对外开放,适当鼓励并引导外资进入我国证券市场;继续鼓励国内企业到发达国家的主板市场与二板市场上市;在完善内地与香港的经济全面合作(2004 年 1 月 1 日正式实施“内地与香港关于建立更紧密经贸关系的安排”,简称 CEPA)机制的基础上扩大内地企业在香港证券市场 H 股(又称“红筹股”)的发行;进一步完善 B 股的全国性法规,保护海外投资者的利益;引进国外证券监管的先进经验和做法,加强国家之间在证券监管方面的合作。2006 年 12 月,我国全部履行了加入世界贸易组织有关证券市场对外开放的承诺,为我国加快证券市场国际化进程奠定了基础。2014 年 11 月 17 日和 2016 年 12 月 5 日上海证券交易所和深圳证券交易所分别同香港联合交易所的“沪港通”和“深港通”股票交易、2018 年 12 月上海证券交易所和伦敦证券交易所的“沪伦通”股票交易推进了证券市场的国际化进程。

5.大力发展和培育规范化的机构投资者

投资机构是指具有法人资格的以其所能利用的资金在证券市场上进行各类股票和债券投资的机构。它不仅能为证券市场的扩容提供充足的资金,而且对抑制投机、稳定证券市场起着重要的作用。现阶段应大力发展以共同基金、养老保险基金、医疗保险基金、失业保险基金等为主的规范化的机构投资者,进一步规范和发展投资银行。同时应该完善 QFII 和 QDII 制度。

QFII(qualified foreign institutional investors)即合格的境外机构投资者制度,是指允许合格的境外机构投资者,在一定规定和限制下汇入一定额度的外汇资金,并转换为当地货币,通过严格监管的专门账户投资当地证券市场,其资本利得、股息等经批准后可转为外汇汇出的一种市场开放模式。2002 年 11 月 7 日,中国证监会与中国人民银行联合颁布《合格境外机构投资者境内证券投资管理暂行办法》,自 2002 年 12 月 1 日起施行。

QDII(qualified domestic institutional investors)即合格的境内机构投资者,是在一国境内设立,经该国有关部门批准从事境外证券市场的股票、债券等有价证券业务的证券投资基金,又称为国内机构投资者赴海外投资资格认定制度。与 QFII 一样,QDII 也是在货币没有实现完全可自由兑换、资本项目尚未开放的情况下,有限度地允许境内投资者投资境外证券市场的一项过渡性的制度安排。中国证监会 2007 年 6 月颁布了《合格境内机构投资者境外证券投资管理试行办法》以及《关于实施〈合格境内机构投资者境外证券投资管理试行办法〉有关问题的通知》,对 QDII 准入条件、产品设计、资金募集、境外投资顾问、资产托管、投资运作、信息披露等方面的内容及其实施做出了详尽的规定,共同构成了基金公司、券商 QDII 业务完整的规则体系。

6.促进证券市场的创新

在证券发行市场上,应采用多种创新性发行方式,要积极稳步地发展风险投资、私募基金、创业板以及股指期货。在流通市场上,不能仅停留在单一的现货交易上,应在适当的时候恢复国债期货交易,积极准备发展股票指数期货交易。同时应完善证券市场结构,积极稳步地发展二板市场,并注意协调主板市场与二板市场的相互关系。

第四节 外汇市场和黄金市场

一、外汇市场

(一)外汇市场的概念

外汇市场是指专门经营外汇买卖交易的场所,它是国际金融市场的重要组成部分。外汇市场的参与者有外汇银行、中央银行、外汇经纪人、外汇交易商、投机者和其他参与外汇交易的机构与个人。

外汇市场按不同的标准有不同的分类。根据市场形态不同,可将外汇市场划分为有形市场和无形市场。有形市场是专门设立的、买卖双方直接面对面地成交的外汇交易所;无形市场没有固定地点,是买卖双方通过电脑、电话、电传、电报或者其他通信手段进行交易的领域。根据市场交易主体及业务活动方式不同,可将外汇市场划分为国内外汇市场和国际外汇市场。国内外汇市场的主体主要是本国的外汇市场参与者;国际外汇市场的主体包括世界各个国家的外汇市场参与者。

外汇市场的交易可分为三种类型:第一,零售交易,即外汇银行与普通客户之间的交易,又称零售市场。第二,同业拆借,即各类银行、金融机构之间数额较大的外汇交易。第三,批发交易,即外汇银行与中央银行之间的交易。

汇价,就是外汇行市或者汇率,是一国货币兑换另一国货币的比率,或者说是一种货币用另一种货币表示的价格。汇率的标价方法有两种:一种是用 1 个单位或者 100 个单位外国货币作标准,折算为一定数额的本国货币的直接标价法,也称应付汇价;一种是用 1 个单位或者 100 个单位的本国货币作标准折算为一定数额的外国货币的间接标价法,也称应收汇价。汇价是外汇市场的中心,它决定着交易各方的利益得失,支配着市场交易活动的方向和规模,是外汇市场稳定的重要标志。

外汇市场的作用主要是便于国际支付结算和国际资金借贷转移,避免或者减少国际经济交易中的外汇风险,促进世界经济的发展,但它也同时为国际资本进行外汇投机、牟取暴利提供了条件。

(二)外汇市场的交易方式

外汇市场的交易方式主要有以下几种。

1.即期外汇交易

即期外汇交易也称现汇交易。它是指在买卖契约成立当天或者次日交割(即实际交付现款),其汇率叫作即期汇率。

2.远期外汇交易

远期外汇交易是指按协议的汇价订立买卖合约,到约定的期限才交割。一般要 3 个月至 6 个月才能获得现款,其汇率叫作远期汇率。远期外汇交易主要有两个目的:一是套期保值,即为了避免风险。由于进出口商从签约到支付货款要经历一段时间,为了避免汇价变动造成的风险，以确保这笔外汇兑换本国货币的数额，便从事远期外汇交易。二是投机获利，指投机商预期将来的汇率变化而进行"多头"或者"空头"买卖，以赚取投机利润。

3.掉期外汇交易

掉期外汇交易是指某一种货币在被买入(卖出)的同时即被卖出(买入)，所买入(卖出)和卖出(买入)的货币金额相等但是期限不同，或者一个为即期一个为远期，或者为两个不同期限的远期。在掉期交易中，重要的不是即期汇率水平而是掉期率，即买进和卖出两种不同期限的外汇所使用的汇率和差价。

4.外币期权交易

外币期权交易是指在一定时期内按约定汇率买入或者卖出一定数量的某种外币的权利。购买人获得一种选择权利，他可以根据现货市场上的汇率情况决定是否履行合约。购买人既可以避免汇率波动可能带来的损失，又可以保留汇率波动带来的好处。外币期权分为买方期权和卖方期权两种形式。

5.套汇

各国的货币币值不同，在外汇市场上的汇率也就不一样。套汇就是指在一个外汇市场上买进一种货币，而在另一外汇市场上以更高的价格将它卖出，以便获得差额利润。套汇分为直接套汇和间接套汇两种。直接套汇是指利用两国间汇率差异，将资金由一国转移到另一国以获取差额利润，也称双边套汇和两角套汇。间接套汇是利用三国的汇率差异，将资金在三国之间转移以获取差额利润，也称多边套汇和三角套汇。套汇可以调节不同地区的外汇供需，保持各地汇率相对均衡。由于目前现代通信设备的发展，世界各金融中心都保持着密切的联系，从而各地汇价都趋于一致，从这种意义上看，原来所进行的那种套汇已经很难进行了。

6.套利

套利，也称利息套汇。它是利用短期利率差异，把资金从一个货币中心转移到另一个货币中心，以寻求较高利率和收益率。它与套汇交易密切联系。套利可以抵补，也可以不抵补。投资者为了避免汇率变动的风险，一般进行抵补，即进行套期保值，所以，套利交易一般与掉期交易(即时间套汇)结合进行。如 A 国资金短期利率高于 B 国的，投资者须将 B 国货币换成 A 国货币，为避免风险，投资者在套利的同时，须做时间套汇，把汇率风险限制在最小限度内，达到保值目的。

目前，世界上主要的外汇市场在伦敦、纽约、东京、香港、法兰克福、苏黎世、巴黎、新加坡、阿姆斯特丹、布鲁塞尔等地。20 世纪 80 年代，我国开始在外汇管理中引入市场机制。1985 年 12 月，深圳成立了全国第一个"外汇调剂中心"，随后，珠海、厦门和汕头也成立了外汇调剂中心，虽然它们还称不上外汇市场，但是它们为发展成为真正的外汇市场奠定了基础。1994 年 1 月 1 日，我国实行人民币汇率并轨，之后在上海正式建立了外汇市场，即"全国外汇交易中心"。

(三)发展和完善我国的外汇市场

1.我国外汇市场的现状

目前，我国的外汇市场已经发展为由计算机联网、具有统一规则、打破地区分割、汇率一致的全国相对统一的市场。1994 年 1 月 1 日,我国实现了人民币汇率并轨;实施银行结售汇制,建立了全国统一的银行间外汇市场;实行了以市场供求为基础的、单一的、有管理的浮动汇率制度。根据外汇市场的交易特征,可将我国目前的外汇市场划分为外汇零售市场、外汇调剂市场和银行间外汇交易市场三部分。外汇零售市场是以经营外汇业务的银行和国内企事业单位以及居民个人为市场主体,根据中国人民银行公布的外汇汇价加上一定差价幅度自主决定成交汇价的外汇市场。外汇调剂市场是以外商投资企业为市场主体,按中国人民银行公布的人民币外汇汇价进行交易,向调剂中心交纳 1.5% 的手续费的外汇市场。银行间外汇市场是以银行为市场主体,总部设在上海的全国外汇交易中心的外汇市场。全国外汇交易中心实行会员制,所有经营外汇业务的银行(包括外资银行)有权申请成为外汇交易会员,其交易方式为集中竞价,中心按价格优先、时间优先原则撮合成交。

虽然我国外汇市场发展较快,但是与国际上成熟的外汇市场相比还处于发展的初级阶段,仍然存在着许多问题,主要表现在以下几个方面。

(1)银行间外汇交易市场发育不成熟。各银行及其分支机构必须在外汇交易中心申请席位,派出交易员方可进场交易,市场容量受到交易席位和地域限制;并且现行的外汇市场还是有形市场,它与现代无形市场相距甚远。市场交易币种少,只开办了人民币对美元、日元、港元、英镑、法郎、欧元等少数货币的即期交易;不同外币之间不能直接交易;指定从事外汇交易的银行要承受汇率波动的风险。这些都阻碍着我国银行间外汇交易市场的发展。

(2)人民币汇率形成机制尚未完全市场化。目前人民币还不是完全自由兑换货币,人民币汇率机制的形成还没有完全市场化,汇率并不由供求关系来决定。外汇供给无条件的被动性和外汇需求的限制性,交易数量和交易方向(买或者卖)的控制性,以及形成人民币汇率的外汇供求关系主要反映在经常项目上而不包括资本项目。这些都说明人民币汇率形成机制存在一定的局限性。

(3)外汇市场各层次的交易相互割裂。外汇零售市场、外汇调剂市场和银行间外汇交易市场这三个层次的交易市场,各自的功能、任务和规则都不相同,不能相互衔接,不能做到同步交易,从而限制了外汇市场的统一交易,使外汇交易市场处于一个尚未完全统一的发展状态。

2.发展和完善我国外汇市场的措施

发展和完善我国外汇市场,必须考虑到我国经济、金融改革的取向和进程,考虑到国际经济、金融大环境。我国外汇市场的发展目标就是要实现三个转化,即由有形市场向无形市场转化,由国内市场向国际市场转化,由服务型向调节供求型和有效配置外汇资源转化。发展和完善我国的外汇市场,应采取以下几个方面的措施。

(1)扩大外汇交易主体。随着条件逐步成熟和市场体系逐步完善,要使指定从事外汇交易的银行的分行能享有直接入市的交易权,并有条件地允许中外合资银行、外资银行进入外汇交易市场。要发挥企业在外汇零售市场的主体作用,同时放宽居民个人消费性、投资性外汇交易的需求。多元化市场交易主体的积极参与会使市场具有高度的竞争性,会促使市场汇率机制的形成,并由此推动外汇市场日趋完善。

(2)增加交易币种与交易工具,开展远期外汇交易。外汇市场的交易客体要从人民币兑换美元、港元、日元、欧元等逐步扩展到世界上主要的可自由兑换货币。要引进外汇远期交易、期货交易、期权交易等衍生工具,开展远期外汇交易,增强外汇市场的流动性,以促使我国外汇市场由有形市场向无形市场转变。

(3)完善人民币汇率形成机制。要逐步完善人民币汇率形成机制,就要取消强制结汇制,实行自愿结汇,允许企业在指定经营外汇的银行开立现汇账户,由企业选择适当的时机自主向银行结汇,保留并放宽售汇制。进口企业可凭进口有效凭证购汇。要逐步实现外汇市场的供求关系能充分、全面地反映外汇的结算总额及相对平衡关系,使人民币汇率建立在相对均衡的外汇供求关系之上,从而完善人民币汇率形成机制。

(4)建立全国统一的外汇市场。目前外汇调剂市场与银行间外汇交易市场并存的局面不利于实现有效的宏观经济管理,因此,必须取消外资企业的外汇调剂市场,建立全国统一的外汇市场。

(5)强化中央银行职能,完善中央银行对外汇市场的宏观调控体系。中央银行的主要职能在于金融监管和宏观调控,以维护经济金融秩序,推动国民经济健康协调发展。没有宏观经济金融的稳定,就没有汇率的稳定,也就没有外汇市场的稳定。我国加入世界贸易组织以来,金融业进一步开放,金融机构之间的竞争日趋激烈,金融业的风险也逐步加大。而金融业内在的脆弱性,使单个金融机构的危机有可能诱发整个金融体系乃至整个经济体系的危机。加强中国人民银行对外汇市场的监管和调控,这对中央银行金融监管水平提出了更高的要求,同时也要求中央银行面对复杂的局面,能娴熟地运用各种货币政策工具对经济进行宏观调控。这有赖于金融市场体系的完善,有赖于中央银行不断积累实践经验,提高对外汇市场进行调控的操作技巧。

(6)加强法制建设,健全外汇市场法规。外汇市场法规是外汇市场得以健康运行的制度保障。完善的外汇法规应该包括三个层次:首先是外汇立法,由国家立法部门制定;其次是管理规章,由国家外汇管理部门制定;最后是交易规则及其细则,包括外汇市场交易、清算等各个环节操作规程、违规处理等内容,由外汇市场的具体组织者制定并实施。自1994年我国外汇交易中心运行以来,已逐步制定了《银行间外汇交易管理办法》《中国外汇交易中心章程》《中国外汇交易中心市场交易规则》等规章制度,对外汇市场的正常运作发挥了重要作用。1996年4月1日正式实施的《外汇管理条例》促进了外汇市场的规范化发展,但是,随着外汇市场的开放和进一步发展,现行的有关规章都需要修订、充实和完善。同时,要努力形成依法交易、依法监督、违法必究的约束机制,只有这样才能保证外汇市场的公平交易和良性发展,做到依法治市、依法兴市。

(7)加快外汇专业人才的培养。随着外汇市场的发展,外汇市场的功能也将更加完备,交易币种、交易方式更加多样化,从而需要一大批高素质、高水平的外汇交易专业人才,充实到外汇市场第一线。外汇市场越开放,风险往往也就越大,这不仅要求交易人员要有丰富的外汇交易知识与经验,而且要有敏捷的思维,善于分析行情,迅速果断地做出决策,因而对交易人员的要求很高。这说明加快培养大批高素质的外汇专业人才,也是发展和完善我国外汇市场的重要措施。

二、黄金市场

(一)黄金市场概述

黄金市场是集中进行黄金买卖和金币兑换的交易市场。虽然世界各国现在都采用信用货币形式,黄金不再作为流通手段,但是在国际贸易和其他经济活动中,黄金仍然充当最后的支付手段,执行世界货币的职能,并且黄金还具有贮藏价值的职能。

黄金的供给来自各国金矿的开采和出售。目前,世界上的主要产金国有南非、中国、俄罗斯、美国、加拿大等,其中南非产量最高,平均每年有700吨;同时,各国政府、中央银行动用黄金储备向市场出售黄金也形成对黄金的供给。对黄金的需求有制造珠宝、首饰、镶牙、奖章等用金及工业用金,另外还有投资需求。对黄金的需求一般受国际政治形势、通货膨胀和利率等因素的影响。

黄金市场有两种形式:一是在交易所面对面地成交的"交易中心"形式;二是用电信工具联系成交的开放市场形式。黄金市场的参加者有交易所、经纪人、交易商和投资者。黄金市场可分为国内黄金市场和国际黄金市场。前者只允许本国机构和居民参加黄金买卖,禁止黄金输入输出;后者指黄金作为世界货币而买卖,用于国际支付结算。

黄金价格由买卖双方协定。黄金市场的供求状况对黄金价格具有重要的影响,市场上金价暴跌暴涨,主要是由供求状况决定的。黄金价格的变动能反映人们对政治局势、通货膨胀和世界主要货币的信心和态度,并能改变人们的投资行为。如当发生通货膨胀时,人们会放弃对现金和债券的占有转而拥有黄金以达到保值的目的。黄金市场能促进黄金在国际流动,并使黄金充当世界货币职能。

黄金市场的交易有两种性质:一是黄金作为商品买卖即国际贸易性质;二是黄金作为世界货币买卖、用作国际支付结算的国际金融性质。黄金市场的交易有现货交易和期货交易两种方式:黄金现货交易是指在合约签订后的当日或者两日内交割;黄金期货交易是指在合约签订后或者交纳押金后在约定期限内进行交割。

世界上主要的黄金市场在伦敦、苏黎世、纽约、芝加哥和香港。伦敦金融交易所是主要的金、银期货市场,伦敦黄金经纪商的黄金定价是最重要的国际金价晴雨表。苏黎世是实物黄金交易中心之一。香港黄金市场兼有实物交易和期货交易,在交易中交割没有时间限制,不仅其金条市场是东南亚地区交易最活跃的市场,而且它还联结欧美国际性黄金市场,昼夜进行交易。

(二)发展我国的黄金市场

改革开放以来,我国相继建立了货币市场、证券市场与外汇市场等,但是对作为金融市场不可缺少的重要组成部分的黄金市场还在实行比较严格的管制,这有悖于市场经济发展规律,同时也不利于我国深化改革开放和社会主义市场经济的健康发展。2002年10月30日,上海黄金交易所正式开业。此后,中国人民银行逐步停止黄金配售业务和黄金收购业务。上海黄金交易所开业是我国黄金管理体制的重大突破,它结束了我国长达半个世纪之久的黄金管制,标志着我国由证券市场、保险市场、期货市场和黄金市场组成的主要金融产品的交易市场全部完成。随着我国经济体制改革的不断深化,以及我国经济金融开放程度的不断提高,进一步发展黄金市场已势在必行。2008年1月9日,黄金期货在上海期货交易所上市交易，标志着我国期货市场和黄金市场的发展进入一个新的阶段。

1.发展我国黄金市场的必要性

(1)黄金市场的双重特性是发展黄金市场的内在根据。在黄金非货币化之前的人类经济发展史上，黄金一直都扮演着“世界货币之王”的角色，黄金是货币发行的保证，是中央银行干预外汇市场的重要手段，是国际储备资产的主要组成部分。因此，各国政府决定黄金价格，控制国内黄金流通渠道，并大量牟取黄金，成为市场上最大的黄金需求者和供应者。黄金市场是金融市场的重要组成部分。1976 年 1 月，国际货币基金组织(IMF)正式宣布废除黄金原价，取消货币含金量，各成员国的中央银行按市价从事黄金交易，至此，黄金正式与美元完全脱钩，成为普通贵金属商品，而且决定黄金价格的基本因素是市场供求，黄金市场的性质也就发生了重大变化。但是由于历史和人们心理的原因，人们已经形成了黄金是最安全、最可靠的保值手段的根深蒂固的观念，黄金仍然是各国财富的组成部分，是国际清算和债务抵押的一种手段。所以，黄金虽然退下“世界货币之王”的宝座，但是黄金的国际最后支付和国内价值保值作用依旧存在，黄金市场仍是金融市场一个不可缺少的组成部分。这说明我国发展黄金市场具有双重意义，既能进一步发展商品市场，又能完善我国的金融市场。

(2)发展黄金市场是市场经济规律的客观要求，是发展社会主义市场经济的现实需要。

第一，发展黄金市场有利于完善我国金融市场。这表现在两个方面：一是黄金市场具备了稳定调节资金市场的功能，没有黄金市场就不会有真正比较稳定的资本市场。在典型的市场经济条件下，黄金市场价格与资本市场价格(利率)成反比，二者互相制约。这种相互制约使得黄金市场和资本市场互为调节。二是发展黄金市场是进一步发展外汇市场的必要前提，没有发达的黄金市场就不会有真正意义上的外汇市场。一般来说，一国货币的对外汇率与黄金价格成反比，当某种货币对外地位疲软、汇率下跌时，人们会争相抛售该种货币，抢购硬通货或便于保值的黄金，从而使以该种货币表示的金价上涨；当某种货币对外地位坚挺、汇率上升时，黄金需求则下降，金价下跌。因此，没有比较发达的黄金市场，扭曲的黄金价格不可能正确反映货币购买力，汇率的确定也缺乏必要的依据。

第二，发展黄金市场有利于黄金的生产和管理。这是因为：黄金市场得到充分发展，国内金价将会伴随黄金的合法输出而趋近于国际金价，最终将与国际价格接轨，黄金走私和贩私活动就会失去存在的基础；同时，成熟的黄金市场有利于国家有关部门进行宏观管理，最大限度地保护黄金生产企业和黄金消费者的利益；此外，黄金市场的发展，将改变无法对黄金黑市征税、统计等混乱状况，有助于财政增加税收。

第三，发展黄金市场有利于保持我国最适度黄金储备量。在当今国际交往中，黄金仍是占有特殊地位的世界货币，仍是世界各国重要的国际储备手段，黄金储量的多少会严重影响一个国家的国际支付能力、国际收支的调节能力和经济发展的巨大潜能。黄金市场得到充分发展后，我国可以灵活地调节黄金储备量：当黄金储备量过多时，就在世界黄金市场上出售多余的黄金，以获得大量的流动资金；相反，当黄金储备量过少时，则可以在世界黄金市场上买进一定量的黄金，以达到最适度黄金储备量。

2.发展我国黄金市场的途径

2001年,我国取消了黄金收购的固定价格和放开了黄金首饰的市场价格,根据市场供求状况决定黄金价格。这对于建立黄金市场起到了重要的促进作用。到目前为止,我国初步形成了统一的、有限开放的黄金市场。我国市场经济的快速发展已经为黄金市场的进一步发展创造了必要的条件;香港、台湾、澳门的黄金市场为大陆黄金市场的发展起着积极的推动作用;我国黄金生产能力和消费需求以及进口日益提高,2007年我国黄金生产量为271.4吨,仅次于世界上最大黄金生产国南非的272.3吨,成为世界上第二大黄金生产国,此后我国黄金产量连续十几年保持世界第一位,2013—2018年我国黄金消费量连续几年居世界第一位,这为黄金市场的发展提供了物质基础。中国黄金协会最新统计数据显示,2019年,全国黄金实际消费量1 002.78吨,与2018年相比下降12.91%。所以,进一步发展我国的黄金市场不仅势在必行,而且具有现实可行性。

(1)从思想上、管理机制上,特别是在法制方面为发展黄金市场做好充分准备。消除人们对进一步发展黄金市场的片面认识,提高黄金市场交易人员的业务素质;根据国际黄金市场模式及惯例,结合国内的实际制定出一整套完备的黄金市场管理法规;建立公平合理的黄金市场约束机制,有步骤地参与国际黄金市场交易活动。国家可以成立一个专门的黄金交易监督委员会,以国家最适度黄金储备量为基准,要求黄金生产企业按一定比例缴存法定黄金储备,企业可用其余部分黄金直接参与市场交易。为了增强黄金市场的货币性,也可建立小规模的二级市场,以后逐步扩大。当然在条件具备的情况下,也可组建跨地区的黄金生产集团,进行黄金的生产、加工、销售一条龙服务。集团化经营不仅有利于国有黄金生产企业搞活经营,也有利于黄金市场的统一管理。

(2)在组织结构上,采取有形与无形相结合的方式建立黄金市场。除了上海之外,国家可以在一些地理位置较好、经济较发达的内陆大城市(如武汉)建立黄金交易所,在全国形成以点带面的有形的黄金市场。同时,可通过先进的通信联络网,与世界各国的黄金交易商连接起来,实行24小时运转。当然,交易制度应由交易中心和中国人民银行、黄金交易监督委员会共同制定,特别是黄金的定价,应参照国际黄金市场的价格,每天由交易中心报出开盘价和收盘价。

(3)在交易方式上,可实行多种交易同时使用的交易方式。如现货交易、期货交易等,特别应广泛开展非现货的黄金交易活动,即期货合同和特权买卖合同,通常称其为"纸黄金",买卖双方经协商签订合同,确定购买数量、交货日期及价格等。这种交易合同是具有法律效力的债券,可以买卖、转让,购买这种债券后,可按规定购买黄金。这种形式的黄金交易量在当今世界主要黄金市场上比实物黄金交易量大得多,而且灵活方便,如美国纽约、日本东京和巴西圣保罗等地的黄金市场都采取了这种交易方式。不断规范新开展的黄金期货交易,既可以大大提高黄金交易量,又有助于进一步完善我国的期货和期权市场。

(4)在交易机制上,应采用国际上通行的会员制。会员应分别来自黄金生产、冶炼、首饰加工、进出口企业及商业银行。会员通过黄金交易所、期货交易所这种黄金交易中介机构,对标准黄金主要采取集中竞价方式,按照"价格优先、时间优先"的原则,采取自主报价、撮合成交、集中清算的方式进行交易。会员可以选择现场交易或远程交易。为了促进黄金市场的发展,国家对在黄金交易所和期货交易所交易的黄金实行税收优惠政策。上海黄金交易所有169家会员,进入现场进行交易的单位有50家,其中包括中国工商银行、上海银行、华夏银行等商业银行和主要的黄金生产企业,其他会员单位实行远程交易。随着黄金交易市场机制不断健全和完善,将进一步拓展黄金市场的功能和开发新的交易品种,并有计划地开发黄金投资产品业务和开展个人黄金买卖业务,使其成为继股票、债券、外汇之后的又一种新的大众化投资理财工具。

第五节　健全我国的金融市场

一、我国金融市场的现状

(一)初步建立了适合我国国情的金融市场

我国金融市场是在1979年以后开始出现的,它是社会主义市场经济发展的产物,也是我国经济体制改革和金融体制改革的必然结果。目前,我国已初步建立了适合我国国情的金融市场。

(1)建立了货币市场。货币市场包括同业拆借市场、票据市场、短期债券市场及CD市场。它为打破资金纵向供给体制创造了条件,缓和了资金供给紧张的矛盾,有利于促进横向经济联合,有利于企业改善经营管理,有利于引导商业信用,提高银行信贷资金的流动性和安全性。

(2)建立了资本市场。我国的资本市场有债券和股票的发行市场与流通市场。它有利于国家集聚和集中资金,用于国家重点建设和基础产业发展;有利于资金的合理流动,促使经济效益好的企业加速发展;有利于中央银行加强宏观调控。

(3)建立了外汇市场。这有利于我国更好地引进和利用外资,解决我国外汇资金紧缺的困难;有利于合理制定人民币汇价;有利于我国建立开放的、规范化的外汇市场。

(4)建立了黄金市场。这有利于我国更好地发展资本市场和外汇市场。

(二)影响和制约我国金融市场发展的主要因素

由于受我国经济体制改革进程所限,我国金融市场发展得还不够成熟、不够完备,特别是作为金融市场重要组成部分的黄金市场发展迟缓,黄金现货交易于2002年10月30日才开放、2008年1月9日才开始黄金期货交易。目前,影响和制约着我国金融市场发展的主要因素有以下几个。

(1)市场主体发育不全。目前我国金融市场主体与真正的金融市场主体的要求相距甚远。这表现在:作为我国证券主要供给者的政府,在发行国债时,还带有一定的强制性;在经营国债时,带有较强的垄断性;中央银行受政府限制,缺乏独立性;一些企业缺乏市场竞争力,亏损严重;国有商业银行的职能不完善。

(2)市场客体即信用工具仍然贫乏。我国金融资产的品种和数量相对贫乏,投资渠道狭窄,致使社会大量储蓄沉淀在银行不能转化为投资资金,成为制约金融市场发展的重要因素。

(3)市场利率机制尚未形成。我国的市场利率机制尚未真正形成,市场竞争机制被扭曲。在金融市场上,资金需求竞争激烈,而资金供给没有竞争。同时,不利于市场机制发育的行政手段、行政管制经常侵入市场,干扰了整个金融市场的正常发育。

(4)金融理论和法规建设滞后。金融市场的发展要求有相应的金融理论指导和金融法规制约,但是目前我国金融理论研究不够深入,不能成为金融市场超前发展的理论指导和决策依据,而且规范金融市场发展的法规还很不完善,这在很大程度上制约了我国金融市场的规范化发展。

二、稳步发展我国的金融市场

(一)加强理论研究,抓好金融法规建设工作

我国既要加强对社会主义金融市场理论的探讨和研究,同时又要结合我国具体情况来吸收西方市场化国家有益的理论,以加速我国金融市场的建设。目前,我国的金融法规尚不完善,这必将影响到投资者的投资积极性,引起金融市场混乱,不利于金融交易活动的正常进行。金融法规的建设既要考虑到各个市场的特点,又要顾及整个市场的特征;既要立足于我国的金融基础,又要与国际金融市场接轨;既要顾及目前的需要,又要考虑长远发展的要求。

(二)发展多种金融机构

金融机构是金融市场的交易主体。在金融分业管理、分业经营的体制下,我国的金融机构基本上还是单一的金融机构,在以国有银行机构为主体的条件下,应积极发展多种金融机构。要大力发展股份制商业银行、民营银行,发展区域性、地方性、行业性金融组织,发展保险公司、投资公司、证券交易所、期货交易所等非银行金融机构以及合作金融机构;另外,还要发展外资银行、合资银行和农村商业银行等。

(三)加速金融工具的创新,充分利用多种金融工具

金融工具是金融市场的血液,正常发育和成长的金融市场必然会有品种繁多、规格齐全的金融工具。凡是有利于我国金融市场发展的金融工具,都应该加速创新;要充分利用不同类型的金融工具,以满足不同的投资需要。要创造和利用多种金融工具,并使这些金融工具规范化,只有这样,才能为金融市场的发展创造条件。

(四)健全企业的自主经营机制

企业是金融市场上资金的主要需求者和重要供给者,企业的生产经营活动既依赖又影响着金融市场,健全企业的自主经营机制,有利于保证金融市场正常运行。因此,要理顺企业与政府以及企业与银行之间的资金往来关系;扩大企业经营管理自主权,使企业真正成为独立的商品生产者和市场竞争主体,因为企业拥有独立的经营权,才可以根据市场变化决定生产经营方向,自主选择资金来源、筹资途径和投资方向,才具有内在的冲动力和外在的风险压力;要允许银行和企业之间相互选择,建立企业与金融市场之间的相互依赖关系,以促使金融市场正常发展。

(五)改革利率管理体制

利率既是资金买卖的价格,同时也是国家实行宏观经济管理的重要经济杠杆。我国

利率的现状表现为利率水平低、存贷利率倒挂、利率结构不合理、利率机制不灵活。其改革原则是:银行存款利率略高于物价上涨幅度而略低于贷款利率;国家债券利率、企业债券利率、银行金融债券利率略高于银行存款利率。中央银行掌握的利率手段有:再贷款利率、再贴现利率、金融债券利率、存款准备金利率等。我国要逐步建立以中央银行再贷款利率为基准的浮动利率体系。通过市场化的浮动利率机制来自发地调节资金的供求,引导资金流动,促进金融市场的发展。

(六)稳步发展黄金市场

黄金市场是金融市场的重要组成部分,它在现代市场经济中发挥着重要的调节作用。随着国际储备体系和国际金融市场的变化及我国金融市场的发展,我国要进一步发展黄金市场。这是因为:黄金市场能对冲回笼通货,平抑物价,遏制通货膨胀;有利于我国金融市场体系的发育和完善,促进国内黄金的生产和流通;有利于我国国际储备的流动和增值。稳步发展我国黄金市场可以分两步走:第一步,将区域性黄金贸易市场发展为全国统一性的黄金市场;第二步,建立符合国际标准的黄金市场,也就是在全国性黄金市场的基础上建立与国际黄金市场接轨的黄金期货交易所,借鉴国际黄金期货市场的监管经验,使我国的黄金市场逐步发展成为世界上重要的开放式的国际性黄金市场。

(七)加强金融的国际合作

在我国经济、金融日益市场化和国际化的条件下,特别需要加强同国际金融组织和机构、发达国家政府的金融监管部门的合作与协调。在这方面的国际金融合作中,主要任务是建立和完善国内利率、人民币汇率、主要国家货币如美元利率三者之间的联动机制,积极推进人民币国际化进程,维护人民币汇率的稳定,这对于保持我国金融市场的健康稳定发展具有十分重要的作用。

通过上述一系列的主要措施,逐步将我国的金融市场发展为一个体系完整的金融市场,一个主体多元化、交易规范化的金融市场,一个与国际金融市场实现一体化的金融市场,这就是我国未来的金融市场发展的目标。

复习思考题

1.什么是金融市场?它有哪些主要功能?

2.什么是货币市场?其特点和功能分别表现在哪些方面?

3.货币市场包括哪些市场?如何发展我国的货币市场?

4.什么是资本市场?其功能和类型有哪些?

5.如何完善我国的证券市场?

6.什么是外汇市场?它有哪些类型和交易方式?

7.如何发展和完善我国的外汇市场?

8.什么是黄金市场?如何发展我国的黄金市场?

9.试论怎样稳步发展我国的金融市场。

第十二章

货币的供给和需求

第一节 货币流通

一、商品流通与货币流通

随着社会生产力的发展,产生了社会分工,商品生产和商品交换也随之发展起来。当货币产生后,商品交换就发展为商品流通。因此,货币、货币流通与商品交换、商品流通是紧密联系在一起的。

(一)商品流通

以货币为媒介的商品交换就是商品流通。它的运动形式是:商品—货币—商品,用公式表示为:W—G—W。商品流通分两个阶段,第一阶段是W—G,即卖的阶段,商品形态向货币形态转化;第二阶段是G—W,即买的阶段,货币形态向商品形态转化。这两个阶段都是商品与货币相交换才得以实现的。

(二)货币流通

货币流通是指在商品流通过程中,货币作为流通手段和支付手段的一种连续不断的运动过程。其运动形式是:货币—商品;货币—商品……用公式表示为:G—W;G—W……“商品流通直接赋予货币的运动形式,就是货币不断地离开起点,就是货币不断地从一个商品者手里转到另一个商品者手里,或者说是货币流通”。[①] 货币流通表示同一过程不断的、单调的重复,并且商品总是在卖者方面,货币总是在买者方面。

(三)商品流通与货币流通的关系

商品流通决定货币流通,货币流通的范围、构成、速度受商品流通的制约。但是,货币流通又具有相对独立性,对商品流通具有反作用。

---

① 马克思.资本论:1卷[M].北京:人民出版社,1975:134.

1.商品流通是货币流通的基础

货币流通是商品交换过程或者商品流通过程发展到一定阶段的产物。先有商品交换和商品流通,后有货币流通。原始社会末期,随着生产力的发展、社会分工的进一步加强、交换商品的增多、交换地区的扩大,出现了货币和货币流通。货币流通的前提是商品流通,并为商品流通服务。商品流通是前提和基础,是货币流通的物质内容;货币流通是商品流通派生出来的,是商品流通的表现形式。只要有商品在进行交换,就一定有作为交换媒介的货币在为其服务,必然存在货币流通。在其他条件不变的情况下,商品流通的规模、速度与货币流通的规模、速度成正比,商品流通的规模越大、速度越快,货币流通的规模也随之越大、速度也相应加快;反之亦然。

2.商品流通与货币流通的区别

货币流通与商品流通相比,有其自身的特点和运动规律,而且具有独立性。它们的区别如下。

(1)运动方向不同,两者呈反方向运动。在商品交换中,要取得货币必须让渡商品,取得商品必须让渡货币。商品和货币始终采取对流换位的形式进行运动。

(2)运动范围不同,货币流通可以超出商品流通范围。比如,当货币用于清偿债务、财政收支、银行存贷等非商品性经济时,有货币流通却没有商品流通。

(3)运动过程中的形态变化不同。商品的形态多种多样,商品流通是不同的使用价值、不同的商品形态进行交换。货币的形态具有相对稳定性,一般以固定的货币形态为商品流通服务。

(4)决定流通规模的因素不同。商品流通规模既取决于再生产的产业规模、产业结构和技术物质构成,又取决于社会对不同使用价值的需要;而货币流通规模受社会对充当流通手段和支付手段的货币需要和货币流通速度的影响,非商品性的支付扩大,货币流通规模也随之增大。

(5)流通次数不一致。商品流通是商品通过一次或者多次流通就进入消费领域;而货币流通表现为货币总是停留在流通过程中,在买者和卖者之间不断地流动。

由于货币流通具有相对独立性,因此它既可以促进商品流通,又能阻碍商品流通。稳定的价值尺度和适量的货币有利于商品流通,促进商品生产的发展;相反,则会对商品生产和商品流通产生不利影响。商品流通表现为商品供给,货币流通体现为社会购买力即对商品的需求,这就要求货币流通与商品流通相适应。处理好货币流通与商品流通的关系,不仅有助于解决社会总供给与总需求之间的矛盾,也有助于国家实行宏观调控,进行国民经济管理。

二、货币流通形式

货币流通形式是指在经济交易活动中采用的货币流通的具体方式。纵观货币发展史,货币流通形式经过了商品货币阶段和贵金属阶段。随着商品经济的发展,国家强制发行的纸币逐渐取代了金属货币。银行信用产生后,出现了如商业票据、银行券、支票、汇票和本票等信用货币。当现代银行转账结算业务发展起来后,通过信用货币进行的商品交易量越来越大。在现代经济交易活动中,货币主要采用现金流通和非现金流通两种货币流通形式。

（一）现金流通

以现实货币进行收付的流通称为现金流通。我国现金流通是以人民币现款进行收付的流通。现金流通的特征为：第一，支付次数频繁，涉及面广，支付金额小，支付方便，有利于市场上自由选购。第二，现金流通主要是用于与居民个人相关的收支，其次便是企业、行政机关、事业单位用于零星小额的货币收支。第三，可以相对减少银行的业务量，节省劳动时间。第四，现金规模的扩大必然使现钞的印制、保管、清点及调运费用增加。人民币现款具有携带方便、支付方便、适宜于小额购买等特点。

（二）非现金流通

非现金流通是指通过银行及其信用机构账户划转存款而进行收付的流通，又称转账结算。非现金流通的特征为：第一，支付的金额大，适应于大额商品交易或者批发交易，有利于加速商品和资金周转。它现已成为货币流通的主要形式。第二，它主要用于企业、行政机关、事业单位之间，生产部门与物资部门之间，以及部门内部的货币收支、各类转账收付。第三，有利于银行对生产、分配、交换进行管理和监督，有利于银行积聚大量的闲置资金、扩大信贷业务。第四，可以节约大量的货币流通时间和结算费用。

（三）现金流通与非现金流通的关系

现金流通与非现金流通既有联系，又有区别。

1.现金流通与非现金流通的联系

现金流通与非现金流通之间的联系表现在以下几个方面：第一，从范围来看，它们共同构成货币流通这个统一整体。无论是现金流通还是非现金流通，都是货币流通的组成部分，都为商品流通服务。第二，从货币的职能来看，都发挥流通手段和支付手段的职能作用。第三，从两者转化来看，现金和存款相互转换，引起它们之间数量的此消彼长，但是这种转换并不带来货币总量的变化，这是现金与存款的统一性在量上的表现。第四，从遵循的规律来看，货币流通规律要求现金和存款所形成的社会购买力即对商品的总需求应保持与商品流通即商品总供给相适应。如果现金和存款过多，必然引起物价上涨；反之，则会使居民消费不能得到有效满足。

2.现金流通与非现金流通的区别

现金流通与非现金流通之间的区别表现在以下几个方面：第一，服务对象不同。现金流通主要服务于居民购买或者消费资料零售小额交易；非现金流通主要服务于生产资料和批量消费资料的大宗交易。第二，应用的货币形态不同。银行为两种不同的货币流通形式提供不同的货币形态，为现金流通提供的是纸币的主币和辅币；为非现金流通提供的是以银行存款为基础的转账结算工具（如汇票、本票、支票、信用卡、移动手机支付等）。第三，流通渠道不同。现金流通是以银行为中心，先通过各种渠道流出银行，又通过各种渠道流入银行；非现金流通在银行系统内部运动。第四，受宏观调控的程度不同。银行对现金流通控制程度较低，因为现金受现金所有者支配，独立性较强，国家只能通过经济手段（存款利率的变化）控制现金流动；国家对非现金流通控制程度高一些，非现金流通在银行的控制或者监管之下，其独立性受到限制，银行可以通过货币政策、金融法规以及行政手段等办法控制或者监管非现金流通的方向或规模。

现金流通与非现金流通既有区别又有联系,因此,要注意调节现金流通与非现金流通之间的关系,保证货币流通能够稳定进行,以促进市场经济的发展。

三、货币流通渠道

货币流通渠道是指货币从哪里流出,又从哪里流回。中央银行是一国货币流通渠道的中心。根据货币流通形式的不同,可将货币流通渠道分为现金流通渠道和非现金流通渠道。

(一)现金流通渠道

现金从哪些方面流出银行,又从哪些方面流入银行,称现金流通渠道。它包括现金投放渠道和现金回笼渠道。

1.现金投放渠道

现金投放渠道可以分为商品性现金投放渠道和非商品性现金投放渠道。商品性现金投放渠道主要是对农村产品的采购支出,它是现金投放的重要渠道。具体用于向农村生产单位或者农户收购农副产品和部分手工业品的现金支付。非商品性现金投放渠道主要有:第一,对居民工资的支出以及支付给居民的各类价格补贴或福利保障金,也是现金投放的主要渠道。具体包括支付给国家机关、各类企业职工的工资、资金以及各类价格补贴或福利保障金。第二,各级行政管理支出,包括对行政事业单位支付各种管理费的现金部分。第三,农村财政信贷支出,包括财政部门支援农业的现金部分及银行发放的农业现金贷款。

2.现金回笼渠道

现金回笼渠道主要有以下几种:第一,商品回笼渠道,这是现金回笼的主要渠道,是各商业企业销售商品而回笼现金收入的渠道;第二,服务回笼渠道,这是服务行业通过提供劳务服务而回笼现金收入的渠道;第三,财政回笼渠道,这是通过向企业和个人征税以及发行各种国库券得到现金收入的渠道;第四,信用回笼渠道,是银行吸收城乡储蓄存款和收回农业贷款本息的渠道,它也是现金回笼的重要渠道。

(二)非现金流通渠道

由于非现金流通只在银行体系内部的银行与银行之间,通过不同单位账户上的资金划转进行结算,因此它不存在货币投放与回笼问题。根据经济内容的不同,可将非现金流通渠道分为以下几种。

(1)商品价款的收支。它是指各单位之间、个人之间、单位与个人之间由于购买生产资料和消费资料而引起的价款收支。它是非现金流通的主要渠道。

(2)服务性价款的收支。它是指各单位之间由于提供或者获得劳务所引起的费用收支。它也是非现金流通的重要渠道。

(3)财务、财政上缴下拨款项的收支。它是指各单位上缴财政资金以及财政部门下拨各单位资金和费用所引起的货币收支。

(4)银行信贷的发放和回收。它是指银行发放各种贷款,回收到期贷款和吸收各方面的存款所引起的货币收支。

货币在上述前三条渠道中流通不影响银行存款总额,因为它只在不同单位的账户上此消彼长地变化。而信贷的发放和回收规模变化对流通中的货币量有重大影响，当信贷规模不变时，银行存款总额不变；当信贷规模扩大时，贷款总量的增长大于存款总量的增长，引起现金的增加；当信贷规模收缩时，压缩贷款总量必定减少存款总量，引起现金的减少。信贷发放与回收规模的变化，对现金流通和非现金流通都有较大的影响。

四、货币流通规律

（一）货币流通是货币流通规律的基础

货币流通是指在商品流通过程中，货币作为流通手段和支付手段所形成的连续不断的运动。货币流通表示同一过程不断的、单调的重复，并且商品总是在卖者方面，货币总是在买者方面。货币流通是由商品流通引起并为商品流通服务的。商品流通是以货币为媒介的商品交换。货币流通又具有相对独立性，它既可以促进商品流通又可以阻碍商品流通。认识货币流通和商品流通关系是分析研究货币流通的内容和数量规律的基础。

随着商品经济的发展，人们对货币流通范围的认识也逐步深化。在19世纪上半期以前的金银复本位制时期，虽然已发行银行券，但是人们认为只有金属铸币才是货币，因此货币流通的范围是指现金流通。20世纪初，金属铸币在流通中不断减少，兑换银行券不断增加，银行存款的转账也成为结算的基本形式。金属本位制崩溃后，纸币取代了金属货币，人们开始认识到纸币和银行存款都是货币形态。因此，货币流通范围从现金流通扩大到非现金流通。到20世纪60年代，美国开始把存款量与现金量共同看作货币流通量。

我国的货币流通范围最初只包括市场上的现金流通而不包括银行存款的流通。现金流通是以现实货币进行收付的流通，主要用于与居民个人相关的收支以及与企事业单位的零星小额的货币收支。银行存款有的以转账结算形式用于购买生产资料和消费资料，有的最终会转化为现金。由于银行存款与现金一样都充当流通手段和支付手段，与商品流通对应，都是由银行通过信用程序发行的货币，都形成社会购买力，所以银行存款也在流通范围之内。随着银行信用和商业信用的发展，作为银行信用和商业信用工具的银行票据和商业票据都具有流通手段和支付手段的功能，它们也应在流通范围之内。这种通过银行及信用机构账户划转存款而进行收付的流通称之为非现金流通。随着金融业进一步发展，非现金流通已成为货币流通的主要形式。现阶段，我国货币流通应包括现金、银行存款、银行票据及商业票据等的流通。

随着生产力的发展和科学技术的进步，特别是在知识经济迅速发展的当代，世界上工业化国家已出现并开始普遍使用“电子货币”。电子货币具有使用方便、安全、快捷等优点，同时具有支付手段和流通手段的职能。因此，随着电子货币的进一步发展，货币流通还应该包括电子货币的流通。

从货币流通的发展变化可以看出，货币流通是货币流通规律产生的条件和存在、发挥作用的基础。

（二）货币流通规律的基本内容

货币流通规律是指决定商品流通过程中货币需求量的规律，又称为货币需求规律。

它是市场经济中的一个重要的客观规律。货币流通规律有金属货币流通规律、纸币流通规律和信用货币流通规律。人民币的流通也必须符合货币流通规律。

1.金属货币流通规律

在金属货币流通条件下,“每一段时期内执行流通手段职能的货币总量,一方面取决于这个商品世界的价格总额,另一方面取决于这个商品世界的互相对立的流通过程的快慢”。① 这就是说,流通中所需要的货币量与商品价格总额成正比,与货币流通速度成反比,这是货币流通规律的基本内容。由于价格总额取决于商品数量和单位商品的价格,所以货币流通规律可用如下公式表示:

$$M=\frac{Q\times P}{V}$$

该公式表明有三个因素决定流通中所需要的货币量(M),即待实现的商品总量(Q)、商品价格水平(P)和货币流通速度(V)。

上述公式是从货币执行流通手段职能的角度来考察的。当货币执行支付手段职能时,由于存在信用销售、到期支付和相互抵消支付的情况,所以,当货币作为流通手段和支付手段时,流通中所需要的货币量可用公式表示为:

$$流通中所需要的货币量=\frac{待实现商品价格总额+到期支付的价格总额-相互抵消的支付总额}{同名货币流通速度(次数)}$$

金属货币流通规律是货币流通的一般规律,它对于纸币流通规律、信用货币流通规律具有同样的意义。

2.纸币流通规律

纸币是金属货币的符号,它代表金属货币执行流通职能。流通中需要投入的纸币量,应该与它象征地代表金属货币实际流通量一致。因此,纸币流通规律就是流通中所需金属货币量决定纸币流通量的规律,可用公式表示为:

$$单位纸币所代表的价值量=\frac{流通中实际需要的金属货币量}{流通中纸币总额}$$

或者:

$$流通中全部纸币所代表的价值量=流通中所需要的金属货币量$$

纸币流通规律与金属货币流通规律既有联系又有区别。两者的内在联系表现为:纸币流通规律的产生是以金属货币流通规律为基础的,它是金属货币流通规律的特殊表现形式;纸币流通规律受金属货币流通规律的制约。纸币流通规律并不背离金属货币流通规律,流通中的纸币总量所代表的最大值是金属货币需要量。如果流通中的纸币总量超过金属货币需要量,发生变化的只是单位纸币的贬值,丝毫不能改变金属货币流通规律的客观性。两者的区别表现为:决定金属货币流通规律发生作用的因素是客观的,而决定纸币流通规律发生作用的因素既有客观因素,也有主观因素。在金属货币流通条件下,货币流通量与货币需要量大致相符,而在纸币流通条件下,当纸币供给量超过需要量时,会引起纸币贬值,物价上涨,影响国民经济和人民生活的稳定;同样,当纸币供给量低于货币需要量时,会引起银根紧缩,商品流通不畅,商品生产萧条。所以,必须做好纸币

① 马克思.资本论:1[M]北京:人民出版社,1975:141.

的发行工作,把纸币发行量控制在它所代表的金属货币量限度内,保持币值稳定。

3.信用货币流通规律

信用货币流通规律就是指决定商品流通过程中信用货币需要量的规律。流通中银行信用货币量决定于银行信贷规模和其他信用规模。银行信贷指货币需求者的贷款和贴现;其他信用指商业信用、股份信用和民间信用等,其他信用规模的大小会影响银行信用货币量的增减。银行信用货币量决定于银行信用规模和其他信用的发展程度。这就是银行信用货币流通规律的基本内容。由于银行信用货币具有能被信用规模调节的特点,因此不能简单地把信用货币流通规律等同于纸币流通规律。

第二节　货币的供求与均衡

一、货币需求

货币需求是指一定经济条件下,一个国家、地区或者一个家庭、一个企业单位所需要的货币量。它具体表现为人们在获取收入和进行支付的间隔中想要持有的货币数量。

(一)货币需求的种类

1.微观货币需求与宏观货币需求

根据所研究的行为主体的不同,可将货币需求分为微观货币需求和宏观货币需求。从个人、家庭或者企业的角度进行考察,研究其在既定的收入水平、利率和其他经济条件下,手中比较经济地(即机会成本最小、所得收益最大)持有的货币量,就称为微观货币需求,它研究的是微观主体的货币需求行为。从国家整体来考察,一个国家在一定时期内为满足经济发展与商品流通所必需的、既能满足社会各方面需要又不至于引起通货膨胀的货币量,就称为宏观货币需求,它研究的是宏观主体的货币需求行为。

2.名义货币需求与真实货币需求

根据是否考虑通货膨胀因素,可将货币需求分为名义货币需求和真实货币需求。名义货币需求是指一个社会或者一个经济部门在不考虑价格变动或者货币购买力时的货币需求量。真实货币需求是指各经济单位所持有的货币量在扣除通货膨胀因素后的货币需求量,实际上是指以实物价值表示的货币需求。

3.交易需求、预防需求与投机需求

根据货币持有者不同的动机可将货币需求分为交易需求、预防需求和投机需求。这种分类是英国经济学家凯恩斯根据持有货币的动机不同而对货币需求进行的分类。目前金融理论界一般采用这种分类方法。

交易需求是指人们为应付日常交易的需要而保持一定量的货币,它包括全体居民作为消费者为了维持日常生活而对货币的需求,各类企业维持简单再生产对货币的需求,机关团体及文教事业单位为开展正常活动对货币的需求。预防需求又称储备需求,是指人们为应付不测之需而备用的一种货币需求,它包括形成居民手持现金的居民个人的预防需求和机关、团体和事业单位的预防需求。投机需求又称投资需求，是指人们根据对市场利率的预测，为了获利而持有一定数量的货币，它包括居民为购买股票、债券等保持的货币量以及企事业单位为获得有利的投资机会而保持的货币量。

这三种货币需求有不同的特点。一般来讲，交易需求和预防需求相对稳定，可以预计；其作用主要是用于商品交换，充当交换媒介；它们对利率不太敏感，并且随着收入的增加，货币交易需求和预防需求增大。由于人们的心理变化莫测，市场行情变化难料，因而投机需求难以预料；其作用主要是强调货币作为贮藏财富的职能；它对利率极为敏感，随着利率上升，货币投机需求减少，随着利率降低，货币投机需求增加，因为利率降低会使证券价格提高，人们就会少持有货币而多购买证券，反之，人们则会多持有货币而少购买证券。

此外，根据中央银行实际组织和调控货币流通的不同，可将货币需求分为现金货币需求和存款货币需求；还可以根据需求性质的不同，将货币需求分为主观需求和客观需求。

（二）影响货币需求的因素

1.影响交易需求和预防需求的因素

影响交易需求与预防需求的因素主要有：收入水平（R）、收入分配结构（n）、预防物价变动率（P）及利率（r_m）。持币者交易需求与预防需求（Md'）的函数式为：

$$Md'=f(R,n,P,r_m)$$

当国民收入提高时，消费者对货币的交易需求也随之增加。在币值稳定情况下，人们总是把收入的一部分用于储蓄，形成预防需求。国民收入是交易需求和预防需求的增函数，并且预防需求的增长比交易需求的增长快。当收入水平一定时，收入分配结构对货币需求有不同的影响，如在个人收入水平较低的情况下，其交易需求较大而预防需求较小，随着收入结构的变化，货币需求形态也会相应改变。当人们预测物价上涨率将持续上升时，人们将会持更多的货币以备购买物品，从而增加货币的交易需求；反之，当预期物价平稳时，人们会增加储蓄，增加预防需求。在国民收入水平不变，币值稳定的前提下，存款利率的提高将使货币的交易需求减少，而利率的降低则会使货币的交易需求增加；同样，利率会引起对预防需求的同理变动。

2.影响投机需求的因素

影响投机需求的因素主要有：收入水平、收入分配结构、预期物价变动率以及资产收益率。投机货币需求函数（Md''）为：

$$Md''=f(r_m,r_n,P,R,n)$$

收入水平和收入分配结构对投机需求有如对交易需求和预防需求同样的影响。资产收益率有银行利率（r_m）即货币资产收益率、属于金融资产收益率的债券收益率（r_n）与股票收益率（R），它与投机货币需求成反比。影响投机需求的因素还有预期物价变动率 P。

（三）西方货币需求理论

货币需求理论主要探讨货币需求量的决定问题。这一理论是整个货币金融理论的重要内容，同时也是货币当局实行宏观调控的决策依据。西方货币需求理论主要分为：约翰·梅纳德·凯恩斯（John Maynard Keynes）以前的古典货币数量论，凯恩斯及凯恩斯学派的货币数量论,凯恩斯以后的以米尔顿·弗里德曼(Mildon Friedman)为首的现代货币数量论。货币数量论是用来说明货币数量与商品价格关系的一种理论。古典货币数量论以现金交易说和现金余额说最为著名,弗里德曼对剑桥方程式加以重新表述,创立了现代货币数量论。

1.古典货币数量论

(1)现金交易说。它是由美国经济学家阿尔文·费雪(Irving Fisher)在1911年出版的《货币的购买力》一书中提出来的,又称费雪方程式或者交易方程式。这一方程式的形式是:

$$M\times V=P\times Q$$

其中,M为流通中的货币数量,V为货币流通速度,P为一般物价水平,Q为实际国民收入(产量),MV表示交易中的货币价值总额即交易中的总支出,PQ为交易中的商品价值总额即商品的总收入。

由于假定供给能创造需求,因而实际产量全部进入流通,实际交易量就是产出量和充分就业量。在短期内充分就业产量不变,因而交易数量也是不变常量。又由于货币流通速度V主要取决于社会的支付制度、金融制度与金融习惯、个人的习惯与财富、未来收入与价格的变动和预期等,这些因素变动缓慢,在短期内可视为不变常量。通过这两个假定,得出现金交易说的结论是,物价水平由货币量决定,即:

$$P=\frac{M\times V}{Q}$$

并与货币量成同比例变动。这种货币数量论就是说明价格水平与货币量之间关系的。

(2)现金余额说。它是由英国剑桥大学阿尔弗雷德·马歇尔(Alfred Marshall)的学生阿瑟·庇古(Arthur Cecil Pigou)在1917年发表的《货币的价值》一文中提出来的,又称剑桥方程式。其形式是:

$$M=K\times Y=K\times P\times Q$$

其中,M表示人们为应付日常开支而手中持有的货币余额,即人们的货币需求;K为货币余额在国民收入中的比例,也称货币需求率,这是由于人们总是将收入的一部分以货币余额的方式保持在手中,以便利未来交易;P为一般物价水平;Y为名义国民收入;Q为实际国民收入。

剑桥方程式认为,决定人们货币需求的主要因素有持有货币的机会成本(即丧失持有货币资产可能带来的收益)、收入—支出时距以及人们对货币的偏好等,这些因素通常是稳定不变的,即K为常数。如果将K视为V的倒数,即$K=1/V$,又由于$Y=PQ$,并且还假定Q为不变的充分就业量,则$P=M/KQ$反映物价水平与货币量变动的关系。可见,费雪方程式与剑桥方程式并无实质性的差别。

当然,费雪方程式与剑桥方程式也有区别。首先,费雪的交易方程式强调的是流通中的货币数量,即“飞着的货币”,其充当交换媒介的职能;剑桥方程式强调的是人们手中所持有的货币的余额,是暂时退出流通的货币,即“坐着的货币”,起着储藏手段的功能。其次,在费雪方程式中,货币数量居主导地位,是决定物价水平的外生变量;而在剑桥方程式中,M是随收入变动的主要的内生变量,它依存于收入变动而变动。最后,费雪方程式所描述的是物价水平与货币供给量成正比例关系;而剑桥方程式的结论则是说明价格水平与国民收入之间的关系。

2.凯恩斯及凯恩斯学派的货币需求理论

(1)凯恩斯的货币需求理论。英国经济学家凯恩斯将人们保持货币的动机分为交易动机、预防动机和投机动机三类。由于交易动机和预防动机的货币需求都主要取决于收入水平,而对利率变化不很敏感,所以可把这两种货币需求函数合二为一,用公式表示为:$M_1=L_1(Y)$。其中,M_1 代表为满足交易动机和预防动机而持有的货币量;Y 代表收入水平;L_1 代表 M_1 与 Y 之间的函数关系。投机动机的货币需求的大小决定于三个因素:当前利率水平、投机者心目中的正常利率水平及投机者对利率变化趋势的预期。若以 M_2 代表为满足投机动机而持有的货币量,r 代表市场利率,L_2 代表 M_2 与 r 之间的函数关系,则有:$M_2=L_2(r)$。这样,货币总需求函数表示为:$M=M_1+M_2=L_1(Y)+L_2(r)$。凯恩斯的货币需求理论在分析方法上对传统货币需求理论的突破,主要表现在它将货币需求划分为出于各种动机的货币需求。

(2)凯恩斯学派对凯恩斯货币需求理论的发展。凯恩斯学派经济学家在深入研究凯恩斯的货币需求理论后,扩展和发展了凯恩斯的货币需求理论。这主要表现在四个方面。

第一,他们发现即使是交易性货币需求对利率同样相当敏感,而且相对于交易数值而言,货币的交易性需求也呈现出规模经济的特征。这一重要发现即是美国经济学家威廉·鲍莫尔(William J.Baumol)提出的"平方根定律"。鲍莫尔认为,货币的交易需求与利率不但有关,而且关系极大,凯恩斯贬低利率对现金交易需求的影响是不符合实际的。

第二,他们发现预防性货币需求对利率同样相当敏感。因为预防性货币需求存在着机会成本即利率,而且两者之间是一种正相关关系,因此,货币的预防需求与利率也有极大的关系,凯恩斯贬低利率对预防货币需求的影响也是不符合实际的。

第三,他们发现凯恩斯货币投机需求理论的漏洞。凯恩斯认为,人们对未来利率变化的预计是自信的,并在自信基础上决定自己持有货币还是债券,且只能择其一而不能两者兼有。美国经济学家詹姆斯·托宾(James Tobin)的"资产组合理论"对此进行了新的解释。托宾模型主要研究在对未来预计不确定性存在的条件下人们怎样选择最优的金融资产组合。托宾认为资产的保存形式不外两种:货币和债券。债券为风险性资产,货币为安全性资产,风险与收益是同向变化、同步消长的。资产持有者分为风险回避者、风险爱好者和风险中立者。一方面,托宾模型说明了在不确定状态下人们同时持有货币和债券的原因以及对两者在量上进行选择的依据即资产分散化原则;另一方面,托宾模型还论证了货币投机需求的变动是通过人们调整资产组合实现的。所以,利率和未来的不确定性对于货币投机需求具有同等重要性。

第四,新剑桥学派对凯恩斯货币需求动机理论加以发展。他们认为,随着经济发展,仅三种动机不能说明全部现实状况,应予以扩展,从而提出了包括产出流量动机、货币—工资动机、金融流量动机、预防和投机动机、还款和资本化融资动机、弥补通货膨胀损失动机、政府需求扩张动机的货币需求七个动机,并将七个动机归纳为三类:商业性动机、投机性动机和公共权力动机。前六个动机是对凯恩斯提出的三大动机的细分,第七个动机即政府的货币需求动机则为新剑桥学派的独创。

3.现代货币主义的货币需求模型

现代货币主义的创始人和主要代表、1976 年获诺贝尔经济学奖的美国著名经济学家弗里德曼在 1956 年发表的《货币数量说:重新表述》一文中认为:"货币数量论首先是货币需求的理论,这不是一种产出理论、货币收入理论或价格水平理论。"①此后,他对货币数量论的剑桥方程式加以重新表述,建立了现代货币数量论的货币需求模型。

现代货币数量论的货币需求模型可以用如下货币需求函数形式来表述:

$$\frac{M}{P}=f(Y,w,r_m,r_b,r_e,\frac{1}{P}\ \frac{\mathrm{d}p}{\mathrm{d}t},u)$$

其中:M/P 表示实际货币需求;Y 表示总财富水平(即实际国民收入);w 表示个人收入在总收入中所占的比例;r_m,r_b,r_e 分别代表预期的货币隐含报酬率、固定价值债券名义利率和股息率,即个人可以持有的三种金融资产的收益率;$\frac{1}{P}\ \frac{\mathrm{d}p}{\mathrm{d}t}$表示预期通货膨胀率;$u$ 表示其他影响货币需求的因素,如对政治、经济形势及政府政策的预期、偏好、社会风气、技术、制度等。

现代货币数量论的货币需求模型说明,第一,货币需求是实际货币需求或者货币的实际购买力,它剔除了物价水平波动对货币需求膨胀的影响。第二,Y 是持久性收入,表示人力、财力和物力财产共同构成的总财富水平,它具有长期的稳定性,又具有短期的波动性。第三,如果把 w,r_m,r_b,r_e,$\frac{1}{P}\ \frac{\mathrm{d}p}{\mathrm{d}t}$,$u$ 诸因素看作相对稳定的变量 k,则货币需求是持久收入的稳定函数。第四,把"金融资产"和"实物资产"都视为货币资产的替代形式。货币、债券、股票、实物资产等各种财富形式的预期报酬率都对货币需求产生重要影响。因此利率对货币需求的敏感性极低,货币的供给对利率有强烈的调节作用。

弗里德曼的货币需求理论在现代货币数量论中占有极其重要的地位。现代货币数量论主要是用货币需求函数与货币供给函数来说明实际国民收入与价格水平的决定,在证明货币需求函数稳定性之后,就可以说明货币供给函数即货币供给量的变动是决定名义收入的唯一重要变量。弗里德曼据此提出了"单一规则"(single rule)的货币政策,即政府只按固定不变的货币增长率控制货币供给量,就可以有效地控制纯粹只是一种货币现象的通货膨胀。

二、货币供给

货币供给是中央银行运用各种金融调节机制,通过金融体系向再生产过程供给货币的过程。货币供给量是指在流通领域中为各经济单位(银行体系之外的个人、家庭、企事业单位等)实际所持有的货币量。它是现代中央银行金融宏观调控的重要指标和工具。

(一)货币供给的种类

1.货币存量和货币流量

货币存量是指某一时点的货币供给量,银行信贷收支影响和决定货币存量的大小。

① 弗里德曼.货币数量论研究[M].北京:中国社会科学出版社,2001:2.

人们日常所说的货币供给量就是这样一个存量概念。货币流量是以一定时期来计算的货币周转总额，影响货币流量的因素是货币供给量与货币流通速度。

2.实际货币供给量与合理货币供给量

实际货币供给量是一定时期内银行实际投入的货币量。合理货币供给量是指银行实际投入的货币量与社会对货币的需求量相一致的货币量。由于国民经济各部门总是对货币的过度需求以及经济生活复杂多变使贷款与社会总产品运动出现“超前”或者“滞后”现象，所以实际货币供给量经常与合理货币供给量不一致。为使实际货币供给量与合理货币供给量一致，银行必须适时适量控制和管理货币。

（二）货币供给的层次划分与控制重点

为了考察不同种类的货币性资产对经济的影响，选定中央银行作为控制重点，以控制货币供给总量，可根据金融资产转化为现实的流通手段和支付手段的能力不同，将货币供给划分为不同层次。中国人民银行从稳定币值和调控经济的目的出发，把我国货币供给划分为以下四个层次。

M_0=流通中的现金。

M_1=M_0+企业活期存款+机关、团体、部队活期存款+农村活期存款+个人支票及信用卡存款。

M_2=M_1+城乡居民定期存款+企业单位定期存款（包括自筹基建存款）+外币存款+信托等其他类存款。

M_3=M_2+金融类债券+回购协议+商业票据+大额可转让定期存单。

其中，M_0 被列为第一层次的货币，称为“市场货币流通量”，是因为现金流动性最强，它是反映消费品市场供求状况的一个重要指标。第二层次的货币 M_1 称为“狭义货币供给量”，它构成了短期的消费资料市场和生产资料市场的全部现实商品的需求，它的变动与国民经济总供给状况密切相关。第三层次的货币 M_2 称为“广义货币供给量”，它和第四层次的货币 M_3 程度不同地反映了一定时期的社会总需求，对国民经济进行综合平衡有重大参考价值。中央银行一般选择流动性强、购买力大、对经济活动影响最密切又易于控制的货币层次作为控制重点。我国宏观货币调控的重点是 M_1，控制住 M_1 就能控制住对经济影响较大、对市场冲击较强的购买力。消费品交换一般由现金流通来实现，而消费品的流通完全受市场机制作用的影响，因此，调节现金的投放和回笼有利于稳定消费品的价格。尽管居民手中的现金较难控制，但是对 M_0 的控制仍具有较强的现实意义。

（三）原始存款和派生存款

原始存款和派生存款的区别是货币供给理论的重要内容。所谓原始存款，是指商业银行接受客户（企业和个人）的现金所形成的存款。这部分存款不会引起货币供给总量的变化，仅仅是流通中的现金变成了银行的活期存款。派生存款是商业银行对原始存款进行放贷而创造出来的新存款。可见，原始存款是商业银行信用扩张、创造派生存款的基础。银行创造派生存款的条件是银行信用的存在和准备金制度。准备金是商业银行为应付日常业务需要的库存现金和在中央银行的存款，它分为法定准备金和超额准备金。法定准备金是指法律规定商业银行不能放贷盈利的存款；超额准备金是指商业银行由于经营原因尚未贷放出去的部分存款。存款准备金率是存款准备金与存款总额的比例。

派生存款是怎样产生的呢？在支票流通情况下，假设存款准备金率为20%，银行A吸收10 000元原始存款，A将其20%用于存款准备金，将80%即8 000元贷给企业；该企业将获得的8 000元存入银行B，B将1 600元(20%×8 000)作为存款准备金，将6 400元(80%×8 000)贷给另一企业；而这家企业又将6 400元存入银行C……如此循环，则这10 000元原始存款可以最大限度地扩张到50 000元。

$$
\begin{aligned}
\text{存款总额} &= 10\,000+10\,000\times(0.8)+10\,000\times(0.8)^2+10\,000\times(0.8)^3+\cdots \\
&= 10\,000\times(1+0.8^1+0.8^2+0.8^3+\cdots) \\
&= 10\,000\times1/(1-0.8) \\
&= 10\,000\times1/0.2 \\
&= 50\,000
\end{aligned}
$$

根据上述可知：派生存款量D等于原始存款A和法定存款准备金率(r)倒数的乘积减去原始存款A，用公式表示为：

$$D=A/r-A=A(1/r-1)$$

另外，派生存款的规模随着银行超额准备金和现金漏出的增加而缩小。如果超额准备金为g，现金漏出率为c，则派生存款的计算公式为：

$$D=\frac{A}{r+c+g}-A=A\times\left(\frac{1}{r+c+g}-1\right)$$

原始存款和派生存款的共同之处在于两者都是客户在商业银行的存款。原始存款与派生存款区分的目的在于考察商业银行扩张信用、创造存款货币的能力。

(四)货币供给模型

在不同的国家以及不同的时期，不同的经济学家对货币供给量的认识都是不同的。美国第一位获得诺贝尔经济学奖的著名经济学家保罗·萨缪尔森(P.A.Samuelson)认为："M或者M_1是交易货币，是处于银行之外的流通中的硬币和纸币，加上用支票的存款。我们偶尔也将涉及更广泛的定义(称作M_2)，除了硬币、纸币和活期存款之外还包括储蓄账目这一类资产。"①即：

$$M_1=\text{通货}+\text{活期存款}$$

这里的通货是指银行流通中的(即公众手中持有的)货币，包括纸币和硬币。这里的活期存款包括与现金具有完全相同作用的银行和其他非银行金融中介机构以支票账户存在的活期存款。

$$M_2=M_1+\text{定期储蓄存款}$$

一般来讲，我们把货币供给量定义为现金与活期存款及其他存款之和。因此，货币供给模型可归结为：

$$\text{货币供给量 } M_s=\text{基础货币 } B\times\text{货币乘数 } K$$

1.基础货币

基础货币(monetary base)又称高能货币(high-powered money)、货币基础、货币基数。它是指具有货币总量倍数扩张或者收缩能力的货币，包括流通中的现金和其他银行在中

① 萨缪尔森.经济学[M].12版.北京：中国发展出版社，1993：442~443.

央银行的存款,它在本质上表现为中央银行的负债。其中,流通中的现金包括社会公众和商业银行持有的现金;其他银行在中央银行的存款准备金指其在中央银行的总准备金,包括法定准备金和超额准备金。中央银行可以通过对基础货币的控制来调节货币供给量。

中央银行可以通过公开市场业务、再贴现率、法定存款准备金率、黄金外汇的购买以及财政部通过增减支出或者财政赤字等途径对基础货币产生影响。中央银行在公开市场上买卖政府有价证券是调节或者增减基础货币的主要方法。再贴现是指商业银行需要资金而向中央银行借款时,用其客户借款时提供的贴现但尚未到期的票据再向中央银行进行贴现。再贴现率(rediscount rate)是指中央银行进行再贴现贷款时所收取的利率。当中央银行提高再贴现率时,商业银行减少对中央银行的借款,从而会减少基础货币;而当中央银行降低再贴现率时,则会增加基础货币。中央银行提高或者降低法定存款准备金率,则会降低或者增加商业银行的货币供给量。通过购买黄金与外汇增加黄金与外汇储备,用支票支付增加了银行在中央银行的存款,从而增加了基础货币。财政部支出必将影响财政部在中央银行的存款,从而影响基础货币。当财政出现赤字而向中央银行借款(即把债券卖给中央银行)时,财政赤字会影响基础货币的存量。

2.货币乘数

货币乘数(money multiplier)表示单位基础货币的变化所引起的货币供给量的增减幅度,即基础货币发挥作用的倍数,也称为信用的扩张倍数或者存款的扩张倍数。它反映了货币供应量与基础货币之间的倍数关系。可以通过以下几种方法来计算货币乘数。

(1)根据货币供给模型,可以得出货币乘数:

$$\text{货币乘数}(K)=\frac{\text{货币供给总量}}{\text{基础货币}}$$

(2)根据派生原理,得出信用创造中的货币乘数:

$$\text{货币乘数}(K)=\frac{1}{\text{法定存款准备金率}(rd)}$$

法定存款准备金率(rd)是指中央银行规定的准备金与即期存款总额之比。法定存款准备金是指中央银行对商业银行和金融机构所吸收的存款,为应付日常提款和银行之间支付的需要而规定的一个必须备有的准备金。中央银行在确定法定存款准备金率时,既要尽可能在既定的原始存款基础上扩大运营资金,扩大收益和利润,又要保证提款的要求和经营的安全性。

(3)如果引入一些“漏出”项目,货币乘数之值将越来越小。其计算公式如下:

$$K=\frac{1+k+t}{rd+e+t(rt)+k}$$

其中:e 表示超额准备金率,即超额准备金与即期存款总额之比,超额准备金(excess reserve)是指银行和金融机构出于安全性或者资金运用情况的考虑,对于所吸收的存款,除法定必须准备金之外,自愿持有的一定数量的准备金;t 表示新增定期存款与新增活期存款之间的比例,当新注入存款准备金引致活期存款增加后,为了获得较多的存款利息收入,公众会将一部分新增活期存款转化为新增定期存款;k 表示现金活期存款比例,即公众手持现金与活期存款之间的比例;rt 表示定期存款比例。

当新增存款准备金引起的存款创造过程最终进行时，新增存款就分解为活期存款准备金、超额准备金和公众新增手持现金。

(4)如果只考虑现金—存款比率和准备金—存款比率因素，货币乘数可用公式表示为：

$$K=\frac{1+cu}{cu+re}$$

其中：cu 表示现金—存款比率，即公众决定在自己所拥有的货币中现金与活期存款的比例。cu 越小，则货币乘数越大，一定货币量所创造出的货币也就越多；反之，cu 越大，货币乘数越小，一定货币量所创造出的货币也就越少。公众通过改变 cu，可以影响货币供给量。影响现金—存款比率的因素有公众支付习惯、消费占国民生产总值的比例、人们拥有的总财产量、活期存款的预期收益和政府对利息的税收政策、非法交易活动在整个交易活动的比例、银行破产风险等。

re 表示准备金—存款比率。re 与货币乘数也呈反方向运动，银行可以通过改变 re 影响货币供给量。影响 re 的因素有中央银行最低准备金要求(r_R)、中央银行贴现率(i_D)、银行净资产流量的不确定性(Q)、市场利率(i)等。

根据货币供给模型：

$$\begin{aligned} M_s &= \text{基础货币 } B\times\text{货币乘数 } K \\ &= B\times K(cu,i,r_R,i_D,Q) \end{aligned}$$

可以看出，中央银行对货币量的控制可以通过三种手段：一是公开市场业务，通过公开市场买卖国债来控制基础货币；二是再贴现率，通过提高或者降低再贴现率来影响基础货币与准备金—存款比率；三是法定存款准备金，通过确定法定存款准备金来影响准备金—存款比率。

中央银行运用货币政策控制货币供给量，首先要把基础货币控制在一定数量限度内，同时要分析货币乘数的变化。由于影响货币乘数变化因素的多变性，导致货币乘数的不稳定，因此，在控制货币供给量时，应加强研究和预测货币乘数的变化。

三、货币供求与均衡

(一)货币供求均衡

货币供求均衡是指货币供给量与国民经济对货币的需求量基本一致。货币供求均衡是一种受各种因素影响的、相对发展的势态，是一种动态均衡，表现为社会经济生活中的货币数量与客观需要量相适应。货币供求均衡可以用图 12-1 表示，其纵轴代表利率(i)，横轴代表货币量(M)。M_s 代表货币供给曲线，是一条向右上方倾斜的曲线，表示货币的供给量会随利率的上升而增加，随利率的下降而减少。当利率升高时，银行贷款收益增加，货币派生存款增加，货币供应量增加。M_d 代表货币需求曲线，它是一条向右下方倾斜的曲线，表示货币的需求量随利率的上升而减少，利率越高，持币的机会成本越大，人们对货币的交易需求和预防需求就越少；反之，利率越低，对货币的需求就越多。E 是均衡点，M_e，i_e 分别代表货币均衡量与均衡利率。在其他条件不变的情况下，利息(货币价格)机制可以调节货币的供给与需求，使之趋向均衡点。

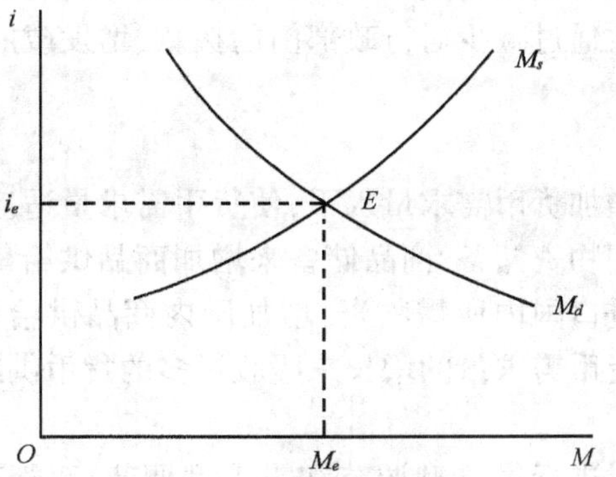

图 12-1　货币供求均衡

(二)货币供求失衡

货币的供给量与货币的需求量不一致即为货币供求失衡。它有两种表示形式:一是货币供给过多;一是货币供给不足。当货币供给过多时,会导致商品供给不足、物价上涨和强迫储蓄;当货币供给不足时,则会造成商品滞销,货币流通速度下降,物价下降,导致过多的存货和资源闲置。总之,货币供求失衡会给社会生产和国民经济带来不良影响。因此,任何一个经济社会都应立足于"在平衡中求发展,在发展中求平衡",尽力保持货币供求均衡。

(三)货币供求均衡与社会总供求均衡

国民经济能否稳定、协调发展,关键在于社会总供求是否均衡。社会总供求均衡包含三层含义:一是商品劳务总供给与商品劳务总需求之间的均衡;二是货币总供给与货币总需求之间的均衡;三是商品劳务的供求与货币的供求之间的均衡。

货币供求均衡与社会总供求均衡的关系表现在以下几个方面:第一,无商品流通就无货币流通,无货币流通也就无商品流通。商品的总供给决定货币的总需求。在商品经济条件下,任何商品必须通过货币来表现和衡量其价值,并借助货币交换来实现其价值。实际上,货币流通也带动了商品流通,无货币流通也就无所谓商品劳务流通。第二,货币的总供求包含了商品劳务的总供求,并综合反映商品劳务总供求。第三,只有实现了货币的供求均衡,才能实现商品劳务的供求均衡;只有实现货币和商品劳务的供求均衡,才能实现社会总供给与社会总需求的均衡。货币供求均衡在各种均衡关系中,居于中心地位,起着主导作用。

(四)调节货币供求均衡的措施

在货币供求失衡表现形式中,货币供给小于货币需求的情形,一般出现得很少,并且调节也比较简单,那就是增加货币的供给量。所以,货币供求失衡主要是货币供给量大于货币需求量,在这种情况下,调节货币供求均衡的措施就显得尤为具有现实意义。

1.供给型调节

供给型调节就是从压缩货币供给量入手,使货币供给量适应货币需求量。采取的措施有:第一,中央银行通过公开市场业务、提高法定准备金率及减少基础货币供给等措施减少货币供给量；第二，商业银行通过减少或者停止发放贷款、回收旧的贷款等措施来减少货币供给量；第三，财政通过减少对行政部门的拨款、增发政府债券来减少单位和个人手中持有的货币量。

2.需求型调节

需求型调节就是从增加货币需求量入手，使货币需求量适应既定的货币供给量。可采取的措施有：第一，动用物资储备、商品储备来增加商品供给量，从而增加货币需求量；第二，用黄金、外汇储备进口国内所需物资，增加国内商品供给量以增加货币需求量；第三，提高商品价格，通过货币需求量的增长来吸收过多的货币供给量。

3.混合型调节

混合型调节就是同时进行供给型调节和需求型调节，双管齐下，达到既不使经济产生较大的波动，又使货币实现供求均衡的目的。

4.逆向型调节

逆向型调节就是通过增加货币供给量，"以胀治胀"，充分利用闲置的生产要素，以促进生产的发展和商品供给量的增加来消化过多的货币。

第三节　通货膨胀

一、通货膨胀的定义和种类

（一）通货膨胀的定义

通货膨胀就是一般物价水平相当幅度的持续上涨现象。其含义包括：第一，通货膨胀是指物价水平上涨现象，物价水平或者总物价水平是商品价格加总的平均数；第二，物价必须上涨了"相当的幅度"，如果物价水平上涨幅度较小，不能算是通货膨胀；第三，它必须是物价的"持续"上涨。从货币供给量来看，通货膨胀是流通中现实的货币量超过流通对通货的客观需要量，并由此引起的货币贬值、物价普遍上涨的现象。

通货膨胀最直接的表现形式是物价上涨，因此，通货膨胀通常用物价指数来衡量。衡量物价的指数主要有：批发物价指数和零售物价指数、国民生产总值折算价格指数。批发物价指数又称生产价格指数（PPI）或者工业品价格指数，是根据若干种生产资料批发价格编制而成的，用以反映生产资料批发价格的变化程度和趋势的一种价格指数。零售物价指数又称为消费物价指数（CPI）或者生活费用指数，这种指数是由各国政府或者私人机构根据本国若干种主要食品、衣着和其他日用消费品的零售价格以及水、电、住房、交通、医疗、文化娱乐等费用编制计算而成的一种综合价格指数，用以测定一定时期居民生活费用水平变化趋势和程度。国民生产总值折算价格指数是指按当年价格计算的国民生产总值对按不变价格计算的国民生产总值的比率，它能较全面准确地反映一般物价水平的趋势。

许多国家曾出现过高通货膨胀问题。法国 1789—1796 年通货膨胀率为 143.26%，德国1920—1923年为29 525.71%,奥地利1921—1922年为124.27%,波兰1921—1924年为187.54%,俄罗斯1922—1924年为278.72%,希腊1942—1945年为112 88%。津巴布韦发生了人类历史上最严重的恶性通货膨胀,2004年2月通货膨胀率为624%,2006年4月为1 042.9%,2007年6月为11 000%,2008年2月达165 000%,2008年6月达220 000%,2008年7月发行面值1 000亿元的钞票,2010年12月通货膨胀率达1 000 000 000%,导致本国货币崩溃,政府宣布停止发行本国货币,改用美元、欧元、英镑、日元、人民币等9种货币组成的一篮子货币组合,国内失业率约为80%,社会动荡,政府变更,至2019年1月通货膨胀率降为42%。委内瑞拉的通货膨胀率2017年为652.67%,2018年4月达到13 799%,为2018年世界上通货膨胀率最高的国家,贫困率上升至61%,导致社会和政府动荡。据哥伦比亚《时报》2020年8月12日报道,8月12日,委内瑞拉首都加拉加斯,委内瑞拉国民议会发布一份报告,表示2019年7月至2020年7月之间,委内瑞拉的通货膨胀率达到了4 099%。国民议会的报告还指出,在2020年1月至7月之间,委内瑞拉的累计通货膨胀为843.44%,是全世界累计通货膨胀率增长最快的国家。

(二)通货膨胀的种类

可以从不同的角度将通货膨胀划分为不同的种类。

第一,按通货膨胀的表现形式可将通货膨胀分为公开性通货膨胀、隐蔽性通货膨胀和抑制性通货膨胀。公开性通货膨胀是货币发行过多,物价水平上涨很明显的通货膨胀。隐蔽性通货膨胀是物价水平上涨不明显,而居民实际消费水平下降的通货膨胀。抑制性通货膨胀是人为压制物价水平上涨,把过度需求推移到下个年度的通货膨胀。

第二,按物价上涨的速度可将通货膨胀分为爬行通货膨胀、急速通货膨胀和恶性通货膨胀。爬行通货膨胀的表现是物价水平上涨速度缓慢并不容易察觉,但持续时间长。急速通货膨胀则表现为物价上涨速度快,年上涨率在两位数以上。恶性通货膨胀是物价飞速上涨,年上涨率在50%以上的极度通货膨胀。

第三,按通货膨胀产生的原因可分为需求拉动型通货膨胀、成本推动型通货膨胀、结构型通货膨胀、体制型通货膨胀和混合型通货膨胀等。

第四,按通货膨胀期间商品价格的相对变动可分为平衡的通货膨胀和不平衡的通货膨胀。平衡的通货膨胀指在通货膨胀期间不同商品的价格以相同幅度上升;不平衡的通货膨胀指在通货膨胀期间不同商品的价格上升幅度不相同。

第五,按人们对通货膨胀预期的情况,可将通货膨胀分为预期到的通货膨胀和未预期到的通货膨胀。预期到的通货膨胀指人们事先已预料到会发生通货膨胀和通货膨胀率的高低;未预期到的通货膨胀指人们事先未预料到会发生通货膨胀,或者事先预料到会发生通货膨胀,但没预料到通货膨胀率的高低。

二、通货膨胀的原因

产生通货膨胀的原因有许多,归纳起来主要有以下几种。

(一)需求拉动型通货膨胀

需求拉动型通货膨胀是由于过度需求而引起的通货膨胀,即社会总需求超过社会总供给,拉开了膨胀性缺口而引起货币贬值、物价总水平上涨。当强制流通的纸币和信用货币对商品劳务的需求(即货币总需求或总支出)超过现行价格条件下社会可能提供的商品劳务总供给时,会导致物价总水平的上涨。在这里,社会需求包括投资需求和消费需求,社会需求扩张直接来源于财政和银行两部门。

(二)成本推动型通货膨胀

在社会商品和劳务需求不变的情况下,由于成本的提高而引起物价总水平的上涨就称为成本推动型通货膨胀。成本推动型通货膨胀又可以分为两种类型:一是工资推动型通货膨胀;二是利润推动型通货膨胀。工资推动型通货膨胀是由于(在西方国家)工会垄断的存在,工会要求过高的工资,形成工资易升不易降的"工资刚性";利润推动型通货膨胀是由于大公司的垄断,它们要求过高的利润,形成价格易涨不易跌的"价格刚性"。物价上升,工资随之上升,工资提高,物价再度上升,这种工资和物价的交替上升,形成了成本推动型通货膨胀。

(三)结构型通货膨胀

结构型通货膨胀是指在社会总需求不变的情况下,由于经济中各部门的结构性因素引起的一般物价水平的持续上涨。社会经济可以从不同角度划分为不同的部门,如扩展中的部门和衰退中的部门、开放经济部门和封闭经济部门、现代经济部门和传统经济部门、生产部门和消费部门等。当某一部门由于需求增加而引起物价和工资上涨时,其他需求不变或者需求相对减少的部门由于工资和价格刚性,其价格并不随之下跌,相反,还会向该部门看齐,并且赶上该部门的工资和商品价格水平,从而造成整个经济的物价水平上涨。

(四)体制型通货膨胀

体制型通货膨胀是指某些经济体制转轨国家(如经济体制改革时期的我国)在经济体制转换过程中出现的一种通货膨胀。由于经济体制转轨国家的市场机制不健全,产权关系不明晰,国有企业不具备破产和兼并机制,企业投资效益很差,企业即使处于半停产或者停产状况,工资仍然照发,这样,势必造成总供给的萎缩和总需求的膨胀,而持续性需求的过度积累,必然导致通货膨胀。

(五)输入型通货膨胀

输入型通货膨胀指一个国家长期的大量的外贸顺差形成外汇储备过多,引起国内货币投放过多而形成的通货膨胀;或者由于一个国家出现了通货膨胀,通过贸易(主要是进口)和汇率传递机制的作用而导致其他国家相继发生通货膨胀。一般来说,发展中国家因为受发达国家经济的影响大而比较容易发生输入型通货膨胀。

三、通货膨胀的影响

通货膨胀对社会经济发展是有利还是有害,实际上是关于通货膨胀对社会经济生活的各个方面所造成的影响程度的问题。通货膨胀对收入分配与财产分配,对生产、流通、消费,对对外贸易和国际收支,对经济增长以及对资源配置等方面都有影响。在此,我们着重分析通货膨胀对不同收入群体、不同的财富持有者,以及经济增长所造成的影响。

(一)通货膨胀对收入分配与财产分配的影响

通货膨胀对社会不同群体的人有不同的影响,它会使一些人从中受益,也会使另外一些人由此受损。具体表现在以下几个方面。

(1)利润收入者受益,工资收入者受损。通货膨胀发生时,如果产品价格的调整速度快于工资调整速度,则使实际利润增加,实际工资减少,利润收入者会从中获益,工资收入者则由于价格上升、名义工资增长缓慢、实际工资收入下降而受损。

(2)具有垄断地位的厂商获益,而中小厂商可能受损。通货膨胀发生时,具有垄断地位的厂商可以大幅度地迅速提高价格,甚至可以使自己产品价格上升的幅度大于通货膨胀率,从而获得更大的利益。而处于完全竞争条件下的中小厂商,其产品的价格取决于市场供求状况,如果产品供大于求就无法提价,只能保持其产品价格与通货膨胀同幅度增长,因而其利润就会受到损失。

(3)对不同的工资收入者影响不一样。工会行业强大的工人可以通过工会尽快地提高工资水平,其损失较小。有专业技术的工人,厂商对其需求大,因而得到较高工资,使之损失较小,有时甚至受益。中小型企业的工人由于竞争能力较弱而在通货膨胀时受损,加上工人不受工会的保护,所以他们受损程度更大些。获得固定工资的政府部门的一般职员、文教卫生人员等,由于其工资合同是长期的,其工资收入不会随通货膨胀而迅速调整,从而受到损失。那些退休金领取者以及靠社会救济为生的贫穷者是通货膨胀最大的受害者,因为他们的退休金或社会保险金没有调整或很少调整。

(4)对债权人不利,对债务人有利。在债权债务合同签订时,双方根据当时的通货膨胀情况规定名义利率。如果在偿还期内发生通货膨胀,并且偿债时的通货膨胀率高于签约时的通货膨胀率,则会使债权人的利息受到损失,债务人因少支付实际利息而获益。

(5)通货膨胀对政府有利,对公众不利。由于有累进税率以及税率固定,通货膨胀将引起名义收入增加,从而使税收增加。这种由于发生通货膨胀以减少公众的实际收入为代价而增加的政府税收被称为“通货膨胀税”,它是政府对公众的一种变相掠夺。同时,如果政府发行了大量的国库券,作为债务人的政府因为通货膨胀而实际上少支付了国库券利息。

(6)不同居民户所拥有财产与负债比例不同,通货膨胀对财产分配的效应也就不同。一般来讲,财产小于负债的居民户,发生通货膨胀时,因为其实际负债减少而从中受益;通货膨胀对中等财产的居民户的利益不会造成多大影响,因为通货膨胀一方面会造成一些资产贬值,另一方面会使有的财产(如房产)随通货膨胀率的提高而价格上涨;通货膨胀对拥有高额净值财产的居民户造成损害,他们负债很小,较大比例的资产会随通货膨胀而贬值。因此,通货膨胀具有一种对财产进行再分配的效应。

(二)通货膨胀对经济增长的影响

经济理论界关于通货膨胀对经济增长是有利还是有害问题的探讨,目前仍无一致看法,但是,已经形成了三种具有代表性的观点,即促进论、中性论、促退论。

1.通货膨胀促进论

这种观点认为,在一定时期内适度的通货膨胀可以刺激经济增长。这种观点又被称为通货膨胀无害论或者通货膨胀有益论。持这种观点的代表如下。

(1)凯恩斯不仅把适度的通货膨胀作为摆脱已经发生经济危机的解救药,而且把适度的通货膨胀当作预防危机、永保“繁荣”的经常使用的“吗啡”注射剂。他认为,在生产要素没有充分利用之前,增加货币发行量,实行适度的通货膨胀可以弥补财政赤字,解救经济危机,减少失业,增加有效需求,从而促进经济增长。

(2)美国新古典综合学派认为失业率与通货膨胀率之间存在着一种交替关系,如果提高通货膨胀率,则可以增加利润、刺激生产、使产量和就业量增加、降低失业率。因此,他们主张运用扩张性的赤字财政政策,以通货膨胀来刺激经济增长。

(3)美国的威廉·阿瑟·刘易斯(W.A.Lewis)、兰斯·泰勒(L.Taylor)等发展经济学家认为,发展中国家税收体系不健全,税收来源有限,政府可以通过向中央银行借款作为财政的主要来源。这种借款会增加流通中的货币供给,引起通货膨胀。如果将这种借款用于投资,并采取措施保证原来投资不减少,那么,就会由于实际投资的增加而促进经济的增长。同时通过通货膨胀,增加富裕阶层的收入,提高储蓄率,刺激资本家的投资积极性,增加投资,从而促进经济增长。

(4)以美国经济学家马丁·费尔德斯坦(M.Feldstein)为代表的供给学派认为,通货膨胀率的提高有利于提高资本形成率,资本形成率的提高有利于经济的增长,从而通货膨胀可以促进经济增长。

2.通货膨胀促退论

通货膨胀促退论正好与通货膨胀促进论相反,它是一种认为通货膨胀会导致经济效益降低、损害经济增长的理论。这种观点也被称为通货膨胀有害论或“通货膨胀扭曲论”(distortion inflation view)。通货膨胀不利于经济增长,其原因主要表现在以下几个方面。

(1)通货膨胀对生产经营的影响。在通货膨胀条件下,如果利息率上升幅度低于物价上涨幅度,会促使消费增加,储蓄减少,从而使投资减少;同时,通货膨胀会增加市场的不确定性,加大投资风险和投资成本,使投资减少,从而影响生产。从部门结构来看,由于各部门的物价上涨幅度不同,使利润在各部门之间的分配比例不同,最终造成各部门发展不均衡,破坏国民经济的比例关系。此外,在通货膨胀条件下,价格信号的失真也使价格不能正确引导各生产部门的正常发展。

(2)通货膨胀对流通的影响。在流通领域,物价上涨,纸币贬值,居民感到存钱不如存物,导致储蓄存款不断减少,社会购买力不断扩大,从而加剧商品供求矛盾。同时,有些企业、个人为了牟取暴利,大量囤积商品,人为加剧商品市场供求矛盾。此外,黄金、外汇及有价证券的投机活动加大,造成货币流通秩序混乱。

(3)通货膨胀对分配的影响。由于通货膨胀造成国民收入或社会财富的重新分配,从而对获得固定工薪收入的社会成员不利。如果他们的工薪增长落后于物价的上涨,其实际收入就会不断下降,从而使他们成为通货膨胀中的最大的损失者,而那些赚取利润的阶层则会成为通货膨胀的获利者,这样就会加剧社会分配不公。同时,通货膨胀使各单位的名义收入不断上涨,而实际的商品供给则不足,必然会有部分货币购买力难以实现,从而使消费品的分配趋于紧张。

(4)通货膨胀对消费的影响。由于物价上涨幅度高于工资上涨幅度,虽然居民的名义收入增加,但其实际收入则会减少,最终使货币购买力减弱,部分居民特别是那些收入比较低的贫困人群的实际消费水平下降。

(5)通货膨胀对资源配置的影响。通货膨胀会促使资源在国民经济各部门之间流动。在通货膨胀期间,由于投资前景难以预料,势必抑制社会对那些投资大、投资回报低、投资回收期长的项目的投入,阻碍这些产业的增长,不利于资源的合理配置和产业结构的合理化。

(6)通货膨胀对国际收支的影响。在通货膨胀条件下,本国货币会自动对外贬值,从而在短期内可以扩大出口,减少进口。但是,货币长期贬值会影响一国的经济声誉,而且国内价格的普遍上涨会带动出口商品价格上涨,从而降低出口商品的竞争能力,减少出口。出口商品减少则使外汇收入也随之减少,从而使国际收支逆差扩大,甚至导致国际收支恶化,影响对外贸易的健康发展。

3.通货膨胀中性论

通货膨胀中性论者认为通货膨胀对产出、经济增长和分配等既无正面效应,也无负面效应,通货膨胀的影响是中性的。这种观点的持有者主要有理性预期学派经济学家斯坦利·费希尔(S.Fischer)等人。他们认为由于人们可以做出合理的预期,在短期内,通货膨胀会对产量和经济增长产生影响,但是在长期内,人们会对物价上涨做出合理的行为调整,通货膨胀各种效应的作用就会相互抵消,从而对经济的影响是中性的。

不同国家不同时期的通货膨胀与经济增长的关系是不一样的,既有高通货膨胀与低经济增长相结合的情况,也有低通货膨胀与高经济增长相结合的情况。所以,通货膨胀与经济增长之间没有固定不变的"促进""促退"或"中性"关系。但是无论如何,从长期来看,通货膨胀绝不是实现经济增长的"灵丹妙药"。

(三)通货膨胀对社会稳定的影响

通货膨胀会造成国民收入或社会财富的重新分配。在通货膨胀条件下,不同居民的收入增长不一致,其所购买的商品品种、数量不一样,他们在价格上涨中的损失也不相同。一些从事商业活动的企业和个人会从中获益,甚至有些投机商会从中牟取暴利。人们在这次财富或收入的重新分配中,会千方百计地减少或转移损失,从而会加剧竞争。一些人由于通货膨胀给他们带来损失或他们在竞争中失败,会产生抱怨以至失望情绪,产生对政府的不满,从而会引起社会不稳定。通货膨胀对经济的稳定增长和社会的和谐发展具有明显的影响,一些发展中国家由于通货膨胀而导致社会动乱甚至政府垮台就是明确的例证。

四、通货膨胀与失业

(一)菲利浦斯曲线

1958年英国经济学家菲利浦斯(A.W.Phillips)根据1861—1957年英国的失业率和货币工资率之间变动的有关统计资料,得出了一条两者有交替依存关系的经验曲线,称之为"菲利浦斯曲线"(the phillips curve)。后来一些经济学家,特别是新古典综合学派主要代表萨缪尔森又用美国的资料进行研究,并把菲利浦斯曲线改变为通货膨胀率与失业率变动的替代依存关系。他们认为,货币工资率增长超过劳动生产率增长,引起价格上涨,从而引起通货膨胀,也就是说工资率提高是引起通货膨胀的原因。

在图12-2上,横轴表示失业率,纵轴($\Delta P/P$)表示通货膨胀率,纵轴($\Delta W/W$)表示货币工资变动率。*bac*线为菲利浦斯曲线,是一条自左上方向右下方倾斜的曲线。它表明失业率与货币工资率、通货膨胀率存在着互为反方向的、相互交替的变动关系,即失业率低时,货币工资率、通货膨胀率就高;失业率高时,货币工资率、通货膨胀率就低。这就意味着,要降低失业或实现充分就业,就要以较高的通货膨胀率为代价;而要降低通货膨胀率或实现物价稳定,就要以较高的失业率为代价。

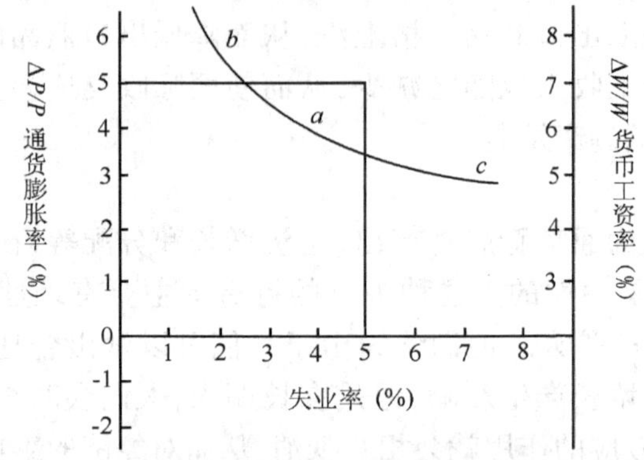

图 12-2 菲利浦斯曲线和临界点

(二)临界点

菲利浦斯曲线被西方经济学家看作进行总需求管理的有用工具。根据菲利浦斯曲线所表明的通货膨胀率与失业率之间的关系,西方国家政府可以适当采取不同的政策措施。

如果政府要实现很低的失业率或者很低的通货膨胀率,那么都必须以较高的通货膨胀率或失业率为代价。因此,政府宁愿选择一组社会上可以接受的、比较温和的失业率与通货膨胀率的组合作为总需求管理的目标,这个组合就称为"临界点"(critical point)。临界点所对应的区间称为安全区。在临界点上的通货膨胀率与失业率,政府不必采取任何政策措施对经济进行调节。如图 12-2 中,假定 5%的失业率与 5%的通货膨胀率是社会可以接受的"临界点",那么对 5%以下的任何通货膨胀率或失业率,政府无须进行总需求管理。菲利浦斯曲线上的 a 点(即安全区内的点)所表示的通货膨胀率和失业率都低于 5%,政府无须应付失业或者通货膨胀问题。

如果菲利浦斯曲线上的点在安全区之外,即表明通货膨胀率或失业率超过"临界点",政府就有必要进行需求管理。曲线上的 b 点表明通货膨胀率高于 5%,社会不能接受,失业率低于 5%,社会可以接受,因此政府应采取紧缩性的财政政策和货币政策进行宏观调控,以增加失业率,降低通货膨胀率。曲线上的 c 点表明通货膨胀率低于 5%,社会能够接受,失业率高于 5%,社会不能接受,因此政府应采取扩张性的财政政策和货币政策,以提高通货膨胀率,降低失业率。

(三)附加预期因素的菲利浦斯曲线

附加预期因素的菲利浦斯曲线(expectation-augmented phillips curve)可用图 12-3 表示。

图中 S_p 表示短期菲利浦斯曲线,L_P 表示长期的菲利浦斯曲线,$P^e=P$ 表示预期价格=事实上的价格。P_0,P_1……表示预期价格 $P^e=P_0$,$P^e=P_1$……

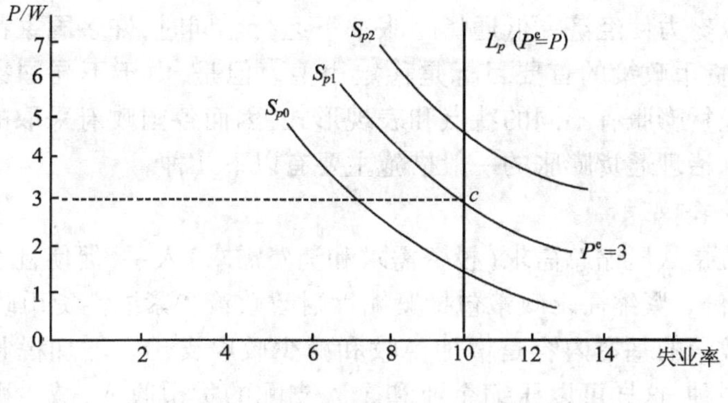

图 12-3　附加预期因素的菲利浦斯曲线

新古典综合学派认为,在有预期的条件下,通货膨胀率与失业率依然存在着替代关系。失业率之所以低于“自然失业率”(即由劳工市场和商品市场自发供求力量造成的失业率),是由于工人事前预期的通货膨胀率低于事后事实上的通货膨胀率,因而只能是暂时现象。一旦工人发现其预期失误,就会适时地调整对通货膨胀率的预期,提高预期通货膨胀率,或迟或早,他们在认识到实际工资与产品相对价格都没有发生变动时就会减少劳动供给与产量,使失业率恢复到原来的水平 U_0。然而这时的通货膨胀率不是零而是有所提高到 c 点,如 S_{P_0} 仍然是一条向右下方倾斜的曲线。菲利浦斯曲线由 S_{P_0} 向上移动到 S_{P_1},如此下去,通货膨胀率与预期通货膨胀率不断提高,菲利浦斯曲线也不断向上移动,从而形成滞胀(deflation)。

弗里德曼等现代货币主义者认为,在长期内菲利浦斯曲线是一条垂直于横坐标的直线 L_P。由于人们充分估计到要发生通货膨胀,从而要求货币工资提高到能够补偿预期通货膨胀率水平,这样工资率与通货膨胀率同步增长,厂商不增加产量,从而不增雇工人,使失业率又回到自然失业水平,因此,在有预期的条件下,失业率和通货膨胀率之间并不存在交替关系。

当然,关于通货膨胀率与失业率之间是否存在替代关系,西方经济学派之间存在着争论。以萨缪尔森为代表的新古典综合学派认为,在短期和长期内都存在着通货膨胀率与失业率的替代关系;以弗里德曼为代表的现代货币主义学派认为,在长期内不存在通货膨胀率与失业率的替代关系,但是在短期内则存在着这种替代关系;以 1995 年获得诺贝尔经济学奖的卢卡斯为代表的理性预期学派则认为,无论是在短期内还是在长期内都不存在通货膨胀率与失业率的替代关系。关于通货膨胀与失业和经济增长的“替换”关系,我国经济学界也存在着争论。①

五、通货膨胀的治理

通货膨胀影响社会生产,扰乱流通秩序,引起收入分配不公,造成社会动乱和政局不稳,从而引起了世界各国的高度重视。如何预防和治理通货膨胀,既是经济学家们研究

① 左大培.围绕着通货膨胀的“替代”作用的经济学论争[J].经济研究,1996,1(2):3~14.

的重要课题,也是各国政府必须解决的重大经济问题。为了预防通货膨胀,各国中央银行采取各种措施以努力使经济在低通货膨胀率下运行。同时,许多国家都以法律形式明确规定,中央银行货币政策的首要目标是稳定币值。但是,由于不同国家、不同时期、不同的原因造成的通货膨胀有不同的特点和表现形式,因而各国政府采取的治理通货膨胀的方法也不相同。治理通货膨胀的一般措施主要有以下几种。

(一)紧缩需求政策

紧缩需求政策是从压缩总需求(投资需求和消费需求)入手,促使社会总需求与总供给均衡,以稳定物价。紧缩需求政策包括紧缩性财政政策和紧缩性货币政策。

紧缩性财政政策的基本内容是增加税收和减少政府支出。增加税收的通常做法是提高税率和增加税种,这样可以压缩企业和个人支配的货币收入,减少财政赤字。减少政府支出的办法是削减公共工程项目的投资,减少各种社会救济和补贴。通过这些措施来达到压缩政府支出所形成的需求,限制企业和个人需求增长的目的。

紧缩性货币政策的主要内容是中央银行通过运用货币政策的三大手段来收缩信贷规模,即通过提高法定准备金率和再贴现率以及中央银行在公开业务市场出售证券来收缩信用,减少市场上的货币供给量,减少投资以压缩总需求。

(二)刺激供给政策

通货膨胀是社会总需求超过社会总供给而引起的货币贬值。我们既可以从需求管理入手来治理通货膨胀,又可以采用刺激生产、增加商品供给量的办法来达到治理通货膨胀的目的。主要通过降低所得税、提高机器设备的折旧率等办法来刺激投资和生产,增加商品的有效供给。在这方面,供给学派的政策主张就是较为典型的刺激供给的政策。

(三)收入管制政策(工资—物价政策)

由于生产资料涨价,工资增加加快,使成本过高,引起物价上涨,因此,为了抑制物价上涨,可以运用管制工资和物价的措施,实施收入政策。收入政策的内容包括:冻结工资和物价,即政府发布命令把工资和物价冻结在某一特定时间的水平上;管制工资和物价,即把工资和物价限制在某一特定的范围之内,其具体做法有政府强制性管理、劳资双方自愿约束价格和工资变动的自愿约束两种方式。

(四)收入指数化政策

收入指数化政策是将收入水平与物价水平的变动直接挂钩,从而抵消通货膨胀影响的政策。指数化的范围包括工资、政府债务和其他货币性收入。其实施办法是把各种收入与物价指数挂钩,使各种收入随物价指数变动而调整。

(五)币制改革政策

为了消除旧币流通混乱的局面,实现通货的稳定,恢复公众对货币的信心,政府通过废除旧币、发行新币,并制定一系列保证新币稳定的措施来治理通货膨胀,维护货币的稳定。一般来说,一个国家只有在发生恶性通货膨胀,货币制度处于或者接近崩溃边缘时才采取货币改革措施。

治理通货膨胀的一般原则是,有步骤地逐步紧缩货币供给与需求,渐进地调整各种经济关系,以最小的代价治理好通货膨胀,这就是所谓的“软着陆”原则。

六、我国的通货膨胀

1979年10月,我国开始进行经济体制改革,由高度集中型的计划经济体制向分级管理型的市场经济体制转换。几十年的改革使我国经济发展取得了巨大成就,但是,同时也发生了多次通货膨胀,从而严重影响了改革、发展与稳定。

(一)通货膨胀的表现

从1979年到1984年的6年中,零售物价总指数上升了17%。并且1979年至1983年的财政赤字分别为170.6亿元、127.5亿元、25.5亿元、29.3亿元、43.5亿元。1985年与1979年相比,现金货币量增长了2.69倍。1979—1983年现金与银行存款的年平均增长率分别达到24.3%和18.8%,1986年又有更快的增长,货币的增长速度为同期国民收入增长率的两倍以上。

1984年是我国通货膨胀较严重的一年,该年的贷款由1983年的3 431.05亿元增加到4 419.57亿元,增长幅度为28.8%,而社会总产值只增长了14.7%,货币增长率接近社会总产值增长率的2倍。

1988年的零售物价指数由1987年的7.3%上升到18.5%,增长幅度达11.2%。1988年出现了抢购商品和挤兑存款的现象,给市场造成巨大破坏,引起社会震荡。1988—1989年我国零售物价指数为18.5%和17.8%,严重的通货膨胀导致了经济秩序和社会秩序的混乱。

经过3年(1989—1991年)的"治理经济环境、整顿经济秩序"之后,1992年全国经济开始再次升温。1993—1995年的零售物价指数分别是13.2%,21.7%和14.8%。1994年是改革开放以来通货膨胀率最高的年份。1995年我国实行适度从紧的货币政策治理通货膨胀,取得显著成效,在经济发展仍保持10.2%的较快速度的情况下,全年零售物价上涨14.8%,比1994年的21.7%回落了6.9个百分点。但是,双位数的零售物价上涨率表明我国通货膨胀的程度不仅按国际标准来分析是严重型的,而且与我国改革开放以来出现的通货膨胀相比,也是严重型的。

(二)通货膨胀的原因

我国在改革与发展时期多次发生较为严重的通货膨胀,其原因是很复杂的。现以两次较为典型的通货膨胀为例来分析其成因。

1979—1984年的通货膨胀可归因于总需求膨胀和有效供给不足。具体表现为,首先,总需求膨胀。改革初期,由于急于求成的指导思想、传统计划经济体制尚未从根本上被触动、数量型经济增长惯性的作用、"投资饥渴症"等因素共同引起了基本建设投资急剧膨胀。1978年比1977年预算内基本建设投资增加151.04亿元,1979年比1978年又增加62.77亿元,1983年比1982年增加73.66亿元,1984年比1983年增加106.12亿元,1985年比1984年增加94.87亿元。随着劳动、工资制度的改革而出现了消费基金增长失控的现象,致使消费基金的增长幅度不仅大于劳动生产率提高的幅度,而且也大于国民收入和社会总产值的增长幅度。投资和消费的需求膨胀,一方面造成国家财政的巨大压力,出现财政赤字,由此诱发财政性货币发行;另一方面表现为巨大的贷款压力,为了保障经济增长而放弃货币稳定目标,形成信用膨胀,从而直接导致通货膨胀。其次,成本推动引起通货膨胀。国家调整不合理的价格体系,使农产品价格、原材料、燃料价格上涨;同时国家实施了提高工资水平、调整地区工资差别、恢复奖金制度、增加财政补贴等措施,促使工资水平上涨,各种成本提高引起了通货膨胀。最后,经济结构不合理和效益低下导致有效供给不足。在经济体制开始转换的初期,计划机制的作用很强,而市场机制还没有形成,加之价格、税收、利率、财政体制改革进展缓慢,投资结构畸形,导致产品结构不合理。与此同时,由于我国从投资数量型向经济效益型的转轨过程缓慢,虽然经济高速增长,但是经济效益低下,社会商品的有效供给不足,从而加剧了通货膨胀。

1993—1996 年的通货膨胀的成因,从某种意义上讲,是全面推进社会主义市场经济体制建设所必须付出的代价。1992 年 10 月,我国正式提出经济体制改革的目标是建立社会主义市场经济体制。从此我国经济体制改革就进入了新旧体制的对接与转轨时期。在这一时期,新旧体制的不相容性就十分清楚地表现出来,它从深层次上影响并制约社会总供求的变化,从而使这次通货膨胀表现为体制型通货膨胀。其具体成因表现为:第一,价格结构的调整。价格结构的调整就是理顺不合理的比价关系,这种结构性调整是合理的而且是必要的,但是如果调整速度过大,并且在调整过程中放松价格的监督和管理,则会出现价格混乱问题。第二,投资需求和消费需求膨胀。连续 3 年(1992—1994 年)的投资规模过大,总需求与总供给差距扩大,特别是居民收入增长超过劳动生产率的增长,从而导致需求拉动通货膨胀。第三,货币超发行。投资膨胀,大量外资流入,庞大的外汇占款刺激了货币供给量的增加。第四,流通秩序混乱。90%左右的商品价格完全放开,但没有相应的建立价格调控体系,缺乏有效的平抑物价手段,流通中牟取暴利的现象严重。第五,成本推动。持续的价格调整、投资热、税制改革、1994 年 1 月的汇率并轨、工资改革、利润调整、住房改革等因素形成较大的成本推动力。1994 年下半年,政府加强了宏观调控,遏制经济过热增长和泡沫经济的恶性膨胀,加上大多数居民收入增长接近以至超过物价上涨速度,1993—1996 年的通货膨胀虽然对经济产生了较为严重的影响,但是没有引起严重的社会动荡与混乱。

(三)通货膨胀的预防和治理

我国在由计划经济体制向市场经济体制的转轨时期,通货膨胀率居高不下曾给国民经济和居民生活带来了严重的危害。因此,预防和治理通货膨胀是深化改革、促进发展和保持稳定的重要举措。

1.坚持把稳定币值作为中央银行货币政策的首要目标

我国金融宏观调控目标即货币政策目标是"发展经济,稳定货币,提高社会经济效益",然而这三个目标很难同时实现。之所以出现这种情况是由于把发展经济这一目标放在首位,从而使在实践中的金融运行常常要服从经济发展的需要。虽然强调稳定币值这一目标,但它终究被放在次要位置上,从而使我国曾在很长一段时期内一直面临着很大的通货膨胀压力。改革开放以来,我国经济始终保持着高速增长的态势,虽然金融扩张在其中起到了较大的作用,但是,促进经济增长的最重要的因素还是改革所激发的经济活力和经济增长所具有的强大的内在动力。改革所取得的巨大成就绝不是单靠金融扩张即货币超量发行就能取得的。稳定货币最终有益于经济发展,因为稳定的货币是经济改革和发展的最重要的外部条件之一。《中华人民共和国中国人民银行法》规定我国

“货币政策的目标是保持货币稳定，并以此促进经济增长”。所以，治理通货膨胀，必须始终坚持把稳定币值作为中央银行货币政策的首要目标。

2.保持中央银行的独立地位，增强中央银行的宏观调控能力

中央银行是货币供给的总闸门。保持中央银行的独立地位，避免其他宏观经济调控部门和国有大中型企业主管部门干扰中央银行制定和执行货币政策，增强中央银行的宏观调控能力，是保障货币供给的关键环节。中央银行通过运用法定存款准备金率、基准利率、再贴现率、公开市场业务等货币政策工具来调节货币供给量，可以避免货币供应突然紧缩或扩张，以减少经济的波动。

3.严格控制固定资产投资规模和消费基金的增长速度

引起通货膨胀的原因很多，但是最基本的原因是固定资产投资规模过大和消费基金增长速度过快。控制固定资产投资和消费基金的增长速度，可以在一定程度上制止通货膨胀，实现币值稳定。

4.增加有效供给

当社会总需求超过了总供给、商品的有效供给不足时就会出现通货膨胀。控制投资和消费需求的过快增长、控制货币供给量是防止通货膨胀的重要措施，而合理支持生产发展，增加商品的有效供给也是防止通货膨胀的重要途径。

5.运用适度从紧的货币政策

自 20 世纪 80 年代以来，严重的通货膨胀曾一直困扰着我国的经济发展。中央银行采取的适度从紧的货币政策在控制通货膨胀方面，取得了显著的成效。

此外，我国政府还通过动用外汇储备、加强对市场和物价的管理等措施来治理通货膨胀。

我国在 1996 年成功地实现了抑制通货膨胀的“软着陆”后，由于先后受东南亚金融危机(1997 年 7 月—1999 年 12 月)、长江流域大洪涝灾害(1998 年)、严重传染性“非典”(SARS)流行疾病(2003 年)的影响，1997 年 10 月至 2003 年 10 月承受了通货紧缩的威胁。

在以扩大国内需求为重点的治理通货紧缩之后，2005 年和 2006 年物价水平再次快速上涨。虽然 2007 年 GDP 为 24.66 万亿元，比 2006 年上涨 11.4%，但是固定资产投资增长 24.1%，房地产投资增长更大；CPI 比 2006 年平均上涨 4.8%以上，其中的食品类价格平均上涨 12.3%，鸡蛋价格上涨 28.8%，猪肉价格上涨 29.9%，全国 70 个城市房地产价格平均上涨 9.6%以上。2008 年 2 月全国 70 个城市房地产价格平均上涨 10.9%，国际粮食价格和能源品价格也在快速上涨。这说明我国宏观经济在 2008 年面临着控制物价全面上涨、减缓结构性通货膨胀的压力，需要将已经实施了 10 年的放松性的货币政策转变为采取紧缩性的或者适度从紧的货币政策。由于全社会物价总水平如工业品价格逐步回落，特别是受 2008 年 9 月美国金融危机的冲击，2008 年 10 月，我国将适度从紧的货币政策调整为适度宽松的货币政策。2008 年 12 月至 2009 年 11 月的 GPI 为负增长，此后逐步上升，由 2010 年 11 月的 5.1%升至 2011 年 7 月的 6.5%。2010 年 12 月，我国将适度宽松的货币政策调整为稳健的货币政策并连续实施至 2020 年。

第四节　通货紧缩

一、通货紧缩的定义

通货紧缩是社会价格总水平即商品和劳务价格持续下降,货币不断升值的过程。为了使这个定义更加清晰,需要对其进行说明:一方面,这种物价持续下降不是由于技术的进步和劳动生产率的提高而引起,不是存在于个别部门和部分产品,也不是存在于相对较短的时间,而是在较长时间内社会商品与劳务价格普遍地、不断地下降,是物价总水平连续下降的动态过程。另一方面,物价下降的幅度为多少时就可以判断通货紧缩已经出现,关于这个问题目前仍有争论。比较通行的看法是,物价水平长时间地负增长才能称为通货紧缩。而负增长到底是多少则可判断为通货紧缩,也是一个必要的主观判断标准。因此,可以在通货紧缩前冠以"微弱""温和"或"恶性"等加以描述。

通货紧缩除了以物价水平下降来判断外,还可以通过以下方式来判断。

(1)商品有效需求不足。通货紧缩往往是在通货膨胀得到抑制后发生的。在通货膨胀得到抑制之后,市场供求关系表现为两种状况:一种是市场供求趋于正常;另一种是在通货膨胀刺激下已经扩大的商品供给与萎缩了的有效需求之间发生矛盾,以货币计量的商品总需求连续下降。

(2)生产下降,经济衰退。随着市场萎缩,价格下降,企业订单减少,利润降低甚至发生亏损,生产性投资显著减小。

(3)投资风险加大。由于市场萎缩,商品滞销,订单减少,发展前景不明,市场无热点,投资无热项,因而投资风险加大,投资者对新项目采取谨慎态度。

(4)失业增加,工资收入维持不变甚至下降,这进一步制约着对商品的有效需求。

二、通货紧缩的影响

一般而言,通货紧缩意味着企业利润下降、物价下降,失业率和公司破产率上升,其对经济和居民生活的影响程度不亚于通货膨胀的影响程度。

但是,对于一些企业来讲,生产能力的扩大在通货紧缩的情况下仍然能给企业带来更多的利润。即使工资不会增加太多,由于价格下降了,同样的工资可以购买更多的商品,人民的生活水平仍然会提高。而且,通货紧缩会使股票市场和债券市场变得有吸引力。在新的技术条件下,价格下降对新兴产业和技术进步有促进作用。通货紧缩也许会损害传统产业,因为它将迫使这些产业的生产者降低价格以消除生产能力过剩的现象,但是不会影响创新的技术领域,因为价格的下降将促进需求和技术的蓬勃发展。以上分析的是"温和的"或者"稳定的"通货紧缩的影响,而不是"迅速的"通货紧缩的影响。

迅速的通货紧缩对于经济带来的影响是很迅速、很大的。特别是对于那些借贷过多的公司和家庭来说,由于物价和工资的下降而使他们很难偿还其借贷,许多公司和个人的破产会引起整个金融体系的混乱。

需要注意的是,通货紧缩和经济衰退既有区别又有联系。一般情况下,通货紧缩会引起经济衰退,但是有时通货紧缩并未引起经济衰退,因为引起经济衰退的原因更加复杂。

三、我国通货紧缩的特点及成因

从1997年10月至2003年10月,我国经济进入了通货紧缩状态,商业零售价格指数出现了持续的低增长甚至负增长。

(一)我国通货紧缩的特点

(1)农产品收购价格大幅度剧烈下降。农民成了这次通货紧缩的最大受害者。

(2)工业品出厂价格或者生产价格指数(PPI)呈下降趋势。商业库存、工业库存增加,产品卖不出去,只好削价出售。流通领域、生产领域的职工成了第二大受害者。生产萎缩使就业形势日益严峻,特别表现为下岗失业人数猛增。

(3)消费价格指数(CPI)持续大幅度下降。城市消费者成为最大受益者。

(4)我国不仅全面、普遍地出现了通货紧缩,而且局部地区还表现得相当严重。

(5)通货紧缩率低。

(二)我国通货紧缩的成因

要消除通货紧缩和防止今后不再出现通货紧缩,需要弄清我国通货紧缩的成因。我国通货紧缩的成因主要有以下几个方面。

1.债务形成了通货紧缩

从商业周期和信用被破坏的角度分析通货紧缩,其理论基础是欧文·费雪的“债务—通货紧缩”理论。该理论由美国经济学家欧文·费雪在20世纪30年代首先提出,它认为在经济繁荣阶段企业会过度负债,当出现意外冲击时,由于资产贬值,债务人只能以廉价抛售资产和商品的方式来偿还到期债务,导致价格水平的下跌即通货紧缩。

根据“债务—通货紧缩”理论,我国通货紧缩形成的过程表现为:“赢了归自己,输了归银行”的旧投资体制使国有企业的平均负债率逐渐上升到70%以上。国有企业的高负债与低效率造成国有商业银行的大量呆坏账。从1993年开始,政府为了控制金融风险而实行信贷收缩政策,此后,《贷款通则》《中华人民共和国中国人民银行法》《中华人民共和国商业银行法》相继颁布实施,银行的贷款约束规则逐步建立起来了。1997年7月,东南亚金融危机的爆发促使政府更加注重金融风险控制,国有商业银行因面临贷款风险的加大而越来越“惜贷”。同时,在低效重复投资情况下形成的产品供给能力相对过剩,进一步造成一般价格水平下降,这又使得国有企业利润下降,真实利率上升,真实债务加重,于是形成了一个内生性的、有自我加强趋势的通货紧缩过程。

2.总需求不足形成了通货紧缩

从总需求的角度分析我国的通货紧缩,其理论基础是凯恩斯学派的理论。根据该理论,我国通货紧缩的成因主要是有效需求不足。具体地说,主要有以下几个方面的原因:第一,由于东南亚金融危机的影响,导致净出口下降,同时,周边国家的物价下降通过进口渠道也加剧了我国商品价格的下降趋势。第二,居民即期消费不足。城市居民由于收入增长放慢,支出的预期增加,导致储蓄率的上升和边际消费倾向的下降,进而引起市场购买力的萎缩,而消费结构的调整又加强了市场的低迷程度。农村居民由于受农民实际收入增长缓慢、自给性消费支出比重仍然偏大,以及一些不利于农村消费增长的其他因素的影响,如电价过高、缺乏必要的供水设施等等,造成农村市场购买力不旺。第三,投资需求的制约。一方面,旧体制条件下形成的“投资饥渴症”随着体制的改革和中央控制金融风险措施的实施已大大减弱,商业银行风险约束加强,贷款投放理性化程度提高,使得企业的投资增长受到很大的限制;另一方面,我国企业包括国有企业的理性化程度已相当高,投资支出更多地决定于支出的预期风险与收益。在产业结构调整、投资预期收益普遍下降的情况下,企业行为必然进一步趋于保守和谨慎,从而抑制了投资需求的增长。

3.有效供给不足形成了通货紧缩

从供给方面来分析通货紧缩,其理论基础是供给学派的理论。根据该理论,一个国家经济状况的好坏主要不是取决于需求是否充足,而是取决于供给方即企业是否有活力。应该把企业生产成本上升所导致的企业亏损作为分析通货紧缩的起点。在亏损企业难以退出市场的情况下,通货紧缩形成的机制是:成本上升→企业亏损→总需求减少→物价水平下降→企业亏损状况恶化→总需求的进一步减少和物价水平的进一步下降。

4.体制性因素形成了通货紧缩

由于投融资体制和银行体制改革的滞后,造成金融性资源配置的扭曲,例如,生产30%产值的国有企业占用70%以上的国有商业银行信贷,而生产70%产值、支撑着80%以上经济增长的非国有经济部门,其获得贷款一直较为困难。同时,与城市居民密切相关的各项体制改革如住房改革、教育改革和医疗养老改革抑制了居民的短期消费支出,进而影响到总需求的增加。

此外,还有其他一些因素也是导致我国通货紧缩的原因:盲目投资、重复建设导致我国生产能力严重过剩,物价下跌;近年来农业连续丰收,同时扩大了农产品进口,农产品价格以及食品价格普遍下降,影响到价格总水平的下降;商品供求量和供求结构的严重失衡促使物价水平的下降;货币供应量增速的减缓抑制了总需求的增长。

四、治理通货紧缩的对策

(一)积极的财政政策是推动经济增长的主要手段

在直接启动民间投资和消费的措施尚未发挥足够大的有效作用之前,以及在支出需求不振的局面尚未扭转的情况下,为了支持必要的经济增长幅度和扩大国内需求,短期内不断实施积极的财政政策是必要的。考虑到基础设施建设拉动经济增长的链条短的因素,对财政投资的使用方向应适当地进行调整,不应只投在基础设施建设上,而是应注重基础设施建设和鼓励社会投资、刺激消费并举。政府可考虑提供贴息贷款或采取减税措施,促使社会增加技术改造投资和风险投资。

(二)政府应更多地采用稳健的货币金融政策

尽管我国财政赤字和国债规模没有超过国际公认的警戒线,但是政府不能长期依靠大规模财政支出来拉动经济的增长，政府应更多地采取货币政策，而且从财政政策实施的方法来看，把财政投资按计划分割到省（市、区），又分割到项目，这种政策措施的利用可能会导致计划体制的复归。稳健的货币金融政策的具体措施有：扩大中央银行基础货币投放，增加对中小金融机构的再贷款；放松利率管制，加快利率市场化进程；精准定向下调法定存款准备金率，继续完善准备金制度；改善人民币汇率机制；建立中小金融机构存款保险制度，谨慎处置有问题金融机构的关闭；积极发展微型金融和普惠金融；强化国有商业银行的利润约束机制；调整信贷结构，扩大信贷范围。

（三）增加有效供给

解决我国通货紧缩问题的关键在于增加有效供给。如采取“供给学派”式的政策，使有效供给方即企业的潜力得以发挥。一方面提高企业生产效率，让无法扭亏的企业退出生产，同时加速社会保障体系的建立，以解决下岗失业人员的生活保障问题；另一方面积极发展非公有制经济，具体包括保护非公有产权、打破垄断、向非公有企业开放更多的领域、进一步开放金融业。

（四）全面深化结构性体制改革

从体制角度看，财政政策和货币政策效应的发挥需要有经济体制上的推进为其提供保障。在市场化过程中，政策效应的发挥往往离不开体制上的相应变革。因此，应在实行积极的财政政策和稳健的货币政策的同时，全面加快结构性体制改革的进程，如：加快资本市场的发展以扩大资本市场规模；推进社会保障体制的改革；促进金融体制的改革；扩大对外对内开放，放松市场准入，扩大民间资本进入的范围。

（五）启动最终消费

我国1999年的最终消费率（最终消费占GDP的比重）已下降到新中国成立以来的最低水平。政府从2000年开始将扩大国内消费需求作为治理通货紧缩的重要政策导向和目标，普遍地提高低收入者的收入水平；大幅度提高公职人员的工资水平；进一步实行与效益挂钩的政策，适当放开国有企业的工资，形成与社会主义市场经济相适应的企业家和企业员工的激励机制；逐步减轻农民的各种负担，减少各种摊派和乱收费。

我国在治理通货紧缩时还应注意以下几个方面的影响因素。

（1）通货紧缩长期存在的可能性。国外有的学者认为，20世纪世界经济面临的最大问题是生产不足，通货膨胀；21世纪世界经济面临的最大问题将是生产过剩和通货紧缩。对此，我国应有一定的心理准备，充分认识通货紧缩长期存在的可能性。

（2）各种治理通货紧缩政策的滞后性和局限性。已经制定的各项反通货紧缩政策都明显地存在着这样或那样的局限性，而且在贯彻过程中存在着很多实际困难，政策效果可能有限。例如，扩大财政投资的政策可能会对民间投资产生“挤出效应”。

（3）我国加入世界贸易组织和经济全球化使治理通货紧缩更具有艰巨性。我国加入世界贸易组织对我国的信息产业、金融产业、汽车制造业、农业等冲击很大，这必然会引起国内物价进一步下降。在经济全球化浪潮中，我国必须进行产业结构大调整，引导第一产业、第二产业的从业人员大量流向第三产业，短时间内所形成的失业人数骤增，这必然影响到我国通货紧缩的治理。

复习思考题

1.什么是货币流通？货币流通与商品流通的关系如何？
2.货币流通的形式和渠道有哪些？
3.什么是货币流通规律？它的基本内容有哪些？
4.什么是货币需求？西方货币需求理论的主要内容有哪些？
5.什么是货币供给？货币供给模型的内容是什么？
6.什么是货币供求均衡？如何调节货币供求均衡？
7.什么是通货膨胀？其种类和原因有哪些？
8.试述通货膨胀的影响及其治理。
9.通货膨胀与失业的关系如何？
10.试述我国改革开放以来通货膨胀的表现、原因及其防治。
11.什么是通货紧缩？它有什么影响？
12.试述我国通货紧缩的成因、特点及其治理对策。
13.货币供求与通货膨胀、通货紧缩有何关系？如何协调？

第十三章

国际金融

第一节　国际货币制度

一、国际金本位制

(一)国际金本位制的形成

世界上最早出现的国际货币制度是国际金本位制(international gold standard system)。金本位制是指用一定成色及重量的黄金来表示一国的本位货币的货币制度。黄金是货币制度的基础。世界上最早实行金本位制的国家是英国。1816 年,英国政府颁布铸币条例,发行金币,在世界上率先采用金本位制,用黄金规定货币所代表的价值。1819 年,英国政府又规定英格兰银行发行的银行券在 1821 年能兑换金条,在 1823 年能兑换金币,取消对金币熔化和金条出口的限制。自此,英国确立了金本位制的地位。

19 世纪 70 年代开始,欧美的一些主要资本主义国家先后放弃银本位制或者金银复本位制,实行金本位制。这样,就形成了世界各国普遍实行金本位制的国际货币制度,即国际金本位制。在国际金本位制下,黄金充分发挥了世界货币的职能。一般认为,1880—1914 年的 35 年间是国际金本位制度的黄金时代。

(二)国际金本位制的特点和作用

1.国际金本位制的特点

(1)黄金充当国际货币,充分发挥世界货币的作用,这是国际货币制度的基础。典型的金本位制是金币本位制,其基本特征是金币可以自由铸造、自由兑换和自由进出口。因为金币可以自由铸造,其面值就可以与其含金量的价值保持一致,其数量就可以自发地满足流通中的需要;因为金币可以自由兑换,流通中各种金属辅币和银行券所代表的黄金数量就能保持稳定,从而保证币值稳定;还因为黄金可以自由进出口,就能保证本币汇率稳定。正是因为金币的这些特点,国际金本位制一般被认为是一种稳定而健全的货币制度。

(2)各国货币之间的汇率由其各自含金量的比例决定。由于货币的含金量由各国政府通过立法来加以规定,因此这种兑换比例就叫法定平价。由于外汇市场供求规律的作用,各国实际汇率往往会围绕法定平价上下波动。然而在金本位制下,黄金可以自由铸造、自由兑换、自由进出口,从而决定了外汇的波动存在限度,即黄金的输出点和输入点。它由法定平价加上或者减去黄金的输送费用确定。黄金输送点的限制保证了外汇市场的相对稳定,因此,国际金本位制是严格的固定汇率制。

(3)国际金本位制能自动调节国际收支。在金本位制下,如果一国的国际收支出现顺差,外汇的供给大于需求,导致黄金流入,从而使银行的准备金增加,货币供给量增加,引起国内物价上涨,使得商品的出口下降而进口上升,结果是促使国际收支趋向平衡。当一国的国际收支发生逆差时,则情形相反。这就是英国经济学家大卫·休谟所提出的"物价—铸币流动机制"。

2.国际金本位制的作用

国际金本位制加强了国际经济联系,对世界经济的发展起到了一定的促进作用。这种作用主要表现在以下几个方面。

(1)国际金本位制有效推动了国际贸易的发展。在金本位制下,一国发行的货币量是以本国黄金的储备量为基础的,从而有效地防止了政府滥发货币,不易产生通货膨胀,而价格的稳定又促进了商品的流通。国际金本位制使生产成本、价格和利润易于计算,促进了商品的生产,从而有利于国际贸易的发展和资本主义经济的繁荣。

(2)国际金本位制有效促进了国际资本的流动。如果一国国际收支出现逆差,汇率下跌,由于金本位制带来的固定汇率制能起到自动的调节作用,汇率最终会回升,外汇投机者和本国进口商在预测到了汇率的这种变化趋势后,他们会尽量地使短期资本流入;如果一国国际收支发生顺差,则情形相反。因此,国际金本位制促进了资本在国际上的流动。

(3)国际金本位制能够有效地协调各资本主义国家的经济政策。在金本位制下,各国都把对外平衡(国际收支平衡)作为经济政策的首要目标,各项经济政策都以服从对外平衡的需要为出发点,因而促进了各国经济协调,有利于国际经济与贸易合作。

(三)国际金本位制的缺陷与崩溃

1.国际金本位制的缺陷

国际金本位制确实为资本主义经济的繁荣起到了积极的推动作用,但是它本身并不是完善的,仍然存在着许多缺陷。

国际金本位制的主要缺陷在于其本身限制自动调节机制作用的发挥。国际金本位制自动调节机制要求各国必须共同遵守三项规则,即"金本位制的竞赛规则"(rules of the gold standard game):一是把本国货币与一定数量的黄金固定下来,并允许各种辅币和银行券能随时兑换黄金;二是黄金可以自由进出口,各国金融当局能随时按官方比价无限制地进行黄金和外汇的买卖;三是各国货币发行当局发行钞票必须以相应的黄金准备为基础。如果实行金本位制的各主要资本主义国家都不能完全遵守上述规则,那么国际金本位制的自动调节作用就难以正常发挥出来。

实践证明,在国际金本位制时期,黄金价格并非长期稳定,其波动与世界黄金的产量关系密切。如果黄金的供给剧烈变化,黄金与商品的交换比例或者贸易条件也就会随之波动。

2.国际金本位制的崩溃

国际金本位制崩溃的原因不仅在于它本身的缺陷,更重要的根源在于资本主义经济制度发展所带来的不可调和的矛盾。由于直接受第一次世界大战的影响,金本位制在国际货币体制中的地位经历了一个从暂停到恢复的过程。然而恢复后的金本位制已经不是战前的金本位制了,而是金块本位制或者金汇兑本位制。随着资本主义国家经济危机的不断加深,各国政府难以遵循金本位制的竞赛规则。许多国家资金外逃,金融当局不得不采取措施干涉黄金的自由进出口。另一方面,世界黄金越来越集中于少数资本主义国家,这使各国间政治经济发展不平衡加剧。1929—1933 年的资本主义经济大危机最终导致了金本位制的彻底崩溃。1937 年以后,世界上没有任何国家再实行任何形式的金本位制了。

二、国际金汇兑本位制

(一)国际金汇兑本位制的建立

国际金本位制崩溃以后,各主要资本主义国家都希望建立一个更加科学的国际货币制度来稳定当时混乱的国际金融秩序。第二次世界大战使资本主义世界经济格局发生重大改变,美国一跃而成为世界最强大的国家,其经济发展超过了包括英国在内的其他主要资本主义国家。正是凭借其强大的经济实力,美国在关于建立新的国际货币制度的斗争中取得了胜利,建立了以美元为中心的国际货币制度——国际金汇兑本位制(international gold exchange standard system)。国际金汇兑本位制仍然以黄金为基础,但是纸币代替黄金在国际上流通,并充当支付手段。在这种货币制度下,各国纸币规定有一定的含金量,与黄金直接或者间接挂钩,黄金是最后的支付手段。

1944 年 7 月,在美国新罕布什尔州的布雷顿森林召开了有 44 个国家代表参加的国际金融会议。讨论中,美国提出的“怀特计划”战胜了英国的“凯恩斯计划”,迫使各国通过了以该协定为基础的《国际货币基金协定》和《国际复兴开发银行协定》,总称“布雷顿森林协定”。它标志着以美元为中心的国际货币制度——国际金汇兑本位制即布雷顿森林体系的建立。

(二)布雷顿森林体系的内容和作用

1.布雷顿森林体系的内容

(1)建立永久性的国际金融机构,即国际货币基金组织(international monetary fund,IMF),以促进国际货币交流,加强国际金融合作。

(2)实行美元和黄金挂钩、各国货币与美元挂钩的“双挂钩”制度。“双挂钩”制以黄金为基础,以美元作为最主要的国际储备。美元成为关键货币,它既是美国本国的货币,又是世界货币。该协定规定 35 美元等于 1 盎司黄金的官价,比价保持固定,各国政府或者中央银行可随时用美元向美国政府按此官价兑换黄金。而各国货币与美元保持可调整的固定比价,称为“可调整的固定汇率”。各国有责任将货币汇率的波幅控制在平价上下各 1%以内,实际上,只有超过平价 10%的波动才需经国际货币基金组织的批准。因此,相对于金本位制来说,金汇兑本位制更加灵活,其协调功能更强。

(3)采取各种手段来加强国际金融合作。其主要手段有:一是国际货币基金组织向国际收支赤字国提供短期资金融通;二是废除外汇管制,但是这一点在实际中做得并不成功;三是规定“稀缺货币”,会员国有权对“稀缺货币”采取暂时性的兑换限制;四是各国拥有在国际货币基金组织的特别提款权(special drawing rights,SDRs),在国际收支失衡时可以动用它来加以调节。

2.布雷顿森林体系的作用

(1)布雷顿森林体系建立的以美元为中心的国际金汇兑本位制确立了一种新的国际金融秩序,建立了永久性的国际金融机构——国际货币基金组织,它成为国际金融体系中的协调机构,保持了国际金融的相对稳定。

(2)布雷顿森林体系在一定程度上缓解了困扰一时的国际储备不足、清偿能力严重受限的局面。美元作为黄金的补充,发挥世界货币的功能,在世界黄金产量受到限制时可以通过增发美元来解决。

(3)放松外汇管制促进了国际贸易自由化、国际资本流动和国际金融一体化,对第二次世界大战后世界经济的恢复和发展起到了积极的推动作用。

(三)布雷顿森林体系的缺陷与崩溃

1.布雷顿森林体系的缺陷

布雷顿森林体系的根本缺陷在于美元的双重身份使它陷入“特里芬两难”境地。美国经济学家特里芬在1960年就指出,在布雷顿森林体系下,美元承担的两个责任即保证美元按官价兑换黄金、维持各国对美元的信心和提供足够的国际清偿力(即美元)之间是相互矛盾的。美元既是美国货币,又是世界货币。为履行它作为世界货币的功能,其供给必须随着世界经济的增长和国际贸易的发展而不断增加。这就导致了美元同黄金的可兑换性难以长期维持,产生了美元可兑换性危机。另外一个重要的缺陷是双挂钩制。各国货币都盯住美元,这种僵化的汇率机制违背了“可调整的盯住汇率体系”的初衷,其结果是:各国经济都对美元产生依附,美元政策的变动必然对世界经济产生重大影响;造成世界性通货膨胀加剧。正是这两大致命缺陷导致了布雷顿森林体系的最终崩溃。

2.布雷顿森林体系的崩溃

随着第二次世界大战后资本主义世界经济的快速恢复和发展,布雷顿森林体系的缺陷逐渐暴露出来并促使其走向崩溃。美国国际收支逆差的巨额累积和日益严重的通货膨胀诱发了一次又一次的美元危机(dollar crisis)。从1960年10月第一次大规模的美元危机发生开始,到1973年的13年间共爆发了10次美元危机。1968年美国实行“黄金双价制”,标志着布雷顿森林体系崩溃的开始。1971年的“史密森协议”意味着布雷顿森林体系的核心部分开始瓦解。1971年8月15日,美国总统尼克松被迫宣布实行“新经济政策”,停止美元兑换黄金,终止每盎司35美元的官方兑换关系,至此,布雷顿森林体系宣告崩溃。到1973年,各国货币普遍对美元浮动,布雷顿森林体系彻底崩溃。

三、现行的国际货币制度

(一)现行国际货币制度的内容

布雷顿森林体系崩溃以后,国际货币基金组织成立了“临时委员会”,研究建立新的国际货币制度的问题。1976年1月“临时委员会”在牙买加举行会议,并达成《牙买加协定》,形成了牙买加体系。这就是迄今仍然在实行的国际货币制度。

《牙买加协定》的主要内容如下。

第一,增加会员国的基金份额,由原来的292亿特别提款权增加到390亿特别提款权,增加了33.56%。各会员国份额的比重随各国经济实力的改变而有所变动。

第二,浮动汇率合法化。协定规定在汇率政策受国际货币基金组织管理和监督的前提下,各会员国可自由选择任何汇率,如较大浮动的汇率、有限浮动的汇率或者可调整的盯住汇率等。

第三,黄金非货币化。黄金与货币的联系彻底割断,不再是各国货币的平价基础,也不能作为国际清算的手段,成为单纯的商品。

第四,提高特别提款权的国际储备地位。协定规定未来的国际货币体系应将特别提款权作为主要的国际储备,实行特别提款权本位制。

(二)现行国际货币制度的特点和作用

1.现行国际货币制度的特点

(1)国际储备体系多元化。虽然美元仍然是主要的国际货币,但是其地位正在下降,而其他如英镑、日元、特别提款权和欧洲货币单位即现在的欧元的国际货币地位日益加强。

(2)汇率制度多样化。牙买加体系不再追求单一的固定汇率制,而是追求以浮动汇率为主的混合汇率制度。

(3)国际收支调节机制多样化,多种调节机制相互补充。主要通过汇率机制、利率机制、国际货币基金组织下的干预和贷款、国际金融市场的媒介作用和商业银行的信贷活动,以及有关国家外汇储备的变动、债务与投资等多种方式进行调节,实现国际收支动态平衡。

2.现行的国际货币制度的作用

(1)在多元化的国际储备体系下,美元已经不再是唯一的国际储备货币,从而解除了其他各国货币对美元的过分依赖。这在一定程度上解决了"特里芬两难",缓解了美元危机可能产生的对世界经济的影响。

(2)汇率制度多样化。各国可以根据本国国情自由选择汇率制度,这有助于各国汇率更加灵活地适应国际经济变化,有利于各国在充分考虑国际国内经济形势的条件下尽力同时达到内部均衡与外部均衡的目的。

(3)各种国际收支调节机制可以共同发挥作用。这种调节机制更加适应了世界经济发展不平衡的特点,使各国可以将本国的发展模式与经济发展目标结合起来,从而在一定程度上缓和了布雷顿森林体系下国际收支调节机制失衡的问题。

(三)现行国际货币制度存在的问题

牙买加体系只是对布雷顿森林体系崩溃以后国际货币体系所发生的变化的一种法律追认,并没有针对布雷顿森林体系的根本缺陷做出实质性的变革。随着世界经济的进一步发展,牙买加体系存在的问题日益突出,其主要表现在以下三个方面。

第一,国际储备缺乏一个统一的货币标准,造成外汇市场的不稳定,加剧了国际货币信用领域的动荡。

第二,汇率波动频繁,增大了汇率风险,尤其是对发展中国家参与国际贸易和国际投资造成了消极影响。

第三,国际货币基金组织对于国际收支调节的管理和监督能力有限,各种调节机制都存在着不健全之处,全球性的国际收支失衡的问题并没有得到有效解决。

第四,现行国际货币制度的改革方向。

针对现行的国际货币制度存在的问题以及国际经济发展的客观现实,对于今后国际货币制度的改革主要应该包括以下几个方面的内容。

1.在国际货币制度的问题上达成国际共识

国际货币基金组织主张将特别提款权作为主要的国际储备资产。特别提款权以五种货币定值,币值比较稳定;可由国际货币基金组织根据实际需要对会员国特别提款权进行分配;并且可以随时兑换成会员国货币用于对国际收支进行调整。也有一些西方经济学家主张恢复金本位制,或者实行扩大的金汇兑本位制等等。我国支持在尊重现行篮子货币标准下改革国际货币基金组织特别提款权货币篮子,以提高特别提款权的代表性、稳定性和吸引力。

2.建立合适的汇率制度

现行的国际货币制度实行的是浮动汇率制,汇率的频繁变动给国际经济带来了很大的不确定性。完全的固定汇率制和完全的浮动汇率制都不是最理想的国际货币制度,而关于有一定干预的"管理浮动"汇率制对国际经济的影响问题仍然存在着争议。因此还需要对这个问题进行深入的研究和探讨。2011 年 10 月,二十国集团(G20)支持新兴经济体继续采取更多由市场决定的汇率制度,增强汇率弹性以反映经济基本面,认为汇率的过度和无序波动将影响经济和金融稳定。

3.建立有效且对称的国际收支调节机制

国际收支严重失衡是当代国际货币体系面临的重大问题。解决这个问题既要考虑国别调整因素,又要考虑国际调整因素;既要帮助发展中国家(主要是其中的逆差国)平衡国际收支,又需要发达国家(不论是其中的顺差国还是逆差国)承担更多的义务。因此,需要制定合理的政策,建立客观、平等、对称的国际收支调节机制,以保证国际货币制度的稳定。

第二节　国际汇兑

一、外汇与外汇汇率

(一)外汇

1.外汇的概念

外汇(foreign exchange)是国际汇兑的简称,它具有动态和静态的含义,静态的外汇概念又有广义和狭义之分。

(1)外汇的动态含义。在动态的意义上,外汇是指把一国货币兑换成另一国货币,借以清偿国家之间债权、债务关系的行为。这等同于国际结算。

(2)外汇的静态含义。在静态的意义上,外汇是指以外币表示的用于国际结算的支付手段。狭义的静态外汇概念是指以外币表示的、可用于国际结算的支付手段。广义的静态外汇概念则泛指一切以外国货币表示的资产。

2.外汇的分类

(1)按照是否可自由兑换来划分,外汇分为自由外汇和记账外汇。自由外汇是指无须货币发行国批准,可以随时动用并可自由兑换为其他货币用以向交易方或者第三国办理支付的外汇。记账外汇,又称协定外汇或双边外汇,是指不经货币发行国的批准,便不能自由兑换为其他货币或向第三国进行支付的外汇。

(2)按外汇来源和用途的不同来划分,外汇可以分为贸易外汇和非贸易外汇。贸易外汇是指通过对外贸易(包括货物贸易和服务贸易)所支付的外汇,包括货款、服务费及其从属费用。非贸易外汇则是指贸易以外所收付的外汇,如国际贷款、赔款、援助款等。

(3)按管理对象的不同来划分,外汇可以分为单位外汇和个人外汇。单位外汇是指机关、团体、学校、企事业单位收入或者支出的外汇。个人外汇是指通过私人渠道收入或者支出的外汇。

3.外汇的作用

外汇对各国的经济、贸易、金融等的发展都具有重要作用。具体作用如下。

(1)可以实现国际购买力的转移。有了外汇,人们就可以通过货币兑换,获得被各国普遍接受的国际支付手段,从而较便利地实现购买力的国际转移。

(2)有利于促进国际贸易的发展。外汇是国际银行业务中的一种重要的信用工具,通过银行账户的划拨、冲抵来实现,有利于克服现金结算费用大、风险高、资金占压时间长等缺点。

(3)有利于调节国际资金供求的不平衡。由于各国经济发展不平衡,资金余缺状况不同,利用外汇这种国际支付手段,便于调剂国际资金余缺,活跃国际资金市场。

(4)有利于平衡国际收支。外汇作为一国国际储备的重要组成部分,可在清偿国际债务、稳定汇率等方面发挥重要作用。

(二)外汇汇率

汇率(foreign exchange rate)是一国货币兑换成另一国货币的比率,即一国货币用另一国货币表示的价格,或者说是货币买卖的价格,也称汇价。

1.汇率的分类

汇率的种类有很多,在实际操作中,可以根据不同的需要从不同的角度来分类。

(1)以外汇支付工具的不同为标准,可将汇率分为电汇汇率、信汇汇率和票汇汇率。电汇汇率是指以电报、传真、互联网络通知方式买卖外汇时所使用的汇率。电汇是从买卖合约签订到拨付外汇间隔时间最短的方式,因而汇率比其他两种高。目前,国际外汇市场上所公布的汇率,多为电汇汇率。信汇汇率是以信函通知国外交付外汇的汇率。由于邮程需要的时间比电汇长,所以信汇汇率比电汇汇率低,其差额相当于邮程利息。票汇汇率是银行买卖外汇汇票时所采用的汇率。票汇汇率又有即期票汇汇率和远期票汇汇率之分。前者是银行买卖即期外汇汇票所用的汇率,后者则是买卖长期外汇汇票所用的汇率。票汇汇率由于其付款期限最长,因而其汇率最低。

(2)根据汇率制定方法的不同,可将汇率分为基本汇率和套算汇率。基本汇率是本国货币对某一关键外国货币的汇率。关键货币是指本国在国际经济交易中使用最多,在外汇储备中所占比重最大,国际上普遍接受的自由兑换货币。套算汇率又称交叉汇率,是指通过基本汇率套算出来的汇率。

(3)根据银行买卖外汇的不同,可将汇率分为买入汇率和卖出汇率。买入汇率又称买入价,即银行向同业或者客户买入外汇时所使用的汇率。卖出汇率又称卖出价,即银行向同业或者客户卖出外汇时所使用的汇率。买入汇率和卖出汇率的差价称作买卖差价,一般为1‰~5‰。

(4)以外汇是否即时交割为标准,可将汇率分为即期汇率和远期汇率。外汇交割是指购买外汇者付出现金,出售外汇者同时付出外汇的行为过程。即期汇率又称现汇汇率,是指买卖外汇双方签订交易合约后,在两个营业日内进行交割时采用的汇率。远期汇率又称期汇汇率,是指交易双方成交后,并不立即进行交割,而是约定在以后某一时间内进行交割的汇率。即期汇率和远期汇率之间的差价称为掉期率。

关于汇率的种类还可从其他多个角度进行划分。如从衡量货币价值的角度可分为名义汇率、实际汇率和有效汇率;从汇率制度的角度可分为固定汇率和浮动汇率;等等。

2.汇率的决定基础

(1)金本位制度下的汇率决定基础。在金本位制度下,用一定成色和数量的黄金铸造的金币是市面流通的法定通货,因而在国际结算中,两个国家的单位货币的含金量之比即铸币平价是决定它们之间汇率的基础。但是铸币平价并不是实际的市场汇率,市场上的实际汇率受外汇供求关系的影响,围绕铸币平价在一定幅度内(以黄金输送点为界限)上下波动。

(2)纸币流通下的汇率决定基础。在纸币流通下,汇率的决定基础是两国货币所代表的价值量,两国货币的汇率实际上是其购买力之比,即购买力平价。但是由于在纸币流通下各国普遍存在不同程度的通货膨胀,纸币价值很不稳定,因此作为汇率决定基础的购买力平价往往仅具理论意义。

3.影响汇率波动的主要因素及汇率波动对经济的影响

(1)影响汇率波动的主要因素。影响汇率波动的因素有很多,归纳起来主要有以下几个:第一,国际收支状况。一国国际收支状况直接反映了该国外汇供求的变化情况,对其汇率变动有着直接影响,尤其是经常项目收支对汇率变动起着决定性作用。第二,货币价值的变动。一国货币价值的升降是影响其货币汇率波动的基本因素。货币价值对汇率的影响,主要通过对进出口贸易状况的影响来实现。第三,利率水平。利率作为借贷资本的价格,对汇率的影响直接表现在资本收支的变化方面。第四,经济增长率。经济增长率对汇率的影响表现在两个方面:一方面是经济增长率提高,导致内需增加,使出口减少、进口增加,由此引起的外汇需求增加而形成对本币汇率下跌的压力;另一方面是经济增长率的提高使劳动生产率快速增长,有利于增加出口,提高外汇收入,从而形成对本币汇率上升的压力。第五,中央银行的干预。这种干预一般是通过影响外汇市场的供求状况来影响汇率的变动,主要影响汇率的短期走势。第六,外汇市场心理预期。预期是短期内影响汇率变动的最主要因素,尤其体现在国际金融市场的巨额游资变动上。

(2)汇率波动对经济的影响。一国汇率受各方面因素影响而变动,其变动反过来又会影响该国的经济。汇率波动对经济的影响主要体现在对进出口贸易、非贸易收支、国际资本流动、外汇储备及物价,并由此影响到居民收入水平和生活质量的变化等方面。

4.汇率制度

汇率制度(exchange rate system)是指货币当局对本国货币的定值基础和变动的基本方式等所作的正式规定和安排。现行的汇率制度有固定汇率制度、浮动汇率制度和复合汇率制度三种。固定汇率制度是指两国货币的比价基本固定或者是将汇率波动幅度控制在一定范围内。浮动汇率制度是指由外汇市场的供求变化自发地决定本国货币对外国货币的汇率。复合汇率制度是指一国规定两个或者两个以上的汇率制度。

5.西方主要汇率理论

(1)国际借贷说(the theory of international indebtedness)。它是由英国银行家戈森(G.J.Goschen)于1861年提出的。戈森认为,一国汇率变动是由外汇供给和需求引起的,而外汇供求又源于国际借贷。国际借贷分为固定借贷和流动借贷两种。前者是指尚未进入支付阶段的借贷;后者是指已经进入支付阶段的借贷。只有流动借贷的变化才会影响外汇的供求。

(2)购买力平价说(the theory of purchasing power parity,PPP)。它是瑞典经济学家古斯塔夫·卡塞尔(G.Cassel)于1916年提出的。其基本思想是:人们之所以需要外国货币,是因为它在外国具有对一般商品的购买力;外国人之所以需要本国货币,也是因为它在国内具有对一般商品的购买力。因此,对本国货币和外国货币的评价主要取决于两国货币购买力的比较。购买力平价说又分为绝对购买力平价说和相对购买力平价说。

(3)利率平价说(the interest parity theory)。它是英国经济学家凯恩斯于1923年提出的。其基本思想是:国与国之间的利率差和外汇市场上即期汇率与远期汇率之间具有密切的联系。利率会导致国际资本流动,引起汇率变动,直到资本流动的盈利机会消失,汇率才趋于稳定。

(4)资产市场说(the theory of assets market)产生于20世纪70年代,由美国学者威廉·布朗逊(Willian Branson)等人首先提出。资产市场说认为,外汇是一种资产,汇率是外汇的价格,汇率的变动有利于恢复资产市场的均衡,消除资产市场的超额供给或者超额需求;均衡汇率是两国资产市场供求存量保持均衡时的两国货币之间的相对价格。

(5)汇兑心理说(the psychological theory of exchange)。它是法国经济学家阿弗塔里昂(A.Afltation)根据奥国学派边际效用论于1927年提出的外汇理论。汇兑心理说认为,汇率的决定虽然与国际收支和购买力有关,但不是最重要的因素,个人主观心理的判断和预测才是决定汇率的关键因素。

(6)货币主义汇兑理论(the exchange rate theory of monetarism)。该理论产生于20世纪70年代,其代表人物是美国经济学家罗伯特·蒙代尔(Robert Mundell)和亨利·约翰逊(Harry Johnson)。货币主义汇兑理论以美国经济学家米尔顿·弗里德曼的现代货币理论为基础,认为汇率的变动是一种纯粹的货币现象,主张把汇率的变动同市场上的货币存量联系在一起,强调货币市场在汇率决定过程中的作用。

二、外汇市场与外汇交易

（一）外汇市场

外汇市场(foreign exchange market)就是买卖外汇的场所,其含义有广义和狭义之分。广义的外汇市场是指外汇银行之间、外汇银行与外汇经纪人或者一般客户之间进行外汇交易的场所;狭义的外汇市场是指外汇银行之间进行外汇交易的场所。

1.外汇市场的构成

(1)外汇指定银行。外汇指定银行是指经国家有关管理机构批准专营或者兼营外汇业务的银行或者其他金融机构。外汇银行是外汇市场的主体,其开展的主要外汇业务有汇兑业务、押汇业务、外汇存款业务及外汇买卖四种。

(2)外汇经纪人。外汇经纪人是指以赚取佣金为目的,在外汇市场上为银行与银行、银行与客户之间的外汇交易进行介绍、接洽并具有一定资格的中介人。外汇经纪人可分为一般经纪人和跑街经纪人两种。

(3)外汇客户。外汇客户是指与外汇银行和外汇经纪人进行外汇业务往来的自然人和法人。外汇客户按其进行外汇交易的目的可分为交易性客户和投机性客户。

(4)中央银行等外汇管理机构。基于外汇市场的重要性,中央银行等外汇管理机构往往要对外汇市场采取一定的干预措施,把汇率保持在目标水平上。

2.外汇市场的功能

外汇市场是国际金融市场的重要组成部分,其主要功能有:第一,有助于实现各国货币购买力在国际市场上的转移;第二,便于调节外汇资金的供求;第三,有助于避免汇率变动风险;第四,有利于各国政府及时掌握国际金融发展动向,便于其调整、制定合理的金融发展战略及政策等。

3.外汇市场的种类

(1)按外汇市场活动范围的不同,可将其分为地区性的(国内)外汇市场和国际性的外汇市场。

(2)按交易对象不同,通常将外汇市场分为批发性外汇市场和零售性外汇市场。前者是指外汇银行同业间的外汇交易场所;后者是指外汇银行与客户之间的外汇交易场所。

(3)按有无固定交易场所,可将外汇市场分为无形外汇交易市场和交易所外汇市场。前者没有固定交易场所,一般通过电脑、电话、电报、电传等电子通信网络与各外汇市场进行接触和联系;后者有固定交易场所,一般是在证券交易所建筑物内或者交易大厅内设立外汇交易所,或者独立设置外汇交易中心(交易所),买卖方需是外汇交易所会员,在每个营业日规定的时间内进场交易。

此外,按外汇交易类型,外汇市场又可分为即期外汇市场、远期外汇市场、外汇期货市场、外汇期权市场;按照外汇交易的活跃程度,可分为深市场和浅市场。

（二）外汇交易

外汇交易是指一国货币兑换成另一国货币的行为,又称外汇买卖。外汇交易的方式多种多样,按不同标准可分为不同类型。

1.银行与顾客之间的外汇交易和银行之间的外汇交易

按交易发生的场所和当事者不同,可将外汇交易分为银行与顾客之间的外汇交易和银行之间的外汇交易。银行与顾客之间的外汇交易又称零售交易,是指在银行柜台上进行的外汇交易。这种交易主要包括出口收汇、进口付汇、汇出汇款、汇入汇款等。银行之间的外汇交易即银行同业交易,是指外汇银行之间所进行的外汇交易,按其交易目的不同又可分为外汇调整交易和套汇套利交易。前者是指为弥补在外汇银行对客户的交易过程中出现超买或者超卖现象所进行的外汇交易;后者是指利用汇率、利率时空上的差别,转移资金以赚取差额利润的交易。

2.掉期交易和投机交易

按经营者买卖外汇目的的不同,可将外汇交易分为掉期交易和投机交易。掉期交易(swap transaction)是指将货币、金额相同,而方向相反、交割期限不同的两笔或者两笔以上的外汇交易结合起来进行的交易方式,目的是为了避免承担汇率波动的风险。掉期交易又可分为即期对远期、明日对次日和远期对远期三种交易。投机交易是指投机者为牟取汇率变动的差价而进行的外汇交易活动,其先决条件是必须有期汇交易市场的存在。投机交易又有卖空和买空之分,前者是先卖后买,后者是先买后卖。

3.外汇现货交易和外汇期货交易

按外汇交易过程中交割方式的不同,可将外汇交易分为外汇现货交易和外汇期货交易。外汇现货交易是外汇交易的买卖双方在签订交易合约后的当日或者两个营业日内进行交割的外汇交易。外汇期货交易(foreign currency future)是指交易双方在有关的交易所内,通过公开叫价的拍卖方式,买卖在未来某一日期以既定的汇率交割一定数量的某种货币的期货合约的外汇交易。外汇期货交易的主要目的是通过期货的买卖抵消因价格变动可能造成的现货交易的损失。

三、外汇风险与外汇管制

(一)外汇风险

1.外汇风险的定义及构成要素

外汇风险(exchange risk)是指外汇资产所有者或者国际经济交易中的债权、债务人所持有的外汇资产或者负债,在未来一定时期内的实际价值或者应收应付的实际价值所具有的不确定性或者可能面临的损失。外汇风险的构成要素包括币种和时间,只有在不同币种和不同时点上才可能因汇率波动而产生外汇风险,即外汇风险包括价值风险和时间风险两个部分。

2.外汇风险的种类

根据外汇风险起因的不同可将其分为交易风险、会计风险和经济风险三种类型。交易风险(transaction risk)是指以外币计价成交的交易,由于汇率的波动而引起的应收资产和应付负债价值变化的风险。会计风险(accounting risk)是指经济主体对资产负债表进行会计处理时,将功能货币转换成记账货币,因汇率变动而出现账面损失的可能。经济风险(operating risk)是指意料之外的汇率变动通过影响企业生产销售数量、价格和成本等,引起企业未来收益变化的潜在风险。

3.外汇风险的防范方法

(1)选择货币法。它是指在国际经济交易中,要做好计价货币的选择工作。在选择计价货币时应遵循的一般原则主要有两个:一是选择可自由兑换货币,便于根据汇率的变化趋势和外汇资金的需要进行兑换与转移;二是在外汇收付中,争取付汇用软通货,收汇用硬通货。

(2)多种货币组合法。它又称"一揽子货币计价法",是指在进出口合同中使用两种以上的货币来计价,以避免或者减轻外汇汇率波动的风险。具体做法有两种:一种是用软硬货币各半或者按一定比例计价,由双方共同承担风险;另一种是用两种以上的货币按一定比例计价结算。

(3)本币计价法。它是指一国的进出口商品均以本币计价,以避免外汇汇率波动的风险。但是这样做的前提是:本国货币可自由兑换,且被其他国家所接受。

(4)平衡法。它是指经济主体通过对货币的选择,在一笔或者多笔交易中能够抵消由汇率波动引起的损失的一种防范方法。一般的做法是在同一时期内,进行一笔与存在风险币种相同、金额相等、期限一致,但是流向相反的交易来抵消可能出现的损失。

(5)货币保值法。它是指在交易合同中订立适当的保值条款,以防止汇率多变的风险。在国际支付中,常用的保值条款包括黄金保值条款、外汇保值条款、综合货币单位保值条款、物价指数保值条款和滑动价格保值条款五种。

(6)提前收付或者拖延收付法。这种方法是指通过预测支付货币汇率的变动趋势,提前或者推后收付有关款项来抵补外汇风险。

(7)利用国际信贷法。这是指采用适当形式的国际信贷来融通资金与避免外汇风险的方法。常用的方式有外币出口信贷和福费廷交易两种。外币出口信贷分为买方信贷和卖方信贷;福费廷(forfaiting)是一种中期、固定利率、"无追索权"(without recourse)的出口贸易融资票据的贴现业务,是改善出口商现金流和财务报表的无追索权融资方式。

此外,还可以通过调整价格、签订外汇合同及投保货币风险等方法来防范外汇风险。

(二)外汇管制

1.外汇管制的形式

外汇管制形式有行政性的直接管制和经济性的间接管制之分。前者是由政府直接通过行政手段管制一切外汇交易,以官方的外汇市场取代自由的外汇市场,对外汇汇率、买卖方式及数量和场所等均以法令的形式明文规定,强制实行;后者则是以外汇的自由市场为前提,由中央银行设置外汇平准基金,政府只是以买主或者卖主的身份在外汇市场上进行买卖活动。

2.外汇管制的主要内容

(1)贸易外汇管制。它是指对由进出口商品(服务)而发生的贸易外汇的收支所实行的管制。在进口方面,主要采用进口许可证、进口配额制、进口存款制和限制进口商贷款等方式进行外汇管制;在出口方面,主要采用出口信贷、出口补贴、出口退税等方式进行外汇管制。

(2)非贸易外汇管制。这是指对由非贸易往来而发生的外汇收支所实行的管制。非贸易外汇收支主要包括运输费、保险费、佣金、利润、版税、驻外机构经费、旅游费用、留学费用及汇款、捐助款等。

(3)资本项目管制。资本项目包括国际经济借贷、其他方式的利用外资和对外投资等。实行资本项目管制的目的是为了平衡国际收支、稳定外汇。各国根据其社会经济条件采取相应的管制措施。

(4)外汇汇率管制。汇率水平及其变动对于经济有着多方面的影响,因而,实行外汇汇率管制是外汇管制的重要内容之一。国际上外汇汇率管制的办法包括直接管制和间接管制两种。直接管制是规定各项外汇收支按什么汇率结算,主要是实行复汇率制度;间接管制一般包括采用外汇缓冲政策、动用黄金储备、调整利率及签订支付协定等措施。

3.外汇管制的机构及对象

从世界范围来看,外汇管制的机构主要有中央银行、财政部与专门机构(如我国的国家外汇管理局)三种类型。外汇管制的对象可具体分为对人(法人和自然人)、对物、对地区、对行业及对国别管制五个层次。

第三节　国际银行

一、跨国银行

所谓跨国银行(transnational bank),就是同时在不同国家或者地区(一般是 5 个以上)从事国际化银行业务的商业银行。跨国银行是经济全球化和银行追求有限资源在全球范围内实现最佳配置及获取最大利润的产物。它们在国际货币关系与世界经济的发展中起着越来越重要的作用,日益成为国际融资的重要渠道。

(一)跨国银行的产生与发展

1.跨国银行产生与发展的历程

(1)跨国银行的萌芽期(19 世纪以前)。最早的跨国银行可追溯到古希腊罗马时代,当时已出现了经营国际货币业务的原始形态的机构,在罗马甚至还出现了有关银行和信用的法规。到 12 世纪,意大利的威尼斯首先出现了商人银行机构,史称“威尼斯”银行。这些银行在经营货币汇兑和存贷款的同时,也直接从事国际商品贸易。到 13 世纪,这些组织形式开始传播到意大利的其他城市和欧洲的其他国家。这时所从事的国际业务主要是外国与本国之间按标准成色与重量进行的货币兑换及给有信誉的商人与制造商提供的中长期贷款等。到 14 世纪,由于国际贸易的迅速发展,一些大的国际性商人银行(如佛罗伦萨的梅迪西银行)在货币兑换的基础上,开始拓展其对进出口的融资业务,并且还直接进行新的工业与贸易投资。到了 15 世纪和 16 世纪,地中海的商人银行逐渐走向衰落,跨国银行也面临许多问题,如放款过多、管理缺乏等。到 17 世纪,由于海运贸易的发展使得国际贸易格局发生了一些变化,荷兰以其独特的地理优势,成为新的国际贸易和国际金融中心。到了 18 世纪中后期,随着工业革命的进行,英、法逐渐取代荷兰成为世界经济和国际金融中心。但是由于战事不断与政局不稳使得跨国银行总的来说处于停滞甚至衰落状态。

(2)跨国银行的缓慢发展期(19 世纪初期至 20 世纪 50 年代)。这一时期又可分为两个阶段,即近代跨国银行时期和现代跨国银行时期。近代跨国银行时期主要是从法国拿破仑战争后到第一次世界大战结束(1815—1919 年)。近代跨国银行有三个显著特点:第一,在近代百余年时间内,跨国银行长期处于动荡和不稳定状态。第二,英国银行在国际金融界扮演着领导者的角色。由于拿破仑战争的爆发,使人们意识到只有英国才是最安全的国家,于是将大量资金转入英国,使伦敦很快就成为欧洲最活跃的金融中心。第三,近代的跨国银行带有强烈的殖民主义色彩。除部分对欧美政府(或私人)的贷款外,欧洲银行的海外贷款主要是对其亚非拉殖民地和附属国。与近代跨国银行相比,现代跨国银行出现了一些新的变化。第一次世界大战破坏了欧洲的金融贸易体系,美国则通过与交战国的贸易大发战争财,很快就成了世界上最主要的资金供应国。1920—1930 年,外国政府在美国银行发行的债券远远超过了在英国银行发行的债券,且美国银行的海外分行迅速增加,到 20 世纪 20 年代后期,美国银行的海外分行数目已达到 81 家;另外,美国银行还领头组织了一些财团银行。但是,1929—1933 年的资本主义经济危机和紧随其后的第二次世界大战,使得跨国银行的海外业务量锐减,其发展处于停滞状态。总的来说,在这个时期,跨国银行的发展是缓慢的。

(3)跨国银行的迅速发展期(20 世纪 60 年代至 21 世纪初)。从 20 世纪 60 年代开始,美、日和西欧等国的跨国银行相继进入了大发展时期。这个时期又可分为三个阶段:第一阶段为 20 世纪 60 年代。在此期间,美国的跨国银行的实力最强,美洲银行、花旗银行与大通银行始终是资本主义世界最大的 3 家银行。同时,西欧国家也产生了国际联合银行和国际银行俱乐部。第二阶段为 20 世纪 70 年代。在这一阶段,美国经济增长减缓,其跨国银行的地位开始下降;与此相反,日本和西德的经济高速增长,加速了其商业银行跨国经营的步伐。第三阶段是 20 世纪 80 年代以来。这一时期的主要特点是,美国跨国银行的地位相对下降,日本跨国银行的地位则继续上升,日本逐步取代美国成为国际银行信贷第一大国;同时,后起工业化国家的跨国银行业务也有了相当的发展。从 1990—2019 年全球 1 000 家大银行的分布来看,美国、欧盟、日本约占其中 60% 的比例,而且美国跨国银行的数量和竞争实力都超过了日本,中国银行的占比快速上升,国际竞争力明显提高。

2.跨国银行产生和发展的原因

商业银行跨国经营的最根本动因是通过范围经济和规模经济来寻求利润最大化。具体来说,有以下几个方面的原因。

(1)寻求市场。狭小的国内市场使商业银行难以拓展自己的生存和发展空间。

(2)寻求资源。国内有限的资源制约了商业银行规模的发展。

(3)寻求效率。国内机会相对较少,使得商业银行的资源优势得不到充分发挥,效率不高。

(4)分担风险。在国内,商业银行的机构分布及资产的来源与运用过于集中,经营币种少,难以实现多元化经营,这不利于分散风险。

（二）跨国银行的体制和国际网络

1.跨国银行的体制

跨国银行在体制上主要有分支银行制、持股公司制和国际财团银行制三种形式。

(1)分支银行制，又称总分行制。它是一种在国内外广设分支机构，其分支机构的业务经营活动受设在某一中心城市的总行领导和管理的一种跨国银行体制。

(2)持股公司制，又称集团银行制。它是一种由某一集团成立银行持股公司，再由该公司收购或者控制两家以上的商业银行及其海外分支机构，从事国际银行业务的一种跨国银行体制。

(3)国际财团银行制，即国际联合银行制。它是指由来自不同国家或者地区的银行以参股合资或者合作的方式组成一种机构或者团体，专门从事某些特定产业领域或者特定地区的国际银行业务的一种跨国银行体制。

2.跨国银行的国际网络

跨国银行的国际网络包括海外分行、附属机构、代理行、代理处及代表办事处等。跨国银行的海外分行是总行的一部分，其所有权和业务均受总行控制，代表总行在东道国从事各项银行业务。跨国银行的附属机构包括附属行和联支机构两种，大部分或者全部为总行所有，从事国内外业务活动。跨国银行的代理行是指跨国银行与国外某些地方的商业银行建立的代理银行业务关系。跨国银行的代理处是其母行的一个组成部分，类似于分行，但是不能受理存贷款业务。跨国银行的代表办事处又简称代表处，是总行派驻海外的联络机构，只能受总行的委托或者代表总行同东道国的客户进行联系，不能直接经营业务。

（三）跨国银行的基本特征和主要功能

跨国银行是国内商业银行对外扩张、进行跨国化经营的商业银行，除了具有国内一般商业银行的特征和功能外，还具有国际化性质。

1.跨国银行的基本特征

相对于国内商业银行来说，跨国银行主要具有如下特征。

(1)机构国际化。跨国银行根据经营的需要在境外设有各种类型的分支机构，形成布局合理的国际银行网络。

(2)市场国际化。跨国银行为实现利润最大化，在广阔的国际市场中可以优化资源配置。

(3)业务国际化。跨国银行通过在世界各地设立的分支机构和建立的金融机构网络体系，开展广泛的国际银行业务。

(4)资产收益国际化。跨国银行在国外进行经营活动，其国外的资产及业务经营收益是跨国银行资产和收益的重要组成部分。

(5)经营战略全球化。跨国银行在制定和实施其战略时不仅仅是立足本国，更要统筹兼顾国际市场，以便实现其全球利润最大化目标。这要求跨国银行实现国际化经营管理。

(6)风险国际化。跨国银行进行跨国化经营，一方面有利于分散风险，但是另一方面却又易受国际经济和国际金融市场波动的影响，从而加大了其风险。这要求对跨国银行实现国际监管。

2.跨国银行的主要功能

跨国银行把国内商业银行所具有的功能国际化。其主要功能如下。

(1)充当国际信用中介。跨国银行通过在国际市场上吸收存款、发行金融债券及发放贷款等方式连接借款人和贷款人,充当国际间接融资和直接融资的信用中介。

(2)充当国际支付中介。跨国银行通过与其他相关银行组成一个国际支付清算网络,为在本行开立有活期存款账户的客户提供国际支付结算服务。

(3)充当国际信息中介。跨国银行利用其覆盖全球范围的国际银行网络、广泛的客户关系及银行同业关系,为客户提供信息咨询服务。

(4)创造表外业务。所谓的表外业务就是不列入资产负债表且不影响资产负债总额的经营活动。这些业务主要有包括担保和类似的或者有负债、承诺,以及20世纪80年代以后创造的一些与利率或者汇率有关的或有项目。

(四)跨国银行的业务活动

1.存款业务

跨国银行利用其遍布世界各地的分支行,吸收当地的货币或者外币存款。利用这种方式吸收的游资,构成了跨国银行十分重要的资金来源。

2.贷款业务

跨国银行的贷款按贷款对象分为公司贷款、国家贷款和银行间贷款;按贷款期限分为短期贷款和中长期贷款。其中,短期贷款的主要方式包括银行间的短期拆放、承兑和票据贴现、短期预支款额度和透支;中长期贷款主要包括固定利率放款、浮动利率放款和长期信贷。

3.投资业务

投资业务是指跨国银行从事国际债券的承购和配销,包括对客户及政府发行债券提供咨询服务。

4.外汇业务

外汇业务是指跨国银行从事外汇买卖和代客买卖,旨在投机和规避外汇风险。主要有即期外汇交易、远期外汇交易、外汇期货交易和外汇期权交易四种基本交易形式。

5.外贸融资业务

跨国银行的外贸融资可分为短期外贸融资和中长期外贸融资。前者期限较短,受益较大,一般是为了避免同当地银行竞争,多数采用所在国货币之外的其他硬通货来进行。后者具有期限长、金额大、风险高的特点,主要针对大型跨国公司或者各国政府用于进行各种形式的出口信贷。

6.货币市场业务

货币市场业务是跨国银行在资金需求高涨时筹集贷款资金,在资金需求低落时投放剩余资金的重要业务活动。由于银行同业拆借风险较小且流动性强,所以这也日益成为跨国银行的又一重要资金来源。

7.信托业务和其他业务

信托业务包括信托投资和信托贷款。前者指跨国银行代理客户管理资金和进行投资。后者指跨国银行受客户委托,用客户存款进行国际贷款,风险由委托人承担。其他业务主要包括代收贷款、设备租赁、担保见证及保险等业务。

（五）跨国银行的作用与影响

1.跨国银行的积极作用

跨国银行由于自身的业务特点,主要有以下几个方面的积极作用。

(1)跨国经营引起了银行业务结构的变化,从传统的国内专业化经营转向面向国际市场的多元化经营。

(2)跨国化经营有利于促进银行间的国际竞争,提高金融市场的效率。

(3)分支机构遍及世界各地,有利于资金的国际调拨,互通有无。

(4)有利于满足跨国公司、大企业和政府对中长期贷款日益增长的需求。

(5)有利于先进的银行技术和管理方法在国际上传播。

(6)有利于通过其国际网络搜集信息以寻求更多获利机会。

2.跨国银行的消极影响

跨国银行在发挥积极作用的同时也产生了一些消极影响,主要表现为以下几个方面。

(1)跨国银行的贷款规模不断增长,贷款过于集中,增加了"多米诺"连锁反应的可能性。

(2)跨国银行的贷款用于弥补国际收支赤字的越来越多,其贷款程序并不要求借款国调节其国际收支,这就增加了借款国的债务负担。

(3)跨国银行的投机活动增加了国际金融市场的不稳定性,甚至会导致金融危机。

(4)跨国银行的短期资金在国际大量移动,使各国政府难以贯彻货币政策和外汇调节政策。

(5)跨国银行由于其组织机构膨胀,增加了国际金融机构的管理难度。

（六）对跨国银行的国际监管

由于跨国银行消极影响的客观存在,尤其是在1974年一连串银行倒闭事件发生后,西方工业化国家为了加强对跨国银行的监督与管理,于1975年12月在巴塞尔成立了"国际清算银行对银行进行管制和监督的常设委员会",简称巴塞尔银行监管委员会(the basle committee on banking supervision)。该委员会成立后,发表了一系列文件以逐步加强对跨国银行的监管。

第一个文件是《银行国外机构的监督条约》,于1975年12月发表,被国际银行界称为"神圣条约"。该条约的主要精神是任何海外银行都不能逃避监督。

第二个文件是对第一个文件的修改,于1983年6月发表,被国际银行界称为"新的神圣条约"。该条约进一步明确了对银行的国外分支机构实行监管的总原则,并确定了对银行国外分支机构实行监管责任的分担,根据银行国外机构的不同性质确定相应的监管责任。

第三个文件是于1988年7月发表的《关于统一国际银行资本衡量和资本标准的协议》,即《巴塞尔协议》。该协议对商业银行的资本比率、资本结构、各类资产的风险权数等做了统一的规定。

第四个文件是1997年发布的《银行业有效监管核心原则》。该文件突破了《巴塞尔协议》单纯以资本充足率的规定防范金融风险的局限性,将风险管理领域扩展到银行的各个方面,制定了全面的指导性原则。

第五个文件是1999年6月3日发布的关于修改1988年的《巴塞尔协议》的征求意见稿——《新资本充足比率框架》。该文件将重点放在风险和风险监管方面,跨国银行有能力应付日益复杂的国际银行风险的变化和金融创新的发展,其制定和实施是国际银行业监管方面的突破性进展。

第六个文件是2001年1月16日发表的新的《巴塞尔资本协议》。它以1999年6月的《新资本充足比率框架》为基础修改而成,比较全面地阐述了在全球银行业推行的新资本充足协议的基本原则。这个新的框架协议原计划在2004年正式实施,但是考虑到新的框架协议对于全球金融业的深远影响以及实施过程中的复杂性,巴塞尔委员会主动宣布推迟一年至2005年实施。

二、区域性的国际金融机构

区域性的国际金融机构是区域间进行货币合作,协调经济和货币政策,从事国际金融活动的开发性金融机构。区域性的国际金融机构主要有欧洲投资银行、泛美开发银行、非洲开发银行、亚洲开发银行、阿拉伯货币基金组织及欧洲复兴开发银行。2014年在上海成立的金砖国家新开发银行(NDB)和2016年在北京成立的亚洲基础设施投资银行(AIIB)是国际性金融机构。

(一)欧洲投资银行

欧洲投资银行(European investment bank,EIB)是根据1957年西欧几国在罗马签订的《欧洲经济共同体条约》(简称《罗马条约》)而创办的,总部设在卢森堡。其成员国最初有法国、联邦德国、意大利、荷兰、比利时、卢森堡;1973年1月1日,丹麦、爱尔兰、英国加入该行;1981年1月,希腊加入该行。欧洲投资银行的资金主要来源于成员国缴纳的股本,其次还通过发行债券等筹措资金。欧洲投资银行的宗旨是利用经济共同体(1992年2月7日,欧洲经济共同体改名为欧洲联盟,简称“欧盟”)内部和国际资本市场的资金,对共同体内部经济落后地区的发展计划提供长期贷款和保障,以促进这些地区经济的发展。此外,还向与共同体有联系或者订有合作协定的国家和地区提供资金。欧洲投资银行的主要业务是发放长期无息或者低息贷款,期限通常为7~12年,最长可达20年。

(二)泛美开发银行

泛美开发银行(Inter-American development bank,IDB)于1959年4月成立,1960年10月开始正式营业,行址设在华盛顿。目前,它有正式成员国42个,其中美洲国家有26个。泛美开发银行的资金由成员国认缴的股本组成,且将出资与投票权挂钩,它的法定资本分为普通资本基金和特别业务基金。此外,泛美开发银行还设有“社会发展信托基金”。泛美开发银行的宗旨是通过对各成员国或者各国家集团的经济和社会发展计划提供资金和技术援助,帮助其发展经济。泛美开发银行的主要业务是对成员国发放贷款。其贷款分为普通资本基金贷款和特别业务基金贷款。前者的贷款对象是政府、公司机构的有关经济项目,期限一般为10~25年,利率为8%,偿还须用贷款所使用的货币;后者是对以公共工程为主的特别经济项目的贷款,期限为10~30年,利率较低,可全部或者部分用本国货币偿还。

(三)非洲开发银行

非洲开发银行(African development bank,AFDB)是根据1963年8月在喀土穆举行的非洲国家财政部长会议通过的关于成立非洲开发银行的协定,于1964年9月成立的,1966年7月正式开始营业,行址设在象牙海岸首都阿比让。该行创建时只有23个成员国,目前,成员国已增加到79个,且有28个非洲以外的国家加入该行。非洲开发银行的资金主要来自于成员国认缴的股本,认缴资本平分为缴付资本和待缴资本。非洲开发银行的宗旨是:“单独地或者综合地为非洲地区成员国的经济发展和社会进步做出贡献”;“为成员国的经济和社会发展提供资金,使成员国能在物质上自给;帮助非洲大陆制定发展的总体战略,协助各国的发展计划,以便达到非洲的一体化”。非洲开发银行的主要业务是向成员国发放贷款。贷款分为普通贷款和特别贷款,特别贷款期限很长,条件优惠,不计利息,一般用于工程项目建设。

(四)亚洲开发银行

亚洲开发银行(Asian development bank,ADB)成立于1966年12月,行址设在菲律宾的马尼拉,目前有成员国58个。亚洲开发银行的资金主要由普通资金和特别基金构成。普通资金由股本和借款两部分构成,是亚洲开发银行开展业务活动的主要资金来源;特别基金由亚洲开发基金、技术援助特别基金和日本特别基金三部分构成。亚洲开发银行的宗旨是不以营利为目的,而是促进亚洲和太平洋地区的经济发展与合作,协调成员国在经济、贸易、金融和发展方面的政策,特别是协助本地区发展中国家成员以共同的或者个别的方式加速经济发展。亚洲开发银行的主要业务是向亚洲、太平洋地区发展中国家成员提供贷款和技术援助。

1985年4月,亚洲开发银行理事会许多国家的代表要求我国加入亚洲开发银行。1985年11月25日,中国人民银行派出代表,代表我国在马尼拉与亚洲开发银行当局签署了《谅解备忘录》,其中规定中华人民共和国为中国的唯一合法代表加入亚洲开发银行,台湾可以改称“中国台北”继续留在亚洲开发银行;同时,我国正式提出了加入亚洲开发银行认股申请书。1986年2月,亚洲开发银行理事会投票通过接纳我国加入亚洲开发银行的决议;3月10日,我国正式成为亚洲开发银行的成员。这是继1985年5月我国加入非洲开发银行之后参加的又一重要的区域性国际金融机构,从而使我国能够在更广阔的领域加强与亚洲和太平洋地区各国的经济与金融合作。在我国所利用的外资中,亚洲开发银行的贷款所占的比例较大。我国因利用亚洲开发银行贷款的成效良好而被亚洲开发银行誉为“模范借款人”。至2011年10月,亚洲开发银行对我国的贷款累计已达217亿美元,技术赠款3.20亿美元,合作项目达150多个,我国已经成为亚洲开发银行硬贷款的第二大借款国,技术援助赠款的第一大使用国。至2018年,我国是亚洲开发银行第三大股东国,持股6.44%,第三大投票权,拥有5.44%投票权。

(五)阿拉伯货币基金组织

阿拉伯货币基金组织(Arab monetary fund,AMF)成立于1977年2月,总部设在阿拉伯联合酋长国的首都阿布扎比。其成员国有24个,仅限阿拉伯地区的国家。阿拉伯货币基金组织的基金主要来自成员国缴纳的份额。其成立时的法定资本为2.63亿阿拉伯第纳尔(1阿拉伯第纳尔等于3个特别提款权单位)。阿拉伯货币基金组织的宗旨是:探讨和制定成员国之间金融合作的方针和方式,以促进阿拉伯经济一体化的早日实现和各成员国经济的发展;调节成员国国际收支的失衡,取消彼此间经常性支付的限制和稳定阿拉伯国家之间的汇率,以促进贸易的发展;扩大阿拉伯金融市场,推广使用作为记账单位的阿拉伯第纳尔,为发行一种统一的阿拉伯货币创造条件。阿拉伯货币基金组织的主要业务活动是:向出现国际收支赤字的成员国提供短期和长期贷款;协调成员国之间的金融政策;管理成员国存放在基金组织的资金;对成员国金融机构提供技术援助。

(六)欧洲复兴开发银行

欧洲复兴开发银行(European bank for reconstruction and development,EBRD)于1990年5月成立,1994年4月开始正式营业,总部设在伦敦,由40个国家以及欧共体(现在的"欧盟")和欧洲投资银行组成。欧洲复兴开发银行成立时的资金来源于成员国认缴的股本,其法定资本金为100亿欧洲货币单位(现为"欧元")。欧洲复兴开发银行的宗旨是:通过对东欧和独联体国家提供经济援助,协助这些国家调整经济结构,加强基础设施建设,加速私有化进程,扶持和建立私人小企业,改革金融部门,发展资本市场,实现商业银行私有化等,以鼓励和推动这些国家朝着资本主义市场经济和多元化民主政治方向发展。欧洲复兴开发银行的主要业务活动包括:通过直接投资和联合投资的方式向东欧和独联体国家提供资金;对私营企业和国营企业发行的有价证券提供担保或者财政咨询;为改造或者发展基础设施提供技术援助和贷款;向波兰私有化计划提供资金。进入21世纪,欧洲复兴开发银行调整其业务范围,将重点放在对进入"欧盟"的新成员国家提供技术援助和欧元贷款。

三、全球性的国际银行(金融)机构

全球性的国际银行(金融)机构是指在全球范围内进行货币合作,协调各国的经济和金融政策,从事国际金融活动,加强国际金融管理,维持国际货币体系运行的组织机构。目前,全球性的国际银行(金融)机构主要有:国际清算银行、国际货币基金组织、国际复兴开发银行、国际金融公司、国际开发协会和国际农业发展基金组织。

(一)国际清算银行

国际清算银行(bank for international settlement,BIS)于1930年5月17日正式成立,总部设在瑞士的巴塞尔。目前,有50多个国家的中央银行加入了该行。国际清算银行是按股份有限公司的原则组建的,设有股东大会和董事会,董事会下又设有银行部、货币经济部、秘书处和法律处。国际清算银行是一个具有股份有限公司和国际金融机构双重地位的机构,其资金以认股的方式筹集,记账单位是金法郎。国际清算银行现行的主要宗旨是促进各国中央银行之间的合作,并为国际金融业务提供新的便利。国际清算银行的主要业务活动是:接受各国中央银行的存款,向各国中央银行发放贷款,代理各国中央银行买卖黄金、外汇和发行债券;同各国政府及其中央银行签订特别协议,代办国际结算业务;办理黄金存储业务(既不计息也不收存储费)。

（二）国际货币基金组织

国际货币基金组织（international monetary fund，IMF）于1945年12月27日宣告成立，1947年3月1日开始营业，现有成员国192个。国际货币基金组织是以成员国投资入股的方式组成的一个企业性的国际金融机构组织，其机构设置和管理方法与股份公司相似，领导机构有理事会和执行董事会，其资金主要来源于成员国缴纳的份额、向成员国的借款和信托基金三个方面。国际货币基金组织的宗旨包括以下五个方面：①通过设置一个常设机构，便于对国际货币问题进行商讨与协作，以促进国际货币合作；②便于国际贸易的扩大与平衡发展，以促进和维持高水平的就业和实际收入以及所有成员国生产资源的发展，作为经济政策的首要目标；③促进汇价的稳定，维持成员国间有秩序的外汇安排，并避免竞争性的外汇贬值；④协助建立成员国间经常性交易的多边支付制度，并清除妨碍世界贸易发展的外汇管制；⑤对成员国提供资金，协助其解决国际收支困难，以避免其采取有损于本国或者国际繁荣的措施。国际货币基金组织业务活动主要有汇率监督、磋商协商、储备创造、发放贷款及技术援助等。

自1980年4月国际货币基金组织正式恢复我国的创始会员国合法席位后，我国不断加强与国际货币基金组织的合作，积极参与国际货币问题的商讨与协作活动，发挥我国在国际货币合作方面的积极作用。2002年4月20日，我国正式加入国际货币基金组织的数据体系（IMF's data system）。2015年11月30日，国际货币基金组织宣布人民币2016年10月1日加入特别提款权（SDR），2016年10月1日，特别提款权的价值由美元、欧元、人民币、日元、英镑五种货币所构成的一篮子货币的当期汇率确定，所占权重分别为41.73%、30.93%、10.92%、8.33%、8.09%。

（三）国际复兴开发银行

国际复兴开发银行（international bank for reconstruction development，IBRD）又称世界银行（world bank），于1945年12月27日成立，1946年6月开始营业，总部设在美国的华盛顿。国际复兴开发银行的组织机构与国际货币基金相似，有理事会和执行董事会。国际复兴开发银行的资金主要来自成员国缴纳的股金、发行的中长期债券、债权转让及业务净收益。国际复兴开发银行的宗旨是：对用于生产目的的投资提供便利，以协助成员国的复兴与开发，并鼓励不发达国家的生产与资源的开发；以保证或者参加私人贷款和私人投资的方法，促进私人对外投资；用鼓励国际投资开发成员国生产资源的方法，促进国际贸易的长期平衡发展，并维持国际收支平衡；在提供贷款保证时，应与其他方面的国际贷款配合。国际复兴开发银行的主要业务活动有：促进长期发展、协调南北关系、稳定国际经济秩序、发放长期贷款与提供技术援助等。

1980年4月，国际货币基金组织正式恢复我国作为基金组织的创始会员国的合法席位后，当时任世界银行行长的麦克纳马拉来我国商谈恢复我国在世界银行的代表权问题。由于双方共同努力，在许多友好国家的支持下，只经过了一次谈判就达成了协议。1980年5月15日，世界银行执行董事会正式决定我国在世界银行、国际开发协会和国际金融公司的代表权。世界银行的贷款是我国政府积极争取利用的外资，它对于促进我国社会经济发展起到了积极的作用。我国已经成为世界银行的最大贷款国，至2008年4月，我国共获得世界银行贷款470亿美元，合作项目达290个。但是，鉴于我国人均国民生产总值的快速增长,世界银行决定从2002年起逐步减少对我国的贷款,并不再向我国提供国际开发协会的软贷款;2007年我国人均国民生产总值超过2 000美元,进入世界中等收入水平国家行列,世界银行决定从2008年起与我国的合作从资金(贷款)合作转向技术、管理、国际等方面的合作。

(四)国际金融公司

国际金融公司(international finance corporation,IFC)成立于1956年7月24日。只有国际复兴开发银行的成员国才能成为国际金融公司的成员。国际金融公司属于世界银行集团的一个组成部分,但是有其独立的法律地位和财务,其资金主要来源于成员国认缴的股本、向世界银行和国际金融市场的借款及公司经营所得的收益。国际金融公司的宗旨是通过向发展中成员国的生产性私人企业发放贷款或者进行股本投资,以促进其国内经济和资本市场的发展。国际金融公司的业务活动主要是贷款和投资、资金动员和咨询服务。

(五)国际开发协会

国际开发协会(international development association,IDA)成立于1960年9月24日,同年11月3日开始营业。国际开发协会在组织机构上,与世界银行是"两块牌子,一套班子",其资金主要来源于成员国认缴的资本、成员国提供的补充资本和世界银行从净收入中拨给国际开发协会的资金。国际开发协会的宗旨是:对较贫穷的发展中国家提供条件较宽、期限较长、负担较轻,并可全部或者部分地用本国货币进行偿还的贷款,以促进这些国家经济的发展与生产和生活水平的提高。国际开发协会的业务活动是向成员国中较贫穷的发展中国家发放长期优惠贷款。2007年,我国从国际开发协会的受援国变成了捐款国。

(六)国际农业发展基金组织

国际农业发展基金组织(international fund for agricultural development,IFAD)简称农发组织,于1977年1月30日成立,1978年1月1日开始营业,总部设在意大利的罗马。该组织的最高权力机构是理事会,其资金来源主要有成员国的捐款、非成员国和其他来源的特别捐款和利息收入。农发组织的宗旨是:通过向发展中国家,特别是缺粮的发展中国家提供优惠贷款和赠款,支持其以粮食生产为主的农业发展项目,从而达到增加粮食生产、消除贫困与营养不良的目标。农发组织的主要业务是向最贫穷的、缺粮的发展中国家发放赠款和优惠贷款,以增加借款国的粮食生产。

第四节 国际金融市场

一、国际资本流动

国际资本流动(international capital flow)是指资本在国家或者地区之间及国际金融组织之间的转移,包括国际资本流入与国际资本流出。第二次世界大战以来,国际资本流动迅速发展起来,已经成为国际经济发展的动力,对世界各国经济产生了巨大的影响。

（一）国际资本流动的形态

按照不同的标准,可以将国际资本流动划分为不同的具体形式。

1.长期资本流动和短期资本流动

按资本使用期限的长短不同,国际资本流动可以分为长期资本流动和短期资本流动。

(1)长期资本流动(long term capital flow)。它是指使用期限在一年以上,或者未规定使用期限的资本流动。长期资本流动的形式主要有以下三种。

第一,直接投资(direct investment)。它是指一国投资者在另一国创办企业或者并购外国企业达到实质性的控股,也可以是将在国外企业所获得的利润进行再投资。在一个国家,它经常以外商直接投资(FDI)的形式存在。直接投资最鲜明的特点是不直接构成东道国的债务负担。

第二,证券投资,又称间接投资(indirect investment)。它是指一国投资者在国际债券市场上购买中长期债券,或者在股票市场上购买外国企业股票。其收益比较稳定,主要通过债券利息、股票利息、红利等方式获得。投资方式灵活,对象广泛。

第三,国际信贷(international borrowing)。它是指政府机构、国际金融机构和从事国际金融业务的银行所进行的为期一年以上的放款活动。其收益主要是利息及有关费用。借款人主要是政府机构、银行、国有或者私人企业及跨国公司等非居民。国际信贷的风险主要由借款人来承担。

(2)短期资本流动(short-term capital flow)。它是指使用期限为一年或者一年以下的资本流动。一般借助于各种票据等信用工具进行。短期资本流动可以分为以下四种方式。

第一,贸易资本流动。它是指由于国际贸易而引起的短期资本流动,具有明显的不可逆转性。

第二,银行资本流动。它是指各国经营外汇业务的银行及金融机构之间资本调拨引起的短期国际资本流动。

第三,保值性资本流动。它是指短期资本的持有者为保证所持有资本的安全性和营利性而采取避免和防止损失措施所引起的国际资本转移,又称为资本逃避或者资本外逃。

第四,投机性资本流动。它是指投机者利用国际利率差别、预期利率变动、证券价格变动、期货价格变动、黄金价格变动等行情变化而进行各种投机活动所引起的短期性国际资本转移。

2.生产资本流动和借贷资本流动

按资本流动的方式不同,国际资本流动可以分为生产资本流动和借贷资本流动。

(1)生产资本流动。它主要是指采用现金、实物或者非实物等形式,在国外开办厂矿企业,并购当地企业或者与当地政府、企业等合资经营企业,又称直接投资。

(2)借贷资本流动。它是指一国政府、银行或者企业对外国政府、银行或企业进行的放款活动,一般情况下采取货币形态,且伴随着一定的信贷条件。

3.国家资本输出和私人资本输出

按资本流动的主体不同,国际资本流动可以分为国家资本输出和私人资本输出。

(1)国家资本输出。它是指一国政府或者代表政府的官方机构对外输出资本,可以采取赠与或者贷款方式。政府贷款的利率一般低于国际商业贷款利率,有的是低利率甚至是无利率。

(2)私人资本输出。它是指由私人企业或者企业集团对外进行资本输出,主要以营利为目的。

(二)国际资本流动的性质与特点

1.国际资本流动的性质

国际资本流动的性质因国家性质的不同而有所不同。发达资本主义国家国际资本流动是为了获取高额的垄断利润,其资本流动的过程就是垄断资本向外扩展的过程。发展中国家的国际资本流动除了具有一般资本主义企业追求利润的共同特征以外,还有发展民族经济、增强本国实力、追求经济独立的性质。而社会主义国家的国际资本流动是为了利用国际分工、世界市场和国际资源,在平等互利的基础上发展国家间的经济合作,加快本国经济建设,也在一定程度上限制了发达资本主义国家对世界落后国家和地区的控制与掠夺,有利于国际金融新秩序的建立。

2.国际资本流动的特点

(1)国际资本流动的一般特点主要表现在以下几个方面。

第一,国际资本流动具有回归性。一国无论以何种目的对外输出资本,总是希望所输出的资本能发生有增值的回流。如果预期资本不能带来有报酬的回归,那么资本输出就不会发生。

第二,国际资本流动具有双向性。资本流动并不是一种单方面的活动,无论一国是经济实力雄厚的发达国家还是贫穷落后的发展中国家,通常它既是资本输出国,同时也是资本输入国。

第三,国际资本流动具有对流性。一国的资本流出必然引起另一国的资本流入,而一国的资本流入也必然来源于另一国的资本流出。

(2)20世纪90年代以来国际资本流动出现的新特征主要表现在以下几个方面。

第一,国际资本流动开始向发展中国家转移。20世纪90年代以来,发展中国家的投资环境大大改善,吸引了大量外资,尤其是外国直接投资。流向发达国家的投资减少,而流向发展中国家的投资日益增加。其中,中国吸引的外商投资在发展中国家吸收外国直接投资总流量中占了很大的比重,近20年来中国一直是世界上吸纳外国直接投资(FDI)最多的发展中国家。

第二,国际资本优先向亚洲输出,这与20世纪80年代的国际资本流向形成鲜明的对比。流入发展中国家的外国资本越来越向亚太地区集中,东亚和东南亚地区成为国际资本的首选目标。1990—1996年间,东南亚国家吸收外资占全球对外直接投资总量的20%,虽然在1997—1999年的东南亚金融危机期间有明显的下降,但是2000—2007年,这一比例又在稳步上升。

第三,美、日、欧盟三足鼎立,美洲经济圈、泛太平洋区域合作和全欧经济区三大地区集团形成，区域产业内贸易的快速发展使各区域经济集团内部投资迅猛增长。

（三）国际资本流动的原因与作用

1.国际资本流动的原因

马克思曾指出：“如果资本输往国外，那么这种情况之所以发生，并不是因为它在国内已经绝对不能使用。这种情况之所以发生，是因为它在国外能够按更高的利润率来使用。”①因此，国际资本流动的根本原因是利润的驱使。具体说来，引起资本在国际上流动的原因有：第一，国际资本供求状况，这是供求规律在资本这种特殊商品上发生作用的表现；第二，利率的高低，资本总是从利率较低的国家或地区流向利率较高的国家或地区；第三，汇率的变动，它将改变资本的相对价值，使资本从汇率不稳定或者定值过高的货币向汇率较稳定或者定值较低的货币转换。收益与风险总是相对存在的，而且有正相关的关系。资本在追求高利润的同时也要考虑防范风险。风险主要来自两个方面，即经济风险和政治风险，因此，通货膨胀是否严重，一国政局是否稳定、法制是否完善等等也成为国际资本流动的原因。

2.国际资本流动的作用

第二次世界大战以来，国际资本流动规模空前扩大，而且在流向、方式、结构等方面发生了显著的变化，无论是对资本输出国还是资本输入国都产生了深刻的影响。

对于资本输出国来说，资本输出可以带动本国商品出口，绕过贸易伙伴的保护主义壁垒，扩展本国出口市场，还可以疏通过剩资本出路，牟取利润。但是过多地输出资本，会使利率上升，不利于国内经济发展，还可能增加风险。对于资本输入国来说，资本输入能促进国内经济发展，有助于平衡国际收支。但是过多地引入外资，一方面可能造成债务危机，另一方面会加深对外国资本的依附性，使某些经济命脉或者产业部门为国际垄断资本所控制。

国际资本流动增进了各国的经济交流，推动了国际分工和协作，使资本资源在全球范围内实行优化组合，促进了世界经济的增长；加快了货币信用和金融市场的国际化，各国之间货币金融联系加强，增加了各国的相互依赖；促进了国际贸易的发展，加速了技术在国际上的扩散，有利于各国调节国际收支。但是，国际资本流动同样加剧了国际金融形势的动荡，尤其是国际投资者不健康的投机行为甚至恶意炒作可能引发国际金融危机，从而对世界经济形成强大的冲击。1997—1999 年的东南亚金融危机、2008—2013 年的全球金融危机就是很好的证明。

二、国际金融市场

（一）国际金融市场的形成与发展

国际金融市场（international financial market）是指在居民与非居民之间或者非居民与非居民之间进行资金融通，不同货币进行交易及其他相关活动的场所。它是随着资本主义商品经济的发展而产生并成长起来的。

资本主义进入垄断阶段以后，生产国际化不断加强，国际贸易迅速发展，世界市场的

① 马克思.资本论：3 卷[M].北京：人民出版社，1975：285.

形成、国际资本流动的扩张迫切需要有相应的金融服务。第一次世界大战以前,英国是世界头号工业强国,英镑是当时主要的国际储备和世界货币,伦敦也因此而成为当时最主要的国际金融市场。与此同时,纽约、苏黎世等国内金融市场也逐渐发展成国际金融市场。由于两次世界大战的破坏以及1929—1933年世界经济危机的影响,英国的经济实力削弱,英镑不再是主要的国际结算工具,伦敦作为国际金融市场的地位也大大下降。国际金本位制的崩溃使国际金融体系陷入混乱,许多区域性的货币集团相继建立,如英镑集团、美元集团、法郎集团。这种区域性的货币集团的封闭性和排他性阻碍了国际资本的正常流动,使国际金融市场发展缓慢甚至停滞。布雷顿森林体系的建立确立了美元的霸权地位,纽约发展成为当时最大的国际金融市场,伦敦、苏黎世等国际金融市场的地位也逐渐恢复。20世纪60年代到70年代,美国的经济地位不断下降,美元多次发生信用危机,大量美元为逃避政府的管制而纷纷流向境外金融市场;同时,一些欧洲国家也采取限制措施维持外汇市场的稳定,使得银行纷纷将资金转移到国外,从而形成了许多逃避外汇管制的境外货币市场,也称离岸金融市场(off-shore financial market)。离岸金融市场迅速发展成为目前国际金融市场的核心和主要组成部分。20世纪80年代以来,一些发展中国家在政治上获得了独立,经济上获得了迅速发展,国内金融市场也逐步发展成为国际性的金融市场。

(二)国际金融市场的作用

国际金融市场对于国际经济的发展发挥着十分重要的作用,具体体现在以下几方面。

(1)国际金融市场提供了生产和资本国际化所需要的相应的金融服务,既为筹资者提供了各种筹资渠道,为投资者提供了多样化的投资手段,也提供了金融资源在全球范围内优化配置的可能,加强了各国之间的经济和金融联系。反过来,它又促进了生产和资本国际化的发展。

(2)国际金融市场的存在和发展,为国际贸易双方提供了进行国际结算、资本转移、证券交易等活动的场所,畅通了国际融资渠道。这有利于国际贸易双方在利用国际资源的同时降低外汇市场的风险,促进了国际贸易的进一步发展。

(3)国际金融市场的一体化有利于各国货币当局筹措资金以平衡国际收支,借贷资本以支持国内产业的发展,干预外汇市场以稳定本币汇率,促进银行业务的国际化发展。

(三)国际金融市场的类型

1.传统的国际金融市场

传统的国际金融市场是以居民与非居民为市场主体的国际金融市场,主要是在岸金融市场(on-shorefinancial market)。它既要受所使用货币发行国的限制,又要受市场所在国政府法令的约束。传统的国际金融市场包括国际资本市场、国际货币市场、国际外汇市场和国际黄金市场。

(1)国际资本市场(international capital market)。它是指以期限超过一年的中长期货币资金为借贷客体,或者以超过一年的长期金融工具为买卖客体的国际金融市场。它又称“长期资金市场”,包括中长期信贷市场、债券市场和股票市场等。

(2)国际货币市场(international money market)。它是指以期限在一年以下的短期货币资金为借贷客体,或者以期限为一年以下的短期金融工具为买卖客体的国际金融市场。它又称“短期资金市场”或者“短期金融市场”,包括银行短期信贷市场、短期证券市场和贴现市场。

(3)国际外汇市场(international foreign exchange market)。它是以自由外汇为买卖客体的国际金融市场,包括即期外汇市场、远期外汇市场和外汇期货市场。

(4)国际黄金市场。它是指以黄金为买卖客体的国际金融市场,包括黄金现货市场和黄金期货市场。

2.新兴的国际金融市场

新兴的国际金融市场是以非居民为市场主体的国际金融市场。它既不受所使用货币发行国管制,又不受市场所在国的政府法令限制。新兴的国际金融市场包括欧洲货币市场、亚洲货币市场和石油美元,其核心是欧洲货币市场。

(1)欧洲货币市场(Euro-currency market)。它是非居民进行境外货币借贷活动的国际金融市场,通常所指的欧洲货币市场主要是指离岸金融市场。它是一种完全国际化的、真正意义上的国际金融市场。这里的“欧洲货币”是特指境外货币,如“欧洲美元”“欧洲英镑”等。

欧洲货币市场按其业务范围可以分为欧洲货币借贷市场和欧洲货币债券市场,前者是欧洲货币市场的主体部分。按其境内业务与境外业务的关系可以分为三类:第一种是一体型,即境内与境外金融市场的业务融为一体,离岸资金与在岸资金可以随时转换,又称伦敦型;第二种是分离型,即境内金融业务与境外金融业务分开,又称纽约型,比如东京的海外特别账户;第三种是走账型或者簿记型,主要为其他金融市场资金交易起记账和划账作用,其目的是为了逃避税收和管制,又称避税港型。

欧洲货币市场的经营特点主要有:第一,突破了法规法令的管制,不受地域和当地经济条件的限制,市场广泛。第二,交易品种繁多,既有短期信贷,又有中长期信贷;既有固定利率债券,又有浮动利率债券等;交易数额巨大,一般以批量交易为主;交易对象广泛,几乎包括世界上所有国家的借款人。第三,利率结构独特,欧洲货币市场的利率以伦敦市场的银行同业拆放利率为基础,利差比各国国内市场存贷款的利差要小。

欧洲货币市场的发展使得世界各个金融市场之间的联系更为紧密,促进了国际资本的流动和国际金融一体化;为赤字国平衡国际收支、发展国内贸易提供了更加广阔的融资渠道;促进了国际贸易的扩大,尤其是有利于跨国公司的成长与扩张。但是,欧洲货币市场造成了国际金融市场的不稳定,为货币投机提供了方便,也在一定程度上影响到各国货币政策的效力,可能引起通货膨胀。

20世纪末,欧洲货币市场上崛起了一种新的区域性货币——欧元(Euro)。欧元是欧洲联盟“中央银行”发行的具有独立性和法定货币地位的超国家的单一货币。1991年12月9日和10日,欧共体12国首脑在荷兰马斯特里赫特召开会议,通过了《马斯特里赫特条约》(简称《马约》),确定在欧共体内发行统一货币的目标。1993年10月底,《马约》被欧共体(1993年11月1日,欧洲经济共同体改称为欧洲联盟,简称“欧盟”)全部予以批准并正式生效。

根据欧盟制定的标准和时间表,首批流通欧元的国家有法国、德国、意大利、西班牙、比利时、荷兰、卢森堡、葡萄牙、奥地利、芬兰和爱尔兰 11 个欧盟国家。1999 年 1 月 1 日，欧元正式启动，欧元以1：1的比例取代当时使用的欧洲货币单位“埃居”（ECU），但成员国流通的仍是本国货币，各国货币和统一货币在经济角度是同一货币的不同形式。从 2002 年 1 月 1 日起，700 亿欧元现金投入到流通领域，各国原有货币和新货币的兑换工作开始进行。到 2002 年 7 月 1 日，欧元 11 国各自货币退出流通领域，完全被欧元所取代，欧元成为这 11 个欧元创始国唯一合法的货币。随着欧盟的扩大，其他新成员国家也逐步开始使用欧元。至 2020 年，欧盟 19 个国家成为欧元会员国，另有 9 个国家和地区采用欧元作为当地的单一货币。

欧元的实施遵循三大原则：第一，完全可兑换性，欧元与各国原有货币之间的任何兑换都是合法的；第二，非强制性和非禁止性，在 1999 年 1 月 1 日到 2002 年 7 月 1 日的 3 年半过渡时期内，各国原有货币仍可继续使用，并不强制使用欧元；第三，可延续性，在实施欧元以前签署的合约保证可延续，之后签订的合约中予以特别加入有关欧元实施的条款。

欧元的启动结束了欧盟内部货币动荡的局面，单一货币的形成降低了欧盟内部的交易成本，有利于欧盟的经济发展。但是，与此同时，同一货币也削弱了欧元国的货币主权，并在很大程度上约束了各国的货币政策和财政政策；欧元区各国经济发展不平衡，欧元的稳定与否将取决于各国是否能有效地协调内外均衡的矛盾。到目前为止，欧元的发行、流通与管理状况一直良好，欧洲货币市场获得了平稳而快速的发展。

（2）亚洲货币市场（Asian-currency market）。它是指亚太地区的银行经营境外美元和其他境外货币的借贷业务的场所。这里的“亚洲货币”是指亚洲货币市场上所使用的有关货币。因为亚洲货币市场的交易额 90%是境外美元，故亚洲货币市场又称亚洲美元市场（Asian-dollar market），其中心在新加坡。

亚洲货币市场的资金来源主要是：第一，外国中央银行的部分储备资产或者财政节余；第二，跨国公司的调拨资金或者闲置资金；第三，东南亚或者中东国家的外逃资本；第四，一些非银行客户的外币存款，比如外国侨民、进出口商等的外币存款。

亚洲货币市场的资金主要用于：第一，贷给银行同业；第二，贷给非银行客户，主要是贷给亚洲国家的政府、企业及其他金融机构。

亚洲货币市场可以分为亚洲货币信贷市场和亚洲货币债券市场，前者是亚洲货币市场的主要部分。

第二次世界大战以后，尤其是 20 世纪 70 年代以来，国际上出现了大量游资，亚洲货币市场的形成大量地吸收和利用了这些国际游资。这在一定程度上稳定了国际金融秩序，促进了世界经济特别是亚太地区经济的发展。亚洲货币市场的形成改变了传统的以伦敦——纽约为轴心的国际金融格局，有利于世界经济与金融的均衡发展。

（3）石油美元。20 世纪 70 年代出现了世界性的能源危机，石油输出国组织（OPEC，称为“欧佩克”）两次将石油提价。随着油价的提升，石油输出国的国际收支结构发生了重大变化。石油输出国的国际收支经常项目产生盈余，而在石油盈余资金中，美元所占的比重最大，因而称之为“石油美元”（oil-dollar）。“石油美元”的出现使得全球性的国际收支呈现“石油输出国顺差、石油消费国逆差”的局面，引起工业国家十分严重的国际支付困难。为了缓解国际支付困难,发达工业国家不得不依靠回流石油盈余资金,使石油盈余资金从石油输出国回流到石油消费国。而非产油的发展中国家受到石油提价的影响更为严重,它们对回流石油美元更为迫切。这就是石油美元回流的核心。所谓石油美元回流就是指石油输出国的石油收入分别用于进口和积蓄,积蓄的一部分投放到国际金融市场,一部分用于对其他国家的投资或者贷款,于是它们的国际收支经常项目盈余就被资本项目的贷款所抵消了。20 世纪 70 年代后期,亚洲货币市场对于回流石油美元、稳定国际金融市场起到了重要的作用。2005 年以来,国际石油价格持续地快速上升,特别是 2007 年以来国际石油价格一直处于高价位运行,这使石油美元市场的发展进入一个新阶段。2018 年 3 月 26 日上海期货交易所挂牌交易原油期货,采用人民币计价交易和交割,有助于推动人民币国际化和促进石油战略储备,而且人民币原油期货产生的“石油人民币”彻底打破了“石油美元”的垄断。

(四)国际金融市场发展的新动向

20 世纪 80 年代以来,世界经济格局发生了重大变化,电子科技和信息技术的广泛应用,市场创新的层出不穷,使得国际金融市场的发展出现了一些新变化。

1.国际金融市场运行自由化

随着发达国家纷纷放松或者取消金融管制,传统的国际金融市场业务在运作上日益灵活,本国金融机构可以相对自由地进入外国金融市场,国际资本可以相对自由地输入输出。

与新兴的国际金融市场相比,传统的国际金融市场主要是在居民与非居民之间进行金融活动,每一笔交易都涉及国内的居民。从 20 世纪 30 年代的世界经济危机中吸取教训,各国对传统的国际金融市场都实行了较为严格的金融管制。这种管制虽然保证了国际金融市场的稳定,但是也遏制了国际金融市场的发展。20 世纪 80 年代以来,经济自由化思潮席卷全球,各国考虑到金融管制带来的效率低下,纷纷进行金融改革:普遍取消银行存贷款利率的限制,实行利率自由化;放松对商业银行、储蓄银行和证券公司业务交叉的限制,实行金融业务自由化;开放国内市场,放弃外汇管制,实行金融市场自由化。这些改革推动了国际金融市场运行的自由化。

在金融自由化、国际化浪潮的推动下,20 世纪 80 年代的离岸金融市场(off-shore financial market)的形成和建立已经逐步开始从自然形成型向政策推动型发展。离岸金融市场又称“境外市场”(external market),特指那些经营非居民之间的融资业务,即经营外国贷款者、投资者与外国筹资者之间业务的国际金融市场。它已经成为世界各国金融竞争的一大新特点和新趋势。离岸金融市场的建立和发展是金融市场国际化的一个历史性创新,它对于推进国际金融业务的发展乃至国际生产和贸易的发展起到了极其重要的作用。

2.国际金融市场一体化

国际金融市场一体化是指随着世界各国金融市场的国际化、金融管制的放松、金融工具的创新以及以电子信息和网络技术为核心的高新科技的发展和运用,国际金融市场在全球范围内形成了一个有机整体。

国际金融市场一体化主要表现在以下几个方面。

(1)国际外汇市场的一体化。随着20世纪70年代浮动汇率制取代固定汇率制以来,国际外汇市场已经形成了以主要国际金融中心为依托,以全球性和区域性的国际外汇市场为基础的全球范围内的统一整体。

(2)国际货币市场的一体化。欧洲货币市场和亚洲货币市场迅速发展壮大,各国间的资本流动日益频繁,规模不断扩大,越来越多的国家、公司和金融机构参与到国际货币市场上来。

(3)国际资本市场的一体化。无论是在国际中长期信贷市场,还是在国际债券市场或者国际股票市场上,世界各国的筹资者和投资者都可以通过融资网络联系在一起,可以随时满足它们对于不同期限、不同币种、不同金额、不同类别的资本的需求。

3.国际金融市场筹资证券化

在金融创新和金融改革的推动下,金融工具不断增加,为国际金融市场上借贷双方提供了更多可选择的融资方式。20世纪80年代初爆发的国际债务危机使非洲和拉丁美洲的发展中国家拖欠银行国际贷款现象严重,西方发达国家的银行出现了巨额国际贷款呆账。一方面,许多有信誉的公司和商业银行为降低信用风险,开始转向证券市场,通过直接在证券市场上发行债券来融资;另一方面,由于它们缩小了对发展中国家的贷款规模,使发展中国家不得不转向证券市场寻找资金。从20世纪80年代上半期以来,国际金融市场的筹资证券化(financing securitization)得到了较大的发展。

4.国际金融创新和银行业务表外化

国际金融创新(international financial innovation)包括资金融通和金融中介的技术、工具的创新以及金融服务品种的创新。20世纪80年代以来,国际金融市场出现大量复杂的金融衍生品(financial derivatives),其形式包括远期契约(forwards)、期货(futures)、选择权(options)及各种互换。它们是金融工程的重要内容。金融创新的发展加速了资金流动,提供了更多的投资渠道,对国际金融市场的发展起到了重要的推动作用。

银行表外业务(off-balance sheet activities)是指对银行产生收入的或者有承诺的或者合约的活动。这些业务不被认为是银行的资产或者负债而记入资产负债表里,又称"无资产银行业务""无形银行业务"或者"底线以下的银行业务",它是现存客户与银行关系的延伸。随着筹资证券化以及金融创新的发展,跨国银行之间的竞争越来越表现为在表外业务方面的竞争。

5.国际金融市场风险日益加剧和银行监管统一化

国际金融市场发展到今天,其独立性越来越强,追求短期利润的大量游资(hot money)充斥市场,增大了国际金融市场的风险性,容易使引资国产生泡沫经济。银行经营业务国际化,跨国公司对外国货币的依赖也日益严重,银行经营的风险也日益增大。20世纪80年代以来,国际银行业出现了一系列的破产和兼并重组浪潮,严重影响了国际金融业的稳定。1975年12月,国际清算银行主持成立了巴塞尔委员会,至2001年1月相继发布了6个重要的文件以监督银行的国际业务,其中2005年全面实施的新《巴塞尔资本协议》标志着国际银行的监管走向统一化。

复习思考题

1.国际金本位制的特点和作用是什么？
2.布雷顿森林体系的内容和作用是什么？它为什么会崩溃？
3.现行国际货币制度的特点和作用是什么？如何对其进行改革？
4.汇率是如何决定和变化的？西方主要汇率理论有哪些？
5.外汇风险的防范方法有哪些？外汇管制的主要内容是什么？
6.什么是跨国银行？它的特征、功能和业务及作用有哪些？
7.区域性的国际银行机构和全球化的国际金融机构有哪些？
8.什么是国际资本流动？其形态、特点和作用有哪些？
9.什么是国际金融市场？它有何作用？它有哪些类型？
10.国际金融市场发展的新动向主要表现在哪些方面？

第十四章

金融管理

第一节　金融管理概述

一、金融管理的含义和原则

(一)金融管理的含义

金融管理具有双重含义:一是金融机构对其业务活动的自我管理,如资产负债管理等;二是金融管理部门对有关金融机构及其经营活动的外部管理。一般所说的金融管理是指金融的外部管理,即金融管理部门依照国家的金融法规、政策对金融机构及其经营活动实行领导、监督、稽核、组织与协调,以达到稳定货币、活跃金融的目的的一系列行为。

金融管理是随着商品经济和货币信用制度的发展,中央银行产生之后出现的。目前,世界上各国的金融监督管理体制大致有三种模式:一是分散多头的金融管理模式。该模式的特点是管理机构多头、管理权力分散,如美国、日本、德国的银行管理体制就是采取这种模式。二是集中单一的金融管理模式。该模式的特点是由中央银行或者准中央银行负责对金融体系进行监督管理,其金融管理机构单一、管理权力高度集中,如英国、印度等国就是采取这种模式。三是跨国联盟的金融管理模式。在这种模式下,几个国家共建一个中央银行,加盟各国共同执行统一制定的金融章程、政策和条例,同时,各国的管理机构负责监督管理本国的金融体系,如欧盟、西非、中非等。现阶段,我国实行集中统一的金融管理体制,由中国人民银行统一管理一切金融机构和金融活动,中国银行业监督管理委员会(简称"银监会")、中国证券业监督管理委员会(简称"证监会")、中国保险业监督管理委员会(简称"保监会")分别具体负责其所对应的金融行业的监督管理(现已改革)。

(二)金融管理的原则

商业银行是最主要的金融企业,并且其与一般的工商企业不同,因而对商业银行的管理必须遵循一定的原则,主要有以下几方面。

(1)依法管理原则。这是实施金融管理的一项基本原则。

(2)协调统一原则。这一原则要求管理者和被管理者之间及其内部之间、各个管理机构之间协调配合,管理政策标准化且力求做到客观、公正。

(3)适度竞争原则。竞争可使金融企业降低成本、提高服务质量、增进效益,但是过度竞争又会使金融企业风险加大。实行金融管理就是要为金融业创造一个适度竞争的环境。

(4)配套管理原则,即将金融管理与整个国家的宏观经济管理相结合,各种管理手段相结合。

(5)最佳效益原则,即通过金融管理,提高微观和宏观经济效益,促进金融和经济的稳定与发展。

(6)自我管理和外部管理相结合的原则。

二、金融管理的方法和技术手段

(一)金融管理的方法

金融管理的方法主要有经济方法、行政方法和法律方法。具体来说有以下几种。

(1)注册资格审查,该方法适用于拟建金融机构。通过注册资格审查,可以将一些不合条件的新的金融机构拒之于门外,有利于加强对金融业的风险预防管理。

(2)现场检查评估,即金融管理机构派出人员深入各金融机构进行现场检查。这是金融管理的主要方法。

(3)定期报告分析,即金融管理机构对各金融机构呈报的定期报告进行认真分析,发现问题及时加强监督检查。

(4)自我管理,即各金融机构自己对经营状况、财务指标和遵纪守法情况等进行自我检查和自我评估。

(5)审查稽核,即通过内外相结合的方法,对各类金融机构的业务活动、财务收支、盈利状况等进行检查监督。这是事后监督的手段。

(6)行政管理措施,具体包括:提醒有关部门纠正错误、命令其调整或者撤销某项措施,令其停止经营部分业务、限期整顿,对高层管理人员进行人事调整,吊销营业执照等。

(二)金融管理的技术手段

1.预防性管理

预防性管理的目的是为了防止金融企业经营管理不善、过度竞争,维持金融业及金融市场的稳定。其具体措施主要有:登记注册管理、资本金规定、业务活动限制、清偿能力管理、贷款风险管理、外汇管理和银行检查等。

2.存款保险

存款保险即为了维护存款者的利益及金融业的安全与稳定,金融管理当局规定商业银行必须参加国家设立的存款保险机构的存款保险。这种保险一般是强制性的。参加存款保险的对象主要是本国全部银行、外国银行的分支机构和附属机构或者本国银行在国外的分支机构。目前,我国正在建立存款保险制度。

3.最后援助贷款和抢救行动

如果以上管理手段失效,金融管理机构不得不采取一些紧急措施,以防止金融企业破产倒闭。紧急援助的方法主要有:第一,由中央银行或者政府担保,大银行和存款保险机构提供贷款或者购买有问题银行的资产;第二,中央银行直接提供低利贷款;第三,政府出面援助,如鼓励和引导优势银行对有问题银行的兼并与重组。

三、中央银行的金融管理

维护金融业的合法、稳健运行,依法对金融机构及其业务活动实施监督管理,是中央银行的基本任务之一。在我国,中国人民银行是国务院的金融职能管理部门,是国家最高的金融监管当局。

中国人民银行的金融监督管理,是以其依法享有的金融行政管理权为基础的。金融行政管理权主要包括:第一,规章和命令的发布权,即中国人民银行有权发布有关金融监督管理和业务的规章和命令;第二,金融机构的设置及其业务范围的审批权;第三,信息获取权,即中国人民银行有权要求金融机构按照规定报送资产负债表、损益表及其他财务会计报表和资料;第四,稽核检查权,即中国人民银行有权对金融机构的存款、贷款、结算、呆账等情况随时进行稽核和检查监督;第五,行政处罚权,即中国人民银行有权对违反法规的金融机构视其情节轻重,给予撤销、停业整顿、罚款等行政处罚,并对有关责任人员予以处分。

我国中央银行金融管理的对象主要包括管理金融机构和管理金融活动。如金融市场管理,证券管理以及国有企业流动资金管理、现金管理、工资基金管理等。

第二节　信贷资金管理

信贷是借贷活动的总称,它是以偿还为条件的货币运动形式,因而信贷资金管理是金融管理的中心环节。我国现行金融组织体系主要由中国人民银行(中央银行)、商业银行和非银行金融机构三个部分组成。由于各类银行的职能不同,因而对它们的资金管理在内容和要求上相应的也有所不同。

一、对中国人民银行信贷资金的管理

2000 年以前,中国人民银行机构由总行、省(市)分行、地(市)二级分行和县支行四级构成。经过 2000 年的组织机构改革后,目前的中国人民银行机构由总行、9 个区域性分行、各省市支行三级构成。对全系统的信贷资金管理,必须遵循以下原则。

(一)统一调控原则

中国人民银行的分行及其分支机构为总行的派出机构,应在总行的统一领导下执行统一的货币信贷政策,调控货币供给量,保持币值稳定,监管各类金融机构,维护金融秩序,实现预期的宏观调控目标。各个区域性分行及地方分支机构则根据统一的货币信贷

政策要求,结合本区域的具体情况,因地制宜地制定具体的政策措施,以保证实现国家的宏观调控目标。

(二)分级负责原则

中国人民银行总行根据既定的宏观调控目标,对总行与各分行在信贷资金管理上的权责进行划分,以确保总行能有效地控制信贷规模,各分行及地方分支机构把资金搞活。在信贷资金来源方面,一般是由总行统一计划,分级实施,统一使用,由总行进行综合平衡;在信贷资金运用方面,中国人民银行总行将少部分资金借贷给商业银行总行,大部分资金由中国人民银行各分行管理,以增强中国人民银行各分行的宏观调控能力,适应社会主义市场经济发展的需要。

(三)适时调节原则

适时调节就是允许各个区域性分行利用资金运转中的时间差、地区差与项目差,开展横向的资金融通。这是由于经济、金融形势是不断变化的,如社会信贷资金因受农时季节性的影响而呈现出季节性的波动,而且各地方、各部门因经济增长差异对资金的需求情况也不同,因而需要在季节之间、地区之间、产业之间,根据需要灵活调度资金,进行适时调节。此外,由于各商业银行经营业务的范围不同,也需要组织资金在项目之间进行调节或者互相拆借。因此,中国人民银行总行应对各个区域性分行所调节的总资金进行统一的监督管理。

二、对商业银行信贷资金的管理

商业银行管理,从广义上讲包括中央银行对商业银行的管理和商业银行的自身管理;从狭义的角度讲,则专指商业银行的自身管理。

(一)中央银行对商业银行信贷资金的管理

中央银行对商业银行信贷资金的管理,主要是控制贷款规模、调整信贷结构。

1.控制贷款规模

控制贷款规模即中国人民银行按照一定时期国民经济发展的各项计划及各商业银行组织、筹措、融通资金的可能,对商业银行年度和季度贷款最高限额及基本建设贷款计划按照计划实行严格控制,各商业银行未经批准不得随意突破,以调节、控制全社会贷款和货币供给量。如1988年第4季度开始,为了克服当时出现的贷款失控,中国人民银行采用了这一管理措施。但是自1998年1月起,中国人民银行放松了对国有商业银行贷款规模的控制。由于经济、金融形势不同,因此对商业银行的贷款规模只是作为指导性监测指标进行管理,允许商业银行根据自身资金能力灵活决定。

2.调整信贷结构

调整信贷结构即在贷款规模既定的情况下,通过调整商业银行贷款投向及其存量来优化信贷结构。为了实现信贷结构的合理化,中国人民银行主要是对一些国家要求优先支持或者控制的贷款项目如基本建设贷款、技术改造贷款等实行指令性控制;同时,制定统一的信贷政策,对商业银行优先支持或者严格限制的产业、产品进行明确规定,如2006—2008年中国人民银行明确规定限制商业银行对房地产业的过度贷款;并定期分析经济形势和商业银行的信贷结构状况,对商业银行提出建议或者劝告,督促商业银行盘活现有资金;等等。

（二）商业银行对其信贷资金的管理

商业银行对自身的管理涉及商业银行的各个方面,其中,信贷资金管理状况既是商业银行稳健经营的关键,也是中央银行的监管重点。

商业银行经营的基本目标是最大限度地创造利润,实现盈利率的最大化,因而从业务经营管理的角度来看,商业银行必须保持信贷资金的循环周转和安全收回,并取得一定的盈利。因此,贷款的安全性、流动性和营利性,是商业银行自身信贷资金管理的重要原则。

1.安全性原则

安全性原则是指商业银行在进行业务活动时,应充分考虑按期收回资金本息的可靠程度,确保资产的安全性。由于商业银行主要依赖负债经营,自有资本所占比例很小,因而资产的安全性主要是通过对风险的防范和控制来实现的,其采取的主要措施是实行资产负债管理和资产风险管理。资产负债管理主要是划分资产风险含量来确认资本充足率,清除不平等竞争,降低经营风险,增强银行业的安全性和稳健性;资产风险管理是通过识别认定风险并采取措施防范、控制和补偿来减少资产损失,提高资产质量。二者都是为了实现商业银行信贷资金的安全性、流动性和营利性。

2.流动性原则

流动性原则是指商业银行应能够随时随地满足客户提取现金和正常贷款的需要。商业银行既是债务人又是债权人,因而解决流动性问题的主要措施是债权、债务的合理安排和留有足够的现金准备,或者能将其他形态的资产迅速转变为现金资产。由于流动性包括资产的流动性和负债的流动性两个方面,因此,增强信贷资金的流动性,除了维持资产流动性、加强资产管理外,还应注意负债方面的管理,发展主动型负债,如进行同业拆借,发行可转让大额定期存单、金融债券等。

3.营利性原则

营利性原则是指商业银行进行信贷资金经营活动要获得预期的收益,即营利。一般来说,提高盈利水平主要取决于信贷规模的大小和存贷利率的差额。但是在实际经营中,二者并不能随意调整,而且还受到许多内外因素的影响。因此,提高盈利水平还必须通过降低经营成本来实现。

以上三条原则既统一又矛盾。一般来说,资产的流动性和安全性是一致的,即流动性高的资产往往安全性有保障。而流动性与营利性之间是矛盾的,即流动性越高,盈利水平越低;安全性与营利性也是矛盾的,资产期限越长,盈利就越多,但是资产期限长又会使风险增大。因此,在信贷资金管理中往往要寻求这三者的协调均衡。为此,商业银行应当遵守中国人民银行关于资本充足率、资产流动性比例、对股东贷款比例和资产风险管理的规定及其他相关要求。

三、对非银行金融机构信贷资金的管理

非银行金融机构虽然和商业银行一样,也从事某些融资业务,但是其性质、组织形式、业务范围等与商业银行有很大区别,因而对非银行金融机构信贷资金的管理也不同

于商业银行,而是依其性质的不同分别立法,实行分业管理。尽管如此,对各非银行金融机构信贷资金的管理也有一些必须遵循的共同原则,具体如下。

第一,对非银行金融机构一定时期内信用活动的总规模进行规定,将其作为控制全社会信用规模的一部分。

第二,根据各非银行金融机构的性质,分别确定其资金来源的渠道和途径,以满足不同业务的需要。

第三,鼓励非银行金融机构增加新的金融资产品种,控制与商业银行相同的资产项目的发展。

第四,要求非银行金融机构实现资产负债比例管理,确保资金的流动性和安全性。

第三节 现金管理和非现金管理

一、现金管理

(一)现金管理的意义

现金管理是指商业银行等金融机构根据国家的有关规定,对各单位的现金收支活动和库存限额进行必要的监督和管理。它是金融管理的重要内容之一。现金管理的意义如下。

第一,保证银行成为全国的现金出纳中心,有利于保证货币发行权集中于中央银行,保持金融市场的稳定。现金管理要求各企事业单位、机关团体、部队、学校等除保管短期使用的零星开支外,所有现金存入银行,需用现金从银行提取或者委托银行支付,这就保证了现金以银行为中心进行流通,从而有利于调节和控制货币流通量。

第二,促使各单位改善经营管理。实行现金管理,保证银行成为全国的现金出纳中心,有利于银行通过现金收付(出纳)过程,对企业和整个国民经济活动进行及时的反映和监督,促使各单位加强财务管理,加强经济核算,从而改善经营管理。

第三,能有效地集中大量闲散资金。银行对各单位的收付往来实行现金限额管理,超过限额以上的部分必须采用转账结算方式。这样,可以使各单位的库存现金大大减少,从而扩大银行的信用资金来源;同时,可以使社会上的现金流通量控制在一定的范围内,减少人民币的发行和使用,节省流通费用。

第四,有利于维护财经纪律,防止和纠正各种不正之风。

(二)现金管理的对象

根据国务院有关现金管理的规定,银行进行现金管理的对象是指国有企业、事业、机关、团体、部队、学校和农村各种合作经济组织、事业单位及其附属机构等。同时,银行对在银行开户的外资企业、民营企业、个体户、农村承包经营户等提取的大额现金要进行监督,对单位通过邮电局办理汇款提现要加强审查监督。

(三)现金管理的内容

现金管理的内容,主要包括以下几个方面。

1.规定现金管理的对象

所有国有企业、事业、机关、部队、团体、学校和集体单位以及外资企业、民营企业,都要实现现金管理。

2.规定现金的使用范围

根据国家政策规定,可以使用现金的范围是:职工的工资、奖金、津贴、福利等;各种社会保险和社会救济费,以及国家规定的对个人的其他收支;支付城乡个人的劳动报酬;出差人员随身携带的差旅费;收购部门向个人收购农副产品的收购款;各单位结算起点以下的零星小款的支付。单位与个人发生的一切经济往来可以使用现金。各单位之间的经济往来,除小额零星的支付外,一律不准使用现金,必须通过银行办理转账结算。

3.核定单位库存现金限额

凡在银行开立结算账户并接受现金管理的单位,都要核定库存现金的最高限额。核定单位库存现金限额由单位提出申请,开户银行审查。核定的办法是:按照单位3~5天日常零星开支所需现金予以核定,特殊情况可放宽,但不超过15天的需要量。库存现金限额核定后,不得超过。需增加或者减少库存限额时,单位可随时提出申请报银行审批。单位的库存限额每年调整一次。对没有在银行开户的附属单位,也要实行现金管理,并核定库存现金限额。

4.规定单位现金送存银行的期限

根据国家规定,各单位收入的现金必须在当天送存银行,最迟不得超过第二天上午。特殊情况可与银行商定交款时间。

5.控制坐支现金

坐支即从本单位收入的现金中直接支付现金。现金管理办法规定,单位收入的现金必须送存银行。各单位支付的现金,除零星开支可以从单位现金库存中支付以外,其他一切支出必须从开户银行提取,不准从各单位收入的现金中直接支付。特殊情况应报银行审批,并定期向银行报送坐支金额。

6.对采购资金的管理

采购资金是指各单位到外地采购物资时所需要的款项。单位到异地采购,原则上不准自带现金,而应通过银行办理异地转账或者通过银行将款项汇到采购地点,在采购地银行开立采购账户,由银行监督支付。在特殊情况下,应由单位申请,经银行审批后可支付现金。

7.对现金管理的监督和检查

银行对各单位现金管理的监督和检查,可采用定期检查、重点检查和日常柜台监督。检查中发现的问题,应视情节轻重及时处理。

二、非现金管理

非现金管理就是指非现金结算管理,即银行转账结算管理。非现金结算是指发生经济活动的双方在完成经济往来的货币收付行为时,通过银行间转账的方式进行货币收付,也就是把款项从甲(单位或者个人)的存款账户上支付出来划转到乙(单位或者个人)的存款账户上。

(一)非现金结算的作用

非现金结算具有如下几方面的作用。

1.促进商品流通,加速资金周转

随着生产的日益发展,各单位或者个人之间的经济往来日益频繁和复杂,如果使用现金结算,必然要耗费大量的人力、物力和财力,而由银行办理非现金结算,银行可以用支付凭证或者双方提交的票据集中清算资金,及时将应收的款项收回来、应付的款项付出去。这样,可以节省大量人力、物力和财力,缩短结算时间和距离,从而有利于加速物资和资金周转,促进商品流通和商品交换,提高资金的使用效率和经济效益。

2.掌握货币运动,调节货币流通

由于国民经济各部门、各单位的商品流通和资金运动均通过银行办理转账结算,银行便成了一面镜子,可以及时掌握货币资金的来源、运用和资金运动的流向,及时调整信贷投放,调节货币流通,同时,可以积极集聚社会闲散资金,扩大资金来源。转账结算可以全面处理商品和货币等方面的协调关系,保证货币流通的正常与稳定。

3.有效发挥银行的监督作用

结算监督是银行对国民经济进行货币监督的一个重要方面,是国家赋予银行的一项重要任务。银行在办理结算的过程中,可以对各经济部门和单位以及个人的交易往来所发生的资金收付进行审核监督,因而有利于督促各单位遵守财经纪律,履行经济合同;促进企业加强经济核算,提高经营管理水平;促进个人遵守银行信用。

(二)非现金结算的原则

非现金结算可以采取多种方式,主要有托收承付、委托收款、信用证、限额结算、汇兑结算、付款委托书、托收无承付、委托付款、支票(包括纸制支票和电子支票 E-check)以及信用卡收付等。它体现了收款人、付款人和其各自开户银行之间的权益关系。因此,不管采取何种转账结算方式,都必须遵守以下原则。

1.恪守信用,履约付款

恪守信用,履约付款就是在办理转账结算时,付款人必须讲究信誉,按照预先规定的付款期限如数支付,不得违约拖欠。收款人应按约如数向对方提供商品或者劳务。银行则应根据客户提供的支付凭证或者票据,及时完成资金结算,做到钱货两清。

2.谁的款进谁的账,由谁支配

在结算中,购买方要求按合同规定获得合乎自己要求的商品,并且要求售货方及时发货,售货方则要求及时如数得到货款。银行作为转账结算的中介,必须维护收付双方的正当权益。应根据结算凭证和票据上填明的收款人,坚持"谁的款进谁的账,由谁支配"的原则,将货款从付款人的账户上如数按期划转到收款人的账户上,确保其资金的所有权和自主支配权。除经有关部门批准的特殊情况外,银行不代任何人进行查询和扣款,应保障客户存款的正常支付。

3.银行不垫款

银行不垫款是指银行在办理转账结算时,只负责进行款项的划转,不承担垫付款项的责任。这一规定主要是为了防止付款人套取银行信用,多占用银行的资金,造成资金使用上的浪费或者损失。

（三）非现金结算的规定

凡委托银行办理转账结算的单位或者个人,都要遵守以下规定。

（1）开立账户,账户内应有足够的资金。

（2）规定每笔结算的最低金额,如达到金额起点,银行可办理转账结算,否则,用现金结算。

（3）当付款人账户上的存款余额不够支付应付款项时,银行可按规定进行扣款。其顺序是:应缴纳的税款,应归还的银行到期贷款,应当偿还的其他人的贷款、折旧及应上缴或分配的利润。

（4）各单位和个人办理转账结算,必须使用银行统一规定的结算凭证。

（5）各单位和个人必须遵守以下结算纪律:不准相互拖欠;不准恶意赊销商品;不准套取银行信用;不准出租出借在银行开立的账户;未经国家批准,不准预收、预付货款;等等。

三、"三角债"与非现金结算管理

（一）"三角债"的由来

转账结算是货币支付手段的职能发挥作用的结果。随着商品经济的发展,商品流通中出现了赊销赊购或者预购的情况,货币被用来偿还债务,还用来支付利息、租金、赋税和工资等。在买卖中延期支付或者单纯缴纳、还债等支付的货币是支付手段。货币作为支付手段加速了商品流通,同时又加深了商品经济的矛盾。因为支付关系的发展会形成一连串的债权、债务关系,如果其中一个商品生产经营者不能按期付款,就会出现连锁反应,造成整个债务关系混乱,从而增加了发生债务危机的可能性。

为了规范赊销预购行为,保证债权债务关系人双方的权益,产生了商业信用,出现了商业票据(商业本票或期票、商业汇票),它经背书或者承兑后可以转让流通。随着银行业的产生和发展,银行信用就在克服商业信用局限性的基础上产生了。银行信用工具有银行本票或者期票、银行汇票和银行支票。银行本票是用于办理转账或者支取现金的票据,可以背书转让,但是只能在指定的同一城市范围内使用;银行汇票是由银行签发给汇款人持往外地办理转账结算或者支取现金的票据;按支票的支付方式可将支票分为现金支票和转账支票,转账支票只能用于转账结算。可见,商品生产者之间的债权债务是商品经济发展的必然产物,它发生于货款支付的时间差和生产经营者之间的商业信用,商品买卖与货币支付的时间差在生产经营者的账户上就表现为应付应收货款,而银行信用的产生则使"一手交钱、一手交货"的现金结算转变为银行的非现金结算即转账结算。所以,凡是正常结算付款期内未支付的货款,包括寄销、代销、赊销商品约定付款期内的货款,商业承兑汇票、银行承兑汇票约定付款期内的货款,都是正常的债权债务关系、正常的商业信用。

但是,商品生产经营者之间相互拖欠应付应收货款,超出正常限度即超过结算时间和超过商业信用的约定支付时间而不能偿还的债务就成了不正常的债权债务关系。

"三角债"就是甲、乙、丙三角式的债权债务关系,在现实经济生活中它已经超出了各种三角关系,成为套环式的债务链,因此"三角债"特指按商品交易合同,超过托收承付期或者约定付款期应当支付而未支付的拖欠货款。

(二)我国"三角债"产生的原因及其后果

我国企业之间相互拖欠货款的"三角债"产生的主要原因为:一是基本建设、技术改造项目投资缺口严重,固定资产投资的资金来源不落实,造成对生产企业、施工企业大量的货款拖欠;二是政策性亏损应补未拨补或者企业经营性亏损无法弥补,占用资金而形成拖欠;三是产成品不适销对路或者根本没有销售,产成品大量积压,无法实现销售,占压资金而形成拖欠;四是企业自有流动资金不足,资金不足给按时、如数支付货款造成了困难;五是一些企业法制观念、信用观念淡薄,违反经济合同和结算原则,人为地助长了拖欠或者恶意进行的拖欠。

从客观上看,投资缺口、企业亏损、产品积压、资金不到位等的确是货款拖欠的主要原因,但是从主观上看,某些地方、部门、企业不择手段地追求自身局部利益,在商品交易中故意拖欠他人货款,人为地加大了"三角债"的严重程度。例如:有些地方保护主义严重,"拖欠有理、拖欠有利",账上有款也不付;故意占用他人资金以减少利息支出或者转存生息;"人欠我,我也欠人",相互拒付,对等清欠;银行在办理结算时不按规定办事,对无理拒付审查不严,执行加收滞纳金的规定不力,甚至有意偏袒在其行开户企业,受理无理拒付,不加收滞纳金,擅自拒付退票。同时银行还从本位主义出发,采取"压票"等不正当手段挤占外地资金,延压客户资金,截留他行资金,设卡阻塞汇路。这些不讲信用、不履行合同、违反结算原则的行为人为地为"三角债"的恶化起了推波助澜的作用。也正因为如此,不规范的商业信用产生的工商企业间不正常的债权债务就使银行信用发生变化,使不规范的银行信用产生银行与企业间的不良债权债务。商品性"三角债"演化为资本性"三角债"和劳务性"三角债",并由此造成一系列的社会经济问题。

企业间、银企间的巨额"三角债"给整个国民经济造成了严重的后果。国有大中型企业受"三角债"的影响最大,造成经济效益大幅度下降,生产难以为继,企业发展困难重重,严重影响了其经营机制的转换和建立现代企业制度的进程。大中型企业货款被拖欠,实质上是一种变相的"大锅饭",小企业靠拖欠大中型企业货款,可达到变相占有优惠的银行信贷资金的目的或者达到转存生息获利的目的,以维持自己的生存和发展,从而使国有大中型企业处于不利的竞争地位。同时,银行也因为银企间巨额的不良债权债务而增加了银行资产负债经营的风险,阻碍了国有商业银行进一步股份化改革的进程。

(三)我国"三角债"的清理措施

1.商品性"三角债"的清理措施

(1)对企业间的"三角债"应采取治标与治本相结合的综合性清理措施。要把清理"三角债"作为提高国有大中型企业经济效益的重要途径,从清理固定资产投资缺口入手来进行清理,要强调整顿商品交易秩序,建立和维持正常的信用结算秩序。这就要求做好以下几方面的工作。

第一,把清理拖欠货款与贯彻国家产业结构调整、产业政策结合起来,通过产业结构、产品结构的合理化来促进商品销售和加速资金周转,解决企业相互拖欠货款的深层次矛盾。

第二,把清理拖欠货款与盘活企业资金、启动生产结合起来,通过开办闲置设备租赁市场、以货抵债、降价处理滞销积压产品等多种形式搞活商品的流通。

第三,把清理拖欠货款与搞活市场结合起来,通过深化流通领域的改革,疏通城乡商品交流的渠道,大力开辟农村市场,开拓国际市场,扩大产品的销售。

第四,把清理拖欠货款与加强资金管理、建立和健全企业自有流动资金补充制度结合起来,通过建立企业自有流动资金补充制度,实行多渠道补充流动资金等来增强企业支付能力。

第五,把清理拖欠货款与严格司法、强化法制观念和信用观念、维护商品交易和信用结算的正常秩序结合起来。在这方面,应该区别不同情况,采取不同的方法:首先,对于结算过程中发生的债权债务,要通过银行加强结算监督,严格结算纪律,使之保持在正常的范围之内。其次,对于企业在正常生产、流通过程中,由于暂时资金周转不灵形成的相互拖欠,可由购销双方重新商定还款期限,签发商业汇票,经过付款单位开户银行承兑,负责到期监督付款,销货单位如急需用款可以向银行申请票据贴现,银行又可向其他银行进行转贴现或者向中央银行申请再贴现。这样,通过票据承兑、贴现、再贴现等方式帮助企业解开拖欠债务链。再次,对于企业商定采用分期付款、延期付款、代销和寄售等方式的商品交易欠款,属于正常的商业信用范围,但是要积极推广商业承兑汇票,并使之规范化地发展。最后,要严厉打击恶意拖欠行为,同时对企业进行法制观念和信用观念的教育,使企业在市场经济(又称为"信用经济")条件下自觉地重合同、守信用,通过信用来增强企业在竞争中求生存和发展的能力。

(2)在清理商品性"三角债"的过程中,应该针对不同的情况采取不同的方法和措施。

第一,对于固定资产投资项目的拖欠款,在全国范围开展清欠的主要做法是源头入手、付方启动、收款还欠、连环清理,切实做到谁投资、谁清理、谁还欠。同时,对账上有款拒不还欠、无理拒付或者有意拖欠,套取、转移、挪用清欠资金,任意扩大清欠范围发放清欠贷款,帮助企业转移账户,逃避还贷的企业和银行要进行严肃查处。

第二,采取压缩产品资金占用、增加技术改造贷款的实施方法,防止边生产、边积压、边拖欠现象继续发生。将压缩产成品资金占用与增加技术改造和技术开发贷款挂钩,即采用压贷挂钩的办法,"以贷促压、落空扣回",谁压谁用,谁减少产成品资金占用,就由谁优先使用技术改造贷款。

第三,整顿结算秩序、严肃结算纪律。在这方面的措施主要有:一是加强中国人民银行对结算工作的统一领导和管理,严格按照统一结算制度的规定进行结算,各个国有商业银行不得自行修订、变更结算规定或者自行制定补充规定和实施细则;二是实行结算工作责任制,加强结算管理工作;三是加强结算基础工作,严格实行印、押、证分管,加强结算服务,做到准确、及时、安全、规范地办理结算,加快结算速度,提高资金使用效益;四是增强制度观念,严肃结算纪律,银行在办理和管理结算工作中,应克服本位主义,坚持结算原则,严守结算制度,严格按商业汇票、银行汇票的要求办理承兑、贴现、结算业务,不得因银行之间的业务竞争而放松结算管理;五是清理多头开户,严格开户管理,实行统一的开户许可证管理办法。

第四，整顿商品交易秩序。企业主管部门、工商行政管理部门、财政管理部门和金融管理部门以及司法部门，依照《中华人民共和国合同法》（以下简称《合同法》）对企业进行重合同、守信用、依法经营的教育；企业也要按照《合同法》和其他有关法规加强合同管理，严格按合同和结算制度办事，建立和恢复商品交易和信用结算的正常秩序。

采取以上治本清源、点面结合、清防结合等措施，可以有效地解决商品性“三角债”问题。如1990—1991年全国大规模集中清理商品性“三角债”的工作由于采取了以上一系列措施而取得了明显的阶段性成效，前清后欠的趋势被遏制。

2.资本性“三角债”的清理措施

1990—1991年全国综合性清理“三角债”没有获得持久性成效。随着我国市场经济的快速发展，这种商品性“三角债”演变为更加严重的资本性“三角债”（1995—1999年）和劳务性“三角债”（2004—2008年）以及融资性“三角债”（2016—2018年），其根源就在于传统的经济体制、产权制度、企业制度、银行管理制度以及相关的司法制度没有从根本上得到改革和完善。要清理资本性“三角债”，化解银企间巨额的不良债权债务，应该采取如下措施。

（1）盘活金融资产存量，优化金融资产增量，防止银行不良资产的扩大，对银企间的不良债权债务进行标本兼治。

第一，解决银企间的不良债权债务，要有整体思想和动态观念，坚持标本兼治的原则。要将债务的化解放在整个经济改革与发展的大环境中去，调整整体战略，搞好综合配套工作，尤其要深化国有企业改革，使企业资金运用进入良性循环，才能提高企业的偿债能力。近几年理论界提出了“债权转股权”“债权转债券”“拍卖银行债权”“债务重组”“中介机构接管债务”等化解不良债权债务的方案与思路，国有商业银行成立了专业性的资产管理公司，国家建立了呆账、坏账准备金冲销措施。但是如果不以完善企业经营机制和健全现代企业制度、提高经济效益作为前提和基础，那么上述措施都难以取得持久的成效，即使是暂时解决了债务存量，又会形成债务增量。因此，我国要在“抓大活中放小”的改革中对国有企业债务进行重组。一方面，在企业集团的壮大发展中积极推进优势企业兼并困难企业，进行债务转换；另一方面，要进一步搞活国有中型企业、放开国有小型企业，通过多种形式完善经营机制和健全现代企业制度，增强企业活力，在企业经济效益提高的基础上解决银行与企业间的不良债权债务。

第二，在不良债务的具体化解工作中，可按债务性质或者债务人的状况进行分类处理。一是按债务性质分类化解。属于政策性贷款、产业政策失误造成的亏损，由国家财政承担或者依法豁免，或者按比例从呆账、坏账准备金中冲销贷款本利；属于银行经营管理不善造成的不良债权由银行自己承担；属于行政指令性贷款形成的不良债务由行政部门的当事人负责化解；属于企业经营管理不善造成的债务，可通过破产、兼并、转股等途径化解。二是按债务人状况分类化解。对于负债较高，但是经营管理好、有发展前途的企业或者产品有市场、利润较高的企业，银行要继续给予贷款扶持，以增量调动存量；对于市场前景和经营状况均一般的企业，通过联合、兼并、拍卖等途径进行债务转移或者重组，以提高经济效益来提高偿债能力；对于经营状况恶劣，严重资不抵债的企业，要采取破产措施，制止银行不良债权的扩大，保证银行债权在清偿中不受侵犯。

(2)积极探寻产融结合的新模式,建立市场化的新型银企关系。大力鼓励银行参与企业的制度建设,探索企业对银行持股、银行参与企业管理的新路子,探寻产融结合的新模式,使银行与企业互相促进、互相支持、共担风险、共享利润,构建以“银企共舞”为基础的市场化的新型银企关系。而培育市场化的银企关系,必须以银企利益的一致性为特征,以相互的监督机制为保证,以资金在银企间良性循环为目的,因此,要促进银企关系走上规范化发展的道路,必须破“依赖恩赐”关系,立“信用借贷”关系;破“打工取息”关系,立“利润共享”关系;破“赖讨拉锯”关系,立“亲兄弟明算账”关系。建立市场化银企关系的主要途径有:

第一,改革国有商业银行产权制度,构造银行新的产权关系。银行吸收国有企业做股东,加强银企利益关系的一致性,健全银行业务经营的监督机制。具体途径有两条:一是将现有的国有商业银行的部分债权卖给国有企业,实现银行的产权改造;二是由国有企业作为股东组建新的区域性或者地方性股份制商业银行。这样可以改善银行信贷管理,加快推进资产负债比例管理和资产风险管理,建立审贷分离制度,真正实行审、贷、监控三环节的分离,从机构、程序上互相制约,从而实现国有银行资产的保值增值。

第二,鼓励银行参与企业管理。《中华人民共和国商业银行法》虽然明确规定商业银行不得从事股票业务和向企业投资,但是这并没有否定银行可以参与企业管理。商业银行参与企业管理的途径有:一是加强对企业信息的收集、积累和分析,以保证对企业发放贷款决策的科学性,并为企业提供咨询服务,帮助其改善经营管理。二是加强对企业放款的用途、营运、收益等方面的监督,使其有效地运用资金,增加双方的收益。三是借鉴国外的经验,增强银行对企业经营决策的影响力。

现阶段,深化国有企业改革,健全现代企业制度,需要大批的资金支付、信用支持和银行系统的技术支持;银企间巨额的不良债权债务的处理也需要银企紧密合作才能解决,银行参与企业制度建设是势在必行的。要使银行更好地参与企业的发展,必须增加银行对企业的人事渗透,改变过去单一的资金投注做法,变被动为主动,强化银行对企业战略管理方案设计的发言权;加强银行对企业经营管理的全面监控,克服消极等待收回本利的做法;增强银行在破产企业清偿中的地位,确保银行债权不因企业亏损破产而受损。通过资金渗透、人事渗透、服务渗透,使银行对企业贷款的审、贷、监控三环节实行全过程的管理,以避免银行债权在企业兼并重组过程中受侵蚀和金融性国有资产的流失。

3.加强转账结算管理,杜绝“三角债”发生

转账结算过程中发生的“三角债”是付方侵犯收方权益的表现。这要求银行加强转账结算管理,严格按照转账结算的原则办事,凡委托银行办理转账结算的单位,都必须遵守转账结算的具体规定。只要银行严格按照结算原则和规定办理转账结算,就能有效地杜绝“三角债”的发生。这需要银行加强转账结算管理,同时需要国家制定有关政策。1995年,我国在煤炭、冶金行业先后实行“三不”政策,即不结清旧债不发货、不支付汇票不发货、不给足货款不发货。实行这种不讲信用就不发货的硬措施后,煤炭、冶金行业被欠的货款大幅度减少,企业资金逐渐进入良性循环,商品性“三角债”逐渐减少,资本性“三角债”也随之减少。1990—1991年大规模清理商品性“三角债”、1995—1999年大规模清理资本性“三角债”、2004—2008年大规模清理劳务性“三角债”(如在建筑领域建立了工资支付保证金制度，并延伸到交通、水利、铁路建设、房地产等领域，从源头上较好地解决了农民工工资拖欠问题）、2016—2018 年大规模清理融资性“三角债”（如限制非法集资、规范网络借贷的 P2P）所取得的一些成效和经验说明，银行加强转账结算管理对于维护规范的市场秩序、建立正常的信用关系和在全社会树立正确的信用观念具有积极的现实意义。

第四节　其他金融管理

一、金融机构管理

（一）金融机构管理的内容

金融机构管理是指对金融业组织机构的管理，主要是指对金融机构的注册审查管理和机构设置的审批程序和审批权限的管理。对金融机构进行管理的目的是为了保证金融机构经营的安全，为金融业的竞争创造一个平等的条件，防止垄断和不正当竞争，提高金融服务的效率。

按照我国有关规定，中国人民银行对金融机构的管理主要包括以下内容：禁止个人设立银行或者其他金融机构，地方各级政府也不得擅自设立地方银行；中国人民银行代表国家对金融机构的设置、调整负责审批；金融机构设立必须符合一定的条件；协调和安排商业银行的业务经营范围。

（二）对商业银行的管理

1.商业银行成立的条件

根据中国人民银行 1994 年发布的《金融机构管理规定》，设立商业银行，应当经中国人民银行审查批准，且须具备以下条件：确属经济发展的需要；有符合规定的最低实缴资本额；有符合任职资格的高级管理人员；有健全的组织机构和管理制度；有符合要求的营业场所、安全防范设备和其他设施。

中国人民银行审查设立商业银行的申请时，应当考虑设立地区经济发展的需要和银行竞争的状况，以节约资金，避免滥设机构并引发一些不正当竞争。经批准设立的商业银行，由中国人民银行颁发《金融机构法人许可证》或者《金融机构营业许可证》，并凭许可证向工商行政管理部门办理登记手续，领取营业执照后方可营业。经批准设立的商业银行及其分支机构，由中国人民银行予以公告。商业银行及其分支机构自领取许可证之日起，无正当理由超过 90 天未开业，或者开业后自行停业连续 6 个月或者累计停业 1 年以上的，由中国人民银行吊销其许可证。1995 年 7 月 1 日实施的《中华人民共和国商业银行法》对商业银行成立的条件做了更明确具体的规定。

2.商业银行的业务经营范围

经中国人民银行核定，商业银行可以经营下列部分或者全部业务：吸收公众存款（包括活期存款、定期存款和储蓄存款）；发放短期、中期和长期贷款；发行金融债券、从事同业借款;办理国内外结算;办理票据承兑、贴现;买卖政府债券及国家担保债券;买卖和代理买卖外汇;代理收付款项及代理保险业务;代理发行、代理兑付、承销政府债券及国家担保债券;提供信用证服务及担保;提供保管箱服务;用自有资本投资金融机构;经中国人民银行核定或者委托的其他业务。

商业银行只能在核定的业务范围内从事经营活动,如需开办新业务,应当向金融主管机关申请并获核准才行。

(三)对非银行金融机构的管理

由于各类非银行金融机构的经营业务范围不同,经营侧重点各异,因而对它们成立的资格条件的规定也就各不相同,难以通过统一的立法加以规范,而往往采用单独立法的形式,实行分业管理。尽管如此,对于各类非银行金融机构的设立,除需具备商业银行设立的条件外,还应有组织章程及规定的最低限度货币资本金。符合条件经批准设立的非银行金融机构,应由中国人民银行颁布《金融机构法人许可证》,并到当地工商登记主管部门办理注册登记,领取营业执照后才可以开业。经营外汇业务的,应由外汇管理局颁发《经营外汇业务许可证》。

二、金融市场管理

(一)金融市场管理的目的

金融市场是商品经济发展的必然产物,在国民经济活动中起着重要的作用。但是由于金融市场的融资带有某种程度的盲目性,可能与国家宏观政策产生不一致,因而需加强对金融市场的管理。

金融市场管理的目的是引导资金的合理流向,有效利用社会闲散资金,为经济发展服务。中国人民银行是全国金融管理的主管机关,应根据金融市场发展规律和国家有关规定组织实施。

(二)金融市场管理的内容

金融市场管理主要包括中央银行的间接管理、国家的法律管理、管理机构的日常管理等。

1.中央银行的间接管理

中央银行对金融市场的管理以间接手段为主,主要是通过调整法定存款准备金率和再贴现率等手段,影响信用总规模,通过公开市场活动,买卖有价证券,调节货币供给量。

2.国家的法律管理

对金融市场的管理除了运用经济手段外,还必须健全金融法规,依法管理。金融法规主要包括:银行法、货币管理法、信贷法、银行结算与票据法、信托法、融资租赁法、保险法、证券法、涉外金融法、从业人员资格条例等。金融法的功能在于维护良好的市场秩序,创造一个良好的投融资环境,维护各个经济主体的合法权益,维护公平竞争。

3.管理机构的日常管理

对金融市场的管理离不开管理机构的日常管理,因此,必须建立和健全金融市场管理机构,对金融市场进行直接管理。由于各种金融市场所经营的业务各不相同,因而对其进行直接管理的机构是不同的,如我国商业银行的经营活动要受到中国银行监督管理委员会的监管,证券公司的经营活动要受到中国证券监督管理委员会的监管,保险公司的经营活动要受到中国保险监督管理委员会的监管(现已改革);并且其日常管理的内容也有差别,如证券交易所的主要职责是审批证券的上市申请,根据国家的有关规定对证券交易活动进行具体监管,提供和管理证券交易的市场信息等。

三、利率市场化管理

(一)我国利率管理的主要内容

利用利率杠杆实行宏观调控与管理,是中国人民银行实行金融管理的重要手段之一。在我国,利率由中国人民银行进行集中统一管理,主要包括以下内容。

(1)规定基准利率,即指中国人民银行拟定各种存款的最高利率和各种贷款的最低利率。一般来说,存款利率要高于金融机构吸收存款的平均成本,以利于金融机构的经济核算,但是要低于贷款利率;贷款利率要高于金融机构向社会筹集资金的成本,以抑制向中国人民银行借款。基准利率应对其他各种利率具有引导作用。

(2)对同一种类、同一期限的存款或者贷款,不管是由商业银行还是由其他金融机构经营,规定在全国范围内实行统一的利率。

(3)根据国家的有关规定、不同地区的特点及经济发展的需要,贷款利率在规定的范围内本着“区别对待、扶优限劣”的原则,确定差别利率。

(4)在国家统一利率的基础上,授权商业银行在一定幅度内实行浮动利率,以增强商业银行灵活运用利率杠杆的能力。

(5)采取各种措施引导市场利率,调节资本供求关系。

(6)在运用选择性货币政策工具时,可以实行利率管制,即对商业银行的存放款的最高利率加以限制,以限制商业银行以高利率吸收存款或者放款的企图。

(二)我国利率市场化改革

我国利率市场化改革是从1995年开始的,它是伴随着经济体制改革的不断推进而逐步深化的,采取的是渐进方式改革利率管理体制。迄今为止,尽管与由市场供求关系形成利率的目标还有一定的差距,但是也取得了一些明显的成效,这主要表现在以下几个方面。

1.放开了同业拆借市场利率

1996年6月1日,中央银行宣布取消同业拆借利率的限制,放开各种期限档次的同业拆借市场利率。目前已经形成了全国统一的同业拆借市场利率,它对国家重大经济、金融政策的调整及金融市场的变化反应日趋敏感,已经成为中央银行制定和实施货币政策的重要参考指标,同时也为我国加快和深化利率市场化的改革奠定了基础。

2.中央银行公开市场操作的利率实现了市场化

中央银行于1996年4月开始以回购为主要形式的公开市场操作,其回购利率实行市场招标。虽然这一利率还不能如基准利率那样引导市场利率变化,但是这一利率的形成是由市场根据资金供求关系决定的,不是中央银行单独制定的,能够在一定程度上起到间接调节商业银行对基础货币需求的作用。这一利率形成机制,也是利率市场化改革的成果和利率市场化进一步改革的条件。

3.部分国债发行利率实行市场招标,建立了政府债券发行的利率市场化机制

从1996年开始,一年期以内的国债实行市场招标贴现发行,一年期以上的国债实行发行利率市场招标。这改变了过去国债发行利率由官方制定的状况,建立了国债发行利率市场化机制。

4.放松对国有商业银行贷款限额的直接控制,并着手改革和运用存款准备金制度

从1998年1月1日起,中央银行放松对国有商业银行贷款限额的控制,将传统的贷款规模管理方式改为在推行资产负债比例管理与风险管理的基础上,实行计划指导、自求平衡、比例管理、间接调控的管理方式。1998年3月21日,中央银行将法定存款准备金率由1988年的13%下调至8%;1999年11月21日,中央银行再次将法定准备金率由8%降为6%。这两次改革使我国的货币政策具有市场经济的意义,并标志着我国利率市场化改革迈出了重要的一步。此后不断调整法定存款准备金率,至2018年,可以实行分类、定向、精准的调节法定存款准备金率。为支持实体经济发展,降低社会融资实际成本,中国人民银行决定于2020年1月6日下调金融机构存款准备金率0.5个百分点(不含财务公司、金融租赁公司和汽车金融公司)。

5.简化利率种类,理顺利率关系,为深化利率市场化改革奠定了基础

随着社会主义市场经济体制的建立和逐步完善,我国加入世界贸易组织(WTO)后逐步扩大了金融领域的对外开放和准许外资银行的进入,作为金融市场中资金价格和国家实施货币政策的重要工具的利率,其市场化改革已是大势所趋。结合我国的具体国情和金融业发展的实际情况,我国利率市场化改革的总体目标是:在整个社会资金的运动过程中,建立一个在国家间接调控下,以市场供求为基础,以中央银行基准利率为核心,以市场利率为主体的多元化的利率管理体制。

四、外汇管理

(一)外汇管理的目的

外汇管理又称为外汇管制,是指一国政府依法对其境内的外汇收支、买卖、借贷、转移等方面实行的管理。

一般来说,各国实行外汇管理的目的主要是为了改善国际收支,维护本国货币的汇价,限制资本的输入和资本外逃,限制外债规模,促进本国经济的增长。同时,将外汇管理与其贸易政策相配合,作为加强对外竞争、争夺国际市场的一种手段。绝大多数发展中国家实行外汇管制的目的则是为了保证国内货币流通的稳定和国际收支平衡,使外汇资金集中掌握在国家手中,以增强国家的经济实力。

(二)外汇管理制度的类型

由于各国的经济现状、国际收支状况和经济发展的需要不同,因而对外汇管制的宽严程度也有区别。据此,可以将外汇管理制度划分为以下几种类型。

1.严格的外汇管制

一般来说,大多数发展中国家都实行严格的外汇管制,对贸易项目、非贸易项目和资本项目等国际收支所有项目下的外汇收支都进行较严格的管理,禁止一切外汇的自由买卖,以有效地组织外汇资金用于国内经济建设,增加外汇储备。

2.部分的外汇管制

一些经济较发达或者国际收支状况较好的国家实行部分的外汇管制,对贸易项目下的外汇收支原则上不加以管理,对资本项目下的外汇收支则仍然实行管理。其目的主要是为了防止不利于本国经济发展的资本流动,维持本国的汇价稳定。

3.形式上取消外汇管制

一些经济实力较强或者拥有大量外汇储备的国家基本上放宽或者形式上取消了外汇管理,对非居民办理经常项目和资本项目下的外汇收支原则上不进行管理,而是采取一些间接的或者变相的措施加以限制。

(三)我国的外汇管理

我国外汇管理的主管机关是中国人民银行管理下的国家外汇管理局。我国外汇管理的基本方针是统一管理、集中经营。国家外汇管理局根据国家的外汇政策和经济发展的需要,制定全国统一的外汇管理制度;参与编制国家外汇收支计划和国际收支计划并组织实施和监督执行;审批和管理经营外汇业务的金融机构;管理外汇交易市场和外债;管理侨资、外资、合资企业的外汇业务。国家的一切外汇活动,由国家准许的金融机构来经营。

我国制定的于1996年4月1日正式生效的《外汇管理条例》遵循国际通行方式,对外汇收支按经常项目、资本项目等加以划分,放宽对经常项目下的外汇收支管理,实行有条件兑换;对贸易性外汇收支限制更少,以配合贸易逐步自由化的趋势。但是对资本项目下的外汇收支管理仍然较严格,这对于限制国际游资对我国资本市场的冲击和稳定国内金融市场有重要的作用,同时它对人民币自由兑换及其国际化发展也产生了一些限制性作用。随着我国对外贸易的快速增长,国家外汇储备由2000年12月的1 655.74亿美元增加到2019年12月的31 079.1亿美元,成为世界上最大的外汇储备国家,我国外汇储备风险也随之大幅度增加。为了加强和改进外汇管理,国家于2007年12月成立了中国外汇投资公司,以集中经营国家外汇,实现国家外汇资金多元化投资与管理。

第五节　货币政策

货币政策是指国家为实现其宏观经济政策目标而采取的控制和调节货币供给量的一种金融措施。它包括货币政策目标、货币政策工具和货币政策的传导过程。

一、货币政策目标

一般来讲,货币政策的目标包括近期目标、中期目标和最终目标,其中货币政策所要达到的最终目标有:稳定物价、充分就业、经济增长和国际收支平衡。货币政策的这些最终目标也是国家宏观调控的目标。

(一)稳定物价

物价一般以消费物价指数(CPI)为主要指标。稳定物价是指稳定物价的总水平,避免物价的急剧波动,控制物价的升降幅度。物价稳定是发展经济的前提条件,因此,货币政策要以稳定物价为目标。但是,稳定物价并不是冻结物价,而是将物价控制在一般居民的基本消费承受能力之下或者在社会心理可承受的范围以内,不使物价出现持续的、全面的、大幅度上涨或者下降。为此,必须坚决反对通货膨胀,或者防止通货紧缩。

(二)充分就业

就业的标准一般是以劳动力的失业率来衡量的。由于失业率是一个国家劳工市场供给、资源利用和经济运转等多种因素作用的结果,因而很难确定一个统一的尺度;而且,有些失业是不可避免的,如由于季节性的、市场需求、经济结构的变动和技术进步而引起的失业。因此,一般认为,充分就业并不是使所有劳动者都有固定职业,而是将失业率限制在公认的限度以内。西方工业化各国一般认为失业率若控制在4%左右,即可视为充分就业。

(三)经济增长

经济增长是在货币政策的作用下,提高国民生产总值(GNP)和国民收入(NI)。西方工业化各国多把国内生产总值(GDP)增长率达到4%左右作为理想目标。

(四)国际收支平衡

实现国际收支平衡的直接目的是为了保持适当的国际储备和汇率的稳定。一般认为,中央银行可以通过干预汇率,利用外贸等办法来维持国际收支平衡。

货币政策的上述四大目标既是相互联系又是相互矛盾的,很难同时实现。比如:为了减少失业需要扩大投资,而投资的扩大又容易导致物价上涨;为了抑制物价上涨需收缩信用,减少货币供给量,这又会导致失业增加,且不利于经济增长。

我国货币政策的最终目标是实现经济增长,保持物价稳定。经济增长和物价稳定之间是既矛盾而又统一的。经济增长需扩大投资,增加货币供给量,这往往容易诱发通货膨胀;而为了治理通货膨胀需要限制货币供给,这又容易导致经济衰退。但是,从根本上说,稳定物价有利于促进经济增长,而经济增长最终会使物价保持基本稳定。

二、货币政策工具

货币政策工具是指中央银行为实现货币政策目标而采取的措施,主要有以下几种类型。

(一)一般性货币政策工具

一般性货币政策工具是指对整个金融市场及整个经济进行调节所采用的手段,主要是调控货币供给量。它包括公开市场业务、贴现政策和调整法定存款准备金率。

1.公开市场业务

公开市场业务(open market operation)是中央银行在金融市场上买卖有价证券来影响货币供给量和市场利率的行为。中央银行买进有价证券,则投放了货币,扩大了货币供给量,刺激了经济增长;同时,也增加了对有价证券的需求,从而提高了有价证券价格,降低了利率。中央银行抛售有价证券则会减少货币供给量,提高利率。

公开市场业务具有灵活性和多样性的特点,对经济的影响比较缓和;同时,中央银行操作公开市场业务拥有完全的主动权。因此,公开市场业务已成为调节货币供给量的主要工具。

2.贴现政策

贴现政策是指中央银行通过调高或者调低再贴现率，影响商业银行的信用量，以达到信用扩张或者信用紧缩的一种措施。中央银行提高再贴现率，使商业银行的贴现成本增大，将迫使商业银行提高贷款利率，从而减少客户的借款，减少货币供给量；中央银行降低再贴现率，则会增加货币供给量，扩大信用规模。

3.调整法定存款准备金率

商业银行必须将自己吸收的存款按照法律规定的一定比例缴存中央银行，这种比率即法定存款准备金率。它是国家以法律形式确定的，是中央银行执行货币政策的重要手段。调整法定存款准备金率是指中央银行通过提高或者降低法定存款准备金率，以增加或者减少商业银行向中央银行缴存的存款准备金，从而影响商业银行的货币量，促使信用扩张或者收缩的一种措施。

中央银行提高法定存款准备金率，会减少商业银行的超额准备金，从而减少商业银行的放款规模，紧缩银根，进而减少货币供给量，收缩经济；反之，中央银行降低法定存款准备金率，则会扩大货币供给量，扩张经济。运用此种手段不仅使中央银行更具有控制权，而且所起作用较大。

（二）选择性货币政策工具

选择性货币政策工具是用来对个别部门进行调节的手段。主要有以下几种。

1.证券市场信用控制

证券市场信用控制主要包括：规定以信用方式购买证券时第一次付款的额度，规定法定保证金比率。第一次付款的额度和法定保证金比率越高，商业银行对经纪人的信贷规模就越小；反之，则越大。

2.消费信用控制

消费信用控制主要是规定以分期付款方式购买耐用消费品时，第一次付款的最低金额；规定用消费信用购买商品的最长期限；规定可用消费信用购买的耐用消费品的种类，以及对不同的消费品规定不同的信贷条件。

3.贷款额度控制

贷款额度控制即规定各商业银行的最高贷款限额，以控制信贷规模。这种直接干预一般只在特殊情况下使用。

4.利率管理

利率管理即对商业银行的存放款的最高利率加以限制，以限制商业银行以高利吸收存款或者直接放款的企图。

5.不动产信用控制

不动产信用控制即对金融机构在房地产方面的贷款进行限制，以抑制房地产投机。

（三）补充性货币政策工具

补充性货币政策工具主要有以下几种。

1.道义劝告

道义劝告即指中央银行利用自己在金融体系中的特殊地位和威望，通过口头和书面的方式要求商业银行控制信贷规模或者限制对某个行业的贷款等。这种手段比较灵活，对控制信贷规模和调节货币流通有一定的作用。

2.金融检查

金融检查主要是从行政和财务两个方面对商业银行进行检查，包括检查业务经营范围、大额贷款的安全状况、银行资产管理与运用情况等。这种办法有利于缓和金融系统内部的矛盾，维护银行安全；同时，也有利于中央银行贯彻执行货币政策。

（四）我国现阶段的货币政策工具

1.法定存款准备金率

我国从1984年开始设立了法定存款准备金制度，1985年为克服法定存款准备金率过高带来的不利影响，将其统一为10%。1987年为紧缩银根，抑制通货膨胀，将其从10%上调为12%。1988年为紧缩银根，抑制通货膨胀，将其进一步上调为13%。1998年3月21日，中央银行将法定存款准备金率由1988年的13%下调至8%。经过多次调整，到2008年6月25日，存款准备金率调至17.5%，2008年10月15日存款准备金率下调至15%。2011年6月20日达到最高的21.5%，2018年10月15日下降为大型金融机构14.5%、中小型金融机构12.5%。2019年9月6日，中国人民银行公布将在9月16日下调金融机构存款准备金率0.5个百分点，下调之后，大型金融机构存款准备金率为13.0%，中小金融机构存款准备金率为11.0%。为支持实体经济发展，降低社会融资实际成本，中国人民银行决定于2020年1月6日下调金融机构存款准备金率0.5个百分点（不含财务公司、金融租赁公司和汽车金融公司）。它现已成为中央银行调节货币供给量及贷款结构、地区分布的重要手段。

2.公开市场操作

从1996年4月1日开始，中国人民银行一直在上海进行公开市场操作。通过不断买卖国债，可以对货币市场供给量及利率以至资本市场作及时的“微调”。

3.中央银行贷款利率

由于我国金融市场尚在完善之中，票据及其贴现业务尚未得到充分发展，商业银行向中央银行的借款不是通过再贴现而主要是通过信用贷款方式，因此，中央银行通过调整贷款利率，可以调控商业银行和其他金融机构的贷款规模。

4.信贷规模管理

从1996年4月1日开始，中国人民银行在全国300多个大中城市实行统一的贷款证制度，规定企业贷款时，须先申请记录该企业借贷、还贷情况及资信等资料的贷款证，作为金融机构审批贷款的重要依据，以加强对信贷资金的管理，减少坏账风险，提高贷款规模效益。

5.现金计划和现金管理

中央银行通过制定现金收支计划和实行现金管理，可以调节信贷规模和货币供给量。

6.“窗口指导”

我国从1997年开始建立中央银行与商业银行、政策性银行行长联席会议制度，这是我国中央银行进行“窗口指导”的特殊形式。实践证明，它是中央银行贯彻货币政策的有效途径之一。

三、货币政策的传导过程

为了比较准确地实现货币政策的最终目标,中央银行一般设立一个中间目标,然后根据中间目标的要求来选择和调整货币政策工具,使货币政策工具的变动能实现中间目标的要求,最终实现货币政策的终极目标。

(一)货币政策的中间目标

1.市场利率

市场利率主要以商业银行基本的存贷款利率为代表,而它的变化又取决于再贴现率,中央银行较易对其控制;同时,市场利率水平的变动能灵敏地反映货币和借贷资本的供求关系,是经济周期变化的"指示器",因此,市场利率被当作一项影响货币供给量和银行信贷规模、实现货币政策的重要目标。

2.货币供给量

货币供给量的变动唯一地取决于货币政策的变化,预测货币供给量的变化也就成为一国制定货币政策的主要依据;同时,调节货币供给量能直接影响社会总需求。因此,货币供给量也是重要的货币政策中间目标之一。

3.基础货币

基础货币由流通中公众所持有的现金和商业银行的准备金两部分组成。由于这两部分的数据容易获得,也容易得到控制,因而,基础货币便成为一个良好的货币政策中间目标。

4.存款准备金

存款准备金由商业银行的库存现金及其在中央银行的准备金存款两部分构成。由于存款准备金是中央银行负债的主要组成部分,较易控制,而且主动权在中央银行,因此,存款准备金也可作为货币政策的中间目标。

(二)我国货币政策的中间目标

1.信贷总规模

由于信贷总规模是引起货币供给量变动的直接原因,同时,它能正确体现中央银行货币政策的意图及对经济的影响,因此,我国把信贷总规模作为货币政策的中间目标。

2.现金发行量

现金与银行存款可以相互转化,因而,现金数量的变化在一定程度上反映了整个货币供给量的变化;同时,现金反映了消费品供求和价格变动的趋势,直接关系到人民生活和社会的稳定,长期以来,社会已习惯于用它来估计货币金融形势。因此,现金发行量也被当作我国货币政策的中间目标。

(三)货币政策的传导过程

中央银行运用货币政策工具以实现货币政策的最终目标,需要一个传导过程。从国内的传导过程来看,首先,中央银行通过公开市场业务、贴现政策和调整法定准备金率等货币政策工具,调节商业银行及其他金融机构的贷款能力和货币供给量,控制金融市场的资金融通条件;然后,各金融机构和金融市场根据中央银行的货币政策,一方面调整自身的行为，同时相应调整企业和居民个人的投资与消费；最后，企业和居民个人对投资与消费支出的调整必然会引起产量、物价和就业的变动。在开放经济条件下，一国货币对外汇率的变化对国内利率会产生影响，从而导致国内货币供求的变化以及进出口贸易的变化，进而影响国际收支的内外平衡与稳定。如果这个变动的趋势是经济增长、物价稳定、就业增加、国际收支平衡，则说明中央银行运用货币政策工具实现了货币政策的目标。在实行中央银行和商业银行二级银行体制下，货币政策传导的一般过程可用图14-1来表示。

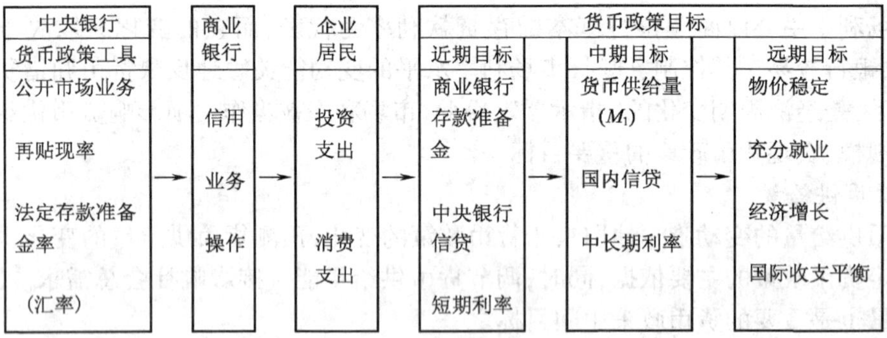

图 14-1　货币政策传导的一般过程

第六节　我国的金融监管

一、国际金融界关于金融监管的共同原则

目前，在金融监管领域，影响最大且基本上得到国际社会认可的金融监管规则是巴塞尔银行监管委员会制定的《有效银行监管的核心原则》。它是巴塞尔银行监管委员会在 1997 年 9 月发布的，并在 1997 年 10 月召开的国际货币基金组织和世界银行香港年会上得到了国际金融界的赞同和认可。2001 年 1 月，巴塞尔银行监管委员会又提出了《新资本充足率框架》和《核心原则评价方法》等文件（2005 年正式实施），从而形成了银行业监管的一整套原则和标准。其主要包括以下内容。

（一）银行风险监管

要求金融监管当局及时了解并妥善计量及管理信用风险、市场风险、利率风险、流动性风险、操作风险、法律风险等。

（二）审慎监管原则

审慎监管原则具体包括：资本充足率、信贷风险管理、市场风险管理、其他风险管理、内部控制等。总的要求是通过组织结构（职责的界定、决策程度）、会计规则、双人原则、资产集中度、流动性管理等加强银行的内部控制。

(三)监管手段

监管手段主要包括:非现场检查、现场检查或者聘用外部审计,综合并表监管等。

(四)信息要求

银行必须根据统一的会计准则和做法保持完备的会计记录,使监管者能真实公正地了解银行的财务状况和盈利水平。一般而言,定期提供的报表至少包括资产负债表、或有负债和收入报告,并附有辅助信息的报告。

二、我国金融监管面临的挑战

我国于 2001 年 12 月 11 日正式成为世界贸易组织(WTO)成员,2006 年 12 月 31 日结束了金融保护的过渡期,外资银行的经营可以不再受地区、业务、时间等条件的限制。虽然在过渡期我国金融监管已经得到加强和改进,但是对照国际银行业的共同金融监管原则,可发现在金融开放条件下我国金融监管仍然面临着如下挑战。

(一)资本充足率偏低

国际清算银行要求国际性银行(其国外业务比重占一定比例的银行)的资本金必须符合《资本充足率协议框架》及其附属规定。尽管我国在 1998 年发行了特别国债,一次性补充了国有独资银行的资本金,但是仍未达到 8%的资本充足率标准。资产管理公司建立后,4 家国有独资银行以 12 000 亿元贷款置换资产管理公司向其发行的债券,由于这些债券由国家财政担保,其风险大大低于不良贷款,银行资产风险下降,从而提高了银行的实际资本充足率水平,但是各商业银行的实际资本充足率仍有待进一步提高。

(二)政府干预过多

中国人民银行各分行在履行监管职能方面仍然受到较严重的地方政府和部门的干预。这具体表现在地方政府要求中国人民银行分行对其所在地区多批设金融机构和放宽对信贷、利率的管理等方面。地方政府的干预增大了中国人民银行独立执行货币政策和加强金融监管的难度。

(三)信息不透明、公开性差

由于没有健全统计报表的责任制,因而商业银行总行及其分行上报的报表数据有较大的不确定性。中国人民银行各分行对报表没有形成一定的分析能力,其所提供的信息缺少参考价值;各家银行之间、银行各部门之间、总行的各分行之间信息都不畅通,而且不够透明,有待于增强公开性。

(四)有关金融监管法规不健全

随着市场经济的进一步发展,金融对外开放的加大和金融国际化进程加快,我国现有的一些金融法规已经不适应现阶段加强金融监管的要求,如有些金融法规的某些条款定义不清或者内容不完整或者规定已经陈旧,并且没有较为系统的关于金融机构破产或者重组的法规。

(五)金融监管制度还不很严密

尽管中央银行要求各商业银行推行资产负债比例管理和风险管理,而商业银行也为此作了很大改进,但是迄今为止这些监管制度还很不完善。同时,各家金融机构内部控制也不够严密,缺乏以计算机和网络信息技术为基础的技术监控支撑,内部风险管理和外部监管没能有效地配合起来、制度监管与技术监控没能有效地结合起来。

(六)尚未对金融机构作统一的资信评估

为了达到金融监管公平性的基本要求,在加入世界贸易组织后,中外金融机构需要按照国际银行监管的共同标准进行资信评估。由于我国目前不具备权威的金融资信评级机构,而具有国际标准的评级机构所作的金融资信评估往往有利于发达国家,虽然从加入世界贸易组织以来,我国迫切需要对金融机构按国际标准进行统一的资信评估,但是这项工作目前尚未进行,因此不利于对金融机构实施以统一的资信为基础的监管。

(七)在处理有问题的金融机构中存在缺陷

我国在金融改革过程中通过兼并、收购、重组、接管、关闭等方式化解了一些金融机构如证券公司的风险,但是由中国人民银行接管有问题金融机构,其风险和成本都较高。目前,我国缺乏专门的中介机构和专业人员对关闭的金融机构进行托管并对其不良资产进行处理,而通常的做法是由政府指定托管人或者收购人,这往往会出现较高的风险和成本。同时,在处理破产金融机构的资产负债时,通常是将其整体资产负债转移给收购方,没有剥离不良债权,收购方承担全部损失。这种处置方法不利于接受机构的发展,也不利于追究原经营者的责任。

(八)分业监管存在漏洞

尽管分业监管是与我国当前金融业分业经营格局相适应的,但同时分业监管也使各监管部门自成系统,缺乏配合,从而使被监管对象有机可乘。因此,中国人民银行、中国银行监督管理委员会、中国证券监督管理委员会、中国保险监督管理委员会之间如何协调并防止分业监管中存在的漏洞,这是我国加入世界贸易组织以来在监管体制方面面临的又一个重大的挑战。

三、我国加强金融监管的对策

针对上述种种问题,结合国际金融监管发展和我国金融扩大开放的趋势,我国加强金融监管应采取的对策主要有以下几个方面。

(一)建立并完善一元多头式的金融监管模式

由于历史原因及我国现阶段的经济、金融发展状况,我国金融业采取的是分业经营的形式,因此,金融监管采用的是分业监管的模式,金融监管的主体分别是:中国人民银行、中国银行监督管理委员会、中国证券监督管理委员会和中国保险监督管理委员会。

中国人民银行的监管主要是从宏观上确定金融监管的制度与原则,通过货币政策进行宏观调控。中国人民银行监督管理委员会具体承担中国人民银行委托的银行业领域的直接监管,包括对银行金融机构(如国有独资商业银行、政策性银行、股份制商业银行、城市商业银行及外资银行)的监管和对非银行金融机构(如信托投资公司、企业集团财务公司、金融租赁公司、典当行等)以及企业债券、会员卡、彩票市场和集资的监管等。

中国证券监督管理委员会是全国证券期货机构的主管部门,依法对证券期货市场进行统一的监管。

中国保险监督管理委员会是全国商业保险的主管部门,根据国务院授权履行行政管理职能,依照法律、法规统一监督管理保险市场。

因此,我国金融监管的模式应从这一现实出发,完善以中国人民银行为核心的,以中国银行监督管理委员会、中国证券监督管理委员会和中国保险监督管理委员会为辅助的共同承担金融业监督管理任务的模式,以它们之间的分工协作确保我国金融业稳健经营和协调发展。

(二)加强金融机构内部控制和行业自律

内部控制是金融机构防范和化解金融风险,保障金融机构资金安全的一种内部管理系统,是金融监管体系的重要基础。为适应金融业的发展和金融市场开放的需要,必须进一步改进以先进技术为基础的金融机构内部控制制度。

行业自律是来自行业内部的对市场参与者的公共约束,是市场进入者共同遵守的不成文的行业准则。一般而言,金融同业公会或者同业协会代表并维护金融同业利益,它通过制定一系列同业公约、同业纪律、职业道德规范与标准来协调行业内部关系。实行并加强行业自律,可以避免行业内无序或者恶性竞争而给整个行业带来损失,有助于保持与金融监管部门密切配合,促进本行业健康有序地发展。

(三)建立金融风险预警机制

金融监管的一个主要任务是及时、准确地判断和预警金融风险的状况及深度。从发达国家的经验看,我国所要建立的金融风险预警机制应该包含三大系统。

1.国家宏观金融预警系统

国家宏观金融预警系统要求由国务院组织领导,由中国人民银行、中国银行监督管理委员会、中国证券监督管理委员会、中国保险监督管理委员会、国家统计局参加,按照统一领导、统一指标体系、分级监控的原则,组建国家宏观金融预警组织系统,具体负责全国范围内金融风险的监测和预警。

2.区域金融预警系统

区域金融预警系统由中国人民银行、中国银行监督管理委员会、中国证券监督管理委员会、中国保险监督管理委员会的区域分支机构及各金融机构的内部控制职能部门共同组成,负责辖区内金融风险的监测和预警,及时将各种风险信息和对策传送给上级金融监督管理机构、辖区内各级政府部门和金融机构。

3.地方金融预警系统

地方金融预警系统由中国人民银行分行的支行、中国银行监督管理委员会、中国证券监督管理委员会和中国保险监督管理委员会的地方办事机构及地方金融机构的内控职能部门共同组成,负责辖区内金融风险的监测和预警,将各种警情、警兆信息及时输送给上级金融监督管理机构和当地政府部门和金融机构。

(四)加强金融市场法制建设

加强金融市场法制建设是强化金融监管的重要途径:一是建立并完善金融市场的“准入退出”法律机制;二是加强市场营运、监管的法制体系建设;三是加强金融司法,将金融立法与金融司法有机地结合起来。

(五)加强国际金融监管合作

在金融国际化趋势加快的条件下,积极参与和加强国际金融监管对于提高和完善国内金融监管具有十分积极的意义。为此,需要不断改进国际货币基金组织和世界银行等国际金融机构的运作,以更多地体现透明与开放的原则,使各国政府、私人部门和国际机构都能在国际金融监管体系中进行有效的交流、对话和合作;对发展中国家和发达国家的金融发展与金融监管要区别对待,使权、责、利对称;以新的《巴塞尔协议》为核心标准,建立和完善各国联合互助的监管体系;增强与发达国家和国际金融机构就保持人民币汇率稳定的国际协调;加强对流入我国的国际资本的引导与监督管理,积极防范国际"游资"在我国"圈钱"(炒股炒外汇)、"圈地"(炒土地)、"圈矿"(炒矿产矿山)、"圈房产"(炒房地产),特别是要防范其对我国金融市场的冲击。

复习思考题

1.什么是金融管理?其原则、方法和技术手段有哪些?
2.什么是信贷资金管理?它有哪些内容?
3.什么是现金管理?其内容和意义有哪些?
4.如何加强现金管理?
5.非现金结算的原则是什么?它应遵守哪些规定?
6.如何加强转账结算管理,防治"三角债"问题?
7.利率管理的主要内容有哪些?我国利率市场化改革表现在哪些方面?
8.结合我国外汇市场发展状况说明我国的外汇管理。
9.什么是货币政策?其目标、工具分别是什么?其传导过程是怎样的?
10.试述我国加入世界贸易组织后的金融监管。

第十五章

财政金融的宏观调控与经济发展

第一节　宏观调控与经济发展

一、宏观调控的概念

宏观调控是对国民经济的全局和整体进行调节与控制。具体地说，宏观调控就是指国家采取各种手段，从总体上对国民经济各部门、各地区、各企业和社会再生产各环节进行调节与控制。对国民经济的宏观调控是国家经济职能的集中体现。

宏观调控的对象是宏观经济。所谓宏观经济，就是把国民经济即社会再生产作为一个整体来考察的经济活动。它是与微观经济相对应的概念。微观经济是各个经济个量、各个基层经济单位的经济活动。只有对微观经济进行宏观的调节与控制，才能实现宏观经济的持续、稳定和协调发展。

二、宏观调控的客观必要性

（一）宏观调控是社会化大生产的客观要求

宏观调控是建立在社会化大生产的客观基础之上的，是任何社会化大生产都不可缺少的。社会分工和商品经济的发展，促进了生产的社会化。共同劳动的规模越大，生产社会化程度越高，社会分工越发展，协作关系越密切，从而就越需要在全社会合理组织生产力，指挥和调控全社会的经济活动，协调各方面的经济关系，因而客观上必然要求对社会经济总体进行宏观调控。社会化大生产客观上要求国民经济各部门、各地区、各企业和社会再生产各环节之间保持一定的比例关系，而只有宏观调控才能够协调和维持这些比例关系，才能促进社会化大生产的发展。

（二）宏观调控是克服市场缺陷的客观要求

在市场经济条件下，市场作为调节经济的手段和机制，有许多优点。它通过价格杠杆和竞争机制,可以把有限的资源配置到效益好的生产环节中去,并给企业以动力和压力,实现优胜劣汰;运用市场对各种经济信息反应较灵敏的优点,可以促进生产与需求的及时协调。尽管市场在资源配置中起着基础性的作用,在调节经济运行、管理经济活动中起着其他调节手段不可替代的作用,但是,由市场这只“看不见的手”进行自发调节,也会产生市场缺陷问题(即“市场失灵”)。因为市场主要反映的是目前的、局部的或者片面的甚至是个体的最大利益,忽视长远的、整体的利益,因而具有一定的自发性、盲目性和事后的破坏性,这就是市场机制的消极作用。如市场机制的自发调节会出现周期性经济波动和经济危机,会产生不公平竞争,会带来环境恶化,会造成社会贫富两极分化等。要克服市场的弱点和消极方面,实现社会经济的全面和谐发展,就需要发挥国家“看得见的手”的作用,实行宏观调控。

(三)宏观调控是协调各种经济利益关系的客观要求

宏观经济的发展是建立在各种经济利益关系协调的基础之上的,宏观调控的目的就是要较好地协调各种经济利益关系,从而促进国民经济持续稳定、协调地发展。社会经济发展过程中的主要经济利益关系有社会整体利益与企业局部利益的关系,国家、企业、个人三者利益的关系,国民经济各产业部门之间的关系,各地区之间平衡增长与非平衡增长的关系,人口、资源、环境之间的关系,效率与公平的关系,发展生产与“改善民生”的关系等。只有协调好社会各方面的经济利益关系,才能调动各市场行为主体的积极性,促进市场经济的持续发展。因此,如果没有宏观调控,或者宏观调控不能有效地协调好各种经济利益关系,宏观经济就很难获得持续、稳定和协调地发展。

三、宏观调控与经济发展的关系

(一)宏观调控的目标

宏观调控的目标是一个国家的政府在进行宏观经济决策、制定宏观经济政策、实施宏观经济发展战略时要求达到的一定的经济目标。宏观调控目标一般是多元化的。在不同的国家、在一国的不同发展时期,都有不同的经济目标,这些不同的经济发展目标之间是相互联系、相互制约的关系,共同制约着整个社会经济发展,从而形成多元化的宏观调控目标。

1.宏观调控的基本目标

宏观调控的基本目标是保持社会总供给与社会总需求的基本平衡。它具体包括以下两层含义。

(1)总供给与总需求的总量平衡。宏观调控就是首先要保持社会总供给与社会总需求的总量平衡。社会总供给是一定时期内社会向市场提供的可供选购的商品和劳务的总和;社会总需求是一定时期内社会有货币支付能力的购买力的总和。总供给和总需求不仅要在价值上保持平衡,而且要在物质上保持平衡。国家的总量调控既包括调控社会总需求,也包括调控社会总供给。当总供给超过总需求,或者当总需求超过总供给时,都会出现总供求失衡的现象,造成商品或者劳务供过于求或者供不应求。宏观调控就是要使总供求在总量上实现基本平衡。

(2)总供给与总需求的结构平衡。宏观调控还要保持社会供给结构与社会需求结构之间的平衡,保持总供给与总需求结构在价值上和在物质上的平衡。例如:在一定时期内,要保持社会生产资料的供给与社会生产资料的需求之间的平衡,社会消费资料的供给与社会消费资料的需求之间的平衡;要保持社会总供给中各个组成部分之间的平衡,其中主要是两大部类之间的平衡,农业、轻工业和重工业之间的平衡;要保持社会总需求的各个组成部分之间的平衡,其中主要是积累和消费的平衡。当总供给与总需求在总量上平衡、但在结构上失衡时,仍然会产生结构性经济矛盾,如发生结构性经济波动和经济危机等,从而结构性失衡会影响总量平衡,因此,宏观调控就是要使总供求在结构上实现基本平衡。

2.宏观调控的主要目标

要实现宏观调控的基本目标,就要同时实现总量平衡和结构平衡,其中总量平衡是前提,结构平衡是基础。但是,宏观调控的基本目标是通过一系列主要目标来实现的,或者说,这些主要目标是检验总供给与总需求基本平衡的主要标志。

(1)货币和物价总水平基本稳定。如果物价总水平(如 PPI,CPI)上涨幅度很大,说明总需求大大超过了总供给,从而被迫超量发行货币,引起通货膨胀。因此,政府必须严格控制货币发行量,抑制总需求,增加总供给,防止通货膨胀,保持货币和物价总水平的基本稳定。

(2)经济适度增长。如果经济增长(如 GDP)速度过慢或过快,都会影响或者破坏社会再生产中的各种比例关系,影响经济效益的提高。因此,政府必须根据国力和实际情况,确定合理的经济增长速度,保持经济的适度增长。

(3)充分就业。如果存在大量失业,说明社会劳动力资源没能得到充分利用,有劳动能力的劳动者权利没有得到实现。失业问题既影响着经济的稳定增长,又影响着社会政治的安定,不利于建设和谐社会。因此,政府的宏观调控必须以保证劳动者充分就业为目标,努力降低失业率,充分利用社会劳动力资源。

(4)国际收支平衡。如果存在大量的国际收支逆差,就会影响国内外经济的双平衡,而外汇收支的基本平衡是实现国际收支平衡的基础。

以上四个主要目标也是货币政策的最终目标,常分别以通货膨胀率、经济增长率、失业率和汇率来表示。这四个指标的高低,直接反映宏观调控基本目标实现的程度,但是它们之间又存在着一定的矛盾,难以同时兼顾。

(二)经济发展的目标

经济发展的目标是一个国家的政府在促进经济发展过程中要求实现的一定的经济目标。不同的国家在不同的经济发展时期和经济发展过程中的目标都不相同,但是,归纳起来可以看出,经济发展都具有双重目标,即经济增长、经济结构改善与稳定。

在任何经济模式下,要谋求经济的增长,就必须改变原有的生产要素组合方式,这就必然会破坏原有的平衡与稳定,而原有平衡与稳定的破坏不可避免地会引起经济波动。在合理的经济体制下,宏观经济决策失误、投资膨胀、产业结构失调、消费膨胀等,都会引起经济波动。如果经济体制变革或体制改革不配套,都能导致供求的变化和经济利益的重新分配,这也会引起经济波动。因此,生产力的发展、体制的变革、市场需求的变化、资源配置方式的改变都会使经济的波动具有客观必然性。

尽管在经济发展过程中出现经济波动具有客观必然性，但是，要实现经济发展的结构改善与稳定，就必须降低波动的频率、缩小波动的幅度、缩短波动的周期。在经济发展过程中，增长与稳定这两个目标是既矛盾又统一的关系。一方面，经济增长与经济结构改善和稳定之间存在一定的矛盾。过分强调稳定会抑制经济的增长，而高速增长又会影响稳定；另一方面，经济增长与稳定又是统一的。经济保持相对稳定是经济增长的前提条件，如果稳定受到严重的破坏，要实现经济的高速和持续增长是不可能的。因此，必须同时实现经济增长与结构改善和稳定的双重目标，在促进经济结构改善和保持经济相对稳定中寻求经济增长，在保持经济适度增长中实现经济结构优化与稳定，也就是要实现又好又快地发展。

（三）宏观调控与经济发展的相互关系

宏观调控与经济发展之间存在着密切的关系。实行宏观调控的目的就是为了促进经济发展，而经济发展必须有宏观调控来引导。因此，宏观调控是手段、经济发展是目的。

从宏观调控的目标与经济发展的目标来看，宏观调控要求总供求基本平衡，它既是一个实现总供求平衡的过程，又是一个总供求平衡的结果，而宏观调控的目标侧重于实现总供求的最终平衡。经济发展的目标是实现经济增长、经济结构改善与稳定，它既要求在经济发展过程中保持增长与稳定，又要求经济发展结果是实现增长与稳定。相比较而言，经济发展的目标侧重于增长和稳定的过程。虽然宏观调控的目标与经济发展的目标有些差异，但是总供求平衡和增长与稳定是一致的，因为保持和实现总供求平衡就能保持和实现经济的增长与稳定，而实现增长与稳定的过程也就是实现总供求基本平衡的过程。

四、财政金融在宏观调控与经济发展中的地位

（一）财政信贷平衡是宏观调控的重要目标

宏观调控不仅要求实现总供求在价值上和在物质上平衡，保持商品购买力与商品可供量的平衡，而且要求实现财政信贷平衡。因此，实现财政信贷平衡是宏观调控的重要目标。

宏观调控要求在价值上保持社会总供给与总需求的平衡，就必须保持财政收支平衡和信贷收支平衡，并且使财政信贷收支与国际收支实现平衡。这种价值形态上的平衡，能反映财政资金、货币资本、外汇等要素是否得到合理配置。一般用财政赤字规模衡量财政资金配置是否合理，用利率衡量货币资本市场上的货币资本配置是否合理，用汇率衡量外汇市场上的外汇配置是否合理。如果这些要素能得到合理配置，经济就会持续、稳定、协调地以较快速度增长。因此，要实现总供求的平衡，宏观调控还必须实现财政信贷的基本平衡。

（二）财政金融是宏观调控的重要手段

宏观调控是通过各种经济政策和经济杠杆综合作用进行的。财政政策、金融政策（主要是货币政策）又是最重要的、最常用的经济政策。财政金融政策不仅通过自身的政策手段发挥直接的调控作用，而且配合其他经济杠杆和经济政策实现宏观调控。如财政

金融政策配合价格机制发挥作用时，是通过与价格关系密切的税收政策、财政补贴政策和利率（即资金的价格）来实现的。财政政策、金融政策配合产业政策发挥作用时，主要是通过财政投资、银行利率、贷款方向来配合实施的。因此，财政金融既是宏观调控的对象，同时又是实现宏观调控的重要手段。

（三）财政金融在经济发展中的作用

财政金融的产生和发展决定于经济发展，同时它们对经济发展又具有反作用。如果这种反作用发挥得好，就能对经济增长和经济结构改善与稳定起推动作用。财政金融在经济发展中的作用主要表现在以下方面。

1.财政金融能起到促进经济适度增长的作用

要实现经济的适度增长，需要有相应的要素投入，而财政金融可以为经济适度增长提供所需的资金资源。财政金融本身的性质决定了财政金融活动能够提高社会投资水平、能够保持适度的投资规模、能够提高投资的边际效益。如通过财政发行公债、银行吸收储蓄的方式可以把消费基金转化为投资资本，扩大产出能力；通过财政投资政策可以促进基础产业和主导产业发展，实现资源的合理配置；通过银行的投资选择可以促进优质产品生产，实现资源的最优配置，从而促进经济的适度增长。

2.财政金融能起到改善经济结构和稳定经济的作用

财政金融在改善经济结构和稳定经济的过程中，一是通过发挥财政金融可以调整产品结构、产业结构、地区结构、所有制结构等，促进结构调整和优化升级。二是通过发挥财政金融对经济发展的宏观调控作用来防止经济出现频繁的、大幅度的波动；如果经济出现波动，则应努力通过财政金融政策来进行调节，使经济逐渐恢复稳定。财政金融在调节经济结构、稳定经济过程中的措施较多，从短期稳定来看，可以通过对货币流通规模与结构的调节、对收入水平和结构的调节、对物价水平和结构的控制等来实现经济的暂时稳定；从长期稳定来看，可以通过对社会总供求结构的调节、对投资规模与结构的调控、对产业结构和地区结构的调节、对经济增长速度的调节等来实现经济的结构优化与长期稳定。

因此，要实现社会总供求基本平衡，促进经济适度增长、调整和改善经济结构、保持经济稳定，就必须促进财政金融本身的发展，不断保持财政信贷的综合平衡。

第二节 财政与信贷的综合平衡

一、财政收支平衡

（一）财政收支平衡的概念

财政收支平衡的概念有广义和狭义之分。广义的财政收支平衡是指财政收支之间的对比关系，它包括三种情况：一是财政收入大于财政支出，有结余；二是财政支出大于财政收入，有赤字；三是财政收入等于财政支出，为平衡。狭义的财政收支平衡就是指财政收支相等,也就是要求财政支出以财政收入为限,收和支在量上应保持一致。

在现实的财政收支中,财政收支的绝对相等或者绝对平衡的情况是极少出现的,而大量存在的情况是收大于支或者支大于收。在出现财政结余的情况下,如果结余过多,则说明有些生产要素没有得到充分的利用,形成积压和浪费,从而不利于国民经济的发展。在出现财政赤字的情况下,如果赤字过大,则说明现有商品可供量不能保证社会货币对商品的购买力得以实现,当需求大于供给时会加剧供求矛盾,影响经济的稳定和增长。因此,财政收支平衡只能是相对平衡或者基本平衡,也就是说,把财政收支略有结余和略有赤字的情况都视为财政收支基本平衡的标志。我国在财政活动中一直把收支平衡、略有结余作为理想的财政平衡的标志。

(二)财政收支平衡的内容

财政收支基本平衡的内容主要有以下几方面。

1.财政收支在资金上的基本平衡

财政资金的完整范围应该包括预算内财政资金和预算外财政资金。预算外财政资金一般由地方政府或者部门、企业自收自支,即使有超支也不可能形成国家财政的赤字,对预算外财政资金只能实行调控和加强管理。因此,财政收支平衡主要是预算内财政资金收支的基本平衡。

2.财政收支在时间上的基本平衡

财政收支在时间上的基本平衡有两种选择:一是在自然年度或者财政预算年度内实现平衡即为年度平衡;二是在几个财政年度或者更长的时期内实现平衡即为周期平衡。年度财政收支平衡要求有结余,排斥赤字的存在,而周期财政收支平衡允许有的财政年度有赤字,也要求有的财政年度有结余以便弥补赤字,实现长期的动态的基本平衡。我国财政部门选择"当年收支平衡,略有结余"的原则来实现年度财政收支基本平衡。

3.财政收支在规模上的基本平衡

财政收支规模随经济发展而变化。把略有结余和略有赤字都视为财政收支平衡的标志,就涉及如何划分略有结余与大量结余、略有赤字与大量赤字的数量界限问题。实际上,财政收支可以在不同的规模上实现平衡,因为同样是财政收支平衡,但是财政收支平衡的规模不同,反映的国民经济状况和财政状况是完全不同的。财政收支数量大幅度增加但是略有赤字的情况与财政收支数量迅速减少但是做到了收支平衡的情况相比,略有赤字优于财政平衡。因此,财政收支平衡必须是一定规模的财政平衡,只有在一定规模上的财政收支基本平衡,才能保证经济的稳定和持续增长。

(三)财政收支平衡的方法

实现财政收支基本平衡的方法主要有以下几种。

1.过程平衡法

在编制财政年度预算时,可能会出现财政收支有结余、有赤字和相等三种情况。这要求在编制财政年度预算时力求做到平衡预算。在实际执行财政预算过程中,应尽量按照财政收支的基本原则和预算收支的基本途径来进行。在年终的财政决算时,根据预算的实际执行情况来实现财政收支的基本平衡。如果不能实现年度平衡,则应努力实现周期平衡。

2.内容平衡法

平衡财政的基本方法是使正常财政收入等于正常财政支出,其公式为:

正常财政收入=正常财政支出

如果正常财政收支不平衡,特别是当正常财政支出大于正常财政收入而有赤字时,就需要将国家债务收入作为财政收入来弥补财政赤字,即将债务收入作为平衡财政收入的内容。其公式为:

正常财政收入+债务收入=正常财政支出

也就是说,如果正常财政收入与债务收入之和等于正常财政支出,就是财政平衡;反之,则是财政收支不平衡(赤字)。

当然,这里存在一个如何对待国家债务收入的问题。各国对债务收入的处理方法是不相同的。如俄罗斯、日本把公债收入列为正常财政收入,而不是作为弥补赤字的来源;美国以及国际货币基金组织(IMF)不把公债收入作为正常财政收入,而是作为弥补赤字的来源。我国对债务收入有两种处理方法:1950 年发行的"人民胜利折实公债"和 1981 年发行的国库券,明确规定是为了弥补财政赤字;而其他年份发行的公债和国库券则都列入了当年的预算收入。一般来说,债务收入的性质不同于税收等正常财政收入的性质,且债务从其产生到发展都是与财政赤字联系在一起的,因此,债务收入不能列为正常财政收入,但是可以将债务收入作为重要的财政收入来弥补财政赤字,平衡财政收支。

(四)财政赤字

财政赤字是财政支出大于财政收入的结果,是财政收支不平衡的主要表现形式。财政赤字对经济的影响是复杂的,不能绝对化地认为财政赤字有害还是无害,应具体分析财政赤字产生的经济条件及对经济所造成的影响。

1.财政赤字产生的原因

产生财政赤字的根本原因主要有两个:一是生产性财政支出引起的,如经济建设支出引起的财政赤字有可能在以后的年份得到补偿;二是非生产性财政支出引起的,如纯粹是由消费行为引起的财政赤字会在需求大于供给的情况下扩大供求矛盾,破坏经济的稳定和增长。

中华人民共和国成立以来在财政工作中虽然一直坚持"当年收支平衡,略有结余"的原则,但是在现实经济生活中仍有许多财政年度出现了赤字,如改革开放前的 29 年(1950—1978 年)中 10 年有财政赤字,改革开放以来的 40 多年(1979—2020 年)中除 1981 年和 1985 年外,其他年有财政赤字。我国经济发展中产生财政赤字的原因是复杂的。1978 年以前产生财政赤字的主要原因是经济建设上的"左"的指导思想致使基本建设规模过大造成的。1979 年以来的财政赤字的主要原因是采取重大改革措施造成的,如调整价格特别是农副产品的收购价格、调整国家与企业之间的分配关系、提高职工收入水平、财政转移支付和建立社会保障制度等,这些物质利益关系的调整过程必然会对财政收支产生重大影响。1979 年以来的财政赤字与国家采取的重大改革措施直接相关,或者说,改革过程中出现的财政赤字是财政为支持改革而付出的代价。此外,1997—2003 年的通货紧缩也在较大程度上使政府连续采取积极的财政政策、扩大财政支出(尤其是大量发行国债以维持支出)规模来扩大国内需求、刺激经济增长,从而进一步增大了财政赤字规模。不过,连年出现的财政赤字也与改革与发展中的某些决策失误、急于求成的思想、片面追求增长速度、主要采取粗放型增长方式等有关。但是财政收支在规模上的基本平衡原理已经说明,经济增长中的略有赤字优于经济停滞中的财政平衡,因此,我国改革与发展中的财政赤字既有其产生的客观必然性,也有其规模趋大并影响到经济稳定与增长的危害性。可见,无条件地主张用财政赤字刺激经济增长的"赤字无害论"是错误的,而无条件地一概排斥赤字的"赤字有害论"也是片面的。

2.弥补财政赤字的方法

财政赤字对经济发展的影响程度取决于如何弥补财政赤字。要本着趋利避害的原则,自觉组织财政收支平衡,充分发挥财政在宏观调控中的作用,大力组织增收节支,从根本上弥补财政赤字。

弥补财政赤字的一般方法有:一是发行公债;二是向银行透支或者借款。从发行公债来看,如果公债是向企业和个人发行则不会扩大总需求,也就不会引起通货膨胀;如果公债向银行发行或者向民间发行的公债大量涌到银行贴现,则会引起银行增发货币或者搞信用膨胀,当货币供给过多或者信用规模过大时就会产生通货膨胀。因此,公债的发行既要注意发行对象,又要注意发行规模。从财政向银行透支或者借款来看,如果银行有相应的资金来源且信贷规模未出现膨胀时,财政向银行透支或者借款不会出现货币供给过多而引起通货膨胀的现象;如果银行没有足够的资金来源或者信贷规模已出现膨胀时,银行向财政透支或者借款就会使流通中货币的增长超过货币必要量而刺激通货膨胀。财政向银行透支或者借款时必须注意银行的资金状况和信贷规模状况。

我国弥补财政赤字的方法,从根本上讲应该是增收节支,在具体运用中主要有三种:一是动用财政历年结余;二是发行政府债券;三是向银行透支和借款。但是我国的实际情况是,财政已连年赤字,无财政结余可用;银行信用规模庞大,信用膨胀,并且现在主张限制或者禁止财政向银行透支,因此,只有靠发行政府债券来弥补财政赤字。这也是世界各国通行的弥补财政赤字的可靠方法。

二、信贷收支平衡

(一)信贷收支平衡的概念

信贷收支平衡的概念有广义和狭义之分。广义的信贷收支平衡是指银行信贷资金来源与信贷资金运用之间的对比关系。它包括三种情况:一是信贷收支相等;二是信贷收大于支;三是信贷支大于收。狭义的信贷收支平衡就是指信贷收支相等,信贷收支在量上保持一致。

在现代银行的实际信贷资金收支过程中,信贷资金来源(存款与必要的现金发行之和)(S)与信贷资金的运用(贷款与投资之和)(I)在数量上总是相等的($S=I$),即信贷收支总是处于总量平衡的状态。这是银行信贷收支与财政收支截然相反的一个显著特点。之所以出现实际发生的信贷收支永远是相等的情况,从根本上讲,是因为现代银行本身是一个信用创造机构,它可以发放贷款创造出新的存款,而作为银行资金来源的存款和流通中的现金都是信用货币,都是借助银行信用投放而进入流通的。如商业银行的贷款会派生出存款,中央银行对商业银行的再贷款会形成商业银行的存款,商业银行又会再贷出而衍生存款,或者转化为现金;银行的其他资金运用同样会产生类似的结果。当然,银行信贷收支在实际收支中始终处于数字相等状态并不否认银行信贷收支会出现不平衡的问题。所以,信贷收支平衡仅用信贷资金来源和运用来表示,既不符合现代银行的特征,也不利于控制货币流通量。

(二)信贷收支平衡的标志

从信贷资金的来源和运用在数量上恒等来看,存贷差额不能成为衡量信贷收支是否平衡的标志。因为在绝大多数情况下,都是贷款大于存款,现金发行增加,而现金发行并不意味着信贷收支不平衡,并且流通中的货币发行量过多,会同时表现为现金发行过多和存款过多,即有虚假性存款。所以,只有用信贷差额来衡量信贷收支是否平衡。

信贷差额是指正常的信贷资金来源与贷款之间的对比关系,即真实性存款和正常现金发行与贷款之间的对比关系。如果贷款等于真实性存款加正常现金发行之和,则不存在信贷差额,这时的信贷收支是平衡的;如果贷款大于真实性存款加正常现金发行之和,则信贷差额为逆差,这时的信贷收支是不平衡的。银行自有资金具有弥补信贷收支逆差的作用,如果银行信贷资金弥补信贷逆差后仍有差额,则信贷收支仍然是不平衡的。

所以,银行信贷收支平衡是指银行供给的信用货币量与生产和流通中对货币需求的规模相一致,即信贷规模与客观经济的需要相一致。衡量信贷收支平衡的根本标志只能是货币流通状况,一般用通货膨胀率来判断货币流通状况。银行供给的信用货币量与流通中所需要的货币量相等,则信贷收支平衡,物价稳定。

(三)信贷收支平衡在"四大平衡"中的地位

国民经济发展过程中的财政、信贷、外汇与物资的各自平衡和综合统一平衡,简称为"四大平衡"。财政、信贷、外汇都是价值形式,其支出形成的购买力与物资供给应该平衡,也就是价值构成与实物构成相平衡,即社会总供给与社会总需求在价值上和实物上的总量平衡、结构平衡。因此,四大综合平衡的基本要求是用物资供给总量和结构来制约财政、信贷与外汇的分配。

1.信贷收支平衡与宏观调控的关系

宏观调控就是要实现社会总供求在价值形态上和实物形态上的总量平衡和结构平衡,保持财政、信贷、外汇与物资的各自平衡和综合平衡,以促进经济的持续、稳定和协调发展。在社会主义市场经济条件下,"四大平衡"具有比过去更重要的作用,这是由宏观调控作用的变化所决定的,而信贷收支平衡又是宏观调控的重要对象。一是宏观调控要由直接调控为主转变为间接调控为主,经济手段特别是国家财政和国有商业银行两大手段的作用变得更加重要了;二是宏观调控要由过去以实物形态的调控为主转变为以价值形态的调控为主,这样,在社会总资金中占举足轻重地位的财政、信贷资金的平衡也就居于更加重要的地位了。因此,信贷收支平衡既影响着宏观调控手段的运用,又决定着宏观调控目标的实现。

2.信贷收支平衡与总量平衡的关系

只有使财政、信贷、外汇支出所形成的购买力与相应的物资总量保持一致,才能实现总量平衡。在社会主义市场经济条件下,保持总需求与总供给平衡的任务更加复杂。总需求之所以会超过总供给，就是货币流通量超过了商品供给量，而能够创造出超过商品供给量的过多货币的途径只有财政赤字和金融赤字（包括外汇占款过多）；反过来看，能够控制、紧缩货币，使总需求相当于或者小于总供给的途径也只有这两个途径。所以，只有运用财政政策和货币政策这两个宏观调控手段才能管好货币投放的财政、金融“闸门”，才能保持总供给与总需求的总量平衡，只有实现信贷收支平衡才能实现总量平衡。

3.信贷收支平衡与结构平衡的关系

只有使财政、信贷、外汇支出所形成的购买力与相应的物资供给构成保持一致，才能实现结构平衡。因为一切资金的物质承担者都有相应的确定用途的物资，因此，在安排资金支出时应注意使支出的方向和结构与物资构成保持协调。但是，在市场经济条件下，由市场机制来调节资源配置，企业为了追求利润最大化而随市场需求变化调整生产经营，这些都会改变以至破坏资金与物资之间的结构平衡。所以，只有加强政府的宏观调控，才能实现总供给与总需求的结构平衡，只有实现信贷收支平衡才能实现结构平衡。

可见，没有实现信贷收支平衡就不可能实现财政收支平衡、外汇收支平衡，就不可能实现财政、信贷、外汇与物资的综合平衡。

（四）影响信贷收支平衡的因素

银行信贷资金来源于社会各个方面，信贷资金运用涉及各个产业部门和企业，因此，影响信贷收支平衡的因素非常复杂，但是最主要的因素是企业收支、财政收支和外汇收支状况。

1.企业收支状况影响信贷收支状况

在现代市场经济条件下，银行和企业都是独立的经济实体，两者资金往来关系密切。银行信贷资金的重要来源之一就是企业暂时闲置的货币资本，而银行信贷资金的运用对象主要是企业，因此，企业收支成为影响信贷收支的最基本的因素。从企业对信贷资金的需求来看，企业不仅从银行贷款以满足临时性流动资金需要，而且从银行贷款以满足企业新建、扩建以至更新改造所需要的固定资金，企业负债经营迫使银行扩大贷款规模，给信贷收支平衡形成压力。如果企业行为不规范、机制不健全、经营管理水平不高，企业没有活力和竞争力，那么，企业就可能会亏损，就可能无能力偿还银行贷款本息，从而使银行贷款成为呆账或者坏账。在银企信用关系不健全、企业偿债能力低的情况下，随着银行信贷规模的扩大，银行与企业之间不良债权债务也会随之扩大，从而严重地影响着银行信贷收支平衡。

2.财政收支状况影响信贷收支平衡

在财政收支平衡或者有结余的情况下，财政收支会促使信贷收支平衡，因此，对信贷收支平衡构成影响的就集中表现为财政赤字。当财政收支出现赤字，尤其是赤字规模较大时，为了弥补财政赤字，财政需要向银行借款。在银行信贷资金有限的情况下，银行被迫扩大现金发行或者在财政存款账户上虚增一笔派生存款，这种没有建立在生产增长基础上的扩大的货币供给量，必然会导致流通中货币供给过多，信用规模膨胀，从而破坏银行信贷收支平衡。同时，财政为了弥补赤字而扩大国债发行规模，虽然可以暂时转移购买力，但是如果商业银行购买政府债券而不相应压缩贷款规模，或者允许居民拿政府债券到商业银行贴现、允许商业银行拿政府债券到中央银行再贴现，则也会扩大货币供给量,影响信贷收支平衡。因此,财政收支逆差,尤其是大量赤字,就会成为影响信贷收支平衡的重要因素。

3.外汇收支状况影响信贷收支平衡

外汇收支会影响银行信贷资金的来源和运用,从而影响信贷收支平衡。外汇收支对信贷收支平衡的影响具体表现如下。

(1)国际收支中的经常项目——外汇收支直接影响国内货币供给量。外汇收入增加会增加国内货币供给量,外汇支出会减少国内货币供给量。为了支持进出口的发展,银行会不断扩大出口商品生产和收购贷款,发放进口商品的购汇本币贷款,这些都会增加银行的现金投放和存款量。

(2)国际收支中的资本往来项目差额直接影响国内资金总流量。在开放经济条件下,国际收支使国内外资金循环交织在一起,相互转化,国外资金流入国内的同时国内资金流往国外,从而直接影响着国内资金总流量。在资本往来项目中,最典型的是利用外资。随着外资的增加,国内也要提供本币配套资金,其中包括对外商直接投资(FDI)企业提供各种本币贷款。因此,大量的外资流入会刺激货币供给量增加。

(3)国家外汇收入增加,使外汇占款增加,导致货币供给量增加。进出口企业将外汇收入拿到银行结汇,银行买进外汇要付出本币,银行收购外汇而提供本币资金就是外汇占款,它会增加货币供给量;利用外资中收入的外汇,如果在国内换成本币使用也会直接扩大货币供给量。所以,外汇收入增加,国家外汇储备和黄金储备增加,导致占用本币信贷资金增加。

总之,国际收支中经常项目、资本项目决定着国际收支平衡,而国际收支通过与货币循环、资本循环及对社会总供求的影响来影响外汇收支,从而影响银行信贷收支平衡。

(五)信贷收支平衡的方法

要实现信贷收支平衡,除了必须使现金供给量与流通中的需要量相符合外,同时必须控制派生存款的规模,必须使贷款规模与经济发展对货币的需要量相一致。所以,实现信贷收支平衡,一要尽可能确定合理的货币增长率和贷款规模;二要与财政协调,共同调节货币的供给量。具体来说,应将企业、财政、银行、对外经贸统一起来,才能实现信贷收支平衡。

1.增强企业活力,建立市场化的新型银企关系,以企业收支平衡促进银行信贷收支平衡

企业收支状况是影响信贷收支平衡的最基本的因素。如果企业有活力和市场竞争力,就有能力偿还银行的贷款本息,也有能力纳税,增加财政收入,因此,增强企业活力是实现信贷收支平衡最根本的方法。这就要求:一要建立和完善现代企业制度,深化企业改革,健全企业自主经营、自负盈亏的经营机制;二要加强对企业经营的管理,规范企业在市场中的行为,提高企业的财务管理水平;三要建立市场化的新型银企关系。银行和企业都是独立的市场主体,银行有权根据自身信贷收支状况决定贷款,企业也有责任自筹资金或者向金融市场直接融资,这样既会减轻企业对银行资金需求的压力,减少银企间不良债权债务,提高资金的使用效率,同时也会增强企业的偿债能力,从而将新型的银企关系建立在坚实的信用基础之上,以企业收支平衡促进银行信

贷收支平衡。

2.加强财政的增收节支工作,建立财政与银行之间的正常资金往来关系,以财政收支平衡促进信贷收支平衡

财政收支状况会从不同程度影响银行信贷收支平衡,尤其是当财政出现大量赤字时,这种影响就尤为严重,因此,努力做好财政的增收节支工作是实现信贷收支平衡的重要方法。这需要做好以下几个方面的工作:一是要搞好财政预算,从预算上不留赤字缺口或者大的赤字缺口;二是要严格执行预算,讲究生财、聚财和用财之道;三是要提高财政资金的使用效益,实现财政资金从"拨改贷"到"贷改投"的转变,减少财政资金的浪费;四是加强财政决算管理,重点解决好财政赤字的弥补方法问题,应主要运用发行国债的方式从金融市场直接筹措弥补财政赤字的资金,财政不能再沿用向银行透支的做法;五是加速政资分离进程,使商业银行能自主合理地安排信贷资金,克服财政对银行信贷收支的干预,减轻财政赤字对银行信贷资金需求的压力,建立财政与银行之间的正常资金往来关系。

3.加强银行的资产负债经营管理,提高银行贷款质量,增强银行自身实现信贷收支平衡的能力

银行在实现信贷收支平衡中处于中心地位,起着决定性作用,因此,加强银行的资产负债经营管理,提高贷款质量,是实现信贷收支平衡最有效的方法。这需要做好以下几个方面的工作:一是要使银行资金运用的增长与货币需要量增长相适应,控制新增货币供给总量,实现信贷收支的真正平衡。二是加强贷款管理,讲求贷款质量,使银行新增存款等资金来源成为正常的真实财源,这是在日常业务活动过程中实现银行信贷收支平衡的重要保证。三是改善银行信贷管理,强化资产负债比例管理和资产风险管理,建立审贷分离制度,真正实行审、贷、监控三环节的分离,从机构和程序上互相制约,以减少银行资产风险。四是发挥银行自有资金的作用,将它作为平衡信贷收支差额的一项重要资金,以此约束银行的信贷规模。五是鼓励银行参与企业管理与企业改制工作,改变过去单一的资金投注的做法,变被动为主动,通过资金渗透、人事渗透、服务渗透,使银行对企业贷款的审、贷、监控三环节实行全过程的管理,帮助企业健全经营机制和完善现代企业制度,提高企业偿债能力。六是要盘活银行资产存量,优化银行资产增量,防止银行不良资产的扩大,采取多种途径(如将债务划拨给资产管理公司、债转股、资产证券化、拍卖等方式)对银企间的不良债权债务进行分类化解。

4.扩大对外开放,提高对外开放水平,加强对外资的管理,以外汇收支平衡来促进银行信贷收支平衡

随着我国加入世界贸易组织后所出现的对外贸易自由化和金融国际化的发展,我国成为世界上第三大进出口贸易国家和第一大外汇储备国家。在这种条件下,国际收支平衡成了实现国内外经济平衡的基础,而外汇收支平衡又成了实现银行信贷收支平衡的重要前提,因此,在全方位对外开放、进一步引进外资的过程中,加强对外资的管理,就成为实现信贷收支平衡的重要方法。这需要从以下几个方面加强对外资的管理:一是全面实行"国民待遇"原则,由靠优惠政策吸引外资转到主要靠市场环境来吸引外资,使外资在公平竞争的市场环境中求发展。二是要按产业政策要求来严格筛选外资,引导外资投资于基础产业（尤其是农业、能源和交通通信等产业部门）及经济发展落后的中西部贫困地区。通过筛选外资和改善外资投资结构来减缓外资流入规模，限制投机性的国际游资的流入。三是加强对外资企业的税收管理，提高外资的使用效益。在引进外资时，要以外资直接投资为主，这样便于加强对外资的管理，减轻资本流动对资本市场、外汇市场的冲击，同时也便于防止外资企业以明亏实盈的方式偷漏税收，将外资的引进与利用有机地统一起来。四是谋求外汇收支平衡，减少外汇储备规模，强化外汇储备的投资与管理，从而提高外汇储备的抗风险能力和减轻外汇占款对货币需求的压力。五是坚持以质取优、市场多元化的外贸战略，以实现长期的、动态的外汇收支平衡。六是在扩大对外开放、引进外资的同时，要坚持自力更生，保护民族工业的发展，充分发挥民族资本（包括民间资本）在出口创汇中的作用。通过加强对外资的管理，扩大民族资本的积极作用，以外汇收支平衡来促进和实现银行信贷收支平衡。

三、财政与信贷的综合平衡

（一）财政与信贷的统一平衡

1.财政与银行之间的资金关系

在现代市场经济条件下，财政与银行之间存在着密切的资金往来关系。它主要表现在以下几个方面。

（1）财政资金与银行信贷资金相互转化。一方面是财政资金转化为银行信贷资金。中央银行代理国家金库，使财政在银行的账户上有存款，并成为银行信贷资金的重要来源，如财政有结余，财政对银行投资的增拨信贷资金或者财政向政策性银行拨付的专项贷款基金，都构成银行的长期性资金来源。另一方面是银行信贷资金转化为财政资金。商业银行是金融性企业，它必须向财政上缴税收，财政在出现赤字时向银行借款，或者银行购买国家公债券等，都会使银行信贷资金转化为被财政所使用的资金。财政资金与银行信贷资金在账面上相互转化，往来十分密切。

（2）共同供给企业所需要的资金。财政资金和银行信贷资金在共同供给企业所需资金方面也存在着密切联系。企业所需的资金包括固定资金（如更新、改造、新建或者扩建等所需的资金）和流动资金。财政资金无论是"拨改贷"或者"贷改投"，都只能满足企业对固定资产投资需求的一部分，而银行则可以既满足企业对流动资金的需求，又可以部分地满足企业对固定资产投资的贷款需求。虽然财政资金和银行信贷资金都能满足企业对资金的需求，共同供给企业所需资金，但是它们各自的目标和任务是不相同的，并且会发生变动，从而会引起财政资金和银行信贷资金供求的变化，影响财政收支平衡和银行信贷收支平衡。

（3）受共同因素的影响。在经济发展过程中，某些因素会同时影响财政资金和银行信贷资金，从而影响到财政收支与信贷收支的平衡关系。这些共同因素有：一是企业亏损。企业亏损会减少财政收入，亏损企业也会拖欠银行的贷款本息，而财政不能弥补企业亏损，则亏损企业会要求银行追加贷款，银行的资金来源因企业亏损而相应的减少。用银行信贷资金来弥补企业亏损，实际上是用信贷资金弥补财政支出。二是财政发行国家债券。财政发行债券时，会增加财政收入，但是会减少银行信贷资金的来源，从而减少银行的信贷规模。三是银行利率的调整。利率变动同时影响财政和信贷。银行降低贷款利率会减少银行利润,增加企业利润和财政收入,而提高贷款利率则会增加银行利润,减少财政收入。四是外汇收入的增减。外汇收入增加或者减少,则财政收入增加或者减少,但是银行外汇占款增加或者减少会扩大或者缩小银行的信用规模。

(4)主次地位或者作用的变化。随着经济结构的变化,财政资金和银行信贷资金所处的地位或者所起的作用也会发生相应变化。我国在由计划经济体制向市场经济体制转变的过程中,财政收入占国内生产总值或者国民收入的比例不断下降,而财政支出有增无减,从而形成连年财政赤字;与此同时,银行信贷资金来源大幅度增长,银行信贷业务已由短期流动资金贷款发展到固定资产投资,而且信贷规模迅速扩大。这种变化导致由过去财政资金支持银行信贷资金转变为现在银行信贷资金支持财政资金,从而导致由过去信贷差额要靠财政资金来弥补、财政平衡决定信贷平衡转变为现在财政收支差额要靠银行信贷资金来弥补、信贷平衡决定财政平衡。银行信贷资金已由被动地位、起次要作用转变为占主动地位、起主要作用的因素。

2.财政与信贷统一平衡的内容

(1)财政与信贷的总平衡。

第一,财政与信贷总平衡的含义。财政与信贷在总体上的统一平衡,简称总体平衡或者总平衡,是指国家的总财力与资金总需求一致。总财力是财政资金和信贷资金之和,资金总需求是整个国民经济中的固定资金和流动资金的需求,即对财政资金和信贷资金的需求。在现实经济生活中,一般是总财力小于资金总需求。实现总平衡的基本原则是量力而行,即在总财力不可能再增加的情况下,通过降低资金总需求来实现总平衡。在经济增长时,可以通过略有赤字来实现总体上的基本平衡。

第二,财政与信贷分平衡与总平衡的关系。分平衡是财政收支和信贷收支自身的平衡,总平衡是资金总需求和国家总财力之间的平衡。要做到总平衡,首先必须做到分平衡,分平衡是总平衡的基础,总平衡是实现分平衡的前提。

当总平衡是平衡的时候,分平衡也是平衡的,这种情况在现实经济生活中很少存在;当总平衡是平衡的时候,分平衡是不平衡的,这种情况可以通过财政资金转化为信贷资金或者信贷资金转化为财政资金的办法来达到财政、信贷双方都平衡。

当总平衡是不平衡的时候,不可能使财政、信贷双方都达到平衡。也就是说,在资金总供求不平衡的情况下,通过调整方法只能使财政收支平衡或者使信贷收支平衡,不可能实现总平衡。所以,要实现财政信贷的统一平衡,必须实现总平衡,在总平衡中解决资金的供求矛盾并实现分平衡。

(2)财政与信贷结合部的配合。财政与信贷的紧密关系决定了两者必须在与对方协调的情况下才能实现真正的平衡。因为任何一方的失衡都会对另一方产生影响,因此,要实现财政收支和信贷收支各自平衡即分平衡,必须加强结合部的配合。

财政与信贷的结合部是指财政和信贷在资金方面的各种联结点,也就是财政与银行之间的资金关系的表现形式。当资金总平衡是平衡的、分平衡是不平衡的时候,可以通过调整结合部来解决,即通过加强结合部的配合来实现分平衡。如果在结合部上双方的配合出现失误,就会直接影响分平衡的实现。

结合部的配合就是通过调整财政和信贷资金的某些联结点，使资金支配权相互转移，或者使供给资金的目标和任务相互转移，或者使收支相互发生增减变动来实现财政收支和信贷收支的各自平衡。我国在财政收入占国民收入比例不断下降、连年出现财政赤字，而银行信贷资金来源大幅度上升的情况下，调整结合部的主要措施是发行政府债券。为实现从计划经济体制向市场经济体制的完全转变、从粗放型经济增长和发展方式向集约型经济增长和发展方式的有效转变创造有利的环境，必须实现三种有机配合：一是财政资金的“贷改投”问题。财政在安排固定资产投资时必须与银行信贷进行统一平衡。二是银行的中短期设备信贷问题。用税前还贷即先还贷款再纳税的方式鼓励银行放贷，这实际上是用财政收入作贷款的担保，从而既刺激了企业的贷款需求，又减少了财政收入，影响了财政平衡，因此应改税前还贷为税后还贷，以实现财政信贷的统一平衡。三是失衡后的调整方法问题。当财政出现赤字、信用规模膨胀时，财政不能向银行借款，只能向社会发行政府债券来弥补赤字；当银行信贷失衡、信用膨胀，出现通货膨胀时，财政不能再搞赤字预算，而应实行紧缩支出的财政政策，以降低总需求来抑制通货膨胀。因此，应改变过去一方失调，对方无条件地满足的做法，而采取有条件的协调配合调整的方法。

（二）财政、信贷、外汇与物资的综合平衡

1.综合平衡的基本要求

财政、信贷、外汇都是价值形式，其支出所形成的购买力与物资供给应该平衡，也就是价值构成与实物构成相平衡，即社会总供给与社会总需求在价值上和实物上的总量平衡、结构平衡。因此，综合平衡的基本要求是用物资供给总量和结构来制约财政、信贷与外汇的分配。

（1）总量平衡。要实现财政、信贷、外汇与物资在总量上的平衡，其前提是财政收支平衡、信贷规模适度、外汇收支平衡，不能通过价值的超分配来扩大社会总需求。这要求财政不搞赤字支出；银行要严格控制货币供给，防止信用膨胀和通货膨胀；对外经贸要实现国际收支平衡。只有这样，才能使财政、信贷、外汇支出所形成的购买力与相应的物资总量保持一致，实现总量平衡。

（2）结构平衡。要实现财政、信贷、外汇与物资在结构上的平衡，必须使财政、信贷、外汇支出所形成的购买力与物资供给的构成相一致。因为一切资金的物质承担者都有相应的确定用途的物资，因此在安排资金支出时，应注意使支出的方向和结构与物资构成保持协调。但是，在市场经济条件下，由市场机制来调节资源的配置，企业为了追求利润最大化而随市场需求变化调整生产经营，这都会改变以至破坏资金与物资之间的结构平衡。只有加强政府的宏观调控，才能实现财政、信贷、外汇与物资在结构上的相对平衡。

2.综合平衡的具体内容

（1）从价值形态来看，综合平衡的具体内容就是以财政信贷收支为主导的整个货币收支体系的平衡。它包括企业收支平衡、居民或者家庭收支平衡、财政收支平衡、信贷收支平衡和外汇收支平衡。其中任何一项收支失衡都会影响其他项目收支的平衡，并且影响到整个货币收支体系的平衡。随着市场经济的发展，企业收支、居民或者家庭收支、外汇收支与财政收支、信贷收支的关系将更加密切，在综合平衡中的地位和作用将日益重要，因此，要加强对它们的调节，促进综合平衡的实现。

(2)从实物形态来看,综合平衡的具体内容就是使社会商品的总供给量既能满足社会生产资料的需求,又能满足社会消费资料的需求,同时满足社会再生产的两大部类的需求。但是,由于市场机制的作用、企业生产经营的变化、产业结构的调整,实物形态的综合平衡难以完全实现,尤其是它与价值形态同时实现综合平衡的情况,更是难以完全实现。这需要财政政策和货币政策的密切配合,才能逐步实现这一决定经济持续、稳定、协调发展的综合平衡。

第三节　财政政策与货币政策的配合

一、财政政策与货币政策配合的必要性

为了实现宏观调控的目标,促进经济的适度增长和持续稳定协调发展,必须建立和完善宏观调控体系,综合运用各种调控手段,加强各种经济政策的相互配合。需要继续创新和完善宏观调控,把握好宏观调控的度,保持宏观调控的连续性和稳定性,加强财政、货币、产业、区域等政策的协调配合。由于财政政策和货币政策是宏观调控体系中起主导和主要作用的经济政策,因此应充分利用财政政策和货币政策来实现社会总供求的基本平衡。

加强财政政策与货币政策相互配合的必要性主要表现在以下两个方面。

(一)财政与银行之间密切的资金关系决定了财政政策与货币政策必须相互配合

财政与银行之间存在着密切的资金往来关系,财政收支、信贷收支任何一方的失衡,都会通过这种资金往来关系影响对方的平衡,从而影响财政与信贷的统一平衡。同时,如果财政与信贷在结合部上的配合出现失误,即使双方各自是平衡的,也会直接影响财政与信贷的统一平衡,从而影响财政、信贷、外汇与物资的综合平衡。因此有必要加强财政政策与货币政策的密切配合。

(二)财政政策与货币政策的功能差异决定了财政政策与货币政策必须相互配合

财政政策与货币政策各有自身的特点和作用,两者存在着功能上的差异,只有将两者密切配合起来,相互补充,才能实现宏观调控的总目标。财政政策和货币政策的特点、作用或者功能的差别具体表现在以下几个方面。

1.政策目标的侧重点不同

财政政策目标的侧重点是解决财政赤字和结构性平衡问题,而货币政策目标的侧重点是调节货币供求总量,解决通货膨胀问题。从对结构性平衡的调节来看,财政政策使财政投资充分体现产业政策的要求,财政投资的重点是投资量大、周期长、利润低、风险大的基础产业,或者财政政策通过政策性银行来实现促进基础产业和公共部门经济发展的目标;而商业银行虽然可以通过执行“区别对待,择优扶植”的政策来起到调节产业结

构的作用,但是,商业银行的这种调节必须服从利润最大化的目标,因而对那些社会需要但是盈利低或者易亏损的产业和行业尽量最少投资或者不投资。从对货币供求量的调节来看,通货膨胀可能是财政赤字或者信用膨胀引起的,财政政策对货币总量的调节是间接的,且方向相反;而货币政策对货币总量的调节是直接的,且方向相同。

2.政策的可控性不同

财政政策能由政府通过直接控制来实现调节的目标。货币政策则具有独立性,只是其独立性在各个市场经济国家有程度差别而已,它通常要通过政策操作工具并经过中间目标的传导过程才能实现其最终目标。中央银行通过各种货币政策的变化来逐步实现货币政策的调节目标,其传递过程可见第 14 章的图 14-1。因此,政府只能通过中央银行来间接控制和逐步实现货币政策的调节目标。

3.政策的透明度不同

财政政策的透明度高,财政的收入或者支出、结余或者赤字都是公开的。货币政策的透明度低,除了存贷款利率是公开的外,银行信贷收支平衡的真实状况难以从银行信贷平衡表上反映出来。因为银行贷款可以创造派生存款,整个银行系统信贷投放的合理规模、信贷差额状况、货币发行的合理界限等都不能及时从数据上永远是平衡的信贷收支平衡表中显示出来,从而会掩盖许多矛盾。

4.政策的时滞性不同

时滞性是指在制定、执行政策的过程中或者政策发挥作用的效果所出现的时间滞后的现象。时滞有三种,即发现问题的认识时滞、制定政策的决策时滞、政策发挥积极作用的效果时滞。财政政策的认识时滞短、决策时滞长、效果时滞短;货币政策的认识时滞长、决策时滞短、效果时滞长。因此,只有财政政策与货币政策相互配合,才能取长补短,取得优势互补的效果。

二、财政政策与货币政策配合的方式

(一)财政政策与货币政策的配合方式

财政政策和货币政策各自的特点和功能不同,并且各自实施的程度和范围也有很大的差别,因而两者之间的配合方式也就有多种类型。每项政策,按其实施的程度或者性质可以分为"松""中""紧"三种。"松"即放松的、具有扩张性和膨胀性的政策,"紧"即抓紧的、具有紧缩性、抑制性的政策,"中"即适中的、中性的政策。松的财政政策,其措施是减税让利或者扩大财政支出,它可以起到刺激投资、促进经济增长的作用,但是其结果是引起财政赤字;紧的财政政策,其措施是增加税收或者压缩财政支出,它可以起到抑制投资、减少财政赤字的作用,但是其结果是导致经济增长速度下降。松的货币政策,其措施是降低利率,扩大贷款,即放松银根,它可以起到刺激投资的作用,但是容易造成信用膨胀;紧的货币政策,其措施是提高利率,减少贷款,即收紧银根,它可以起到压缩投资、平抑物价的作用,但是会降低经济增长速度。这样,"松""中""紧"的财政政策与货币政策共同配合成 9 种政策组合方式,见表 15-1。

表 15-1 财政政策与货币政策的配合方式

配合方法 财政＼货币		货币政策		
		松	中	紧
财政政策	松	松、松	松、中	松、紧
	中	中、松	中、中	中、紧
	紧	紧、松	紧、中	紧、紧

（二）财政政策与货币政策的配合运用

采取何种财政政策与货币政策的配合方式，取决于不同国家或者一国不同时期的宏观经济环境和状态，并且随着宏观经济运行的变化而变化。一国经济发展所要达到的目标不同也决定着该国采取何种财政政策与货币政策的配合方式。经济实践中所运用的配合方式主要有以下四类。

1.同向配合运用

同向配合运用就是按相同的政策目标来同时采取相同性质的财政政策和货币政策。这又有以下两种配合方式。

（1）"双松"政策，就是同时采取松的财政政策和松的货币政策。"双松"政策可以刺激经济增长和发展，其结果必然是通货膨胀。

（2）"双紧"政策，就是同时采取紧的财政政策和紧的货币政策。"双紧"政策通常是在经济过热、需求过旺和通货膨胀压力下采取的治理对策，其目的是调整经济，压缩需求，结果是"硬着陆"导致经济萎缩。

同向配合运用的"双松"和"双紧"政策，都是在社会供求总量严重失衡的经济条件下采取的对策。它们不利于经济的持续、稳定和协调发展，会给经济带来大幅度的波动，给社会带来极大的振荡。因此，这两种同向配合的极端措施一般不宜过多、过长时间地采用。

2.反向配合运用

反向配合运用就是按相反的政策目标来同时采取不同性质的财政政策和货币政策，即采取"一松一紧"反向搭配的财政政策与货币政策。这也有以下两种配合方式。

（1）"松紧搭配"政策，就是采取松的财政政策和紧的货币政策。当财政出现了赤字时，银行应抽紧银根，回笼货币，即"松紧搭配"政策。

（2）"紧松搭配"政策，就是采用紧的财政政策和松的货币政策。当银行发行了过多货币、出现信用膨胀时，财政应紧缩开支，增加收入，争取财政收支有结余，即"紧松搭配"政策。

反向配合运用的"松紧搭配"和"紧松搭配"政策，都是在社会供求总量基本平衡或者总量失衡不严重的经济条件下采取的主要解决结构平衡问题的对策。它们既有利于保持物价的基本稳定，又可以通过调整政府与企业之间的投资比例，优化产业结构，促进经济的稳定增长。因此，这两种反向配合的政策，实质上是保持财政与信贷统一平衡或者是在财政与信贷统一平衡的前提下的"中和"的财政政策和货币政策，这种"软着陆"政策在经济实践中被普遍采用。

3.中性的政策配合

中性的政策配合主要是按适中的政策目标同时采取或者侧重采取中性的财政政策

与中性的货币政策。这有以下三种配合方式。

(1)“双中”政策,就是同时采取中性的财政政策与中性的货币政策,以继续促进经济的平稳发展。

(2)侧重采取中性的财政政策,这又有两种具体形式:中性的财政政策与松的货币政策配合;中性的财政政策与紧的货币政策配合。

(3)侧重采取中性的货币政策,这也有两种具体形式:中性的货币政策与松的财政政策配合;中性的货币政策与紧的财政政策配合。

4.实现内外平衡的政策配合

在经济市场化、贸易自由化、金融国际化的开放经济条件下,一国财政政策与货币政策的配合运用,就是要达到内部平衡与外部平衡的双重目标,即同时实现内外经济的双平衡。内部平衡意味着稳定国内物价、实现充分就业并能促进经济增长;外部平衡意味着国际收支平衡和汇率稳定。但是,由于世界经济趋向一体化,各国经常发生内部平衡与外部平衡的矛盾,所以,只有财政政策和货币政策的适当配合和运用才能达到内外同时平衡的目标。

虽然财政政策和货币政策是密切联系的,但是这两种政策对国内经济和国际收支的相对作用又是不相同的。如果用总需求与充分就业产量的相对关系来说明内部平衡的话,那么:总需求=充分就业产量时,为内部平衡;总需求<充分就业产量时,有通货紧缩压力;总需求>充分就业产量时,有通货膨胀压力。

如果以经常项目收支与资本流出净额(净流入为负值,净流出为止值)的相对关系来说明外部平衡的话,那么:经常项目收支余额=资本流出净额时,国际收支为平衡;经常项目收支余额<资本流出净额时,国际收支为逆差;经常项目收支余额>资本流出净额时,国际收支为顺差。

由于财政政策和货币政策对国内经济和国际收支都会产生影响并且相对作用不相同,财政政策通常对国内经济活动的作用大,对国际收支的作用小,而货币政策倾向于扩大国内外的利率(汇率)差距,引起大量资本在国内外之间流动,通常会对国际收支产生较大的影响,所以,财政政策与货币政策的适当配合,就是主要运用财政政策来实现内部平衡,主要运用货币政策来实现外部平衡。同时实现内部平衡与外部平衡的适当的政策配合方式,见表 15-2。

表 15-2 实现内外平衡的政策配合方式

经济情况	财政政策	货币政策
膨胀和逆差	紧缩性的	紧缩性的
膨胀和顺差	紧缩性的	膨胀性的
衰退和逆差	膨胀性的	紧缩性的
衰退和顺差	膨胀性的	膨胀性的

总之,由于同向配合的“双紧”政策和“双松”政策会给社会经济带来较大的振荡和波动,故不宜长期过多地配合运用;而反向配合的“紧松搭配”政策和“松紧搭配”政策,有助于保持经济的稳定和增长,则可以有针对性地配合运用;中性的政策配合有助于较

长时期地保持经济的稳定、协调发展，因而可以经常性地配合运用。在开放的经济条件下，应该特别注意政策的配合与调整，以不断地实现内外经济的双均衡。

复习思考题

1.什么是宏观调控？它与经济发展有何关系？
2.财政金融在经济发展中有何作用？
3.财政收支平衡的内容和方法是什么？
4.简述信贷收支平衡的内容、影响因素和调节方法。
5.财政、信贷、外汇与物资综合平衡的要求和内容是什么？
6.试述财政政策与货币政策配合的必要性。
7.试述财政政策与货币政策配合的方式及其运用。

主要参考文献

[1]艾弗雷·克拉克.国际金融[M].北京:北京大学出版社,2006.

[2]白钦先,郭翠荣.各国金融体制比较[M].北京:中国金融出版社,2001.

[3]曹龙骐.金融学[M].北京:高等教育出版社,2006.

[4]陈工,雷根强,张馨.财政学[M].北京:科学出版社,2006.

[5]陈共.财政学[M].北京:中国人民大学出版社,2000.

[6]陈享光.货币经济学导论[M].北京:经济科学出版社,2000.

[7]陈银娥.凯恩斯主义货币政策研究[M].北京:中国金融出版社,2000.

[8]成力为.货币银行学[M].北京:科学出版社,2005.

[9]储敏伟,杨君昌.财政学[M].北京:高等教育出版社,2006.

[10]崔建军.中央银行学[M].北京:科学出版社,2005.

[11]大卫·N.海曼.财政学:理论在政策中的当代应用[M].北京:北京大学出版社,2006.

[12]邓子基.财政学[M].北京:高等教育出版社,2005.

[13]杜亚斌.货币银行业和货币政策[M].北京:科学出版社,2005.

[14]高鸿业.西方经济学[M].北京:中国人民大学出版社,2001.

[15]格里高利·曼昆.经济学原理[M].北京:北京大学出版社,2006.

[16]龚六堂.公共财政学[M].北京:北京大学出版社,2007.

[17]黄达.货币银行学[M].北京:中国人民大学出版社,2000.

[18]李成.货币金融学[M].北京:科学出版社,2005.

[19]李健.当代西方货币金融学[M].北京:高等教育出版社,2006.

[20]李雪萍.财政学[M].北京:科学出版社,2006.

[21]厉以宁.西方经济学[M].北京:高等教育出版社,2005.

[22]梁循,曾月卿.网络金融[M].北京:北京大学出版社,2005.

[23]刘怡.财政学[M].北京:北京大学出版社,2004.

[24]刘宇飞.当代西方财政学[M].北京:北京大学出版社,2003.

[25]斯蒂芬·G.切凯蒂.货币、银行与金融市场[M].北京:北京大学出版社,2006.

[26]谈儒勇.金融发展理论与中国金融发展[M].北京:中国经济出版社,2000.

[27]王广谦.中央银行学[M].北京:高等教育出版社,2006.

[28]王中华,万建伟.国际金融[M].北京:首都经济贸易大学出版社,2000.

[29]威廉·J.鲍莫尔.经济学:原理与政策[M].北京:北京大学出版社,2006.

[30]吴俊培,许建国,杨灿明.现代财政学[M].北京:中国财政经济出版社,2001.

[31]伍瑞凡.金融学[M].北京:科学出版社,2005.

[32]薛淑云,马小宝.国际金融概论[M].天津:天津大学出版社,2000.
[33]杨斌,雷根强,胡学勤.税收学[M].北京:科学出版社,2003.
[34]姚长辉.货币银行学[M].北京:北京大学出版社,2005.
[35]约翰·斯罗曼.经济学[M].北京:经济科学出版社,2005.
[36]张成虎.网络金融[M].北京:科学出版社,2005.
[37]张民.网上银行[M].北京:民族出版社,2001.
[38]张尚学.货币银行学[M].北京:科学出版社,2005.
[39]赵凌云.经济学通论[M].北京:北京大学出版社,2007.